BÁSICO

le Monde hispanique

Sylvie Kourim - Nollet
Professeur agrégé

4e édition mise à jour :
Francis SANCHEZ,
professeur agrégé

5e édition mise à jour et augmentée :
Raquel RIVAS,
professeur agrégé

Didier

13, rue de l'Odéon 75006 Paris

Ami lecteur,

BÁSICO a été conçu pour vous apporter, de façon **simple et agréable,** *tout ce qui pourra vous être* **utile au long de vos études** *d'espagnol :*

– il vous aidera à améliorer votre langue en vous donnant **les éléments essentiels pour comprendre et vous exprimer** (Básico - La langue espagnole).

– vous le consulterez pour mieux connaître la géographie, l'histoire, la littérature, les arts, en un mot **la civilisation** *des pays dont vous étudiez la langue* (Básico - Le monde hispanique).

Il sera pour vous un ami fidèle que vous garderez tout au long de votre scolarité : **vous pourrez en tirer profit quel que soit votre niveau.**

BÁSICO vous sera d'autant plus précieux que vous l'aurez manié souvent et longtemps, *vous familiarisant ainsi avec lui et en tirant le bénéfice et le plaisir maximum.*

BÁSICO est remis à jour périodiquement car l'actualité change très vite. Si vous avez quitté les bancs de l'école, vous retrouverez dans cet ouvrage de quoi **vous remettre vite à niveau et réactualiser vos connaissances.**

Prenez le temps aussi de **lire attentivement les introductions à chaque volume :** *pour se servir au mieux d'un instrument, il faut savoir comment il fonctionne. J'ai conçu BÁSICO avec l'aide de mes élèves, de mes enfants, de mes collègues et de lecteurs "naïfs" non hispanisants, que je remercie ici.*

Sylvie KOURIM

Nous avons recherché en vain les éditeurs ou les ayants droit de certains textes ou illustrations reproduits dans ce livre. Leurs droits sont réservés aux Éditions Didier.

Statistiques : courtoisie de l'État du Monde, éditions La Découverte
Cartographie : Graffito et Noël Meunier
Tableau p. 10 : Xavier Hüe
Graphiques et tableaux : Lydie Boué

Conception de maquette (couverture et intérieur) : Katy Lhaïk et Marie-Christine Favre
Maquette intérieure : Nelly Benoît
Mise en page PAO : APS Chromostyle
Photogravure : APS Chromostyle

Imprimé en France

ISBN 2-278-05856-8

Introduction

Básico - la langue espagnole vous apporte les éléments lexicaux et syntaxiques de base pour comprendre et vous exprimer. **Básico - le monde hispanique** s'intéresse à la géographie et à la civilisation des pays de langue espagnole.

La connaissance de l'Espagne et de l'Amérique peut se faire par trois voies complémentaires :
• l'une est **synthétique** et considère les caractères principaux de la géographie et de l'économie* (p. 4 à 35 et 72 à 88) ;
• une autre procède **par unités géo-politiques (communautés autonomes espagnoles** pp. 36 à 71 et **pays latinoaméricains** pp. 89 à 200**).** Elle inclut les aspects géographiques, historiques, économiques*, culturels, gastronomiques et folkloriques ;
• la troisième (pp. 201 à 331) est **historique** et replace systématiquement, bien que très rapidement, chaque période étudiée dans son contexte européen ou mondial car il n'est, en effet, ni souhaitable ni possible d'isoler la Péninsule ou l'Amérique hispanique du reste du monde. Elle essaie également de montrer les rapports qui existent entre l'histoire et la culture, les tendances générales que l'on peut retrouver à chaque époque dans la littérature et les différents arts (peinture, sculpture, architecture, musique, cinéma). Des lectures accompagnées de brefs commentaires viennent clore chaque chapitre en le complétant de façon concrète.

Chacun des chapitres est précédé d'**un résumé** destiné aux jeunes utilisateurs ou à une rapide remise en mémoire des éléments essentiels. Il ne faut cependant pas hésiter à feuilleter les pages comprises entre les résumés : elles contiennent des illustrations qui en disent parfois plus que les mots, sont une invitation au voyage et à l'approfondissement des connaissances. Les titres donnés aux paragraphes, l'utilisation des caractères gras permettent de s'orienter facilement et de trouver très vite le complément d'information que l'on recherche.

Un index incluant les noms propres (par exemple, *Velázquez* ou *Cervantes*) et des notions employées (par exemple, *barroco* – le baroque) se trouve **en fin d'ouvrage** pour faciliter encore davantage la consultation.

* Sources des statistiques, tableaux et graphiques : *Atlaseco, Anuario El País, Banco gubernamental de fomento, Banco Mundial,* CEPAL, *El Instituto Nacional de Estadisticas, Le Monde, L'État du Monde,* OMC, *The Silver Institute.*

PRIMERA PARTE

España

La geografía
La economía

G E O G R A F Í A

GEOGRAFÍA FÍSICA

• ***Un país grande y montañoso***
España es casi tan extensa como Francia.
Su altitud media es elevada y su aspecto macizo.

• *En la Península,* ***tres regiones principales***
– ***En el centro, la meseta*** *tiene un clima continental seco. Está rodeada de montañas (Cordillera Cantábrica al norte, Sistema Ibérico al este, Sierra Morena al sur). Los ríos Duero, Tajo y Guadiana desembocan en el Atlántico.*
– ***El Norte es montañoso y húmedo*** *y las costas abruptas y accidentadas. El río más importante es el Miño.*
– ***En el nordeste y el sur existen dos grandes llanuras :*** *la cuenca* (la vallée) *del río Ebro en el norte, y la cuenca del río Guadalquivir en Andalucía.*

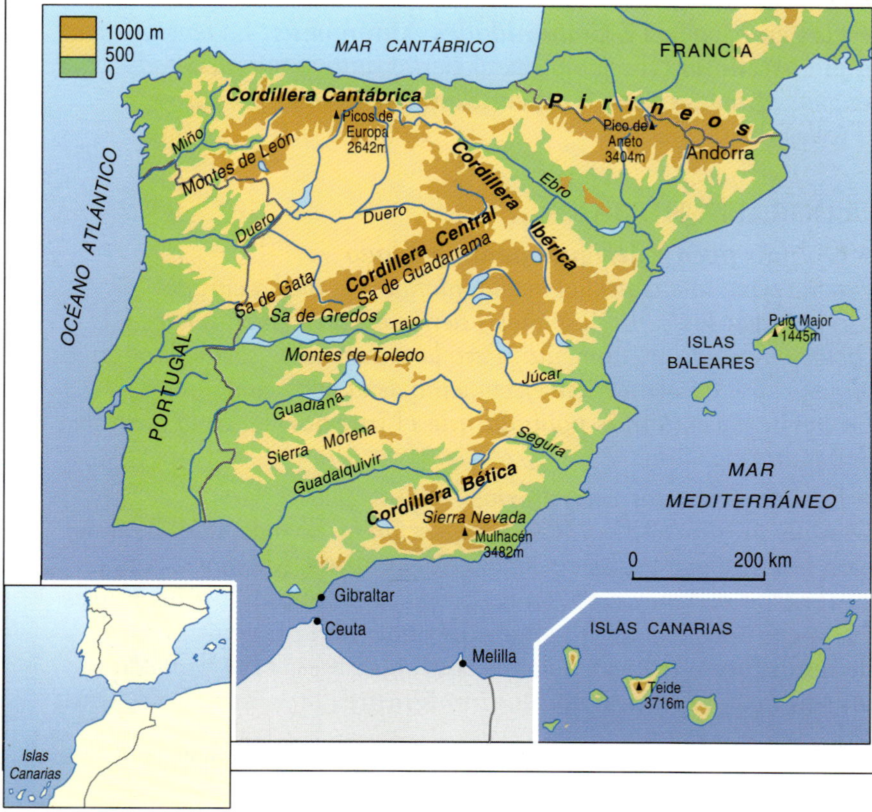

Las **huertas** (les plaines irriguées) *de Valencia y de Murcia son de menor extensión.*

• ***Las islas y plazas españolas***
Españoles son también los archipiélagos de **Baleares** *(Mediterráneo) y de* **Canarias** *(cerca de África) así como las ciudades de* **Ceuta y Melilla** *(en la costa marroquí* –la côte marocaine–*). Pero* **el Peñón de Gibraltar,** *al sur de España, pertenece al Reino Unido (cf. p. 71).*

GEOGRAFÍA POLÍTICA

El Estado y las Autonomías

• *España es una* ***monarquía parlamentaria*** *cuyo rey es Juan Carlos I de Borbón. Actualmente, el Primer Ministro es el conservador José Luis Rodríguez Zapatero.*

• *Hay en España* **17 Comunidades Autónomas.** *La lengua oficial es* **el castellano** *(el español) pero ciertas autonomías tienen dos lenguas oficiales (además del castellano : el catalán, el vasco, el gallego).*

GEOGRAFÍA HUMANA

• ***Un país poco y desigualmente poblado***
España tiene una densidad media inferior a la media europea (86 hab. por km²). Los españoles tienen cada vez menos hijos y la población ya casi no aumenta. Pero la presencia de extranjeros en los últimos años decelera el envejecimiento de la población.
La periferia está más poblada que el interior *(salvo la provincia de Madrid).*

• **Los movimientos migratorios**
Durante los siglos XIX y XX, la población ha abandonado el campo para ir a trabajar en las ciudades (éxodo rural). Muchos españoles **emigraron a América** *y, en la década de los años 60,* **a los países europeos** *donde hacía falta mano de obra* (où l'on avait besoin de main-d'œuvre) *y los salarios eran superiores. Hoy España es un país rico que atrae a muchos* **inmigrantes** *provenientes de África o de América Latina.*

• ***Un país moderno***

Tradicionalmente rural, España ha pasado a ser un país moderno al igual que sus vecinos europeos : ahora la gran mayoría de la población activa está empleada en el ***sector terciario*** *(administración, banca, transportes, turismo, educación, etc.).*

Aunque sigue siendo un problema en la economía, se ha reducido mucho el paro desde los años 90.

También ha aumentado el nivel de vida aunque las riquezas están mal repartidas siendo Madrid y el noreste las regiones más dinámicas.

GEOGRAFÍA FÍSICA

1. La superficie de España (504.782 km^2) es aproximadamente la de Francia (549.000 km^2).

Lo que llama la atención es **la altitud media** de España, después de Suiza la mayor de Europa (el punto culminante de la península es el pico de Mulhacén en la Sierra Nevada : 3 473 m) y su **aspecto macizo**.

2. Tres regiones naturales

El relieve determina tres tipos de clima :

• En el centro, **la meseta** (*–plateau–* con una altura media de 650 m) ocupa la mayor parte de la península. Tiene un clima continental seco, con inviernos muy fríos y veranos muy calientes.

Está rodeada de montañas (Cordillera Cantábrica al norte, Sistema Ibérico al este, Sierra Morena al sur) ; una serie de sierras (Sierra de Gredos, Sierra de Guadarrama) la dividen en dos partes : Castilla–León al norte, Castilla–La Mancha y Extremadura al sur.

La cruzan grandes ríos que fluyen al Atlántico y a lo largo de los cuales se han construido embalses *(des barrages)* que hacen más ameno su aspecto austero, dan agua a las ciudades, producen electricidad y permiten la irrigación :

– **el río Duero** (924 km) baña Soria, Zamora y desemboca en el Atlántico cerca de Oporto ;

– **el río Tajo** (1.008 km), el más largo de los ríos españoles, nace en la Sierra de Cuenca, riega las huertas de Aranjuez y Toledo y atraviesa Extremadura antes de formar un estuario donde se asienta Lisboa. Se aprovecha para el regadío (el trasvase del río Tajo al río Segura) y la hidroelectricidad. Los pantanos de Entrepeñas y Buendía forman el "Mar de Castilla", muy apreciado por los turistas ;

– **el río Guadiana** (800 km) nace en la Mancha y desemboca en el golfo de Cádiz, al sur.

• Al norte, **la fachada atlántica y cantábrica es húmeda** y de clima oceánico. Sus abruptas montañas dominan el mar por lo que **la costa es alta y rocosa,** con rías, cabos y golfos. Los ríos son cortos, de curso rápido y accidentado. El más largo es **el río Miño** (310 km) en Galicia. El paisaje es muy verde, lo que no impide las sequías *(les périodes de sécheresse)*. Éstas acarrean incendios muy frecuentes.

• **La España mediterránea** tiene un clima seco y cálido, con lluvias de corta duración pero violentas.
Tiene dos grandes llanuras *(plaines)*: En el norte, la cuenca *(la vallée)* del **río Ebro** (927 km) que nace en los montes cantábricos y baña Zaragoza. En Andalucía, la cuenca del **río Guadalquivir** (600 km), muy abundante gracias a su afluente : el Genil, que riega Granada y trae las aguas de la Sierra Nevada. El Guadalquivir pasa después por Córdoba y Sevilla, de donde salían los barcos para América en tiempos de la colonia.
Al este, en Levante, **los ríos Guadalaviar** (o Turia, 440 km) y **Júcar** (498 km) riegan la huerta *(plaine fertile)* de Valencia.
El trasvase de las aguas del río Tajo al **río Segura** (340 km) ha permitido la irrigación en la región murciana.

3. Las islas

Las islas Baleares, en el Mediterráneo, son la continuación del Sistema Bético. El clima cálido es muy agradable. Las islas más importantes son Mallorca, Menorca, Ibiza y Formentera.

Las islas Canarias, frente a la costa africana del noroeste, son una zona de volcanes (El Teide, 3.718 m). El clima es tropical con temperaturas suaves todo el año, desértico en Fuerteventura y Lanzarote.

4. Ceuta y Melilla, en la costa marroquí (Marruecos *–le Maroc–*), están bajo soberanía española, desde los siglos XVII y XVI respectivamente. El Peñón de **Gibraltar**, en cambio, es británico desde 1713 (cf. pp. 70-71).

GEOGRAFÍA POLÍTICA

La organización del Estado

• **El 6 de diciembre de 1978 se aprobó una nueva constitución** que hizo de España un país democrático, **una monarquía parlamentaria** en la que el rey reina pero no gobierna.
"La constitución se fundamenta en **la indisoluble unidad de la Nación española...** y reconoce y garantiza el derecho a **la autonomía de las nacionalidades y regiones** que la integran y la solidaridad entre todas ellas". (artículo 2)
Son 17 las Comunidades Autónomas, algunas de las cuales tienen su propio idioma.

• **Competencias Estado/CC.AA.**

Al Estado corresponde, entre otras cosas, dirigir la política internacional, administrar la justicia, planificar la actividad económica y las obras públicas de interés general, dictar leyes para todo el Estado, encargarse de la defensa nacional, organizar el sistema monetario.

Idiomas hablados en España

Organización administrativa

Las Comunidades Autónomas tienen competencia para planificar y desarrollar su economía, explotar sus recursos, encargarse de obras y vías públicas, proteger el medio ambiente, fomentar la cultura, encargarse de la educación y la sanidad, etc.

• **El Rey** (Juan Carlos I) es el jefe del Estado y símbolo de su unidad. Ejerce el mando supremo de las Fuerzas Armadas. Nombra al Presidente del Gobierno (actualmente el socialista José Luis Rodríguez Zapatero), y a los Presidentes de los Gobiernos autonómicos, previa consulta *(après consultation)* respectiva con las Cortes y los Parlamentos autonómicos. La sucesión en el trono es hereditaria : el heredero actual es Felipe de Borbón, Príncipe de Asturias. Se plantea actualmente la revisión de la Ley Sálica con el fin de que su hija primogénita, Leonor, nacida el 31/10/2005, pueda ser reina en el futuro.

• Ejercen el poder legislativo del Estado las **Cortes Generales**, formadas por dos Cámaras, el Senado y el Congreso de los Diputados ; se elige a los diputados cada cuatro años por sufragio directo.

El poder legislativo de cada Comunidad Autónoma lo ejerce el Parlamento Autonómico que está formado por una sola cámara.

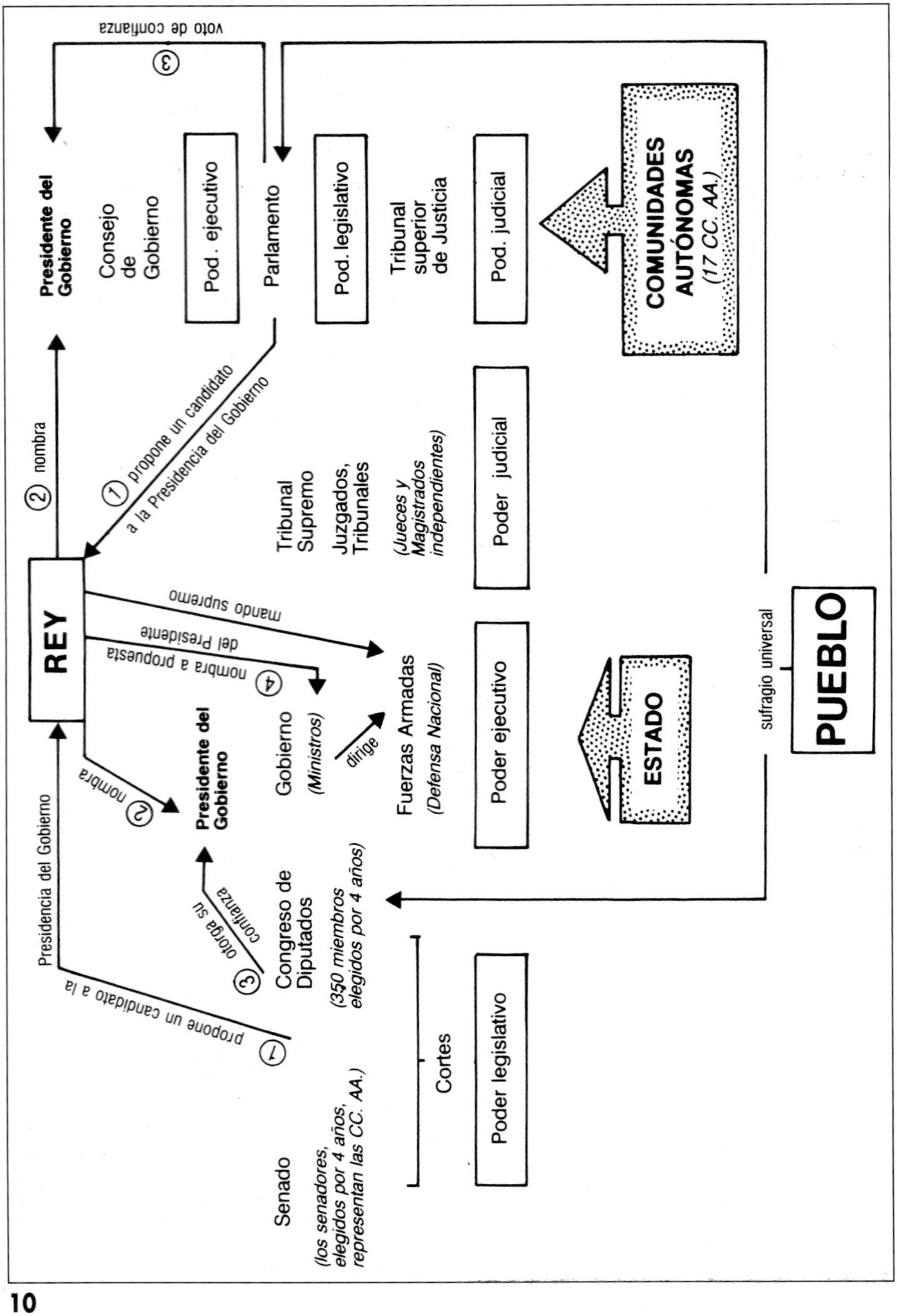
Senado
(los senadores, elegidos por 4 años, representan las CC. AA.)
Cortes
Poder legislativo
① propone un candidato a la Presidencia del Gobierno
Congreso de Diputados
(350 miembros elegidos por 4 años)
③ otorga su confianza
Presidente del Gobierno
② nombra
REY
④ nombra a propuesta del Presidente
mando supremo
Gobierno
(Ministros)
dirige
Fuerzas Armadas
(Defensa Nacional)
Poder ejecutivo
ESTADO
Tribunal Supremo
Juzgados, Tribunales
(Jueces y Magistrados independientes)
Poder judicial
sufragio universal
PUEBLO
① propone un candidato a la Presidencia del Gobierno
② nombra
Presidente del Gobierno
Consejo de Gobierno
Pod. ejecutivo
Parlamento
③ voto de confianza
Pod. legislativo
Tribunal superior de Justicia
Pod. judicial
COMUNIDADES AUTÓNOMAS
(17 CC. AA.)

GEOGRAFÍA HUMANA Y SOCIAL

1. Una repartición muy desigual de la población

Con 43.200.000 habitantes, España tiene una densidad media (86 hab./km^2) que figura entre las más bajas de la Unión Europea.

La repartición de la población es muy desigual : las provincias de Madrid y Barcelona tienen más de 500 hab. por km^2 mientras que en la provincia de Soria la densidad sólo es de 10 hab. por km^2. En general, **la periferia está más poblada que el interior.**

En el este de España es donde se instalan los inmigrantes con más frecuencia : el 16 % de la población es extranjera en las islas Baleares, el 12,5 % en las comunidades de Valencia y Murcia.

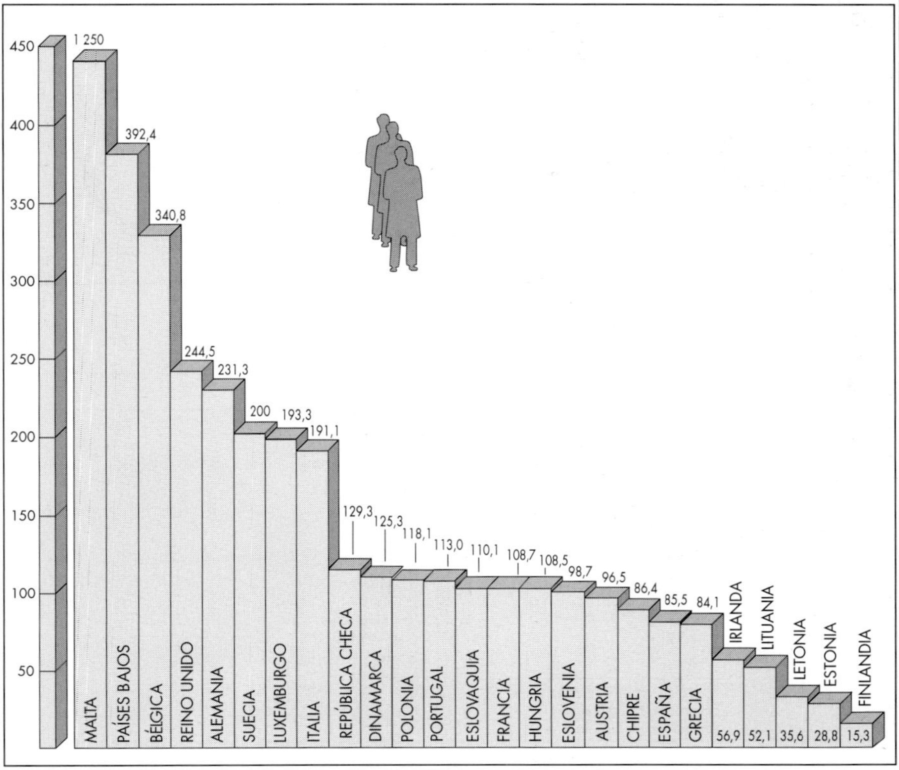

Densidades de población en la Unión Europea (hab./km^2)

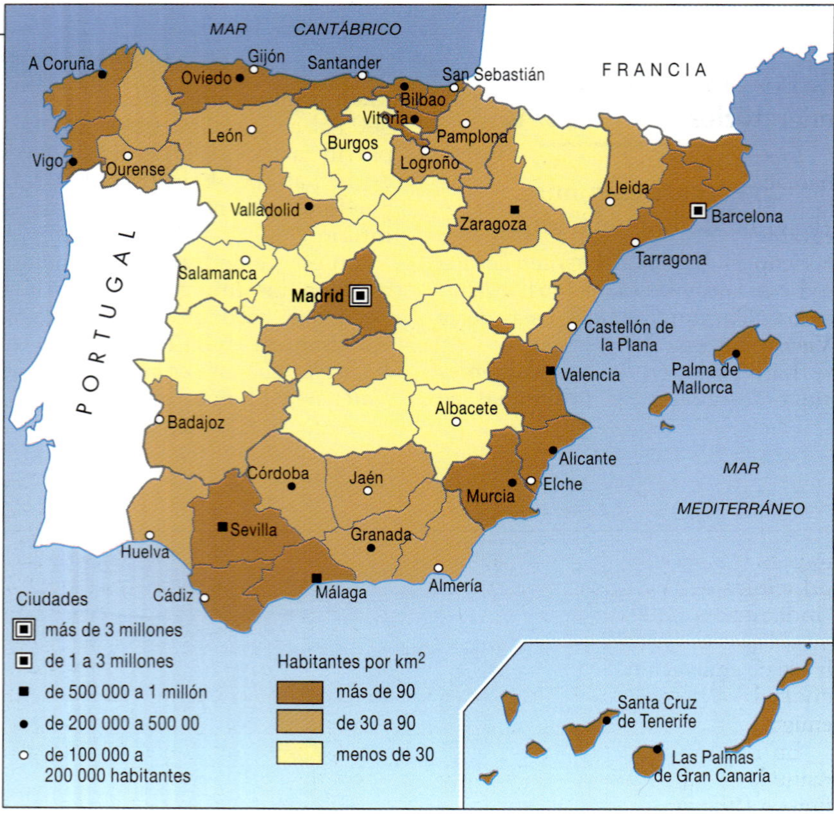

Densidad de población y principales ciudades

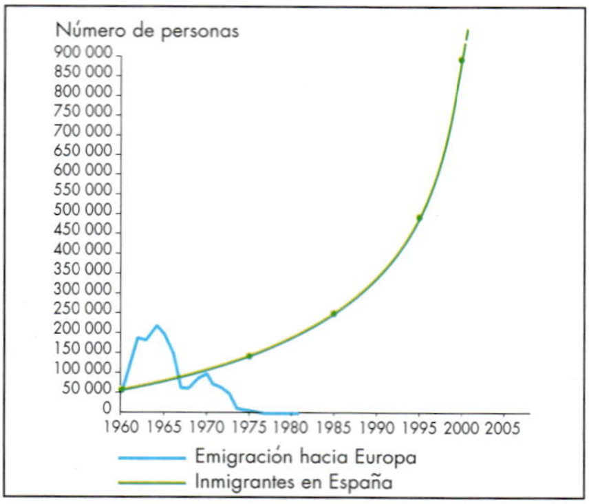

Emigración e inmigración en España

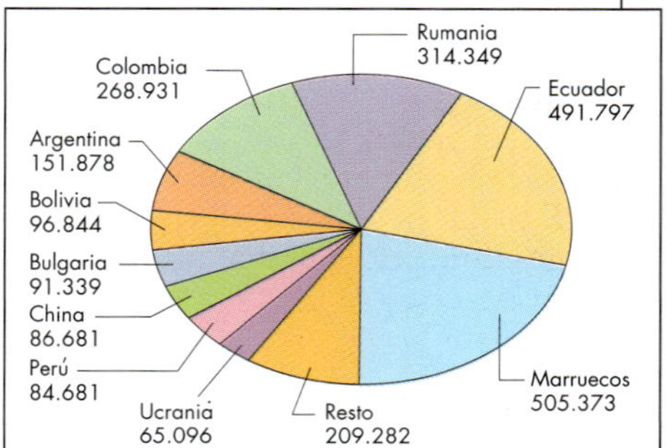

Extranjeros no comunitarios empadronados en España (1 de enero de 2005)

2. Los movimientos migratorios

Los movimientos migratorios han acentuado el desigual reparto de la población en España ; **el éxodo rural** ha favorecido el crecimiento de las capitales de provincia y sobre todo de las regiones más industrializadas : **Cataluña, Madrid y el País Vasco** han sido las regiones que más se han beneficiado de las migraciones interiores.

La emigración : la vocación migratoria es muy antigua en España (Reconquista y Conquista). **La emigración a América** (Argentina, Venezuela y México sobre todo) fue muy importante **a finales del siglo XIX y principios del siglo XX**. Se llamaba "indianos" a aquellos que volvían, muchas veces ricos, de América. Tras la ola de emigración debida a la guerra civil (1939), resultó casi imposible emigrar.

En la década de los **años 60**, se reanudó la emigración en dirección a Europa **(Francia, Suiza y Alemania)** : la falta de trabajo en España, los salarios mucho más altos en Europa incitaron a muchos hombres a pasar los Pirineos, a veces con su familia. La Crisis del 73 y el aumento del nivel de vida en España fueron la causa de que desde 1974 ya casi no emigran los españoles.

Por primera vez en su historia, España viene a ser **tierra de inmigración**, ya que ha alcanzado el nivel económico de sus vecinos y constituye la puerta de entrada a Europa. Es hoy un destino escogido por los inmigrantes (legales o clandestinos) provenientes de Marruecos (por su cercanía) o de varios países de América Latina (491.700 ecuatorianos empadronados en España por razones históricas y culturales).

3. La población aumenta poco pero cambia de cara

España sigue ahora la evolución demográfica de la mayoría de las naciones europeas con **una progresiva reducción de la tasa de natalidad** : en 1900, nacían 35 niños por cada mil habitantes, en 1940 : 21,5, en 1980 : 14, en 1995 : 10,83, en 2004 : 10,6.

La tasa de fecundidad es muy baja, 1,3 por mil habitantes (Francia : 1,9 ; Italia : 1,3) y está muy lejos del 2,1 que asegura el relevo generacional. Así España ha pasado del segundo puesto en fecundidad (detrás de Irlanda) en 1976 al penúltimo en 1999. O sea que la **población aumenta muy poco**, lo que plantea el problema del déficit de la Seguridad Social y del pago de las pensiones de jubilación.

Sin embargo esta tasa es más alta desde 1993 gracias a la llegada más numerosa de extranjeros que decelera el envejecimiento de la población (la edad media de los extranjeros es de 32 años contra 40 años para los españoles). El crecimiento vegetativo es también el más alto de los últimos cinco años con 82.657 habitantes más en 2004 (57.053 en 2003). Asimismo el 14 % de los niños nacieron de madre extranjera. En fin es relevante el aumento de matrimonios civiles (23 % en 1996 y 37 % en 2004) y de nacimientos fuera del matrimonio (25,1 % mientras que el 45,2 % en Francia), lo que marca un cambio en la estructura familiar española.

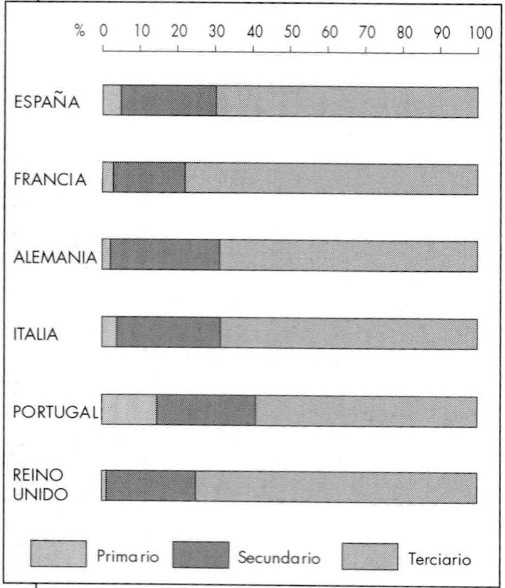

Repartición de la población activa por sectores de actividad en algunos países europeos (2005)

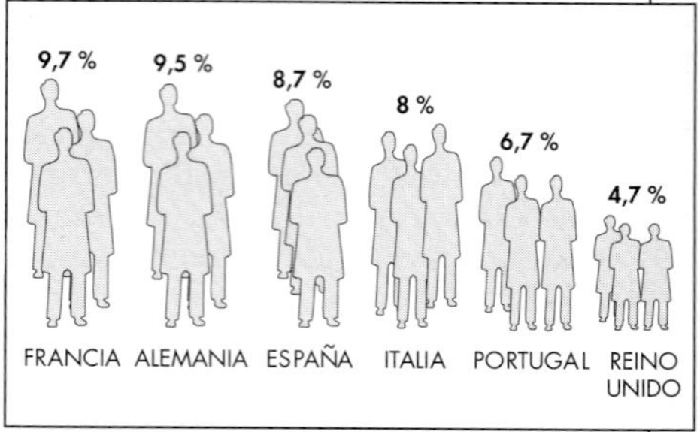

El paro en algunos países europeos (2005)

4. Distribución de la población activa

Con el éxodo rural, la población española ha pasado a ser **esencialmente urbana,** aumentando cada vez más la población empleada en el sector terciario de los servicios.

Aunque también se puede considerar que la minería forma parte del sector primario, en nuestros cuadros entenderemos por

sector primario : agricultura, ganadería, pesca, silvicultura ;
sector segundario : industria, minería, construcción *(le bâtiment)* ;
sector terciario : el conjunto de actividades que no producen bienes : administración, banca, transportes, comercio, turismo, educación, justicia, etc.

La población activa representa hoy un 48 % de la población total.

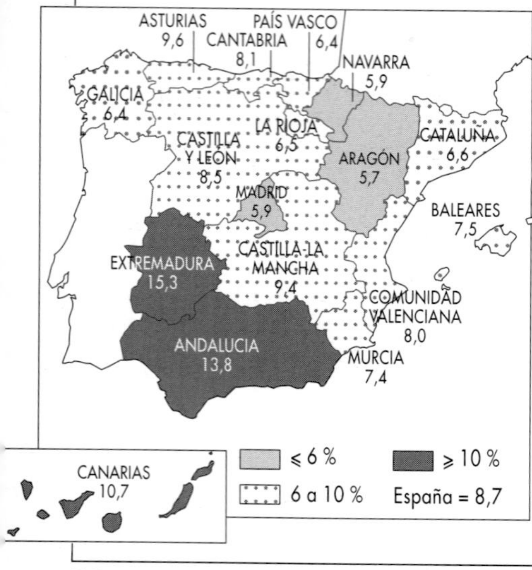

El desempleo en España (2005)

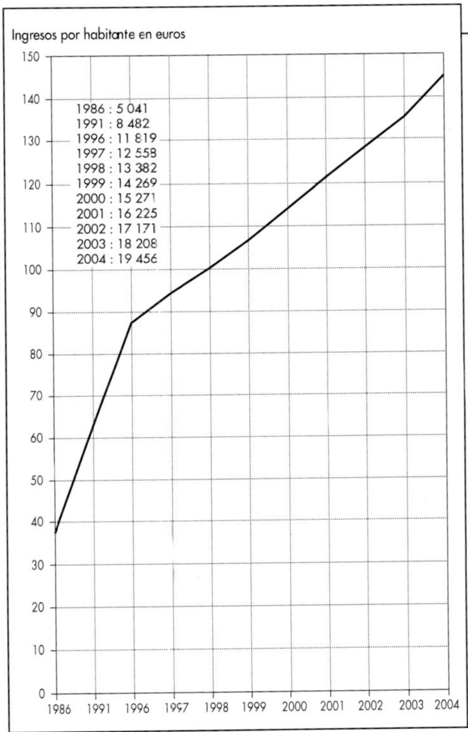

Evolución del PIB/hab. en España desde la entrada en la Unión Europea (en precios corrientes e índices)

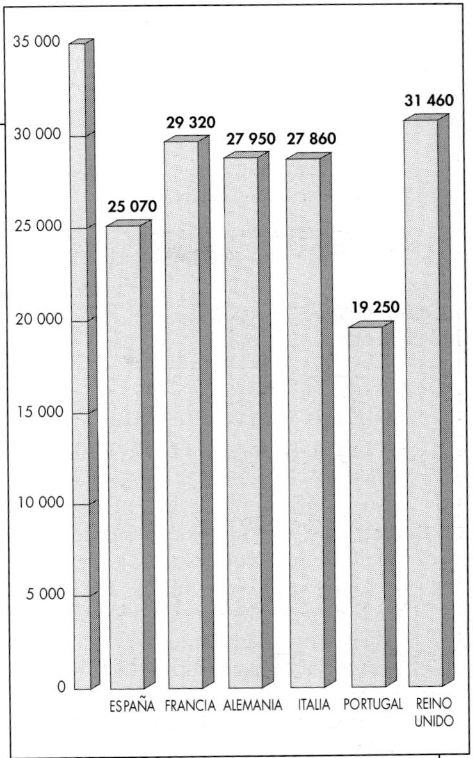

Ingresos por habitante en dólares (2004) (PIB/hab. en PPA)

España se ha modernizado como sus vecinos europeos : ya no es un país rural sino que la mayoría de la población activa está empleada en el **sector terciario**.

La distribución por sectores de actividad no es igual en todas las regiones como se

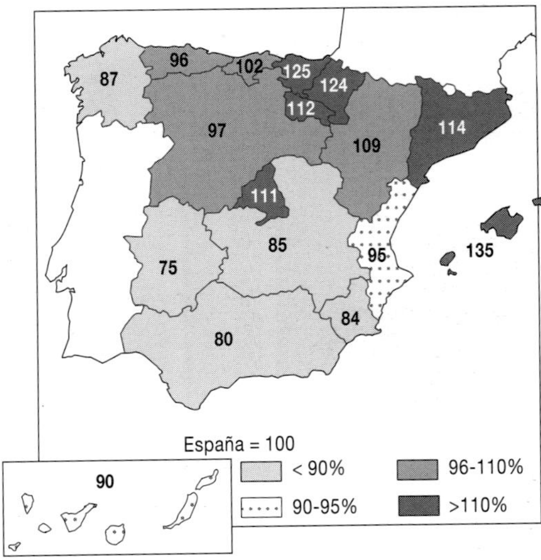

Renta familiar bruta disponible por habitante (2004)

puede apreciar con el ejemplo dado en el cuadro siguiente :

	León	Provincia de Madrid
sector primario	8,3 %	1,0 %
sector secundario	26,9 %	22,4 %
sector terciario	64,8 %	76,6 %

5. Paro y nivel de vida

Desde la década de los 70, debido a la crisis y después a la reconversión y modernización de los medios productivos, el número de empleos no ha aumentado tan rápidamente como el número de activos. De ahí la elevada tasa de paro en los años 90 pero ésta se ha reducido mucho en los últimos años : ha pasado del 22,9 % en 1995 al 8,7 % en 2005 (la más baja desde 1978). Lo que sigue siendo preocupante es la **alta tasa de desempleo de los jóvenes : un 22 %.**

Los principales sindicatos españoles son : Comisiones Obreras (CC.OO., próximas al Partido Comunista ; secretario general : José María Fidalgo), Unión General de Trabajadores (UGT, próxima al Partido Socialista ; secretario general : Cándido Méndez).

Representa al patronato la Confederación Española de Organizaciones Empresariales (CEOE).

El nivel de vida ha aumentado muchísimo en España, pero sigue siendo inferior a la media europea. En 2006, el salario minímo es de 540 euros. Se advierte un desigual reparto de la riqueza en España, siendo las más ricas, además de Madrid, Baleares, Levante, Cataluña.

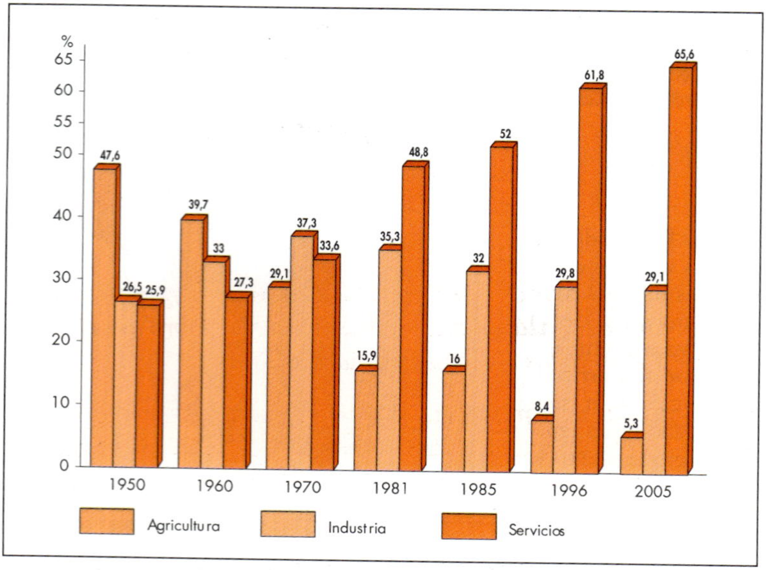

Evolución de los sectores de actividad en España

EL SECTOR PRIMARIO

UN PAÍS AGRÍCOLA

La entrada en la Unión Europea y la PAC *(Política Agrícola Común) han modernizado el sector primario. La mano de obra ha disminuido pero España sigue siendo el* ***primer estado comunitario*** *(*UE-15*) en cuanto a extensión agrícola y población agraria.*
También se desarrolla mucho la ***agricultura ecológica****.*

UN PAÍS DE CONTRASTES

- *En España predominan las* ***pequeñas explotaciones*** *: Castilla y León, Aragón y Extremadura poseen las más grandes propiedades mientras que en Canarias y la Comunidad Valenciana están las más pequeñas.*

- *Hay un gran* ***contraste entre el interior*** *donde domina el latifundio (en el suroeste) y se practica el cultivo de secano (cereales, vid, olivos)* ***y la periferia,*** *donde la propiedad es más pequeña y se cultivan frutas y hortalizas* (légumes).

- ***Los cultivos forzados y tempranos*** (cultures forcées et primeurs) *son el sector punta de la agricultura de* ***exportación.*** *También se exportan frutas (agrios, en particular,* ***naranjas****) y hortalizas.*
- *Se observa un aumento constante del* ***ganado*** *y de la producción animal : carne, leche, huevos.*

LA PESCA

- *De* ***la pesca*** *viven muchos españoles. Los puertos pesqueros más importantes son los del* ***Atlántico,*** *donde se practica sobre todo la pesca de altura (lejos de las costas españolas).*

- *La pesca española se ha modernizado mucho para resistir a la competencia europea : el país importa ahora más de lo que exporta. La flota sigue siendo la mayor de Europa. También se desarrolla el sector de la* ***acuicultura*** *(en Galicia).*

- *Son numerosos los incidentes entre los pescadores españoles y los franceses y marroquíes.*

UN SECTOR IMPORTANTE

Este sector ocupa al **5,3 % de la población activa** y contribuye en un **3,4 % al Producto Interior Bruto** (en Francia un 3,5 % y 3 % respectivamente, y en Italia, país mediterráneo comparable a España, un 4,2 % y un 3 %). Los productos agrícolas representan el 7,3 % de las exportaciones españolas y España posee la mayor flota pesquera de Europa (11.000 pesqueros). Se ve pues que este sector sigue siendo importante en la economía española pero se ha modernizado : emplea a menos trabajadores, es más competitivo y se dirige cada vez más al comercio exterior.

EL SECTOR AGRARIO

1. El reparto de las tierras

España dispone en Europa (UE-15) de la mayor **superficie agrícola utilizada (SAU)** con 22 millones de hectáreas (la mitad de su territorio) de las cuales 18 millones de hectáreas son tierras cultivadas. Predominan las **pequeñas explotaciones** : la mitad tiene una SAU inferior a 5 ha y sólo el 8,9 % supera las 50 ha. Pero ha disminuido el número de explotaciones y tienden a crecer (unas 22,07 ha de media, un incremento del 8,6 % respecto a 1999) con disparidades entre las comunidades. En Castilla y León, Aragón y Extremadura se encuentran las más grandes mientras que en Canarias y La Comunidad Valenciana están las de menor SAU (respectivamente 3,81 y 4,59 ha). También se está desarrollando la **agricultura ecológica** (productos de mejor calidad, protección del medio ambiente y desarrollo sostenible) en la que España ocupa el 8° puesto mundial (y el 4° europeo) : se ha pasado de 4.235 ha en 396 explotaciones en 1991 a 733.182 ha en 17.688 explotaciones en 2004. Las comunidades más avanzadas en este sector son **Andalucía, Extremadura y Aragón** con, respectivamente, el 44,6 %, 12,5 % y 10,4 % de la superficie total ecológica.

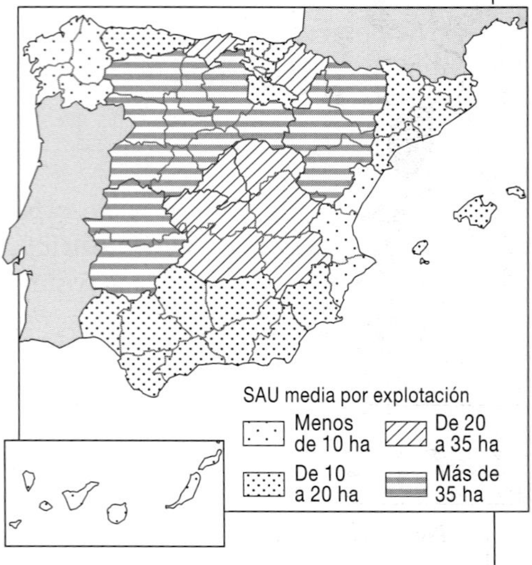

Actualmente, el 40 % de los agricultores españoles trabajan en **cooperativas** y tienen bastante importancia los sindicatos agrarios.

2. Los cultivos

De los 50 millones de hectáreas de tierra : el 17 % son improductivas, el 48 % son bosques (algunos de los cuales dan papel y corcho *–liège–*) y pastos *(pâturages)*, el 35 % son cultivos.

a. Los cultivos de secano

Son tres los principales cultivos de secano *(les cultures sèches, non irriguées)*. Estos cultivos dependen de las condiciones climáticas y sufren de la sequía.

• **Los cereales :** la cebada *(–l'orge–* que sirve para hacer la cerveza *–la bière–)* y el trigo *(le blé)* se cultivan **en el interior :** las dos Castillas, Aragón y Andalucía. España es el tercer país cerealista de Europa aunque los rendimientos siguen siendo muy inferiores a los rendimientos europeos (3.270 kg/ha en España ; 6.000 kg/ha en Francia).

• **La vid :** España es el tercer productor mundial de vino (vinos de la Rioja ; de La Mancha : Valdepeñas ; de Andalucía : Jerez, Málaga).

• **Los olivos :** España es el 1er productor mundial de aceite de oliva y de aceitunas *(olives)* en conservas. El aceite se produce sobre todo en Jaén, Córdoba (Andalucía) y Lérida (Cataluña).

España es también el primer productor de almendras *(amandes)* en Europa.

b. Los cultivos de regadío

• La superficie regada representa **el 19 % de las tierras cultivadas**. Los cultivos de regadío *(les cultures irriguées)* se sitúan sobre todo en **la cuenca del Ebro,** en **las huertas del Levante** (Valencia y Murcia), en **la cuenca del Guadalquivir** (Andalucía). La irrigación permite conseguir una mayor rentabilidad.

• Los principales cultivos son las **frutas y legumbres** : los **agrios** *(les agrumes)* y en particular la naranja, en que España ocupa el segundo puesto mundial, en Valencia y Castellón (Comunidad Valenciana), los frutales *(les arbres fruitiers)* en Lérida (Cataluña) y el litoral mediterráneo, las hortalizas (*–les légumes–*, especialmente el tomate) en Canarias, costa de Almería (Andalucía), Murcia y Valencia (Levante), Delta del Ebro (Cataluña), etc.

Los frutos (sobre todo las naranjas), legumbres y hortalizas representan los dos primeros puestos de **exportaciones** agrarias.

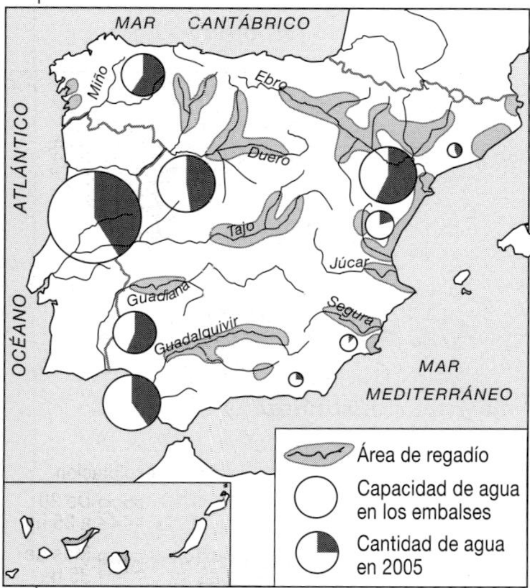

Regiones hidrográficas

• En las zonas de regadío, también se realizan **cultivos industriales** como la remolacha (*–la betterave–* en Castilla-Léon), el algodón (*–le coton–* en Andalucía), el girasol (*–le tournesol–* en las provincias de Cuenca y Sevilla), y también **cereales** : maíz (en Galicia, cuenca del Ebro, Extremadura, bajo Guadalquivir) y arroz (*–riz–* en Valencia –cf. la paella–, las marismas *–marais–* del Guadalquivir, el delta del Ebro).

3. Un sector moderno

La incorporación al Mercado Común ha sido una gran oportunidad para la agricultura española. Ésta **se ha renovado para resultar más competitiva** *(compétitive)* : la mecanización permite conseguir mejores rendimientos y la utilización de **nuevas técnicas modernas** (de selección de semillas *–semences–*, abonos *–engrais–*, nuevos cultivos y métodos de irrigación y **cultivos forzados** *–cultures forcées–* en invernaderos *–sous serres–*, etc.) ha transformado la fisionomía del campo andaluz (región de Almería, costa del Sol granadina, Huelva) y canario : el desarrollo de los cultivos extratempranos o "primores" *(primeurs)* resulta muy interesante tanto desde el punto de vista económico (alto valor añadido de estos cultivos de lujo) como desde el punto de vista social (ya que estos cultivos necesitan mucha mano de obra durante todo el año).

España se ha beneficiado de ayudas europeas mediante la PAC **(Política Agrícola Comunitaria)** para mejorar su productividad agraria : en 2004, 6.400 millones de euros le fueron concedidos (200 millones en 1985). Pero a partir de 2007, por la ampliación de la UE a 25 países, ya no se podrá contar con tantas ayudas ya que muchos nuevos países poseen una agricultura más atrasada que la española.

4. La ganadería

La ganadería está en **pleno auge** y la producción de carne, huevos y leche no deja de aumentar gracias a una reestructuración y la internacionalización del sector que exporta más de lo que importa. España ha tenido que adaptarse a las **cuotas lecheras** impuestas por la PAC ; por eso han desaparecido muchos pequeños ganaderos (un 83 %) pero se ha modernizado la producción.

La cría de **ovejas y carneros** *(brebis et moutons)* predomina en Extremadura y Castilla, mientras el ganado bovino (bueyes, vacas) se encuentra sobre todo en las montañas húmedas del norte y noroeste, y en las sierras andaluzas. Se practica la cría extensiva del **puerco** ibérico *(porc)* en las dehesas de Extremadura y la cría industrial de porcinos en Murcia y Cataluña. Caballos y toros se crían en Andalucía.

LA PESCA

1. Algo muy importante

Los españoles figuran entre los **mayores consumidores de pescado** en Europa (45 kilos por hab. y por año) y España posee la primera flota pesquera de Europa y la tercera del mundo (detrás de la CEI y del Japón).

Existe un **gran desequilibrio** entre los puertos pesqueros del Atlántico de donde procede la mayor parte de

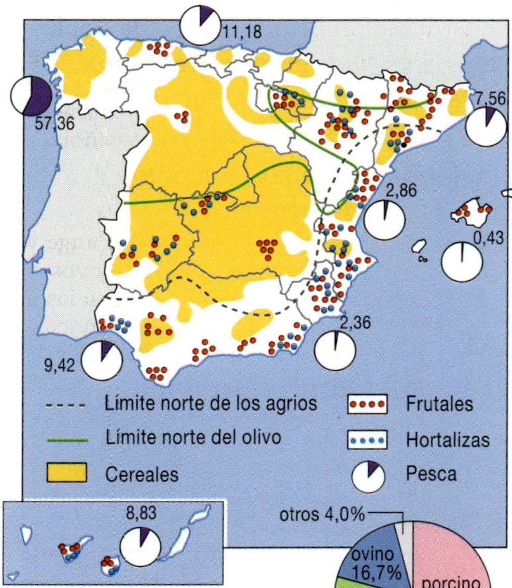

Agricultura, pesca y ganadería

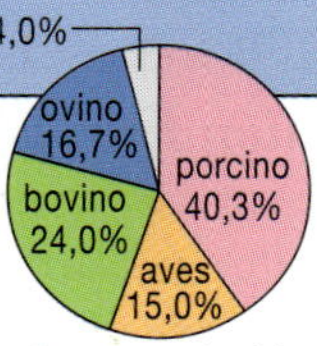

Carne producida

las capturas y los del Mediterráneo donde los peces abundan menos.

La pesca de altura (en alta mar) se practica desde siempre. Dura mucho tiempo ya que los pescadores se van lejos : los vascos o gallegos van hasta Gran Bretaña o Terranova, los pescadores del Golfo de Cádiz van hasta África occidental o Mozambique. Esta pesca es **modernísima** (flota congeladora) y ha permitido el desarrollo de los puertos del **Atlántico** (Vigo, La Coruña y Pasajes en el Norte ; Cádiz, Huelva y Algeciras en el Sur).

La pesca de bajura, la que se practica cerca de las costas (como la sardina), muchas veces es **artesanal y anticuada**.

2. La necesaria reconversión

Este sector, que mantiene directa o indirectamente (industrias de salazón y conservas) a un millón de personas, está **en crisis**. Frente a la competencia internacional y las restricciones comunitarias, se ha debido reducir el volumen de la pesca e importar pescado. Pero también se diversifica la producción con el desarrollo de la **acuicultura** (cría de organismos acuáticos) debido al agotamiento de los fondos marinos, a la contaminación y a la demanda creciente. España (esencialmente Galicia) abastece ya el 25 % de la producción europea y es el segundo productor mundial de mejillón.

3. España y sus vecinos

Los numerosísimos **incidentes** que han opuesto, a veces violentamente, a **España y Francia** (pescadores vascos que faenaban en el Golfo de Vizcaya –*le golfe de Gascogne*– cupos –*quotas*– no respetados, técnicas de pesca) o a **España y Marruecos** encuentran su origen en la extensión por estos países de sus aguas territoriales a 200 millas, quitando así a los vascos o a los andaluces sus tradicionales caladeros *(leurs lieux de pêche traditionnels)*. Sin embargo, España pesca en las aguas comunitarias sólo un 8 % del total de sus capturas. Debido al alto consumo de pescado –45 kg./hab.– y a su capacidad pesquera, España sigue buscando nuevas zonas de pesca provocando conflictos en aguas internacionales, por ejemplo en Canadá.

EL SECTOR INDUSTRIAL

DOS TIPOS DE EMPRESAS

• *En España predominan las* ***empresas pequeñas o medianas****. El desarrollo de las* ***multinacionales*** *que invierten en el extranjero, en América Latina y cada vez más en Europa, es un fenómeno nuevo.*

• *La penetración de las* ***multinacionales*** *es importante sobre todo en los sectores del automóvil, la química, la electrónica, la agroalimentación, la distribución.*

DESEQUILIBRIO REGIONAL

Los principales centros industriales son ***Madrid, Barcelona, Valencia y Bilbao.***

ESPAÑA Y LA UNIÓN EUROPEA

España lleva ***20 años en la Unión Europea*** *y el balance es muy positivo pues ha reducido su retraso con la* ***modernización*** *de varios sectores y esfuerzos para desarrollar sus infraestructuras (transportes). Las ayudas comunitarias y las inversiones extranjeras han permitido elevar el país prácticamente al nivel de sus vecinos. Pero la ampliación de la Unión Europea a 25 países probablemente cambie el estatuto y el papel de España en la Unión.*

MINAS

España es un país pobre en energía y minerales (salvo en mercurio).

PRODUCCIÓN

La industria española está muy diversificada. *Sobresalen el sector siderúrgico con aceros de excelente calidad y la industria del* ***automóvil.*** *También tienen importancia la* ***agroalimentación, la electrónica y la informática.*** *La industria textil, del calzado y la fabricación de muebles son tradicionales en Calaluña y Levante.*

ASPECTOS GENERALES

El sector industrial emplea al **30,1 % de la población activa** y aporta el **30 % del PIB**, proporciones parecidas a las de Francia (23 % de la población activa, 24 % del PIB).

1. Dimensión reducida de las empresas

Llama la atención la **importancia de la pequeña y mediana empresa** (PYME, de menos de 500 trabajadores) que representa el 99 % del número total de las empresas y el 70 % del empleo proporcionado.

Poco numerosas son las empresas de tamaño internacional. Sólo una figura entre las cien empresas industriales más importantes : REPSOL (empresa petrolífera privatizada, 97° puesto). Entre las quinientas primera también destacan ENDESA (electricidad y gas), CEPSA (petróleo) y ACS (construcción). Las multinacionales son un fenómeno nuevo en España que se desarrolla rápido gracias a la **liberalización del mercado** y la tendencia a la **globalización**.

2. Penetración en el exterior

Antes la industria española dependía del extranjero en cuanto a inversiones. Ahora ha cambiado la tendencia pues son las empresas españolas las que **invierten en el extranjero** (46.7 millones de euros en 2004 contra 1.8 millones en 1993). Asimismo, las fábricas españolas van instalándose en países donde la mano de obra es más barata : América Latina y próximamente los nuevos países del Este de la Unión Europea. Queda un punto débil : la **insuficiencia de las inversiones en Investigación y Desarrollo** (I+D) : sólo el 1 % del PIB, la mitad menos que en Francia.

Las multinacionales controlan enteramente la producción de **automóviles** y gran parte de la **industria química**. Están presentes en el **sector electrónico, la agroalimentación, la distribución**.

DESEQUILIBRIO REGIONAL E INFORMALIDAD

La repartición geográfica de la industria está muy desequilibrada : se da un fuerte contraste entre el norte industrial y el sur. Algunas regiones, como Andalucía y Extremadura, son verdaderos desiertos industriales.

También es de notar la **importancia de la economía sumergida** *(l'économie souterraine, parallèle)* que ha invadido ciertos sectores como la industria del calzado o del juguete en Valencia y Alicante, o la industria textil catalana. España es, tras Italia y Grecia, el país con mayor economía sumergida en Europa (UE-15).

Los salarios, cargas sociales e impuestos han aumentado mucho en los últimos años, pero España es, tras Portugal, el segundo país de la UE-15 con menos cobertura social y sanitaria (Seguridad Social insuficiente).

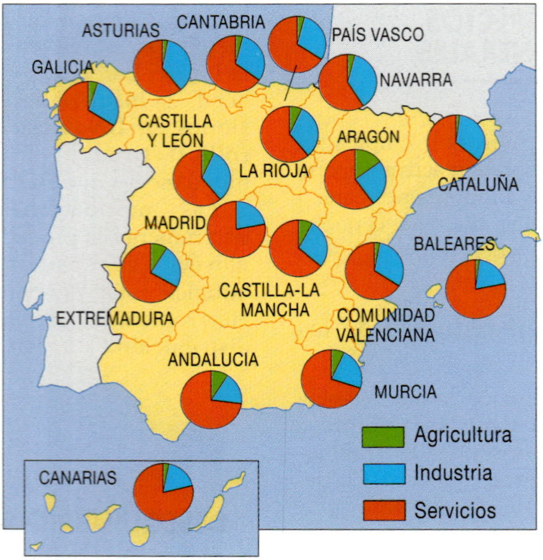

Sectores de producción por autonomías

ESPAÑA Y LA UNIÓN EUROPEA

España no está al mismo nivel que la mayoría de sus competidores europeos. Su PIB (en PPA) fue de 1.035.000 millones de dólares en 2004, la mitad del de Alemania (2.310.000 millones de dólares), país de superficie inferior pero por cierto más poblado. Sin embargo, España es un **país mucho más rico que en 1986** : se ha pasado del 70 % al 98,7 % de renta respecto al promedio comunitario, el PIB/hab. ha subido un 70 %. Asimismo ha recibido en veinte años un total superior a 175.000 millones de euros frente a las aportaciones españolas a la UE de unos 91.000 millones, lo que supone un saldo neto de más de 84 millones de euros que permitieron el desarrollo de las infraestructuras en los transportes (ferrocarril, AVE, red de carreteras, etc.). Pero al ampliarse la UE con países más atrasados, España tendrá que aportar más fondos al presupuesto comunitario para mejorar la economía de los nuevos países.

LA MINERÍA Y LAS FUENTES DE ENERGÍA

España es **un país pobre en fuentes de energía**. Cuenta esencialmente con la **hidroelectricidad** (ríos Duero, Ebro, Tajo), el carbón (Asturias, León y Puertollano en Sierra Morena, pero su coste es elevado y la calidad muy baja) y sus centrales nucleares. España cuenta con once instalaciones nucleares en el territorio peninsular. Por ello, debe importar gran parte de la energía que consume (el petróleo cubre más del 50 % de las necesidades energéticas). El alza constante del precio del petróleo hace aumentar la demanda en **gas**, sector que empieza apenas a desarrollarse en España : el 98 % del gas consumido es importado principalmente de Argelia.

También se fomentan actualmente las nuevas fuentes de energías renovables como la **energía eólica** (5° puesto en Europa). En fin, es de notar la liberalización del mercado eléctrico con las privatizaciones de las empresas ENDESA e IBERDROLA.

El subsuelo español es rico en metales pero no se extraen en grandes cantidades, salvo el **mercurio** de Almadén (Ciudad Real) del que España es el primer productor mundial. Las zonas mineras más importantes se sitúan en los bordos montañosos de la meseta y en la periferia : **hierro** en Granada, Vizcaya y Cantabria ; **plomo** en Linares-la Carolina (Jaén) y Cartagena-Mazarrón (Murcia) ; **cinc** en Reocín (Cantabria) y Murcia ; cobre en Huelva, etc.

LA PRODUCCIÓN

1. Las industrias de base

La **siderurgia** ha sido reestructurada y es una actividad muy dinámica en España. Produce **aceros de excelente calidad** y se localiza en **Asturias** (Avilés, empresa ENSIDESA), **Vizcaya** (ría del Nervión, empresa ALTOS HORNOS DE VIZCAYA), **Levante** (Sagunto) y más recientemente **Andalucía** (Algeciras, empresa ACERINOX).

Se produce aluminio en Vigo y Sabiñanigo (Huesca, empresa ALUMINIO ESPAÑOL).

También es muy dinámica la **industria química** que ocupa el 5° puesto europeo y contribuye al 10 % de los ingresos de la industria global. La dimensión de sus empresas es, en general, muy reducida. La **influencia extranjera**, tanto a nivel del capital como de la tecnología, es importante, sobre todo en la industria farmacéutica.

La industria petroquímica se ha instalado cerca de **las refinerías de petróleo :** los complejos más importantes son los de **Puertollano** (Ciudad Real, empresa ENPETROL), **Tarragona** (Cataluña, empresa INDUSTRIAS QUÍMICA ASOCIADAS – IQA –, formada por las españolas UNIÓN ESPAÑOLA DE EXPLOSIVOS y CEPSA y las extranjeras SHELL y HOECHST), **Algeciras** (Cádiz, empresa CEPSA) y **Huelva** (empresa ERT ; este complejo es muy polémico, debido a la contaminación atmosférica que genera y sus vertidos tóxicos al mar).

La fabricación de **cemento** garantiza el abastecimiento *(l'approvisionnement)* del mercado nacional. La productividad se ha duplicado en los últimos veinte años, permitiendo un volumen de exportación de creciente importancia.

2. Las industrias de transformación*

La construcción naval se sitúa tradicionalmente en **Vizcaya** (ría del Nervión) y **Galicia** (El Ferrol, empresas BAZÁN y ASTANO, arsenal de la

* *El acero es la materia prima básica de las industrias de transformación.*

Marina de Guerra ; Vigo, barcos de pesca). De desarrollo más reciente son los astilleros *(les chantiers navals)* de **Cádiz** y **Sevilla** en el sur y de **Valencia** en Levante. A pesar de la reconversión, se trata de una actividad **en crisis**, que no puede resistir la competencia de los países del Extremo Oriente (Corea y Japón) : España, que llegó a ocupar el 5° puesto mundial en 1979 produce ahora por debajo del 50 % de su capacidad.

Material Ferroviario : España ha decidido adecuar su ancho de vía a la norma **europea** e introducir el **tren de alta velocidad** (AVE : TGV) en cooperación con las firmas francesa ALSTHOM y alemana SIEMENS, lo cual supone una inversión *(un investissement)* considerable.

La industria del automóvil ocupa el **primer puesto en las exportaciones** y contribuye en un 6 % al PIB. España es el tercer productor europeo, el 7° a nivel mundial y exporta la mitad de su producción hacia los mercados europeos. Ningún país europeo cuenta con tantos constructores : FASA RENAULT (Valladolid), SEAT-VW (Barcelona), FORD (Valencia), GENERAL MOTORS (Zaragoza), CITROEN (Vigo), PEUGEOT Espagne S.A. (Madrid), ENASA (camiones "Pegaso", comprada por los alemanes MAN Y MERCEDES, en Barcelona y Barajas-Madrid), LAND-ROVER, AUSTIN, NISSAN, MERCEDES-BENZ, etc.

Otra industria en pleno desarrollo es la **aeronáutica** a través de la empresa española CASA o de cooperaciones internacionales (AIRBUS, TIGRE). Esta industria se concentra principalmente en Madrid con el 64,5 % de los empleos (Getafe), Andalucía (Sevilla y Cádiz) o el País Vasco.

La construcción de **maquinaria** se realiza también en gran medida con patentes extranjeras (así, por ejemplo, las máquinas de oficina HISPANO OLIVETTI, la maquinaria eléctrica AEG, SIEMENS, los equipos informáticos de FUJITSU en Málaga, o IBM en Valencia, etc.).

3. Las industrias de bienes de consumo

La mayor parte de las empresas suelen ser de **dimensión reducida**.

Las industrias alimentarias tienen una **gran importancia** pero muchos sectores están bajo el control de **multinacionales** (productos lácteos, aceites, cafés solubles, preparados infantiles, bebidas, etc.). Cabe destacar las conservas de pescado en el litoral gallego y cantábrico, las refinerías de azúcar en León y Zaragoza, los vinos y conservas vegetales de Navarra, la Rioja, Valencia y Andalucía.

En la **industria textil**, España ocupa el 5° puesto europeo y es fuente de trabajo para muchas familias. Tradicionalmente implantada en **Cataluña** (Tarrasa y Sabadell) este sector se enfrenta a una grave crisis debida a la **competencia de los países asiáticos en vía de desarrollo**. Pero es revelante la empresa gallega ZARA, del grupo multinacional INDITEX que tiene una gran penetración en el mercado internacional (desde el año 2000 se ha convertido en el primer grupo europeo del sector adelantando en 2006 al grupo sueco H&M). **La moda y el comercio del lujo** vienen a ser un sector dinámico (ADOLFO DOMÍNGUEZ, AGATHA RUIZ DE LA PRADA).

La industria del cuero y del calzado se sitúa en **Cataluña, Levante, Baleares y La Coruña** (Galicia). Son empresas de pequeña dimensión, muchas veces sumergidas *–non déclarées, qui travaillent au noir–*, con vocación exportadora a pesar de la reciente competencia de países latinoamericanos (Brasil, México, Argentina...).

La industria papelera también está demasiado fragmentada, lo que encarece los costes. **La industria editorial,** localizada esencialmente en **Madrid y Barcelona**, sufre de la poca competitividad de la industria papelera. Sin embargo, su **actividad es importante** (5° puesto mundial por los títulos publicados) dado el **inmenso mercado hispanohablante de América del Sur y del Norte**. Por eso atrae cada vez más a las multinacionales.

La industria de los muebles y del juguete (en **Cataluña y Levante**) también son sectores dinámicos y exportadores.

ECONOMÍA Y COMERCIO

UN GRAN CRECIMIENTO

España es el país europeo que más se ha desarrollado (qui s'est le plus développé) *en los últimos años.*
Ha llegado a ser ***un país rico*** *aunque no alcanza aún el nivel económico de sus vecinos y que su balanza comercial sigue desequilibrada (compra al extranjero más de lo que vende).*

LA PRIMERA RIQUEZA DE ESPAÑA : EL TURISMO

España es un país turístico : ***su clima, sus playas y su rico pasado cultural*** *(árabe en Andalucía) atraen cada año a más de 50 millones de turistas.*
El país se esfuerza en diversificar la oferta turística.

EL COMERCIO

España es un país de pequeñas tiendas en el que los otros países europeos han introducido con éxito los super e hipermercados.
Los españoles se han adaptado también a las nuevas formas de pago y utilizan cada vez más la tarjeta bancaria.

CRECIMIENTO E INVERSIÓN EXTRANJERA

Hasta 1992 España ha conocido un **crecimiento** *(une croissance)* **económico superior al promedio europeo**. Es la **7ª potencia mundial**. Sin embargo, su producción global no alcanza aún la de sus vecinos del norte.

Para reducir su **retraso**, España ha iniciado una **reconversión industrial**, saneando su sector público (el **Instituto Nacional de Industria** : INI, holding de Estado, ya no es deficitario) y multiplica las **inversiones** *(les investissements)*, especialmente en el sector de los **transportes** (modificación del ancho de vía de los ferrocarriles *–mise à l'écartement européen de ses voies de chemin de fer–* y tren de alta velocidad : AVE-TGV) y en **manifestaciones internacionales** (**1992** : Celebración del Quinto Centenario del Descubrimiento de América, Exposición Universal de Sevilla y Juegos Olímpicos de Barcelona).

Buena prueba del **dinamismo español** fueron las numerosísimas inversiones extranjeras (aportación de capital) de las que se benefició el país : se habían multiplicado por diez de 1979 a 1987 y duplicaron de 1986 a 1987, pasando a proceder en su mayor parte de los países comunitarios.

Paralelamente al crecimiento económico (un 4,9 % en 1989, un 3,5 % en 1990), **el consumo aumentó** de modo considerable (un 7 % en 1989), causando el recalentamiento *(surchauffe)* de la economía y el aumento de la inflación.

Con la recesión de las economías europeas a partir de 1992 las inversiones extranjeras bajaron fuertemente hasta reducirse de mitad y se multiplicaron las deslocalizaciones *(délocalisations)*. Pero la **actualidad es esperanzadora** : en 2005, el PIB creció un 3,5 % y el PIB/hab. un 6,2 %, crecimiento superior a la media comunitaria. Se debe sobre todo a una fuerte demanda interna en los servicios y la construcción.

La inflación también alcanza el 3,4 % en 2005. **El precio de la vivienda** no cesa de aumentar (+ 5,3 % en 2005), siendo Madrid y Barcelona las provincias más caras (3.629 y 3.700 euros/m² respectivamente), Badajoz y Lugo las más baratas (1.263 y 1.268 euros/m² respectivamente). De ahí la decisión del gobierno de ir construyendo pisos y apartamentos de protección oficial asequibles para los jóvenes.

COMERCIO EXTERIOR

Para modernizar las empresas y satisfacer la demanda, se ha importado mucho. España **exporta** cada vez más productos al extranjero, a los países de la UE (el 70 %) y de América Latina con los que va estrechando sus relaciones comerciales (acuerdos con el MERCOSUR, etc.). Pero el volumen y el valor de las **importaciones** siguen siendo más altos por lo que la balanza comercial arroja un saldo negativo cada año mayor (-77.812 de euros en 2005). **Importa** petróleo, maquinaria, material de transporte, productos agrícolas, productos químicos. **Exporta** material de transporte, productos agrícolas, maquinaria.

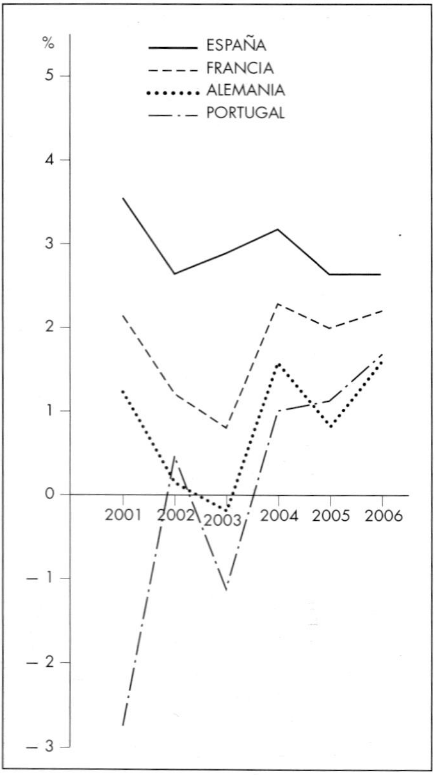

Crecimiento del PIB de 2001 a 2006

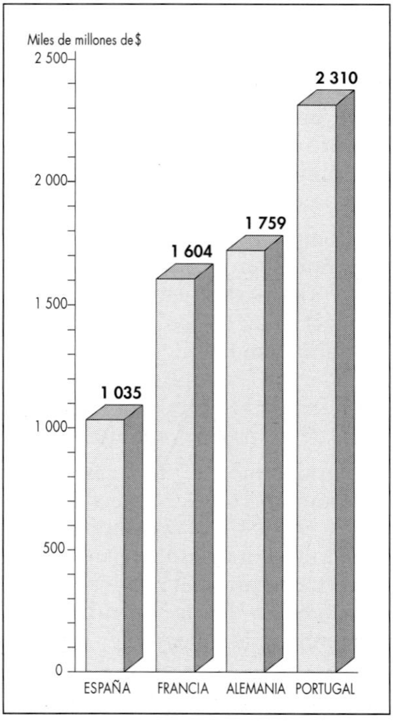

PIB GLOBAL (PPA) (2004) en miles de millones de dólares

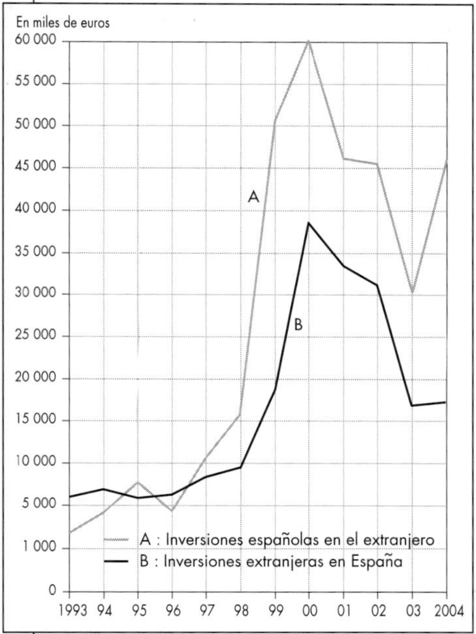

Progresión de las inversiones de 1993 a 2004 (en miles de euros)

PRINCIPALES IMPORTACIONES	%
Vehículos autos, etc., tractores, ciclos y demás vehículos	22,21
Reactores nucleares, calderas y artefactos mecánicos	15,73
Combustibles minerales, aceites minerales	14,57
Máquinas, aparatos y material eléctricos y sus partes	11,37
Fundición, hierro y acero	5,16
Materias plásticas y manufacturas de estas materias	4,25
Productos farmacéuticos	4,05
Productos químicos orgánicos	3,68
Instrumentos de óptica, fotografía o cinematografía	2,90
Prendas y complementos de vestir, excepto de punto	2,06

2005

PRINCIPALES EXPORTACIONES	%
Vehículos autos, etc., tractores, ciclos y demás vehículos	21,69
Reactores nucleares, calderas y artefactos mecánicos	7,49
Máquinas, aparatos y material eléctricos y sus partes	6,25
Combustibles minerales, aceites minerales	3,51
Materias plásticas y manufacturas de estas materias	3,18
Frutos comestibles, cortezas de agrios o de melones	2,70
Fundición, hierro y acero	2,69
Productos farmacéuticos	2,23
Manufacturas de fundición, hierro y acero	1,95
Productos químicos orgánicos	1,91

2005

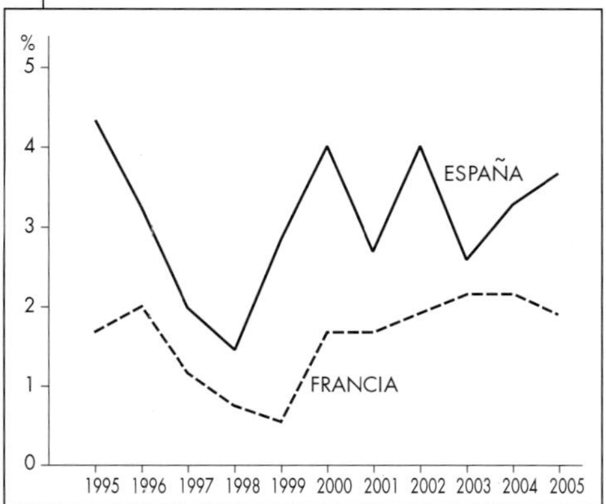

Tasas de inflación en España y Francia de 1995 a 2005

Principales zonas turísticas

EL TURISMO

Hasta 1989, los ingresos por turismo *(les recettes touristiques)* han venido a **compensar el déficit de la balanza comercial** : el turismo es la primera industria del país, la primera exportación aunque sin desplazamiento de bienes y servicios. Los turistas (provenientes de países exteriores a la zona euro) aportan divisas (*–devises–*, es decir dinero extranjero) y hacen que funcionen otras muchas empresas que, sin ellos, no existirían : hoteles, agencias de publicidad, escuelas de formación para el personal, comercio, construcción, obras públicas, etc. Directa o indirectamente, **del turismo viven más de un millón de personas en España**.

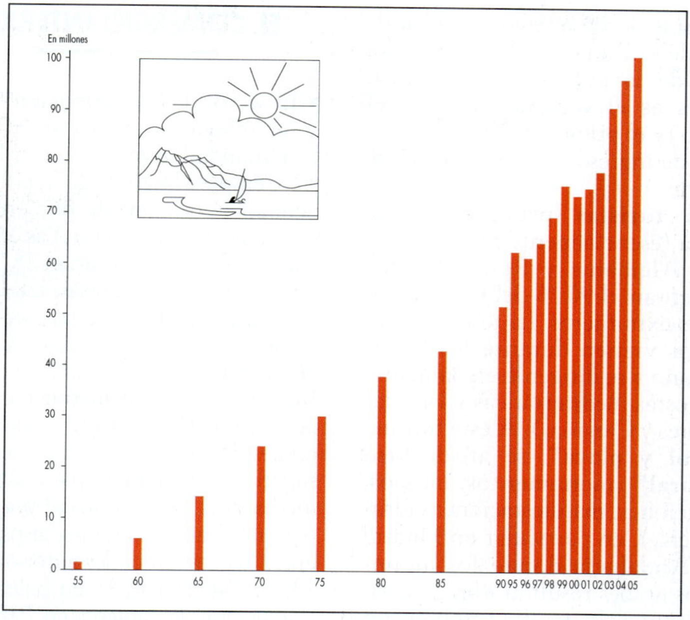

Turistas que han visitado España desde 1955 (en millones)

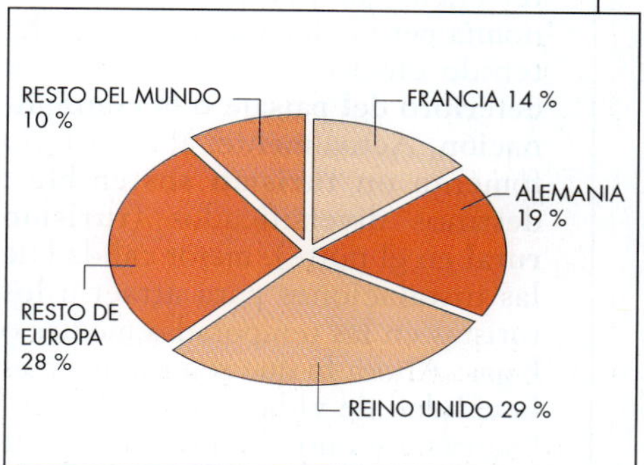

Procedencia de los turistas (2005)

El desarrollo de los medios de transporte, la elevación del nivel de vida y el mayor tiempo libre han hecho posible una **formidable expansión del turismo** : desde 1950, la población mundial ha duplicado (se ha multiplicado por dos) pero ¡los desplazamientos turísticos se han multiplicado por catorce !

Los acontecimientos de **1992** (Juegos Olímpicos de Barcelona, Exposición Universal de Sevilla y Quinto Centenario del Descubrimiento de América) fueron la ocasión de un aflujo masivo de turistas a España (más de 55 millones), número de visitantes que no cesa de aumentar desde entonces (92 millones de entradas en 2005, más del doble de la población española). **España es el segundo país en el mundo** (y el primer europeo) en términos de ingresos turísticos, el 11 % de su PIB.

Los turistas procedentes de Europa (esencialmente Francia, Portugal, Alemania y Reino Unido) representan el 90 % del total de los turistas extranjeros. La tercera parte de ellos vienen durante los meses de verano y se dirigen esencialmente a las costas mediterráneas y las Islas (Baleares y Canarias). A este turismo de **"sol y playa"**, se añade otro **"cultural"** (monumentos, museos, exposiciones, manifestaciones culturales, etc.), en particular en Madrid y en Andalucía donde los monumentos árabes resultan muy atractivos. España desarrolla también un turismo "de empresa", con ferias y encuentros y atrae a los turistas de la tercera edad *(3e âge)*.

El desarrollo desmesurado de la construcción en las costas mediterráneas ha potenciado la economía pero la locura urbanística ha tenido efectos negativos como el **deterioro del paisaje o la contaminación**. Actualmente, el ministerio fomenta un **turismo sostenible** : destinos diversificados (**turismo rural** en el norte), mejor calidad de las instalaciones para atraer a los turistas en las temporadas medias o bajas. Ahora lo que se promueve es la calidad de vida con el eslogan : "Sonría, está usted en España", y ya no el antiguo lema : "España, todo bajo el sol".

EL COMERCIO INTERIOR

• **El sector de la distribución** empezó a ser relevante en los años 60. En la actualidad, representa el 14 % del PIB y emplea al 16 % de la población ocupada, con elevado porcentaje de mano de obra femenina. Las empresas comerciales representan el 28 % de la totalidad de las empresas. La distribución de productos de gran consumo se compone de dos categorías : el **comercio al por mayor** *(commerce en gros)* (un 21 %) y **al por menor** *(commerce au détail)* (79 %). El número de comercios al por mayor es tres veces superior al de Francia y se calcula una media de 15 comercios al por menor para mil habitantes, con disparidades entre las comunidades autónomas (de 13.3 en Madrid a 19.6 en Baleares). El CARREFOUR de Zaragoza en 1973 fue el primer paso en la implantación de **hipermercados** en España donde predomina la **distribución de proximidad**. Por esa particularidad cultural, los grandes grupos privilegiaron la instalación de supermercados (de unos 800 m^2 de media) que controlan el 69,2 % de los ingresos. En la alimentación, 4 grupos compiten detrás del líder CARREFOUR : EROSKI, HIPERCOR, MERCADONA y ALCAMPO. Siguen multiplicándose los centros comerciales sobre todo en Madrid, Valencia y Cataluña. También se desarrolla rápidamente la **compra a distancia mediante Internet** (cf. <Naranjaslola.com>, único comercio electrónico de producto agrícola en Europa, de momento) (890 millones de euros en 2004, el doble de 2003).

• Se están multiplicando en España las **asociaciones de consumidores**, las cuales van cobrando cada vez mayor importancia : en 1990, la UCE (Unión de Consumidores de España) ha sido la primera asociación que ha conseguido la condena de la firma Citroen por publicidad engañosa. Muy importante también es la OCU (Organización de Consumidores y Usuarios), siendo la más antigua la FEACCU (Federación Española de Asociaciones de Amas de Casa, Consumidores y Usuarios), sin olvidar las OMIC (Oficinas Municipales de Información al Consumidor).

LA BANCA

La **red bancaria española** es una de las más importantes de la UE. con una oficina por cada 1.100 habitantes, con disparidades entre las comunidades. En 2005, cuenta con 74 bancos, con las poderosas **Cajas de Ahorros** (que obtuvieron un incremento de beneficio neto del 35,4 % respecto a 2004) y con 83 **cooperativas de crédito**.

Pero el grueso de la actividad se concentra en el grupo SCH (fusión del BANCO SANTANDER con el CENTRAL HISPANO), que ocupa el 12° puesto mundial y el BBVA (Banco Bilbao Vizcaya) en el 33° puesto. Pero no alcanzan todavía la potencia de los grandes bancos americanos, japoneses o franceses : sus beneficios acumulados apenas superan los del francés BNP-Paribas.

Lo mismo pasa con las **bolsas**, que aunque están progresando, no tienen un verdadero peso mundial, ni siquiera europeo.

La situación bancaria y bursátil muestra que España carece todavía de capitales propios suficientes.

Los españoles han adoptado las nuevas formas de pago europeas y utilizan cada vez más la tarjeta bancaria.

SEGUNDA PARTE

Las Comunidades autónomas

La geografía
La economía
El arte
El folklore
y la gastronomía
Las fiestas

I N T R O D U C C I Ó N

La presentación de cada autonomía se hará según el esquema siguiente :

Presentación geográfica

Economía

Arte

Para esta sección, lea también las páginas 201 a 331 relativas a la historia de España o mire en el índice de la página 366 dónde se trata el tema que le interesa.

Folklore y gastronomía

Fiestas

Folklore, gastronomía y fiestas son el reflejo de la economía, historia y cultura de la región.

Este cuadro permitirá comparar los indicadores socioeconómicos de cada autonomía con los generales de España en 2005 (*cuarto trimestre)* :

Superficie (% total España) : 100
Densidad : 85,5 hab./km^2
Distribución de la población activa :
agricultura : 5,3 %
industria : 30,1 %
servicios : 64,6 %
Parados : 8,7 % de la población activa
Renta familiar bruta disponible por hab. :
media nacional 100
VAB/hab.* : media nacional 100

** Valor añadido bruto a precios básicos : permite medir el nivel de desarrollo.*

A N D A L U C Í A

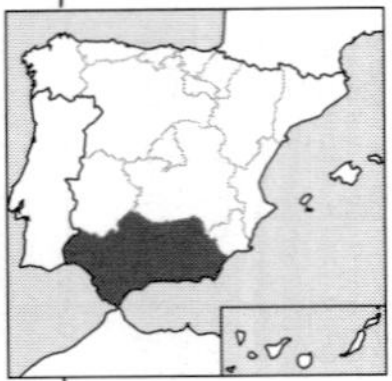

Se llamaba antes ***Bética*** *(Betis era el nombre romano del río Guadalquivir ; de ahí el nombre de Sistema Bético dado a las sierras andaluzas). Es la más grande de las autonomías españolas, regada en parte por el* ***Guadalquivir*** *que corre entre la Sierra Morena al norte y las sierras Béticas al sur. La integran las provincias de Almería, Cádiz, Córdoba, Granada, Huelva, Jaén, Málaga, Sevilla.*

ECONOMÍA

Superficie (% total España) : 17,3
Densidad : 86,6 hab./km²
Distribución de la población activa :
- **agricultura :** 9,4%
- **industria :** 26,4 %
- **servicios :** 64,2 %

Parados : 13,8 % de la población activa
Renta familiar bruta disponible por hab. : 79,99
VAB/hab. : 77,7

Monocultivo en las tierras de secano : cereales, olivo (Jaén), viñedo (Jerez, Málaga) ; el cortijo *(ferme andalouse)* es la explotación agraria típica. Algodón, cítricos *(agrumes)*, hortalizas *(légumes)*, frutas y verduras tempranas *(primeurs)* en las zonas de regadío. Ganado bovino y caprino, toros de lidia en el valle del Guadalquivir. Pesca.

Minas antiguas e importantes en Sierra Morena y Sierra Nevada. Poca industria salvo en Sevilla, Cádiz y Huelva.

Importante **turismo en la Costa del Sol** (Málaga) y el triángulo **Córdoba, Sevilla, Granada**.

La Exposición Universal de 1992 da un gran empuje a la provincia de Sevilla.

La **tasa de paro** sigue superior a la media nacional pero ha descendido mucho. Dinamismo en la creación de empresas dedicadas a las **ciencias y las nuevas tecnologías.** Esfuerzos en los **transportes** : extensión del AVE Madrid-Sevilla hasta Málaga, inauguración prevista del metro de Sevilla en 2006, proyecto de metro en Granada, expansión de la red de carreteras, aeropuerto de Málaga (4° puesto nacional) y puerto de Algeciras (1° puesto nacional).

Uno de los pueblos blancos andaluces : Arcos de la Frontera

ARTE

Andalucía fue el **centro del arte arábigo-español** (Mezquita de Córdoba, Giralda y Torre del Oro de Sevilla, Alhambra de Granada –cf. p. 207 a 211–) y posteriormente del **arte renacentista** (catedral de Granada, Baeza) y barroco (la Cartuja de Granada).

Andaluces fueron los pintores Velázquez, Murillo y Valdés Leal (s. XVII –cf. p. 227 a 231–), Picasso (s. XX –cf. p. 280-281-294-308–) y los músicos M. de Falla y J. Turina (s. XX).

Plaza de la Alianza con la Giralda al fondo (Sevilla)

FOLKLORE Y GASTRONOMÍA

El flamenco, o canto jondo, es el canto y baile andaluz, con acompañamiento de guitarra, castañuelas *(castagnettes)* y palmas *(on tape dans ses mains)*.

La especialidad andaluza es el gazpacho, sopa fría a base de tomate, pimiento, pepino *(concombre)*, etc. El pescado se suele comer frito.

Patio típico

FIESTAS

La celebración de la **Semana Santa** atrae cada año a muchos turistas, así como la **Feria de Sevilla** (Abril) y la **Romería del Rocío** en Huelva (Pentecostés). También es relevante el carnaval de Cádiz.

A R A G Ó N

En la zona media del Valle del Ebro, dominan esta región los Pirineos al norte (Pico de Aneto, 3.404 m) y el Sistema Ibérico al suroeste (Moncayo, 2.316 m). De clima continental seco, ha conocido un fuerte éxodo rural (cf. las canciones de J. A. Labordeta). Reúne las provincias de Huesca, Zaragoza y Teruel.

ECONOMÍA

Superficie (% total España) : 9,4
Densidad : 26,1 hab./km²
Distribución de la población activa :
- **agricultura :** 7,5 %
- **industria :** 33,5 %
- **servicios :** 59,0 %

Parados : 5,7 % de la población activa
Renta familiar bruta disponible por hab. : 109,12
VAB/hab. : 106,3

Las obras de regadío permiten que se cultiven, además de cereales, viña (vino de Cariñena) y olivo, maíz, remolacha *(betterave)*, tomate.

Zaragoza es un núcleo industrial en pleno desarrollo : agroalimentación, fibras textiles.

La región es también muy productiva en **energía eléctrica** : hidráulica, térmica y eólica.

Su situación geográfica la convierte en **núcleo de los transportes por carretera.**

Albarracín (Teruel)

ARTE

Por el Aragón pirenaico pasa el **Camino de Santiago** : quedan preciosos monumentos románicos (Jaca). El resto de la región es famoso por su arte mudéjar (Teruel –cf. p. 212–).

Zaragoza, en el centro de una depresión en la que confluyen tres ríos (Ebro, Jalón, Gállego), fue reconstruida en gran parte en el siglo XIX, tras el sitio *(le siège)* de la ciudad por las tropas francesas, durante la guerra de Independencia. Su catedral, la Seo, es una basílica neoclásica de inmensas proporciones.

FOLKLORE Y GASTRONOMÍA

La jota, generalmente cantada, tiene un ritmo ternario muy vivo.

La carne suele servirse en chilindrón, es decir con tomate, cebolla y pimiento.

FIESTAS

En octubre, los zaragozanos celebran **a la Virgen del Pilar**, con "Gigantes y Cabezudos" (que son grandes figuras de cartón).

A S T U R I A S

*O*cupa *la vertiente occidental de la* **Cordillera Cantábrica.** *La costa rocosa, con pequeñas rías* (rias, petits estuaires), *es llamada la Costa Verde. Los ríos son caudalosos.*

En el interior, **los Picos de Europa** *(altitud máxima 2.648 m) constituyen una reserva nacional cada vez más apreciada por los turistas que también visitan la cueva milagrosa de Covadonga (victoria sobre los árabes del rey visigodo Pelayo en 722). Se habla el bable o asturiano en el campo. La capital es Oviedo.*

ECONOMÍA

Superficie (% total España) : 2,1
Densidad : 101,2 hab./km^2
Distribución de la población activa :
- **agricultura :** 5,3 %
- **industria :** 31,7 %
- **servicios :** 63,0 %

Parados : 9,6 % de la población activa
Renta familiar bruta disponible por hab. : 96,24
VAB/hab. : 87,3

Zona de minifundios donde se cultivan cereales (maíz, centeno), forrajes, patatas y manzanas (sidra). Importante ganadería bovina para la producción de **leche**.

El principal recurso económico son las minas de **carbón** (en crisis) que producen el 65 % de la hulla española. La industria siderúrgica (Avilés, Gijón) y de construcción naval han sufrido una restructuración a veces conflictiva. Asturias tiene una larga tradición obrera (socialista, anarquista y comunista) y ha sido escenario de huelgas y sublevaciones célebres a lo largo de los siglos XIX y XX.

El principado fomenta el **turismo verde** mediante la multiplicación de las casas rurales.

ARTE

El reino de Asturias fue el primero que apareció tras la conquista árabe de la Península : lo fundó el noble visigodo Pelayo en 722. El arte asturiano, que se desarrolló desde el s. VIII hasta el siglo X, mezcla la tradición visigótica con el prerrománico (cf. p. 204). Por Asturias pasa el camino a Santiago de Compostela.

La España Verde

Santa María del Naranco

FOLKLORE Y GASTRONOMÍA

La fabada asturiana son judías *(haricots)* con chorizo, tocino, jamón añejo y morcilla *(charcuteries)*. La sidra asturiana es famosísima y tiene su fiesta (en julio en Nava). El cabrales es un queso parecido a nuestro roquefort.

Escanciando sidra por una calle asturiana

FIESTAS

Las romerías *(pèlerinages)* son numerosas y se hacen al son de la gaita (*–sorte de biniou–* Fiesta del Pastor en Enol el 25 de julio, de los Vaqueiros de Alzada, en agosto). También en agosto, fiesta deportiva de canoas en el río Sella (Arriondas-Ribadesella).

B A L E A R E S

El ***archipiélago*** *está formado de varias islas : Mallorca, la mayor, con la capital Palma, Menorca, Ibiza, Formentera, Cabrera y otras pequeñas. De relieve muy variado (prolongación de la Cordillera Bética andaluza con el Puig Major 1.445 m), atrae a muchos inmigrantes, trabajadores o turistas (muchos jubilados* –des retraités–) *: es el destino preferido de los turistas extranjeros (unos 7 millones al año mientras que la población asciende a 980.000). Se habla el mallorquín, dialecto del catalán.*

Superficie (% total España) : 0,9
Densidad : 191,3 hab./km²
Distribución de la población activa :
- **agricultura :** 2,4 %
- **industria :** 24,2 %
- **servicios :** 73,4 %

Parados : 7,5 % de la población activa
Renta familiar bruta disponible por hab. : 114,09
VAB/hab. : 111,6

Catedral de Palma de Mallorca

ECONOMIA

Agricultura tradicional : olivo, higuera *(figuier)*, vid y almendro *(amandier)*. Ganadería (bovina para el queso de Mahón en Menorca).

Industria de bienes de consumo (calzado, bisutería –las famosas "perlas majoricas" en Mallorca, o las "emprendades" de Ibiza– y artesanía).

Industria turística muy importante todo el año.

ARTE

Abundantes restos megalíticos (prehistóricos).

El pintor Miquel Barceló (nacido en 1957) pinta obras figurativas y conoce un éxito cada año mayor. En 2005 obtuvo el Premio Príncipe de Asturias de las Artes.

GASTRONOMÍA

La ensaimada es una especie de bollo *(pain au lait)* en forma de espiral, típica de Mallorca.

C A N A R I A S

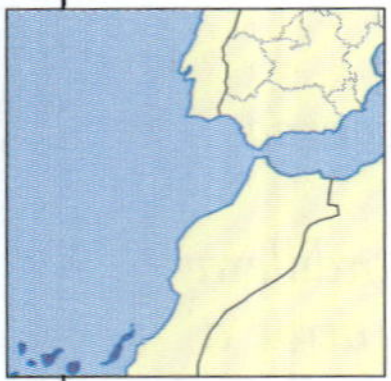

Este ***archipiélago volcánico*** *(el Teide, 3.718 m), africano por su posición geográfica pero europeo por su cultura, es un* ***puente entre el Mediterráneo y América.*** *Por su cercanía con Marruecos, el archipiélago es el destino escogido por muchos clandestinos que vienen de África en pateras. La dulzura de su clima tropical, desértico en Fuerteventura y Lanzarote, atrae a los turistas todo el año. Comprende dos provincias : Santa Cruz de Tenerife y Las Palmas de Gran Canaria.*

ECONOMÍA

Superficie (% total España) : 1,4
Densidad : 257,2 hab./km²
Distribución de la población activa :
- **agricultura :** 3,9 %
- **industria :** 20,9 %
- **servicios :** 65,6 %

Parados : 10,7 % de la población activa
Renta familiar bruta disponible por hab. : 92,26
VAB/hab. : 92,4

Gracias a un ingenioso sistema de irrigación y protección del suelo, se ha desarrollado una agricultura tropical y de especies tempranas : plátanos, tomate, tabaco, caña de azúcar, cítricos. Pesca.

Industria poco desarrollada derivada de la pesca, tabaco ; refinería de petróleo.

La economía se basa en el **comercio** y el tránsito por un lado, y el turismo y la agricultura por otro.

El archipiélago resulta ser muy dinámico en el sector de las telecomunicaciones y de la telefonía móvil.

FIESTAS

El **carnaval** de Santa Cruz de Tenerife es muy famoso. En agosto, se celebran en Lanzarote las Fiestas de San Ginés, con "Gigantes y Cabezudos" *(grosses figures en carton-pâte)*.

Paseando en camello

C A N T A B R I A

Formó parte de Castilla la Vieja hasta que se constituyó en Comunidad Autónoma en 1982. Su capital es Santander. El relieve del interior (Cordillera Cantábrica) le ha merecido el nombre de **"La Montaña"** *a Cantabria. La estrecha costa atrae a los veraneantes.*

ECONOMÍA

Superficie (% total España) : 1,0
Densidad : 105,6 hab./km²
Distribución de la población activa :
agricultura : 5,4 %
industria : 29,0 %
servicios : 65,6 %
Parados : 8,1 % de la población activa
Renta familiar bruta disponible por hab. : 102,05
VAB/hab. : 99,3

Agricultura típica de **la España húmeda** : maíz, patatas, forrajes. Importante ganadería bovina para la leche. Pesca.

Gran riqueza mineral : cinc en Reocín, hierro que ha permitido el desarrollo de la metalurgia (Reinosa). Industria alimentaria.

La Universidad Internacional Menéndez y Pelayo atrae cada año a numerosos estudiantes extranjeros.

La capital alberga la sede de la mayor entidad bancaria del país : SCH (fusión Santander-Central Hispano).

ARTE

Cantabria conserva muchas cuevas prehistóricas, la más conocida de las cuales es la **Cueva de Altamira** con sus famosos bisontes (cf. p. 202).

Cerca del sitio de Altamira está el pueblo medieval de Santillana del Mar.

También es famoso el pueblo de **Comillas** con una de las casas construidas por el arquitecto modernista Gaudí, "el Capricho".

FIESTAS

En San Vicente de la Barquera, en abril, se celebra la Fiesta de la Folía, en honor de la Virgen de la Barquera a la cual pasean en barco por toda la bahía *(la baie)*.

Valle de Liébana y Picos de Europa

CASTILLA-LA MANCHA

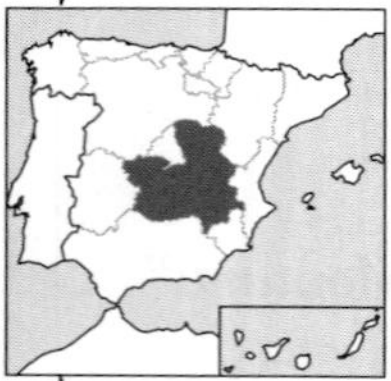

Consta de 5 provincias : Albacete, Ciudad Real, Cuenca, Guadalajara y Toledo. La ***amplia meseta*** *levemente inclinada hacia el oeste está regada por dos grandes ríos : el* ***Tajo*** *y el* ***Guadiana*** *separados por los Montes de Toledo. Su altura media es inferior a la de Castilla y León (500 a 700 m) pero el clima es más seco y caluroso en verano. La patria de don Quijote es una región poco poblada.*

ECONOMÍA

Superficie (% total España) : 15,7
Densidad : 23,2 hab./km²
Distribución de la población activa :
- **agricultura :** 8,2 %
- **industria :** 35,4 %
- **servicios :** 56,4 %

Parados : 9,4 % de la población activa
Renta familiar bruta disponible por hab. : 84,83
VAB/hab. : 79,1

Tierra de **latifundios**. La agricultura es la típica de **secano** : cereales, vid (el inmenso viñedo de Valdepeñas), olivo (Ciudad Real). También se cultiva el azafrán (*–le safran–* que da su color amarillo y su sabor a la paella). Ganado ovino con producción del famoso queso manchego.

Los embalses *(lacs artificiels)* del **Mar de Castilla**, en la Alcarria (al nordeste, provincia de Guadalajara), han cambiado la fisonomía de la meseta (reforestación *–reboisement–*, regadío *–irrigation–* y turismo).

El carbón de **Puertollano** ha favorecido un núcleo de industria carboquímica y mecánica. El mercurio de Almadén se destina en gran parte a la exportación.

En relación con el turismo, existe una artesanía tradicional : encaje de Almagro, cerámica de Talavera, espadas y

Toledo visto desde el Parador Nacional de Turismo

Molinos de viento (Consuegra, Toledo)

objetos damasquinados (incrustación de hilos de plata u oro en placas de metal) de Toledo, etc. La región se esfuerza en fomentar el turismo : la **Ruta del Quijote** y, en 2005, las celebraciones del Cuarto Centenario de la publicación de la obra de Cervantes. También se desarrollan las infraestructuras con la multiplicación de los parques eólicos y el AVE hasta Toledo en 2006.

ARTE

Verdadera tierra de nadie, frontera durante la Edad Media entre los reinos cristianos y musulmanes, Castilla-La Mancha está poblaba de castillos (Sigüenza, Alarcón, etc.), con pequeñas ciudades construidas alrededor de su **Plaza Mayor**.

Toledo, a unos 70 km de Madrid, es la capital turística : edificada en una colina rodeada por el Tajo, su situación es excepcional. Capital desde el siglo XI hasta el siglo XVI, fue el lugar de encuentro de las tres culturas (cristiana, judía y árabe –cf. p. 211–) como se puede apreciar en sus monumentos y museos. Conserva numerosas pinturas de **El Greco** cuya casa se ha transformado en museo (cf. p. 225).

En la provincia de Ciudad Real, se pueden seguir las huellas de **don Quijote y Sancho Panza** (molinos del Campo de Criptana). No muy lejos, en Almagro se conserva un corral de comedias, o sea un patio que servía para representar comedias en el Siglo de Oro (cf. p. 232).

Al este, **Cuenca** es famosa por sus "casas colgadas", construidas a pique sobre la hoz *(la gorge)* del río Júcar, y su "ciudad encantada", paisaje de rocas esculpidas por la erosión.

FOLKLORE Y GASTRONOMÍA FIESTAS

Las especialidades gastronómicas de la Mancha son su **queso** y su **vino** (Valdepeñas, Manzanares, Tomelloso, Daimiel).

En Castilla, se come la carne asada *(grillée)*.

Solemnes fiestas del Corpus Christi *(Fête-Dieu)* en Toledo en junio.

CASTILLA Y LEÓN

La ***Meseta*** *tiene una altura media de 800 a 1.000 metros y está rodeada de montañas : Montes de León al noroeste, Cordillera Cantábrica al norte (con los picos de Europa, 2.500 m), Cordillera Ibérica al este (Moncayo 2.313 m), Cordillera Central en el sureste (Guadarrama, Gredos, Peña de Francia).*
En este ***paisaje llano y poco poblado,*** *cruzado por el* ***río Duero*** *y sus afluentes, reina un clima continental.*
Son nueve las provincias que constituyen Castilla y León : Ávila, Burgos, León, Palencia, Salamanca, Segovia, Soria, Valladolid, Zamora.
De Castilla y León ha salido la ***Reconquista*** *(Burgos es la patria del Cid), imponiendo este reino su cultura al resto de la Península.*

ECONOMÍA

Superficie (% total España) : 18,6
Densidad : 26,5 hab./km²
Distribución de la población activa :
agricultura : 8,5 %
industria : 30,6 %
servicios : 60,9 %
Parados : 8,5 % de la población activa
Renta familiar bruta disponible por hab. : 98,87
VAB/hab. : 96,5

Castilla es **el granero de España** (trigo, cebada, centeno), tierra de carneros y ovejas *–moutons et brebis–*, y gallinas. Cría extensiva de toros en Salamanca.

La industria se ha desarrollado en torno a Valladolid (automóviles FASA-RENAULT, en particular), Burgos y León.

ARTE

De su rico pasado cultural, Castilla y León conserva muchos monumentos de todas las épocas. Las viejas casas adornadas de blasones de sus ciudades se organizan en torno a la **Plaza Mayor**. Los pueblos tienen el color ocre de la tierra, y no es raro ver el nido de una cigüeña en lo alto del campanario de la iglesia.

Por el norte, pasa el camino de Santiago (Santo Domingo de la Calzada, Burgos, Frómista, Sahagún).

Ávila : la ciudad de Santa Teresa (cf. p. 228) está rodeada de murallas (los cubos de Ávila, del s. XII) en las que está ensartado el ábside de la severa catedral gótica de gránito. No muy lejos de la ciudad se pueden ver los toros de Guisando (estatuas celtas –cf. p. 203–).

El alcázar de Segovia

Burgos : la patria de Rodrigo Díaz de Vivar, el Cid Campeador (cf. p. 214), está dominada por su catedral gótica, una de las más preciosas de España.

A unos 70 km de Burgos, se puede visitar el Monasterio románico de Santo Domingo de Silos.

León : su catedral gótica tiene preciosas vidrieras.

Salamanca : es una ciudad monumental de color ocre, cuyo centro es un verdadero museo al aire libre. La catedral tiene una parte antigua románica y otra del siglo XVI. Cerca está la **Universidad** donde dieron clases Nebrija, Fray Luis de León, M. de Unamuno, entre otros ; la plaza situada enfrente de su fachada **plateresca** es muy armoniosa (cf. p. 224). A unos cuantos metros, se puede admirar la "casa de las conchas", también del siglo XVI. **La Plaza Mayor**, **barroca** y obra de los hermanos Churriguera, fue construida por Felipe V en el siglo XVIII ; es una de las más bellas de España (cf. p. 226).

La ciudad está regada por **el río Tormes**, cerca de cuyo puente romano naciera **Lazarillo** (cf. p. 229). A la entrada del puente, sigue de pie el famoso toro de piedra, motivo de la primera burla que le hizo al pequeño Lázaro su primer amo, el ciego.

Al sur de Salamanca, en la Sierra de la Peña de Francia, se visita la Alberca, pueblo medieval intacto.

Segovia : la ciudad está rodeada de murallas y se alza en un peñón triangular en cuyo extremo se yergue *(se dresse)*, soberbio, el **Alcázar** (s. XIV-XV), a unos cien metros encima de la confluencia de dos ríos. Posee el **acueducto romano** mejor conservado de toda España. A 11 km, Felipe V (nieto de Luis XIV) mandó construir la **Granja de San Ildefonso**, pequeño Versalles, con su palacio y verdes jardines. Al norte de la provincia el castillo de Coca es de estilo mudéjar (cf. pp. 211-212).

Soria, dominada a más de 2.000 m por los Picos de Urbión y el Moncayo, tiene preciosas iglesias románicas. Ha sido cantada por el poeta **A. Machado** (cf. p. 283). A unos 7 km de Soria, se ven las ruinas de la ciudad celtibérica **Numancia**, símbolo de la resistencia del pueblo frente a los romanos (153-134 a.C.).

Las murallas de Ávila

Valladolid posee en el Colegio San Gregorio, magnífico monumento isabelino (s. XV –cf. p. 214–), un precioso museo de esculturas barrocas (Juan de Juni, G. Fernández, P. de Mena, cf. p. 225). Valladolid tiene varios monumentos (en particular la catedral) de estilo herreriano (cf. p. 224).

Zamora, a orillas del Duero, es una ciudad románica (cf. p. 212).

FIESTAS

Para las Fiestas de la Asunción (15 de agosto) en la Alberca (Salamanca), se hace una "ofrenda a la Virgen" y se representa una "loa" (teatro religioso, *un "mystère"*).

Las procesiones de **Semana Santa** tienen también mucha relevancia en Valladolid.

Semana Santa de Valladolid. Más austeras y sobrias que en la exuberante Sevilla, las celebraciones de Semana Santa también son muy relevantes en Valladolid, capital de Castilla y León.

Paisaje de Castilla y León, campos hasta perderse de vista donde el poeta Antonio Machado (Sevilla, 1825 - Collioure, 1939) paseaba su soledad y melancolía plasmadas en Campos de Castilla *(1912).*
"¡Oh, tierra triste y noble,
La de los altos llanos y yermos y roquedas, de campos sin arados, regatos ni arboledas;
Decrépitas ciudades, caminos sin mesones,
Y atónitos palurdos sin danzas ni canciones
Que aún van, abandonando el mortecino hogar,
Como tus largos ríos, Castilla, hacia la mar!"
A orillas del Duero.

C A T A L U Ñ A

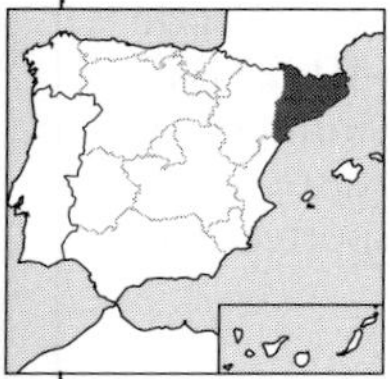

Cataluña, formada de las provincias de Barcelona, Gerona, Lleida y Tarragona, es una **región dinámica :** *con el 6,33 % del territorio nacional, tiene el 16 % de la población y supone el 18 % de la producción española. La población se concentra en Barcelona y cinturón y, en su gran mayoría, nunca ha dejado de hablar* **catalán** *– lengua de origen latino – a pesar de las prohibiciones franquistas. Fue, con el País Vasco, la primera región que consiguió su autonomía. Los grupos independentistas tienen cada vez más influencia en la política nacional con la adopción del Nuevo* **Estatuto Catalán** *en 2006. La fama del equipo de fútbol* **el Barça** *es también una fuente de orgullo para los catalanes.*

ECONOMÍA

Superficie (% total España) : 6,3
Densidad : 211,9 hab./km²
Distribución de la población activa :
agricultura : 2,4 %
industria : 34,2 %
servicios : 63,4 %
Parados : 6,6 % de la población activa
Renta familiar bruta disponible por hab. : 114,24
VAB/hab. : 116,4

Cataluña es una de las comunidades más modernas y dinámicas del país. Su situación geográfica hace de Barcelona **una capital abierta hacia el exterior,** en contraposición con la céntrica Madrid. Así Cataluña se ha integrado al EuroBioCluster del sur de Europa, red de ciudades y regiones que albergan empresas dedicadas a la investigación científica y biotecnológica.

Fértil, con fincas pequeñas pero muy rentables cuando existe regadío, Cataluña cultiva cereales, vid (el cava se parece al champán), olivo, frutas (de Cataluña proceden casi la mitad de las manzanas y peras cosechadas en España y el 90 % de las avellanas –*noisettes*–) , hortalizas y flores (en particular en el valle del Ebro y en el Maresme, cerca de Barcelona). Importante avicultura ("foie gras"). Bovinos en los Pirineos.

Casa de Salvador Dalí en Port Lligat (Cadaqués – Costa Brava)

La Sagrada Familia (Barcelona)

Pero Cataluña es esencialmente una región de **tradición industrial** : industria **textil**, mecánica, papel, alimentaria, a la que se ha añadido en fechas más recientes la petroquímica (Tarragona), la química y la fabricación de automóviles (SEAT en Barcelona).

Los puertos de Barcelona y Tarragona mantienen un activo comercio internacional (petrolero sobre todo). Barcelona es una ciudad de ferias.

El **turismo** catalán se ha desarrollado muy pronto, primero en el norte en la rocosa **"Costa Brava"**, posteriormente en las inmensas playas de arena de la "Costa Dorada".

Con motivo de la celebración de los **Juegos Olímpicos en 1992**, Barcelona ha reordenado numerosos barrios, recuperado el frente marítimo y mejorado los transportes.

ARTE

Cataluña es un antiguo y esplendoroso foco artístico, reflejo de su prosperidad antigua, medieval y contemporánea.

Quedan muchos vestigios de la civilización **griega** (Ampurias) y **romana** (Tarragona).

Existen cantidad de pequeñas iglesias **románicas** de sorprendente belleza en el Pirineo, y grandes Monasterios como los de Santa María de Ripoll, y de Sant Pere de Roda.

El gótico catalán es sobrio. Cerca de Tarragona, los monasterios de Santes Creus y **Poblet** son de estilo cisterciense.

La reconstrucción económica del **siglo XIX** se refleja en el arte (los pintores Fortuny –cf. p. 269–, Anglada Camarasa, Rusiñol) y se evidencia en la arquitectura : Barcelona es **la capital del modernismo** : **A. Gaudí** (catedral de la Sagrada Familia, arquitectura civil : casa Milà, casa Batlló –cf. p. 279–, casa Güell, parque Güell e iglesia cripta de la colonia Güell en Santa Coloma), Domènech i Montaner y Puig i Cadafalch.

En el siglo XX, aparecen otros artistas de fama internacional : los pintores José María Sert, **Joan Miró** –cf. p. 282–, **Salvador Dalí** –cf. p. 281-282-311–, Antoni Tàpies –cf. p. 312–, el

Las Ramblas (Barcelona)

escultor Pablo Gargallo –cf. p. 279–, los músicos Albéniz, Granados, Mompou, el violoncelista Pablo Casals, los cantantes Montserrat Caballé, Victoria de los Ángeles, José Carreras, los arquitectos Ricardo Bofill –cf. p. 307– y Oriol Bohigas.

Cataluña es el teatro de constantes creaciones arquitectónicas : **Torre Agbar** de Jean Nouvel.

FOLKLORE Y GASTRONOMÍA

La sardana es un baile muy popular entre los catalanes que la bailan en corro, cogidos de la mano. Un "deporte" también tradicional son las pirámides humanas (Xiquets de Valls).

La butifarra *(sorte de saucisse)* y las zarzuelas de mariscos o de pescados *(plat de poissons ou fruits de mer, avec une sauce relevée)* son típicos de la región.

FIESTAS

En abril, la fiesta de San Jorge (Santo Patrón de Cataluña) se ha convertido en el día de los enamorados : los chicos regalan rosas a sus novias.

Como en muchas ciudades españolas, las Fiestas del Corpus Christi (*–la Fête-Dieu–*, en junio) dan lugar a magníficas procesiones en las que abundan las flores, siendo las más famosas la de Sitges, con sus tapices de flores y la del "Patún" en Berga.

Torre Agbar de Barcelona, construida por Jean Nouvel, inaugurada en septiembre de 2005

COMUNIDAD VALENCIANA

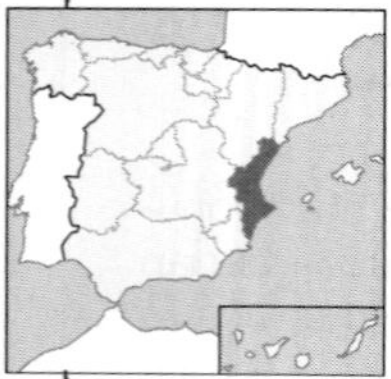

Levante comprende una llanura litoral y un traspaís (arrière-pays) *montañoso. Las tres provincias que lo integran son, de norte a sur : Castellón de la Plana, Valencia y Alicante. El clima es* **mediterráneo** *y seco. Se habla el valenciano, lengua próxima al catalán.*

ECONOMÍA

Superficie (% total España) : 4,6
Densidad : 195,3 hab./km²
Distribución de la población activa :
agricultura : 3,3 %
industria : 34,3 %
servicios : 62,4 %
Parados : 8,0 % de la población activa
Renta familiar bruta disponible por hab. : 94,72
VAB/hab. : 92,2

Se ha desarrollado la **irrigación** desde la antigüedad haciendo de Levante una **fértil huerta**. La agricultura produce **cítricos** (naranjas, limones, etc.), cebollas, hortalizas, arroz, uva, almendro, flores. En el sur, aparecen las palmeras (Elche).

El **desarrollo industrial**, favorecido por la presencia de puertos y de minas, es importante : metalurgia en Valencia y Alicante, la siderurgia en Sagunto (Valencia) ha sufrido una severa reconversión. Industria alimentaria, papelera (Alcoy), del **calzado** (en gran parte sumergida *–parallèle–*), del **juguete**, de los **muebles**. Más reciente es la implantación de FORD en Almusafes (Valencia).

La Costa del Azahar (en el norte) y la Costa Blanca (Benidorm, Alicante, Santa Pola) reciben muchos **turistas**. También este sector es a menudo informal *(non déclaré, au noir)*.

El turismo y la perspectiva de la **Copa de América** en 2007 han desencadenado la explosión del sector inmobiliario con el deterioro del paisaje costero por lo que la Ley urbanística valenciana ocasiona varias polémicas. La Ciudad de las Artes y de las Ciencias así como el Parque Oceanográfico, con el acuario más grande de Europa, han diversificado la oferta turística. Valencia no deja de querer ser un gran puerto comercial.

ARTE

Existen varias cuevas paleolíticas y vestigios de las culturas ibérica (de ahí procede la "Dama de Elche", cf. p. 202) y romana (ciudad romana de Sagunto).

Ciudad de las Artes y de las Ciencias, l'Umbracle

Levante es además un país **barroco** : muchos edificios tienen fachadas o cúpulas barrocas cubiertas con tejas de cerámica brillante.

La península rocosa de **Peñíscola** con su vieja ciudad encerrada al interior de sus murallas es muy pintoresca.

El famoso arquitecto Santiago Calatrava es hijo de Valencia.

FOLKLORE Y GASTRONOMÍA

El Tribunal de las Aguas de Valencia, desde hace más de mil años, rinde justicia cada jueves delante de la puerta de la Catedral : los juicios son enteramente orales, se hacen en lengua valenciana y tratan de cuanto se relaciona con la irrigación de la huerta.

La **paella** valenciana, a base de arroz, carne y mariscos *(fruits de mer)*, es famosa, así como el **turrón** *(sorte de nougat que l'on offre pour Noël)* de Játiva y Alcoy. También Levante es el país de la **horchata** de chufas, bebida refrescante elaborada con chufa (una raíz) y que tiene el aspecto de la leche.

FIESTAS

En Marzo, el día de San José, se queman las **fallas** : se trata de grandes construcciones de madera y cartón con grotescas representaciones satíricas. Las fallas son las fiestas de la luz (fuegos artificiales, hogueras de las fallas cuando se queman), del ruido (tracas *–pétards–*) y de las flores (ofrenda de flores a la Virgen de los Desamparados).

Los vestidos regionales, con sus ricos bordados *(broderies)* reflejan la prosperidad económica de la región.

A finales de abril, en Alcoy, otra gran fiesta tradicional atrae a los turistas : las **fiestas de Moros y Cristianos** recuerdan las peleas antiguas de la época de la Reconquista. En Villajoyosa (Alicante), las fiestas de Moros y Cristianos se celebran en julio.

Palacio del Marqués de Dos Aguas

E X T R E M A D U R A

En el extremo occidental de la Meseta, Extremadura es una región regada por el Tajo y el Guadiana. Tradicionalmente ***tierra de emigración,*** *tiene una densidad que figura entre las más bajas de España. Consta de dos provincias : Badajoz al sur y Cáceres al norte. La capital autonómica es Mérida.*

Entre ***los conquistadores de América,*** *muchos nacieron en esta tierra :* ***Cortés****,* ***Pizarro*** *(cf. p. 249), Núñez de Balboa, Pedro de Valdivia, Hernando de Soto, etc.*

ECONOMÍA

Superficie (% total España) : 8,2
Densidad : 25,8 hab./km²
Distribución de la población activa :
- **agricultura :** 13,6 %
- **industria :** 25,1 %
- **servicios :** 61,3 %

Parados : 15,3 % de la población activa
Renta familiar bruta disponible por hab. : 75,21
VAB/hab. : 70,4

Extremadura es una región **tradicionalmente ganadera y agrícola**. No tiene casi industria.

En el norte, la provincia de **Cáceres** es la tierra de los alcornoques (*–chênes-lièges–* que producen **corcho** *–du liège–*) y de las dehesas (grandes fincas de 200 a 10.000 ha. destinadas a pastos) con **ganadería ovina y porcina** (el **chorizo** de Montánchez es conocido). Desde la Edad Media hasta el siglo XIX, la **Mesta**, que era una agrupación de grandes ganaderos trashumantes, dominó la región. En el valle del Jeste se cultivan frutas tempranas.

En el sur, en la "Tierra de Barros", con el **"Plan Badajoz"** de 1952, se llevó a cabo la colonización del valle del Guadiana gracias a una serie de embalses *(barrages)* que permitieron la irrigación de la zona, la repoblación forestal *(le reboisement)*, y la introducción de **cultivos de alta rentabilidad** : frutas, hortalizas, tabaco, cereales, vid y olivo.

Se instaló a nuevos agricultores en parcelas de unas 4 a 5 hectáreas, y se aprovechó la hidroelectricidad para desarrollar industrias alimenticias.

La Junta de Extremadura está potenciando el turismo en la región con la mejora de las infraestructuras de transportes y el circuito de la **Vía de la Plata.**

Dehesa con su cortijo ganadero

ARTE

Extremadura fue, durante la dominación **romana**, un centro muy importante y próspero, cuya capital **Mérida** conserva un conjunto monumental y en particular un teatro en el que cada año se celebra un importante festival de teatro clásico (cf. p. 204). **El puente romano de Alcántara**, al norte, que domina el Tajo a más de 70 metros de altura, es uno de los puentes romanos más largos (casi 200 m).

Tierra natal de los conquistadores, las ciudades de **Trujillo** y **Cáceres** poseen muchas casas y palacios renacentistas edificados por los **indianos** (aquellos que, tras hacer fortuna en las Indias, volvían a terminar sus días en la patria de sus antepasados).

El Monasterio de Guadalupe tiene un sorprendente claustro mudéjar. La Virgen de Guadalupe, que era objeto de una gran devoción popular, se ha convertido en el **símbolo de la Hispanidad** : cada 12 de octubre salen grandes procesiones. Colón dio el nombre de Guadalupe a una de las Antillas y se "exportó" su culto a México (la Virgen le apareció a un indio en 1531 y, en 1737, fue proclamada patrona de México).

Más al norte, está **el Monasterio de Yuste** donde el emperador Carlos V (Carlos I de España) se retiró tras su abdicación en 1556 (cf. pp. 222-223).

FIESTAS

Los carnavales se celebran con "encierros" de toros en Ciudad Rodrigo (los chicos corren por las calles delante de los toros) y el "Peropalo", maniquí de palo y ropa *(mannequin de bois et de chiffon)* en Cáceres.

En Zafra, la feria de San Miguel es una de las mayores ferias ganaderas de Europa.

Trujillo.
En la plaza mayor, se yergue la estatua del conquistador de Perú : Pizarro.

G A L I C I A

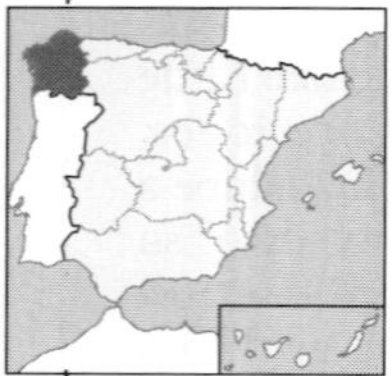

Al extremo noroeste de la Península, **Galicia recuerda la Bretaña** (Bretagne) ***francesa*** *: costas graníticas con múltiples rías* (ria, sorte d'estuaire), *clima oceánico húmedo, paisaje verde ("la España verde") de colinas suaves.*

La Comunidad está formada de cuatro provincias : Lugo, A Coruña, Pontevedra y, en el interior, Ourense que no tiene fachada marítima.

La población, **rural** *y dispersa, ha conocido una fuerte emigración (en particular a Argentina) y se agrupa esencialmente en la costa : la densidad en las "rías bajas" de Pontevedra o A Coruña alcanza 300 a 400 hab. por km²*.

La lengua oficial, además del castellano, es el **gallego,** *de origen latino y próximo al portugués.*

ECONOMÍA

Superficie (% total España) : 5,8
Densidad : 93,0 hab./km²
Distribución de la población activa :
- **agricultura :** 9,7 %
- **industria :** 30,0 %
- **servicios :** 60,3 %

Parados : 9,1 % de la población activa
Renta familiar bruta disponible por hab. : 87,12
VAB/hab. : 83,4

Región de **minifundios** con cultivos de maíz, patatas y ganadería bovina ; la agricultura no resulta muy competitiva.

Se **pesca** en Galicia (Vigo, La Coruña) la mitad del pescado español : **pesca de altura** con flota modernísima (se prepara y congela el pescado en el mismo barco : bacalao –*morue*–, atún –*thon*–), o en la costa (mariscos –*mollusques et crustacés, beaucoup de moules*– mejillones –*et, bien sûr, de coquilles Saint Jacques*– vieiras).

Solanas de La Coruña

Pero los fondos marinos se van agotando con la demanda creciente y la contaminación : en 2002, el hundimiento del petrolero ***Prestige*** cerca de las costas gallegas fue un drama ecológico, económico y social (muchos habitantes viven de la pesca y del turismo). Pero la región se moderniza y desarrolla la **acuicultura**, cría de pescado y marisco, absorbiendo el 90 % de la producción acuícola nacional.

La **industria** se desarrolla gracias a la hidroelectricidad pero sufre del carácter excéntrico (*–excentré–*, lejos del resto de España) de la región que está muy **mal comunicada** *(très mal reliée)* con el interior. Industria conservera *(conserves)* y papelera (gracias a los árboles, la cuarta parte de la producción española). Construcción naval (El Ferrol) en crisis, siderurgia moderna (aluminio) pero sobredimensionada (tiene que producir menos de lo que podría, lo que encarece los precios), automóviles (CITROEN en Vigo).

Galicia ha empezado a desarrollar con éxito unos sectores de punta como son la electrónica, la moda y el diseño *(design)*. ZARA, ADOLFO DOMÍNGUEZ son algunas de las marcas de fama internacional.

ARTE

Son tres las etapas artísticas más significativas :
– la **celta** de la que quedan muchos vestigios, como los "castros" : poblados fortificados ;
– la **románica**, en torno a Santiago de Compostela ;
– la **barroca** (fachada del Obradoiro de la catedral de Santiago).

La **peregrinación a Santiago de Compostela** ha conocido su máxima importancia a partir del siglo XI (cf. pp. 209-210).

La **literatura gallega** es abundante y valiosa : en el siglo XIII, Alfonso el Sabio –cf. p. 215– ; en el siglo XIX, Rosalía de Castro ; en la primera mitad del s. XX, Castelao, político, escritor y dibujante, y el poeta A. Cunqueiro (1910-1981). Más recientemente, G. Torrente Ballester y el Premio Nobel 1989 : C. J. Cela y Manuel Rivas que publica primero sus obras en gallego y luego en castellano.

Pórtico de la Gloria (Catedral de Santiago de Compostela)

Carlos Nuñez : músico gallego de renombre internacional que participa en todos los festivales celtas y folk de la región. Ha sabido rejuvenecer y modernizar la gaita, instrumento tradicional de la región que tiene una herencia celta muy marcada.

FOLKLORE Y GASTRONOMÍA

Las costas gallegas son famosas por sus **mariscos** : la vieira *(coquille Saint-Jacques)* y el percebe *(sorte de mollusque)*.

El plato regional es el **"caldo gallego"**, a base de ternera *(veau)*, chorizo, tocino *(lard)*, col *(chou)*, patatas, habas y nabos *(fèves et navets)*.

FIESTAS

La fiesta de Santiago (25 de julio), el Santo Patrón de España, tiene muchísima fama, sobre todo cuando cae un domingo (fue el caso en 1989, cuando la visita del Papa).

A finales de agosto, en la romería del Naseiro (en Viveiro), se cantan y bailan canciones gallegas, se toca la gaita *(sorte de cornemuse)* y se comen las "cabezudas" (pescado frito).

En agosto, también se festeja el **Albariño**, vino blanco de las Rías bajas, en el pueblo de Cambados.

M A D R I D

Al pie de la Sierra de Guadarrama adonde los madrileños van a esquiar o pasear los fines de semana, la provincia de Madrid es una región llana, regada por ríos pertenecientes a la cuenca del Tajo (el río que riega la capital es el Manzanares). Madrid y las ciudades de las afueras han crecido mucho y cuentan ahora con más de 5.5 millones de habitantes. ***Es la Comunidad Autónoma de mayor renta per cápita en España.*** *Madrid es* ***la capital más alta de Europa*** *(668 m).*

ECONOMÍA

Superficie (% total España) : 1,5
Densidad : 723,6 hab./km²
Distribución de la población activa :
agricultura : 1,0 %
industria : 22,6 %
servicios : 76,4 %
Parados : 5,9 % de la población activa
Renta familiar bruta disponible por hab. : 120,49
VAB/hab. : 129,2

Predominan en Madrid las industrias de transformación : montaje de automóviles, material eléctrico, maquinaria diversa, etc.

Madrid ha llegado a ser la **capital de los servicios** y atraer los más importantes congresos, ferias industriales y comerciales. Para ello, ha mejorado las vías de acceso (aeropuerto de Barajas, autovías conectadas con las de Francia, tren de Alta Velocidad : AVE-TGV), la infraestructura hotelera y de telecomunicaciones y multiplica las **manifestaciones culturales y artísticas** (además de la ampliación del Museo del Prado, y de la creación del Centro de Arte Reina Sofía, el "Beaubourg" madrileño). La oferta artística se dispara. Madrid atrae a los mejores arquitectos : Jean Nouvel, Richard Rogers, etc.

En fin, el **Real Madrid** resulta ser más que un equipo de fútbol, es una empresa próspera y de fama internacional.

ARTE

Capital desde el siglo XVI, Madrid conserva del **s. XVII su Plaza Mayor** (en la que, como en muchas plazas mayores, se hacían torneos *–tournois–*, corridas, representaciones teatrales, etc.), la cate-

Valdesquí

Plaza Mayor de Madrid

dral San Isidro y el Parque del Retiro (se daban fiestas náuticas en el estanque, cf. Calderón p. 233).

La ciudad se ha ampliado considerablemente con los Borbones (especialmente con Carlos III) en el siglo XVIII (**Palacio Real, Puerta de Alcalá, Fuente de la Cibeles, Museo del Prado**, cf. p. 259). De los siglos XIX y XX datan **la Gran Vía**, la Torre de España, el edificio de la Telefónica, el eje de **la Castellana**.

En los alrededores de Madrid se pueden visitar :

- Al noroeste, el severo **Monasterio del Escorial** estilo herreriano (cf. p. 225) y el impresionante Valle de los Caídos (monumento franquista) edificados en la magnífica Sierra de Guadarrama.
- Al sur, **Aranjuez** (Palacio Real del s. XVIII con sus jardines) y su huerta (fresones, espárragos, etc.).
- Al oeste, Alcalá de Henares, ciudad natal de Cervantes, antigua y prestigiosa ciudad universitaria (cf. p. 229).

GASTRONOMÍA Y FIESTAS

Madrid tiene su cocido madrileño y sus callos *(tripes)* a la madrileña.

Las fiestas de San Isidro (santo patrón de la ciudad, pintadas por F. Goya) se celebran en Madrid en mayo.

Madrid moderno (zona de Azca)

M U R C I A

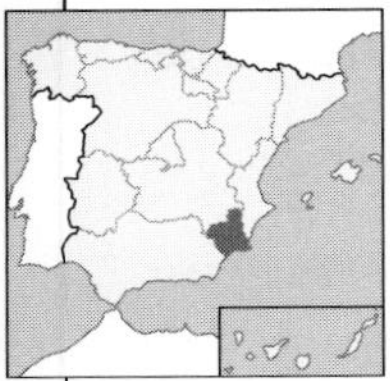

Está formada de la sola provincia de Murcia.
Es una región accidentada (Cordillera Bética) de ***clima mediterráneo*** *y árido. La huerta es regada por el río Segura (cf. el trasvase Tajo-Segura, p. 7). Se habla castellano.*

ECONOMÍA

Superficie (% total España) : 2,2
Densidad : 114,4 hab./km²
Distribución de la población activa :
agricultura : 11,7 %
industria : 32,7 %
servicios : 55,6 %
Parados : 7,4 % de la población activa
Renta familiar bruta disponible por hab. : 83,84
VAB/hab. : 82,6

La **huerta** produce **fruta** (uva, tomate, naranja, limón, albaricoque *–abricot–*, melocotón *–pêche–*) y **hortalizas**. Murcia centraliza y exporta la producción agrícola de la región Murcia-Albacete.

La agricultura se ha modernizado con el desarrollo de los cultivos tempranizos gracias a los **invernaderos** *(serres)*.

Importante industria conservera. La crisis minera (minas de plomo y cinc de la sierra de Cartagena) provocó una intensa emigración hasta que se desarrolló la **industria** (química en **Cartagena** y Lorca, refinería de petróleo en **Escombreras**) y sobre todo el **turismo (Manga del Mar Menor)**.

ARTE

Murcia es **barroca**, como la fachada de su catedral o su máximo artista, el escultor Salzillo (cf. p. 259) cuyos "pasos" se pasean por la ciudad durante la Semana Santa.

Salzillo,
El beso de Judas

N A V A R R A

La Comunidad Autónoma coincide con la provincia de Navarra (capital Pamplona).
***Dos paisajes** distintos :*

- *al norte, los Pirineos, de clima oceánico ;*
- *al sur, la llanura del Valle del Ebro, de clima mediterráneo, bastante árida.*

A lo largo de su historia, Navarra ha conseguido casi siempre conservar sus ***fueros*** (–ses franchises, c'est-à-dire ses lois et libertés particulières–, *especialmente bajo el régimen franquista).* ***Los vascos reivindican su integración en Euskadi*** *(o País Vasco) que los navarros rechazaron ya en 1936. Desde 1977, las elecciones nunca han dado la mayoría a los nacionalistas que, sin embargo, continúan celebrando en Pamplona el Día de la Patria Vasca. Los navarros hablan castellano. En el noroeste, muchos hablan vasco.*

ECONOMÍA

Superficie (% total España) : 1,9
Densidad : 59,6 hab./km^2
Distribución de la población activa :
agricultura : 4,4 %
industria : 35,1 %
servicios : 60,5 %
Parados : 5,9 % de la población activa
Renta familiar bruta disponible por hab. : 124,17
VAB/hab. : 125,3

En la montaña, ganadería y maíz. Cereales en la cuenca de Pamplona. Vid y olivos en la región de Estella, próxima a la Rioja. En la zona regada por el río Ebro (Tudela), hortalizas (alcachofas y espárragos *–artichauts et asperges–*) y frutales.

La industria, concentrada en Pamplona, es muy dinámica en el sector de la **construcción automóvil** (VOLKSWAGEN), de la **siderurgia**, y de los **electrodomésticos**.

Para reducir la dependencia energética, Navarra ha apostado por el desarrollo de la **energía eólica**. Las universidades invierten también mucho en Investigación y Desarrollo (I+D) en los sectores tecnológicos y científicos. Es actualmente la comunidad autónoma con la **mejor economía** (después de Madrid) y una tasa de paro muy baja.

Desarrollo de la energía eólica

ARTE

Primera etapa en España del **"camino francés"** a Santiago de Compostela, Navarra posee cantidad de monumentos **románicos y principios del gótico** : Roncesvalles *(–Roncevaux où mourut Roland–)*, Estella, Leyre, Sangüesa, Tudela, etc.

El castillo de Olite (s. XV) es mudéjar.

Castillo de Olite

FOLKLORE Y GASTRONOMÍA

En la montaña, el folklore recuerda el **folklore vasco** (competiciones de fuerza vasca : cortar enormes troncos o levantar pesados bloques de piedra, juego de pelota con los frontones, boina *–béret–* roja, ritmo endiablado de los bailes a los sones de la flauta) mientras que al sur bailan la jota como en Aragón.

Las truchas a la navarra se hacen introduciendo lonjas de jamón en el pescado.

FIESTAS

Los Sanfermines, en julio, que tanto fascinaron al americano Hemingway, siguen atrayendo a cantidad de turistas : cada mañana, durante una semana, sueltan los toros por las calles. Los jóvenes corren delante, hasta llegar a la plaza de toros : es el "encierro".

Sanfermines

P A Í S   V A S C O

Los vascos llaman a su país **Euskadi**.
Está formado por las provincias de Álava (Vitoria), Guipúzcoa (San Sebastián) y Vizcaya (Bilbao).
Situado entre el Mar Cantábrico y el alto valle del Ebro, es una región **montañosa,** *con estrechas llanuras litorales.*
Ríos cortos y caudalosos (au débit abondant) *que desembocan en rías* (la ria est une sorte d'estuaire).
Clima oceánico.
En el sur, la provincia de Álava es una llanura más seca.
La región está muy poblada.

El euskera : la lengua vasca
Las lenguas oficiales son el castellano y el vasco o euskera, hablado por el 25 % de la población.
El origen del vasco es desconocido (ni románico, ni indoeuropeo) ; es una lengua que se declina, pero con mayor número de casos que el latín.
La primera obra literaria en euskera es del siglo XVI pero la literatura se desarrolló sobre todo en el siglo XIX y principios del XX. Ahora, tras la prohibición franquista, vuelve a resurgir.

¿Autonomía o independencia?
Desde que se aprobó la autonomía del País Vasco en 1979, el Partido Nacionalista Vasco (PNV, centrista) tiene la mayoría en el Parlamento. Pero el **Plan Ibarretxe** *(del nombre del actual lehendakari, jefe del gobierno vasco) que pretendía más autonomía ha sido un fracaso y no fue ratificado por el gobierno español.*
Más radicales son el partido político Batasuna (actualmente ilegal) y el movimiento terrorista ETA *(Euskadi Ta Akatasuna : País Vasco y su libertad) que ha hecho a más de 800 víctimas en 40 años pero que decidió en 2006* **un alto al fuego permanente** *por primera vez.*
¿Será el final de la violencia en el País Vasco?

Superficie (% total España) : 1,4
Densidad : 298,5 hab./km²
Distribución de la población activa :
- **agricultura :** 1,4 %
- **industria :** 32,8 %
- **servicios :** 65,8 %

Parados : 6,4 % de la población activa
Renta familiar bruta disponible por hab. : 125,04
VAB/hab. : 129,1

ECONOMÍA

Policultivo y **ganadería bovina.** Cereales y remolacha *(betterave)* en Álava. La **pesca** es muy importante (Pasajes, Ondárroa, Bermeo, San Sebastián).

Euskadi tiene una **larga tradición industrial** que ha hecho de ella una zona de inmigración. La presencia de las minas de hierro ha favorecido el desarrollo de la **siderurgia y metalurgia** (por todo el País Vasco, pero en particular en la **ría del Nervión** : **Bilbao**), metalurgia de transformación, mecánica, construcción naval, química, papelera, etc.

Esta fuerte presencia industrial ha acarreado una contaminación importante.

Entre 1975 y 1985, con la crisis de la siderurgia y de la construcción naval, y a causa del terrorismo, el País Vasco perdió la tercera parte de sus empleos industriales y dejó de ser una de las regiones más ricas de la Península. Pero la región ha llevado a cabo una **reconversión ejemplar** fomentando los sectores automovilístico (MERCEDES), aeronáutico, espacial, informático y biotecnológico. Las mayores empresas españolas se encuentran en el País Vasco : MONDRAGON CORPORACION COOPERATIVA, IBERDOLA (electricidad), PETRONOR (petróleo), KOIPE (aceites alimentarios) o el BANCO BILBAO VIZCAYA (2ª entidad bancaria nacional).

El turismo tuvo una gran importancia en el siglo XIX cuando la reina María Cristina de Habsburgo iba a veranear a San Sebastián, llamada "La Perla del Cantábrico" por la incomparable belleza de su famosa playa de la Concha. El museo de arte contemporáneo **Guggenheim**, realizado por Franck Gerhy en Bilbao, también atrae a muchos visitantes.

FIESTAS, FOLKLORE Y GASTRONOMÍA

Euskadi es el país de las fiestas, con muchos **cantos y baile**s ("aurresku", "espata dantza", que se baila con espadas, etc.) al son del "txistu" (flauta) y del tamboril (*–tambourin–* cf. la fiesta de la "tamborrada" en San Sebastián, en enero). Los hombres visten de blanco, con un lazo rojo en la cintura, un pañuelo anudado al cuello y la tradicional boina *(béret)* también roja.

La Concha de San Sebastián

"Aizkolari"

Son típicamente vascos los concursos de fuerza y destreza : por ejemplo, el "palankari" que levanta pesos, o el "aizkolari" que corta troncos. Sigue siendo muy popular el juego de pelota vasca.

En el País Vasco, Guipúzcoa en particular, se come mucho pescado : la merluza a la vasca (con salsa verde, almejas *–des clovisses–* y espárragos), el bacalao a la vizcaína (con salsa roja). También son famosas las angulas *(des petites anguilles)* de Aguinaga.

Se bebe sidra y "chacolí", el vino vasco.

El Museo Guggenheim de Arte Moderno y Contemporáneo ha sido instalado en una antigua zona industrial, abandonada tras la crisis económica. Construído con materiales modernos como el titanio, ha dado una nueva cara más atractiva y más dinámica a la ciudad de Bilbao potenciando así el turismo cultural

L A   R I O J A

Con Baleares es la más pequeña de las Comunidades. Su capital es Logroño. Su clima, más suave que en Castilla, ha favorecido una agricultura próspera.

ECONOMÍA

Superficie (% total España) : 0,9
Densidad : 58,3 hab./km²
Distribución de la población activa :
agricultura : 7,7 %
industria : 38,8 %
servicios : 53,5 %
Parados : 6,5 % de la población activa
Renta familiar bruta disponible por hab. : 111,64
VAB/hab. : 109,8

La Rioja es famosa por sus **vinos** (tintos *–rouges–* algo parecidos a nuestros "Bordeaux"). Creativo, competitivo, modernizado, el viñedo riojano ha mejorado mucho la calidad de sus caldos *(crus)*, ganando fama internacional y desarrollando las exportaciones. Invertir en el viñedo está de moda entre los famosos y los beneficios son tales que permiten recurrir a grandes arquitectos como Santiago Calatrava o Frank Gehry para el diseño de las bodegas *(chais)*.

En este fértil valle del alto Ebro, también se cultivan verduras tempranas (alcachofas *–artichauts–*, pimiento y sobre todo espárragos *–asperges–*).

Vendimia

ARTE Y FIESTAS

Por la Rioja pasa el **Camino de Santiago** (Nájera, Santo Domingo de la Calzada, San Millán de la Cogolla).

En Mayo, en Santo Domingo de la Calzada, tiene lugar el "Desfile de los carneros" *(défilé des moutons)* que se sacrificarán para la comida del Santo, seguido por la "Procesión de las Doncellas", también llamada "Del Pan del Santo y del Peregrino" *("Pain du Saint et du Pèlerin")*.

C E U T A Y M E L I L L A

Españoles desde el siglo XVI, son **puertos francos** y su vocación es por lo tanto sobre todo comercial y turística. Pesca e industria derivada.

Muchos marroquíes intentan penetrar en estas plazas para conseguir la nacionalidad española y poder después ir a trabajar en Europa lo cual crea graves tensiones raciales.

Estas dos plazas están siendo **reivindicadas por Marruecos** : este país subraya que su posición es tan legítima como la de los españoles respecto al peñón de Gibraltar, pero su interés económico hace que estas reivindaciones no tengan carácter apremiante.

Superficie (% total España) : 0,01
Densidad : 4.482 hab./km²
Distribución de la población activa :
- **agricultura :** 0,4 %
- **industria :** 9,8 %
- **servicios :** 89,8 %

Parados : 15 % de la población activa
Renta familiar bruta disponible por hab. : 94,11
VAB/hab. : 92,3

Una calle de Ceuta : ahí dominan la convivencia y la mezcla de culturas

G I B R A L T A R

Incorporado a Castilla en 1462, Gibraltar fue reconocido **dominio británico en 1713** (cf. p. 256). **Lo reivindican los españoles** que bloquearon sus fronteras de 1969 a 1985. La reapertura de la « verja » *(la grille)* ha fomentado la reactivación de la economía. La ayuda británica, que representaba antes el 70 % de los ingresos de la colonia, se ha reducido considerablemente (un 20 % en 1990). **Toda su riqueza procede del sector terciario :** turismo, comercio, y centro financiero internacional por ser un paraíso fiscal. Pretende llegar a desempeñar en el sur de la U.E. el mismo papel que Luxemburgo en el norte y Suiza o Liechtenstein en el centro. Para ello, con la ayuda de Dinamarca, ha polderizado ya unas 30 hectáreas para edificar oficinas *(Europort)*.

Superficie : 6 km^2
Altura del peñón : 425 m
Población : 28. 600 hab.
PIB/hab. : 27.900 dólares en 1994

Gibraltar acoge a 70.000 empresas en tan sólo 6.5 km^2 por lo que se le acusa a menudo de blanqueo de dinero. Es también un **centro turístico** por su particularidad geográfica y su fauna : el peñón con sus monos y el estrecho con sus ballenas.

En el referéndum de 2002, la población reiteró su voluntad de seguir bajo la soberanía única de Inglaterra.

La autosuficiencia del Peñón es un argumento a la vez para **su no devolución a España y su autonomía**, tal vez incluso independencia, respecto de Gran Bretaña. Peter Caruana es jefe del gobierno desde mayo de 1996. La representación parlamentaria es de 15 elegidos por cuatro años.

El peñón de Gibraltar visto desde el pueblo de la Línea (provincia de Cádiz) que hace frontera con esta ciudad de dominio inglés

TERCERA PARTE

América Latina

La geografía
La economía

HISPANOAMÉRICA

UNA GRAN VARIEDAD DE RELIEVES Y DE CLIMAS

• *El **oeste** de América está dominado de norte a sur por **altas cadenas montañosas*** (de hautes chaînes montagneuses) : *la Sierra Madre en México y la Cordillera de los Andes en América del Sur. Entre estas cadenas están **los altiplanos*** (hauts plateaux).

• ***Al este de la cordillera, se sitúan las llanuras*** (les plaines) : *Llanos del Orinoco, Amazonia, Chaco, Pampa.*

• ***Los ríos hacia el Atlántico son largos y caudalosos*** (ont un gros débit) ; *de norte a sur : el río Magdalena, el río Orinoco,*

el ***río Amazonas*** *–el más caudaloso del mundo–, los ríos Paraná, con su afluente Paraguay, y Uruguay que desembocan en el* ***Río de la Plata.*** *Los ríos que corren hacia el Pacífico son torrentosos y cortos.*

• ***El clima varía según la latitud*** *(ecuatorial, tropical, templado, frío y polar).* ***La altitud*** *crea pisos* (l'étagement, différents niveaux) *de clima con diferentes tipos de vegetación en la zona montañosa.*

POBLACIÓN

• ***Existe una gran diversidad racial y un fuerte mestizaje*** (métissage, mélange de races).
En las regiones montañosas *(México, Centroamérica, Colombia, Ecuador, Bolivia, Perú) domina la población* ***india y mestiza.***
En ***Argentina, Chile, Uruguay y Venezuela,*** *la mayor parte de la población es de* ***origen europeo*** *(raza blanca).*
En las ***Antillas y en las costas*** *(México, Centroamérica, Venezuela, Colombia, Ecuador y Perú), la población* ***negra*** *es muy importante.*

• *La lengua oficial es el* ***español*** *en Hispanoamérica y el* ***portugués*** *en Brasil ; pero los indios han conservado sus propios idiomas como el quechua y el aymara.*
La religión católica es predominante ; pero los indios siguen observando prácticas y rituales antiguos.

• ***La población crece rápidamente :*** *se ha pasado de 130 millones de habitantes en 1940 a 520 millones en 2000 (Brasil incluído).*
El éxodo rural lleva a mucha gente a vivir en la ciudad : así se crean ***enormes megápolis*** (mégalopoles, agglomérations urbaines très importantes) *rodeadas por* ***chabolas*** *o barriadas* (des bidonvilles).
La pobreza *afecta al 44 % de la población latinoamericana en 2004.*

GEOGRAFÍA POLÍTICA

Después de la independencia, el continente se ha dividido en Estados que muchas veces han conocido ***dictaduras*** *muy largas, movimientos de* ***guerrilla,*** *guerras civiles. Actualmente, la mayor parte de los Estados tiene un régimen democrático. En los últimos años, la población ha exigido políticas sociales mediante protestas en la calle que han desembocado en la elección de dirigentes socialistas en varios países. También se multiplican las reivindicaciones étnicas e indigenistas.*

ECONOMÍA

• *Muchos países hispanoamericanos son aún considerados como en* ***vías de desarrollo*** (en voie de développement) : ***exportan materias primas*** *(productos de sus minas o de su agricultura) e* ***importan productos industriales***.

• ***La agricultura emplea a una gran parte de la población*** *(un 25 %). Al lado de* ***los latifundios que producen cultivos de exportación,*** *y pertenecen a veces a compañías extranjeras, existen los* ***minifundios*** *(pequeñas parcelas) donde se cultivan los productos de consumo con técnicas atrasadas* (selon des techniques dépassées) *y* ***rendimientos insuficientes para cubrir las necesidades*** *de la población.*

• ***El sector industrial es poco importante*** *y depende muchas veces de grandes empresas norteamericanas o europeas. La pequeña industria nacional se ha desarrollado y muchas veces se ha convertido en el motor del progreso, de la modernización. Las principales regiones industriales son México, Caracas y Maracaibo en Venezuela, São Paulo y Rio de Janeiro en Brasil, el Río de la Plata en Uruguay y Argentina, la región de Santiago de Chile.*

• *En la actualidad, va apareciendo una zona emergente en el sur del continente (Argentina, Venezuela, Uruguay) gracias a su papel creciente en el mercado internacional. Se observa una tendencia favorable al crecimiento económico, después de una década afectada por crisis económicas y unas deudas públicas agobiantes. La tasa media del crecimiento alcanzó, en 2005, el 4,3 % con disparidades entre los países. Pero no deja de ser un continente de democracias frágiles, afectado por la inestabilidad política y vulnerable frente a la coyuntura mundial.*

• *Es de notar también la voluntad de realizar* ***agrupaciones regionales*** *a fin de ser más competitivos en el mercado internacional : Tratados de Libre Comercio (*TLC*),* MERCOSUR, *Comunidad Andina, Mercado Común Centroamericano (*MCCA*), Comunidad Suramericana de Naciones (*CSN*), etc. Hoy en día, se proyecta crear el* ALCA *(Acuerdo de Libre Comercio de las Américas), proyecto impulsado por los Estados Unidos pero que se enfrenta a la negativa rotunda de algunos países del* MERCOSUR.

¿LATINOAMÉRICA, IBEROAMÉRICA, HISPANOAMÉRICA?

América Latina está formada por la parte sur de América del Norte, América Central, las Antillas y América del Sur. La integran los países de colonización española, portuguesa y francesa (países de lengua latina).

Iberoamérica son todos aquellos países de habla española y portuguesa (cf. la península ibérica integrada por España y Portugal).

Hispanoamérica integra a los países de habla española. Se excluye a Brasil donde se habla portugués.

UNA GRAN VARIEDAD DE RELIEVES Y DE CLIMAS

1. El relieve de América se caracteriza por un **larguísimo eje** *(axe)* **montañoso** que, a lo largo de la costa del Pacífico, recorre el continente desde el extremo norte (Alaska) hasta el extremo sur (la Tierra del Fuego).

• A partir de México, **la Sierra Madre** Oriental y la Sierra Madre Occidental encuadran los altiplanos *(les hauts plateaux)* del centro en México y se reúnen en América Central, largo istmo *(isthme : étroite bande de terre entre deux mers)* montañoso erizado de volcanes. Continúan en América del Sur con el nombre de **Cordillera de los Andes**, que se divide en las cordilleras oriental, central y occidental, formando altas mesetas *(plateaux)* y profundos valles. En Colombia, las cadenas se abren en abanico *(en éventail)*, volviéndose a unir en Ecuador. Hacia el Sur (Perú, Bolivia y Norte de Chile), el ensanchamiento de los Andes da origen a una doble cadena montañosa que genera las mesetas del altiplano, con una altura media de 4.000 metros. En Chile y Argentina, se presenta como una sola cadena montañosa con numerosos volcanes y picos de gran altura (Aconcagua, 6.959 m).

• Una serie de **llanos y llanuras** (*plaines* – llanos del Orinoco, Amazonia, Chaco, Pampa) separa los Andes de los **viejos macizos erosionados de la costa atlántica** (meseta de las Guayanas, meseta brasileña).

• **Los ríos hacia el Atlántico son largos y caudalosos** *(ont un gros débit)* ; de norte a sur : el río Magdalena, el río Orinoco, el **río Amazonas** –el más caudaloso del mundo–, los ríos Paraná, con su afluente Paraguay, y Uruguay que desembocan en el **Río de la Plata**. Hacia el Pacífico, son torrentosos y cortos.

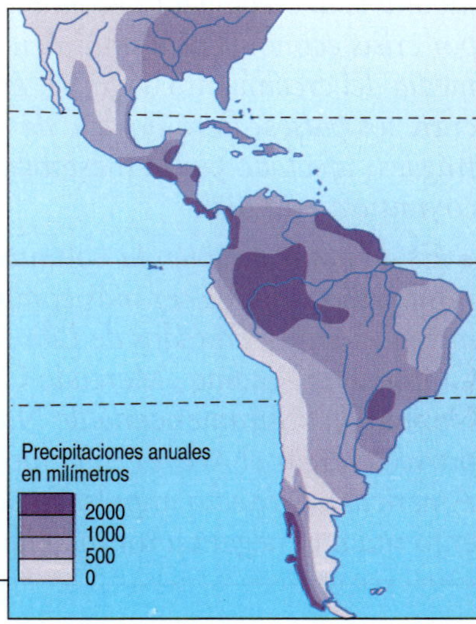

2. La diversidad de los climas refleja los cambios de latitud.

- **La franja** *(la bande)* **ecuatorial**, representada por **la cuenca del Amazonas** *(la vallée de l'Amazone)*, se encuentra cubierta por una selva *(forêt)* muy densa. Al norte y sur de esta franja, el clima se va haciendo cada vez más seco, llegando a ser **desértico en el norte de México y en el norte de Chile**.
- **En la punta sur de América, se suceden los climas templados** –*tempérés*– (mediterráneo, templado oceánico, templado lluvioso), frío y polar, pero la barrera que la cadena de los Andes opone a los vientos del oeste explica la aridez de Patagonia en la costa atlántica del sur de Argentina.
- **La altitud** también desempeña un papel muy importante *(joue un rôle très important)*, y origina el escalonamiento *(l'étagement)* –o pisos de clima– de diferentes tipos de vegetación en la zona andina.
- En los últimos años, Hispanoamérica ha sido el escenario de **catástrofes naturales** relacionadas con fenómenos climatológicos : el Niño, ciclones, huracanes, etc.

POBLACIÓN

1. Una gran diversidad racial y cultural

A la llegada de Colón, América estaba muy poblada y poseía **civilizaciones bastante avanzadas** como Mayas, Aztecas, Incas y otras.

Cuando acudieron los **conquistadores españoles y portugueses** a América, gran parte de los nativos (los "indios") murieron por epidemias, malos tratos, trabajos penosos. Desde los primeros tiempos de la colonización (s. XVI), y ante la disminución de los "indios", se trajeron en gran cantidad **esclavos negros** de África (cf. p. 250).

Después de la Independencia (s. XIX), Latinoamérica siguió siendo una **tierra de inmigración** (esencialmente europea, y posteriormente asiática).

Actualmente, existe una gran diversidad racial y un fuerte mestizaje *(métissage, mélange des races)*. En **Argentina, Chile, Uruguay y Venezuela**, la mayor parte de la población es de **origen europeo** (raza blanca). En **México, Centroamérica y países andinos** (de los Andes, al oeste del continente), domina la población india y mestiza. En las **Antillas y las costas** de México, Centroamérica, Venezuela, Colombia, Ecuador, Perú, la población **negra** es muy importante (fotos p. 80).

2. A esta diversidad racial corresponde una diversidad cultural : **la lengua oficial** es el **español** en Hispanoamérica y **portugués** en Brasil ; pero se conservan cantidad de idiomas indígenas (la lengua cambia de una comunidad a otra) : los más conocidos son el quechua y el aymara en Perú y Bolivia, el guaraní en Paraguay y el mapuche en Chile.

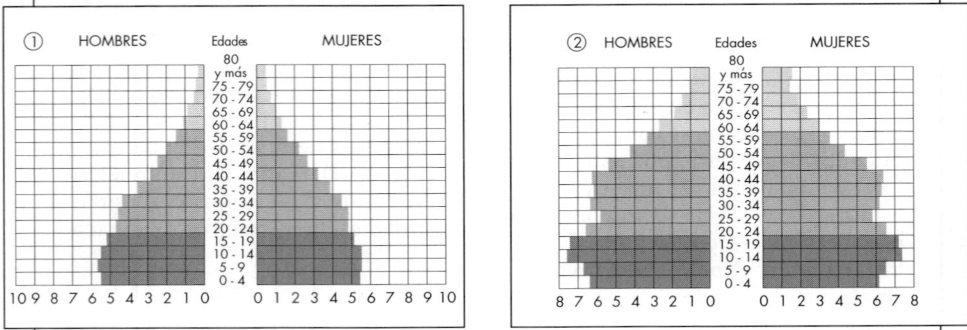

Pirámides de población de México ① y Chile ②

La mayor parte de la población es **católica** lo que no impide que se conserven prácticas y rituales ancestrales.

3. Una repartición desigual y un crecimiento muy rápido

Ciertas zonas cuyas condiciones naturales son desfavorables están casi vacías (Amazonia, Patagonia). La población se concentra sobre todo al borde del continente, como la **costa caribeña y atlántica** (Venezuela, costa sur de Brasil, Pampa argentina), en **las Antillas**, y en **algunos sectores de la costa pacífica** (centro de Chile), y en **los altiplanos**.

La población crece rápidamente debido a una tasa de natalidad elevada : se ha pasado de 130 millones de habitantes en 1940 a 520 millones en 2000 (Brasil incluído). El éxodo rural lleva a mucha gente a vivir en la ciudad, creando enormes megápolis *(mégalopoles, agglomérations urbaines très importantes)* rodeadas por **chabolas** o barriadas o ranchitos, etc. *(entourées de bidonvilles)* en las que las condiciones de vida son pésimas (tanto material como moralmente : delincuencia). Esta **concentración en las grandes urbes** es un factor de desequilibrio económico, social y político.

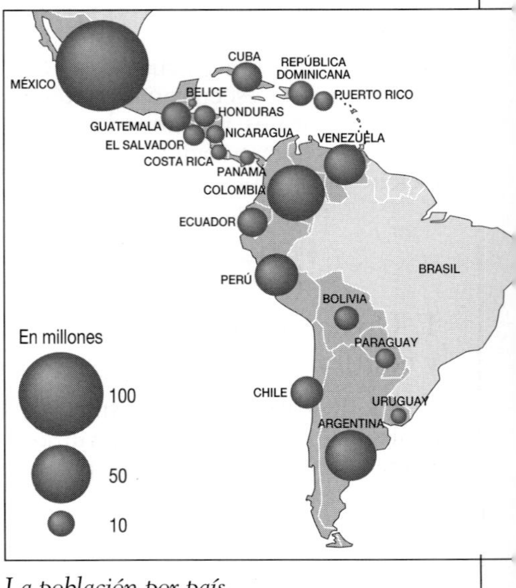

La población por país

GEOGRAFÍA POLÍTICA

La accesión a la independencia ha dividido el continente en Estados muchas veces **políticamente inestables** (cf. p. 267) e influidos por **Norteamérica** (económica y a veces política o militarmente). Iberoamérica ha conocido **dictaduras** muy largas, movimientos de **guerrilla**, guerras civiles. Actualmente, la mayoría de los países viven en una democracia desgraciadamente limitada por las condiciones culturales (analfabetismo de una gran parte de la población), económicas (poder efectivo de la oligarquía, de los narcotraficantes, y extremada pobreza de un porcentaje cada vez mayor del pueblo) o políticas (influencia extranjera).

La inestabilidad política, la corrupción y el desarrollo del narcotráfico (tráfico de la coca en los países andinos del norte) favorecen la violencia, empobrecen la región y hacen cada vez más precarias y difíciles las condiciones de vida de una parte cada vez mayor de la población. Frente a la **precariedad social,** movimientos de protestas, a veces violentos, han dado lugar estos últimos años a una inestabilidad gubernamental : desde el 2000, un presidente se ha visto destituido cada año "por la calle" (tres en 7 años en Ecuador ; dos en 2 años en Bolivia).

Hoy el pueblo tiende a expresar su descontento por las políticas liberales a través de las urnas con la elección de dirigentes socialistas o de una izquierda a veces más radical (Venezuela, Brasil, Uruguay, Argentina, Bolivia, Chile) que afirman la legitimidad de su oposición a las intenciones de los Estados Unidos en el continente.

América y la Iglesia

A finales de la década de los 60 surgió un movimiento teológico encabezado por el brasileño Leonardo Boff y el peruano Gustavo Gutiérrez llamado la **teología de la liberación** : con él, una parte de la Iglesia tomó la defensa de los pobres y los explotados mezclando difusión del Evangelio y lucha contra la opresión (cf. en Brasil, el famoso arzobispo de Recife don Helder Câmara). La explotación política y desviación ideológica de este movimiento nacido de Vaticano II en Latinoamérica han sido criticadas por la jerarquía y Roma a partir de 1983.

Últimamente, se comprueba la influencia cada vez mayor de las **Iglesias y sectas protestantes** (elección del evangelista J. Serrano en la presidencia de Guatelama ; apoyo de los protestantes para la elección del peruano Fujimori ; en México 600.000 católicos se convierten cada año a una de las 16 Iglesias protestantes de este país ; Bolivia cuenta con más de 600 Iglesias y grupos religiosos no católicos, etc.). Según el sociólogo americano David Stoll, el empuje de los evangelistas coincide con la influencia cada vez mayor de las organizaciones benévolas y asociaciones de defensa de los derechos humanos. (cf. L'*Amérique latine deviendrait-elle protestante ?* University of California Press, 1991).

Principales tipos humanos.
Niña mulata cubana – Hombre chileno.
India peruana – Chico dominicano.

Países	Dictaduras desde 1945 (total años)	Guerras civiles y Guerrillas	Conflictos internacionales	PIB/hab. (PPA) en $ 2004
Argentina	17	ERP y Montoneros 1973-78	1982 – Malvinas (Reino Unido)	12.468
Bolivia	16	Che Guevara († 1967)		2.902
Chile	17			10.869
Colombia	8	1948 → (M 19, PRT → 1988, EPL, Quintin Lame → 1990) FARC, ELN		6.959
Costa Rica		1948		9.887
Cuba	F. Castro 1959			3.000
República Dominicana	17			6.761
Ecuador	9		1995 – Conflicto de límites (Perú)	3.819
Guatemala	22	1960-1985		4.009
Honduras	8		1969 – Guerra del fútbol (Salvador)	2.682
México		1994 – Chiapas		9.666
Nicaragua	40	1961 – Frente Sandinista 1979 – Contras 1979-90 – Guerra civil		2.677
Panamá				6.997
Paraguay	35			4.553
Perú	23	1982 → Sendero Luminoso Túpac Amaru	1995 – Conflicto de límites (Ecuador)	5.298
Puerto Rico				17.700
Salvador	40	Escuadrones de la Muerte 1979-1992 – Frente Farabundo Martí	1969 – Guerra del fútbol (Honduras)	4.379
Uruguay	9	1970-76 – Tupamaros		9.107
Venezuela	13			5.571
España	30	1973 → ETA		23.627
Francia				27.913

ECONOMÍA

• La estructura de la economía **se deriva en parte del período colonial :** se funda en la **explotación de las materias primas** (oro y plata, hierro, cobre en los Andes, petróleo en Venezuela, Ecuador y México) y los **cultivos comerciales** (café en Colombia y Brasil, caña de azúcar en las Antillas, frutas tropicales –pláta- nos, *bananes*– en Centroamérica, Ecuador, algodón, cacao, etc.), lo que hace de los países hispano-americanos **países subdesarrollados o en vías de desarrollo** *(des pays sous-développés ou en voie de développement)*. Pero **algunos países**, sobre todo en el sur, **van emergiendo** y creciendo económicamente. La economía de la región creció un 4,3 % en 2005. Asimismo se van **diversificando las exportaciones** para disminuir la dependencia de los países respecto de unos pocos productos : la agricultura desarrolla la producción de frutas y hortalizas "contraestacionales" (el hemisferio sur produce sobre todo cuando el invierno paraliza el Norte), y la industria de ciertos países da muestras de una gran capacidad innovadora y vitalidad (México, Chile, Colombia, Ecuador, Bolivia y Venezuela).

1. Un sector primario muy contrastado

El sector primario, que emplea a una gran parte de la población (un 25 %), se caracteriza por un fuerte desequilibrio entre los **latifundios** (plantaciones, estancias o haciendas) con predominio de monocultivos *–prédominance d'une seule culture–* y ganadería *–élevage–* (en Argentina y Uruguay), y los **minifundios** con policultivo (varios cultivos), técnicas atrasadas y **rendimientos insuficientes para cubrir las necesidades** de la población. Se aprovecha actualmente el desfase estacional debido a la situación en otro hemisferio para producir frutas, hortalizas y flores que encuentran fáciles salidas en el próximo mercado norteamericano pero también en Europa (cerezas, uvas de Chile, frutas y flores de Colombia...).

2. Un sector industrial poco desarrollado

El sector industrial está poco desarrollado a pesar de las grandes riquezas mineras y energéticas. **Las principales áreas industriales** son el valle de México, Caracas y Maracaibo en Venezuela, toda la zona andina de Guayaquil a Barranquilla (Ecuador y Colombia), São Paulo y Rio de Janeiro en Brasil, el Río de la Plata en Uruguay y Argentina, la región de Santiago de Chile.

Los sectores muy tecnificados muchas veces dependen de grandes empresas norteamericanas o europeas (automóviles, por ejemplo).

La pequeña industria nacional se ha desarrollado y muchas veces se está convirtiendo en el motor del progreso y de la modernización.

1995	PIB global en millones de $ (PPA)	PIB/hab. en $ (PPA)
Argentina	484.232	12.468
Bolivia	24.140	2.902
Chile	173.812	10.869
Colombia	315.548	6.959
Costa Rica	41.967	9.887
Cuba	33.920	3.000
Rep. Dominicana	60.042	6.761
Ecuador	53.195	3.819
Guatemala	53.619	4.009
Honduras	19.252	2.682
México	1.005.000	9.666
Nicaragua	15.067	2.677
Panamá	21.334	6.997
Paraguay	27.581	4.553
Perú	153.054	5.298
Puerto Rico	68.950	17.700
El Salvador	29.631	4.379
Uruguay	30.958	9.107
Venezuela	144.346	5.571
Media latinoamericana	144.926	6.805
España	971.724	23.627

3. Una mejora económica después de la "media-década perdida"

Iberoamérica fue obligada a una durísima política de ajuste *(de rigueur)* impuesta en parte por el FMI a cambio de ayudas económicas. Las numerosas **privatizaciones** permitieron reducir el gasto público y la inflación galopante de los años 80. Pero estas medidas fueron acompañadas de despidos masivos y del **crecimiento del paro** ; se instaló el malestar social mientras la deuda externa seguía creciendo. Además el continente sufrió las consecuencias de las sucesivas crisis financieras y económicas de finales de los años 90 que culminaron con la crisis argentina de 2001. En 2002, el PIB/hab. era inferior al de 1997 por lo que se llegó a evocar una "media-década perdida" (CEPAL).

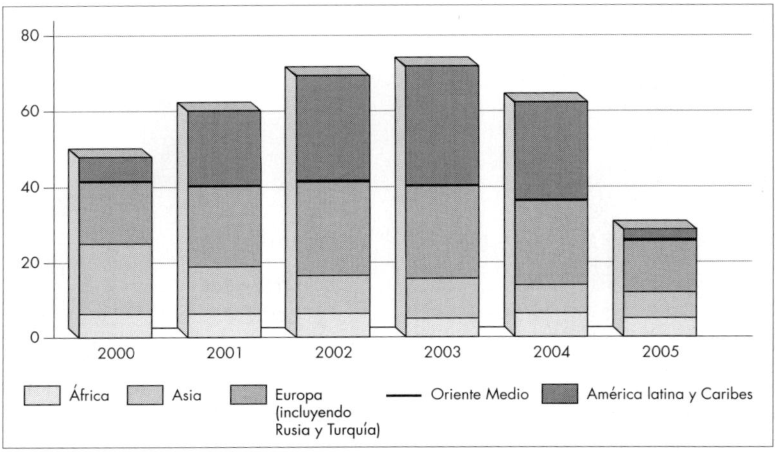

Créditos y préstamos del FMI por región

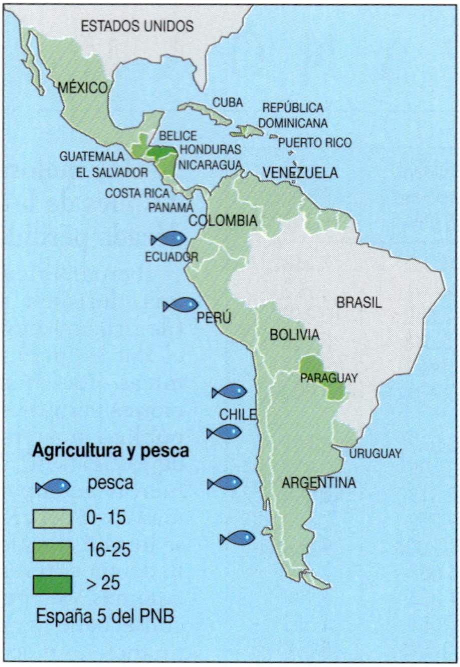

La economía de América Latina

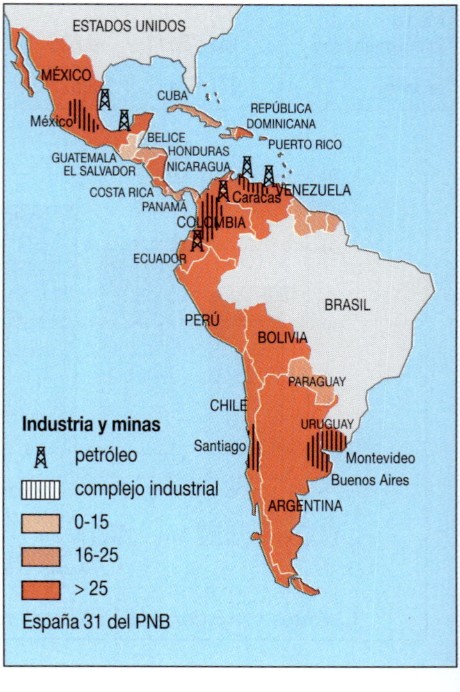

La integración económica regional

Pero **en 2003-2004, la región empezó a recuperarse** con un crecimiento del 1,5 % y luego 5,5 % (contra el 0,5 % en 2002). Para 2006, se prevé la continuación de este ciclo de mejora económica debida en parte al desarrollo de los intercambios con países asiáticos. Ante este optimismo, algunos países aprovechan el saldo positivo de sus cuentas nacionales para **cancelar sus deudas al FMI** (Argentina, Brasil, probablemente Venezuela).

4. Agrupaciones regionales que se abren hacia el exterior

Los países practican una apertura de sus fronteras : los intercambios entre países latinoamericanos aumentan de forma considerable, fomentando así las economías de la región. Por eso desde principios de los años 90, con organismos políticos y económicos (MERCOSUR, TLC, etc.), se acelera el movimiento de agrupación regional lo que explica la rápida internacionalización de las economías y su actual desarrollo. Es de notar además la creación de Telesur, canal de televisión transnacional (Argentina, Venezuela, Cuba, Uruguay).

También se proyecta la organización del ALCA (Acuerdo de Libre Comercio de las Américas), impulsado por los Estados Unidos a fin de crear un gran espacio comercial competitivo frente a la Unión Europea y Asia. Pero este proyecto se enfrenta a la negativa rotunda de algunos países (MERCOSUR y en particular Venezuela) que se radicalizan ideológica y económicamente frente a las posiciones de América del Norte (Chávez pretende crear el ALBA, Alternativa Bolivariana de las Américas). Por lo tanto parecen dibujarse dos Américas dentro de la zona.

Por fin, Hispanoamérica pretende ser un protagonista en el mercado mundial mediante inversiones extranjeras (España, China, etc.) y acuerdos bilaterales entre países latinoamericanos y asiáticos. De hecho tres países (México, Chile y Perú) ya forman parte del APEC (Cooperación Económica Asia-Pacífico) cuya cumbre tuvo lugar en Chile en 2004.

Organismos políticos :

– OEA : Organización de los Estados Americanos, la más antigua y generalmente dominada por EE.UU., de la que Cuba queda excluida. Reagrupa a los Estados americanos que aceptan los principios de cooperación pacífica enunciados en la Carta de Bogotá (1948).

– ODECA : Organización de Estados Centroamericanos.

– Grupo Contadora : formado por Colombia, México, Panamá y Venezuela en 1983 con el fin de actuar como mediador junto a EE.UU. en los conflictos centroamericanos.

– CSN : Comunidad Suramericana de Naciones, creada el 7 de diciembre de 2004 en Cuzco (Perú). Su objetivo es darle una identidad específica al conjunto de los países del subcontinente.

Organismos económicos :

– CEPAL : Comisión Económica para América Latina, en el seno de la ONU.

– ALCA : Acuerdo de Libre Comercio de las Américas, proyecto lanzado en diciembre de 1994 en la cumbre de las Américas, con el fin de agrupar todos los países del continente excepto Cuba. Este proyecto debía entrar en vigor el 31 de diciembre de 2005 pero aún no se ha llegado a un acuerdo entre todos los países.

– ALADI : Asociación Latinoamericana de Integración.

– Comunidad Andina : Antiguo Pacto Andino creado en 1969 y reformado en abril de 1996 que integra Bolivia, Ecuador, Colombia y Perú. Su meta es la realización de una unión aduanera y una zona de mercado común.

– MCCA : Mercado Común Centroamericano (1993 : nuevo acuerdo).

– MERCOSUR : Entró en vigor el 1 de enero de 1995. Reagrupa a Argentina, Brasil, Paraguay, Uruguay, Venezuela (desde 2006) y, como miembros asociados Bolivia, Colombia, Ecuador, Perú y Chile. Su meta es crear una unión aduanera y un mercado común sobre el modelo de la Unión Europea. (Representa un 75% del PIB de América del Sur y 250 millones de personas.) También aspira a agrupar a todos los países de América del Sur para hacer contrapeso al TLC.

– TLC : Tratado de Libre Comercio también denominado NAFTA (North American Free Trade Agreement) o ALENA (Accord de Libre-Échange Nord-Américain). Reúne a Canadá, EE.UU. y México. Sus principales promotores fueron los Presidentes Bush (padre) y Salinas de Gortari (para México). Su entrada en vigor, el 1 de enero de 1994, ha originado un espectacular crecimiento de los intercambios entre México y EE.UU : México que hace el 80 % de su comercio exterior con EE.UU. es ya su segundo socio *(partenaire)* económico detrás de Canadá pero delante de Japón.

HISTORIA Y CULTURA

Para la historia y cultura de Hispanoamérica, véanse pp. 241-253 (El Nuevo Mundo), p. 258 (El siglo XVIII), pp. 265-267 y 271 (El siglo XIX), pp. 276 y 285-286 (La Restauración), pp. 319-321 (La cultura contemporánea), y por países.

AMÉRICA EN SU COCINA

América ha dado al mundo no pocas plantas que sirven hoy de base para muchos de nuestros platos : la patata, el maíz, los frijoles, el tomate, el aguacate, la piña, la yuca *(manioc)*, el plátano, etc. Europa ha aportado a América especies que adaptaron los indígenas para mejorar su cocina : el ajo, la cebolla, la vid, nuevas carnes (ternera, cerdo, gallina, y con ellas la manteca de cerdo –*saindoux*– para cocinar los alimentos), el café y la caña de azúcar.

1. La herencia india

Algunos países han conservado más que otros la herencia indígena : tal es el caso de México y de los países andinos ; pero la influencia india se extiende por toda América latina.

• **El maíz, los frijoles, las patatas y los plátanos** siguen siendo la base de la alimentación : el consumo de la "tortilla" (torta de harina de maíz) está muy difundido entre las clases populares, sobre todo en México ; es muy pobre en proteinas y vitaminas, por eso se equilibra la dieta comiendo también frijoles, ricos en proteinas. Los "tacos", el bocadillo mejicano, son una tortilla rellena (el relleno –*la farce*– puede ser cualquier cosa, desde pimiento hasta carne) ; las "enchiladas" se parecen a "tacos" pero con relleno más refinado ; también se guisan mucho el "atole", gacha (masa medio líquida) a base de maíz, y los "tamales" tan característicos de Centroamérica (llamados "humitas" en la América Occidental o "hallacas" en Venezuela), masa de maíz rellena (de carne) y envuelta con la vaina de la mazorca *(l'enveloppe de l'épi de maïs)* o la hoja del plátano.

La patata guisada de mil maneras y muchas veces con ají (pimiento chile) es la reina de la sierra donde no crece el maíz. Los peruanos han inventado un proceso de conservación de la patata, válido para otros alimentos, que hace pensar en las modernas técnicas de congelación y liofilización : dejan a más de 4.000 metros de altura los alimentos, que se congelan por la noche, se descongelan de día y van perdiendo así poco a poco su humedad. "Chuño" es el nombre de la patata así desecada.

En las regiones tropicales, **el plátano** se come a veces crudo pero sobre todo cocido : la torta de plátano acompaña cualquier plato de carne. Se utiliza tanto la fruta como la hoja (vaina) que sirve para envolver los alimentos que después se cuecen al vapor ("tamales").

Todos estos manjares se comen con salsa muy picante : existen más de 140 especies de pimientos en América. Los mexicanos son expertos en "moles" (salsas a base de muchos ingredientes).

En **la forma de cocer los alimentos**, también se nota la influencia indígena : los indios no tenían aceite ni grasa, por lo que guisaban los alimentos al vapor o en agua caliente, o asados sobre "comales" –o sea piedras redondas colocadas encima de un fogón– o en hornos cavados en la tierra y tapizados de piedras caldeadas por el fuego (la "barbacoa" mexicana, el "pachamanca" peruano, el "curanto" chileno).

Con el maíz ("pulque" mexicano y "chicha" latinoamericana) y el maguey (o agave : "tequila" y "mescal" mexicanos) fermentados se hacen **bebidas** tradicionales. En las zonas rurales del Cono Sur (Argentina y Uruguay) –las ciudades la van abandonando por el café– se bebe una infusión de "yerba mate" con una bombilla, tubito de caña o de metal por el que se sorbe el líquido.

Los dulces americanos se hacen a base de frutas o de hortalizas (mucha calabaza).

2. Los aportes del viejo mundo, la cocina criolla

• **El ajo y la cebolla**, aportados por los españoles, son muy utilizados en toda la cocina americana.

• **La carne** (vaca, carnero, cerdo) ocupa un lugar muy importante sobre todo en los países del Cono Sur y en Venezuela donde se ha desarrollado la ganadería. Los "asados" se guisan al horno, las "parrilladas" se asan a la parrilla *(gril)*, las "empanadas" son carne encerrada en masa *(pâte)* y cocida después generalmente en el horno ; el "matambre" es carne de vaca rellena de hortalizas y huevos duros. La manteca de cerdo se utiliza en toda América latina para cocer ciertos platos, lo mismo que se ha generalizado el consumo de pollo en un continente que tenía pocos animales domésticos y comestibles (el perro azteca, el guajolote o pavo, el cuy –conejillo de Indias–, la llama y la alpaca en los Andes, caza menor y mayor, y pescado en la costa).

• Otro aporte que ha sido adoptado con entusiasmo es **el café** y **la caña de azúcar**. Los americanos beben muchísimo café (en Colombia y Brasil el consumo medio por habitante es de unas 20 tazas diarias) : el "tinto", como lo llaman, es café puro sin leche muy azucarado (mitad azúcar, mitad café).

La vid fue también introducida por los españoles y crece por todo el continente, pero donde más vino se consume y de mejor calidad es en Argentina y sobre todo en Chile. El "pisco" es un aguardiente chileno a base de uva.

A nivel gastronómico, también se ha generalizado el mestizaje.

CUARTA PARTE

Los Países de América Latina

ARGENTINA

• *Argentina es un país que posee* **grandes riquezas naturales** *(agrícolas, ganaderas, mineras). Está superando una gravísima crisis económica que ha hecho bajar el nivel de vida.*
En su capital **Buenos Aires, se concentra la tercera parte de la población total.**

• *El país consiguió su* **independencia en 1816** *gracias al* **General San Martín.** *Entre 1976 y 1983, estuvo sometido a un gobierno de dictaduras militares durante el cual desaparecieron unas 30.000 personas. Desde 1983, se ha restablecido la* **democracia** *tras la derrota* (défaite) *contra los ingleses en las Islas Malvinas. Hoy se asiste a la recuperación de la memoria histórica por el pueblo argentino acerca de este período oscuro.*

• *La zona del Río de la Plata representa* **uno de los centros culturales más importantes de Latinoamérica.**
En el siglo XIX y principios del siglo XX, se desarrolló una literatura en torno a la figura del **gaucho,** *el vaquero argentino. En el siglo XX, destacan los nombres de* **J.L. Borges,** *poeta y cuentista, y de los novelistas R. Güiraldes, E. Sábato y J. Cortázar.*
Las artes plásticas acogen **las tendencias cosmopolitas más modernas** *(arte cinético), lo mismo que la música culta que encuentra otra fuente de inspiración en el folklore.*
La música popular *de origen indio ha sido dada a conocer por Atahualpa Yupanqui, mientras* **Carlos Gardel** *se hizo famoso cantando* **el tango** *de Buenos Aires. Argentina posee también un cine de calidad (Torre-Nilson, L. Puenzo).*

	Argentina	España
clasificación según IDH	34/177	20/177
población	38.747.000 hab.	43.197.000 hab.
superficie	2.780.400 km²	504.745 km²
densidad	14 hab./km²	85.5 hab./km²
capital	Buenos Aires : 12.515.300 hab.	Madrid : 5.520.100 hab.
PIB (PPA) en millones de $	484.232	1.724.647
PIB/hab. (PPA) en $	12.468	27.913
inflación	4,4 %	2,3 %
moneda	peso argentino	euro

agricultura y pesca	11 % población activa	11 % PIB
industria y minas	29 % población activa	35 % PIB
servicios	60 % población activa	54 % PIB

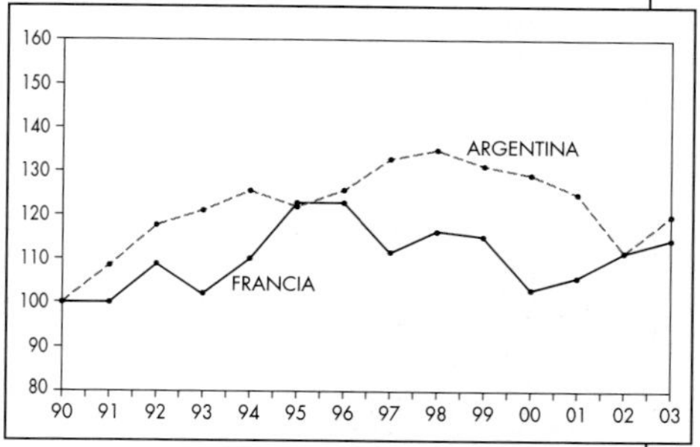

Variación del PIB/hab. de 1990 a 2003

GEOGRAFÍA Y ECONOMÍA

1. Tres grandes regiones

• **Las llanuras del este :** en el centro, la famosa **pampa**, húmeda al este, seca y estéril al oeste, con sus gauchos, reino de los **bovinos** y cada vez más de los **cereales** (trigo, maíz) y **soja** ; en el norte el **Chaco** húmedo y cálido (producción forestal, ganadería, algodón, mate que es la bebida nacional). En la frontera con Paraguay, en plena selva, se construyen las inmensas represas *(les barrages)* de Yacireta y Corpus. En la frontera con Brasil están las turísticas cataratas del Iguazú (4 km de anchura, 64 m de altura –las del Niágara miden unos 50 metros de altura–).

• **El noroeste subtropical :** al pie de los Andes que señalan la frontera con Chile, donde viven los mestizos y los indios, fértil jardín donde se cultivan **caña de azúcar, frutales, vino** (Mendoza y Salta).

• **El altiplano de Patagonia : al sur,** de clima frío, árido y ventoso (cría extensiva de ovinos, petróleo).

2. El control del subsuelo

Argentina posee reservas minerales : plata, hierro, carbón, cinc. Pero la atención se centra sobre todo en la producción de hidrocarburos : gas y petróleo empiezan a escasear. Frente a la crisis energética, se creó en 2004 una entidad pública, ENERGÍA ARGENTINA S.A. y se estrechó la colaboración regional para la producción y el comercio de los hidrocarburos. Así el país proyecta con Venezuela y Brasil la construcción de un gasoducto de más de 8.000 km que abastecería Brasil y Argentina desde Venezuela.

Buenos Aires se extiende en forma de abanico desde el puerto sobre el Río de la Plata. Fundada en 1580, su centro tiene el tradicional trazado en ángulos rectos de las ciudades hispanas. En 1870 contaba 70.000 hab. ; en 1914 más de 700.000. Hacia 1930, comenzaron a abrirse anchas avenidas, parques y a levantarse edificios modernos que dan fe de la prosperidad económica de la época. Ha conocido un vertiginoso crecimiento a lo largo de este siglo y en ella vive la tercera parte de la población argentina. Concentra la actividad industrial (carne, mecánica, alimentaria, editorial), con el 40 % de la actividad comercial y financiera.

La producción industrial en cambio no tiene sector competitivo, por lo que **Argentina sigue dependiendo de la exportación de sus productos primarios.**

3. Unas crisis económicas sucesivas

Argentina vive por encima de sus posibilidades. Hasta mediados del siglo, este país era el más próspero de América Latina, suministraba cereales y carne (*corned beef*) a una Europa destrozada por la guerra y representó para miles de emigrantes la esperanza de una vida mejor.

Cataratas del Iguazú. El río Iguazú (1.320 km) desemboca en el Paraná, en la frontera entre Argentina, Brasil y Paraguay. En el curso bajo hay unas 200 cataratas, entre ellas el Salto grande de Santa María que tiene 70 m de altura.

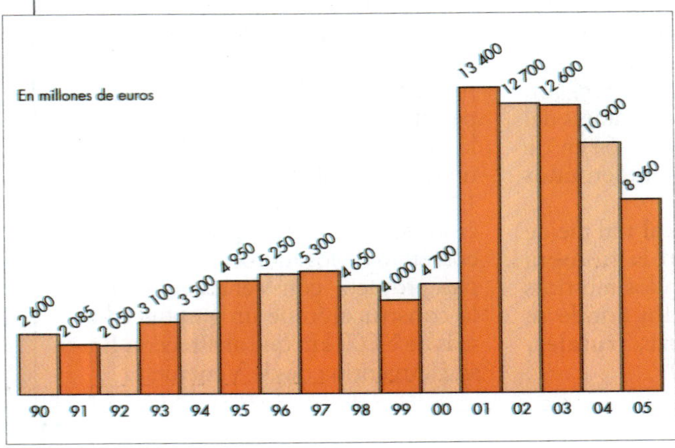

Evolución de los créditos de Argentina con el FMI (en millones de euros)

"Cacerolazos", manifestaciones en Buenos Aires en noviembre de 2001.

Estos últimos 25 años, Argentina ha sufrido una sucesión de **crisis económicas** que han alternado con políticas de rigor. A finales de los 80, la **inflación** espectacular que no bajaba de los tres dígitos *(chiffres)*, la deuda agobiante y la fuga de capitales privados causaron un estancamiento de la producción nacional. Pero en los 90, se privatizaron muchas empresas nacionales y se estableció la **paridad del nuevo peso (el austral) con el dólar** que permitió un fuerte crecimiento industrial y la mejora de la balanza comercial gracias a los efectos del MERCOSUR. Sin embargo esa **política liberal** aumentó el **paro y las desigualdades sociales**. La tasa de desempleo alcanzó el 18,3 % en diciembre de 2001. Pronto el 40 % de las industrias y el 90 % de los bancos pasaron a pertenecer a capitales extranjeros ; muchos, en 2001, desconfiando de la política del país, se fugaron. La **deuda externa** alcanzó un nivel nunca visto y el gobierno resolvió prohibir a los ciudadanos sacar sus ahorros del banco. Fue el llamado "**corralito**" de 2001. La clase media, indignada, se lanzó a la calle a golpes de cacerolas ("**cacerolazos**") mientras que los más pobres salieron a saquear los almacenes. Frente a tantos distur-

Propaganda peronista para las elecciones de 1983 en las cuales se siguió utilizando la imagen de Evita. Eva Duarte (1919-1952), la primera esposa de J.D. Perón, presidente de la República de 1946 a 1955 y de 1973 a 1974, colaboró en su obra política y social y gozó de una gran popularidad entre los argentinos. María Estela Martínez, la tercera esposa de Perón, vicepresidente de la República en 1973, se hizo cargo de la presidencia al fallecer su marido, pero no consiguió suplantar a su antecesora en el corazón del pueblo. Fue derrocada en 1976 por una Junta Militar y sustituida por el general Videla.

bios, se declaró el estado de sitio. Aquella grave crisis financiera y económica dio lugar a una **inestabilidad política** (¡tres presidentes en quince días!) y a la declaración de la quiebra del país. Argentina tuvo que decidir la **cesación del pago de la deuda externa** *(default)*.

4. ¿Salida de la crisis?

Hoy parece que el país va saliendo de la crisis : desde 2003, presenta un saldo positivo de las cuentas nacionales y un crecimiento de un 9 % del PIB en 2004. Argentina declaró, en 2006, su decisión de rembolsar, por adelantado, la globalidad de su deuda al FMI y al Club de París.

A pesar de todo, la recesión y las devaluaciones acarrearon una disminución de los salarios y una persistencia de la pobreza que afecta a un 40 % de la población (contra un 60 % en 2002). También crecen la violencia y la criminalidad en la capital.

HISTORIA

1. Habitado por pueblos incaicos y tupi-guaraníes en el norte y por pueblos nómadas en la Pampa, el país fue colonizado por los españoles a partir del Alto Perú y de Chile. Durante todo el período colonial, tuvo que defenderse contra las invasiones inglesas. La creación del **Virreinato del Río de la Plata** en 1776 permitió el desarrollo del comercio y la aparición de una burguesía mercantil en las ciudades de la costa que difundió las ideas emancipadoras (cf. la Ilustración, p. 258). Declaró su **independencia en 1816 (San Martín)**.

2. A partir de entonces, el país se ha visto dividido entre los centralistas "porteños" (del puerto, es decir la burguesía comerciante de Buenos Aires) y los federalistas de la provincia (los criollos ganaderos de la Pampa). Esta **tensión entre la provincia y Buenos Aires** (que ahora agrupa a la tercera parte de la población del país) sigue caracterizando la vida argentina.

Hasta 1853, fecha en que se adoptó una constitución democrática de tipo liberal, la vida política y económica fue dominada por el dictador **Rosas**. La segunda mitad del siglo se caracterizó por la colonización de Patagonia

El gaucho se ocupa del ganado. Fue nómada y creó un rico folklore (canción –la "payada"–, danzas). La literatura gauchesca mitificó su imagen solitaria (J. Hernández, L. Lugones, E. Martínez Estrada, R. Güiraldes; D.F. Sarmiento lo utilizó como héroe "civilizador" de la pampa).

(con la eliminación de los indígenas), una densa inmigración y un importante crecimiento económico.

3. El gobierno de **Perón** (1946-55) significó la aparición de una nueva fuerza política (el movimiento justicialista, de carácter populista y nacionalista) que rompió la hegemonía tradicional de la oligarquía agraria. Vino después un período de inestabilidad que provocó un régimen militar (1966-73), así como la aparición de una guerrilla (ERP y Montoneros). El regreso de Perón en 1973 no resolvió los problemas. Tras su muerte, la crisis y la violencia de la guerrilla causaron un nuevo golpe de Estado (1976) : se inició una **durísima dictadura militar (1976-83)** que acabó con la guerrilla pero durante la cual **desaparecieron unas 30.000 personas**. La catastrófica guerra de las islas Malvinas (islas Falkland en inglés, británicas desde 1833) contra Gran Bretaña (1982) forzó a llamar a elecciones (1983) resultando electo el radical Raúl Alfonsín.

4. Éste tuvo que hacer frente a varias tentativas de golpe de Estado y no consiguió sanear la **desastrosa situación económica**, produciéndose **graves disturbios sociales** en mayo de 1989 en Rosario, Córdoba y Buenos Aires. Su sucesor, el peronista **Carlos Menem** (elegido en 1989 y de nuevo en 1995) intentó llevar a cabo una política de rigor y privatizaciones que permitieron un tiempo la mejora económica (inflación reducida, crecimiento económico) pero la pobreza aumentó. A partir de 1996, la vida social fue marcada por huelgas nacionales y manifestaciones populares (**piqueteros**). Elegido en 1999, **Fernando De la Rúa** no logró que se recuperara la economía del país. Se enfrentó a la **crisis financiera** y a disturbios sociales (desconfianza y sospecha de corrupción) sin precedentes que le llevaron a declarar el estado de

Movimientos piqueteros : constituidos, desde 1996, por desocupados y sus familias. Estos movimientos canalizaron la insatisfacción del pueblo debida a la pobreza y al desempleo generado por las privatizaciones. De 140 en 1997, llegó a haber 1.609 movimientos piqueteros en 2002. A la protesta social contra el cierre de empresas, asocian pedidos sociales para su barrio. Hoy se asiste, de parte del gobierno, a una voluntad de integración de estos movimientos piqueteros dentro del marco de la política social (centros comunitarios, escuelas, hospitales, acceso al agua, etc.).

sitio. Tuvo que renunciar a la presidencia y dejar un país en el caos económico y la inestabilidad política. Tras una breve presidencia de Rodríguez Saá, fue nombrado Eduardo Duhalde el 1 de enero de 2002 ; éste decidió la cesación del pago de la deuda *(default)* así como la devaluación de la moneda a la vez que se fue restaurando cierta paz social. Desde mayo de 2003, el peronista **Néstor Kirchner** ha conseguido **mejorar la economía del país** y parece efectuar un giro a la izquierda con medidas sociales ; va estrechando sus lazos con Venezuela y reforzando la integración económica de Argentina en la región.

5. Recuperación de la memoria histórica

Se observa hoy un proceso de recuperación de la memoria histórica de Argentina acerca de los años oscuros de la dictadura : responsables militares detenidos en julio de 2004, condena del Coronel Scilingo a 640 años de prisión por crímenes de lesa humanidad (tortura, asesinatos, etc.), intención de transformar la ESMA (Escuela de Mecánica de la Armada) en **Museo de la Memoria** y declaración del 24 de marzo como día festivo (Día de la memoria). En cambio, después de veinte años de lucha, las madres y **abuelas de la Plaza de Mayo** decidieron dejar de manifestar como señal del final de una época negra. Otro episodio oscuro, la derrota de las Malvinas, se recuerda en una película de 2005 que fue premiada, en los festivales de San Sebastián y de La Habana : *Iluminados por el fuego*, de Tristan Bauer. Denuncia el olvido a que fueron condenados los jóvenes veteranos.

CULTURA

El Río de la Plata constituye un lucido centro cultural bicéfalo (Buenos Aires y Montevideo son las dos cabezas) abierto a las tendencias cosmopolitas (especialmente europeas).

1. Literatura

• La literatura ha sido brillante en el **siglo XIX** :
– romanticismo (cf. p. 271) de E. Echeverría (*La cautiva*, 1837, *El matadero*, 1840) y J. Mármol (*Amalia*, 1852),
– **literatura gauchesca** de J. Hernández (*Martín Fierro*, 1872 es un poema épico sobre la vida de los gauchos *–les gardiens de bétail–*),
– obras de pensamiento político-social : Sarmiento (*Facundo*, 1845), Alberdi, J.M. Gutiérrez.

• **A finales del s. XIX y principios del XX,** se desarrollan
– el positivismo y el naturalismo (M. Cané, E. Wilde, E. Cambaceres) ;
– el modernismo (cf. p. 283) con la poesía de L. Lugones (*Las montañas de oro*, 1897) y la prosa de E. Larreta ;
– el vanguardismo (cf. p. 284) con el poeta M. Fernández y la revista *Martín Fierro* fundada por Güiraldes y Borges. **J.L. Borges** (1899-1986), poeta, cuentista (*Ficciones*, 1941, *El Aleph*, 1946), intelectual cosmopolita, es el máxime escritor argentino ;
– el positivismo (cf. p. 283) con el ensayo (*–l'essai–* E. Martínez Estrada, *Radiografía de la pampa*, 1933, J. Ingenieros, A. Korn). En filosofía, F. Romero reflexionó sobre la identidad latinoamericana. Se puede citar también C. Astrada (*El mito gaucho*, 1948) ; de los filósofos cristianos, el más conocido es A. Caturelli.

• **La narrativa contemporánea** –Surge con **R. Güiraldes** (*Don Segundo Sombra*, 1926, realismo social con irónica crítica de las costumbres) y **L. Marechal** (*Adán Buenosayres*, 1948, dominio de la lengua y surrealismo). **R. Arlt** (*El juguete rabioso*, 1926) pinta con estilo realista los bajos fondos de Buenos Aires. Les siguen **E. Sábato** (*El túnel*, 1948, *Abaddón el exterminador* 1974, novelas-ensayos que plasman la angustia y lo absurdo de la existencia contemporánea), M. Mújica-Laínez, **J. Cortázar** (*Rayuela*, 1963, obra cosmopolita de experimentación literaria), A. Posse (*La boca del tigre*, 1971), A. Bioy Casares (*La invención de Morel*, 1940, de ambiente semifantástico), S. Ocampo (cuentos fantásticos), E. Mallea (martinfierrista –véase arriba–, inspiración nacionalista).
– La generación del 55 se inspira en temas existenciales y desolados (A. di Benedetto, H. Álvarez Murena, D. Viñas, M. Denevi).
– **La narrativa actual** refleja distintos enfoques : lo fantástico, lo porteño, la ciencia ficción, los problemas nacionales, el exilio, etc. (O. Soriano, M. Puig, E. Gudiño Kieffer, A. Castillo, J.J. Saer, A. Rivera, etc.). La nueva narrativa la forman autores que, influenciados por los medios de comunicación y las nuevas tecnologías, relatan la tragedia de vivir en un mundo citadino "globalizado" (Tomás Eloy Martínez, *El vuelo de la reina*, 2002, Alan Pauls, Federico Andáis, Daniel Guebel, etc.).

2. Arte

No queda casi nada de las civilizaciones precoloniales. La arquitectura **colonial** tiene su foco más importante en **Córdoba**, que fue el centro cultural y financiero del Río de la Plata, y en la provincia de Misiones, al nordeste, donde existían reducciones de Jesuitas (cf. p. 251).

En el **siglo XIX**, domina la pintura naturalista (cf. p. 268 –E. de la Cárcova–) y en el siglo XX la impresionista (cf. p. 278 –F. Fader, P. Collivadino–). Las esculturas de R. Yrurtia, se inspiran en las de Rodin. La obra polifacética de A. Berni refleja varias tendencias, siendo la miseria de las grandes ciudades su tema central. El neofigurativo A. Seguí también desarrolla una sátira feroz, particularmente en sus grabados.

Hacia la mitad del **siglo XX**, se imponen las tendencias no figurativas (E. Pettoruti, **J. Le Parc**, L. Fontana), introduciendo Le Parc el arte cinético, con participación del público, a modo de *happening*.

(Véase también el arte uruguayo : en materia de cultura, es imposible disociar los dos países.)

3. Música

Existe una **música popular** muy rica :
– de origen incaico ("vidala", "triste", "yaraví", de ritmos lentos y nostálgicos, "zamba" y "cueca" de ritmo alegre, dada a conocer por el poeta y cantante **Atahualpa Yupanqui)** ;
– afroamericana como el "candombe" muy rápido ;
– porteña : en los barrios populares de Buenos Aires nació el **tango** que **Carlos Gardel** hizo célebre en el mundo entero. Al tango se dedicaron muchos músicos : A. Piazzola fue uno de los más famosos compositores de tango.

Los compositores argentinos se han inspirado en el folklore para componer obras originales : **F. Boero, A. Ramírez** (*Misa Criolla*). Las últimas tendencias de la composición musical están presentes con R. García Morillo, **A. Ginastera** (dodecafonismo –cf. p. 308– y ritmos folklóricos : *Concierto argentino*, *Cantata para América mágica*, *Bomarzo*) y F. Kröpfl (*Metrópolis Buenos Aires*). J.J. Mosalini con su bandoneón mezcla jazz y tango.

4. Cine

Aunque cuenta con pocos habitantes, Argentina posee un cine de calidad. Hasta los años 50, se hicieron sobre todo filmes sobre la realidad del país (Lucas Demare). En **los años 60** se renovó la filmografía con **Torre Nilson** (*La casa del ángel*, 1957 ; *Fin de fiesta*, 1960, pintura del ambiente burgués ; *Martín Fierro*, 1968 ; *Boquitas pintadas*, 1974), Tiré-Dié (dirección colectiva supervisada por F. Birri).

A partir de los años 70, cierta apertura de la censura resulta favorable a los temas sociales y políticos : F. Solanas : *El exilio de Gardel*, 1985, *Sur*, 1989, *El viaje*, 1992, *Memoria del saqueo*, 2004, *La dignidad de los nadies*, 2005, R. de la Torre : *El infierno tan temido*, 1980, H. Olivera : *La Patagonia rebelde*, 1974, *No habrá más pena ni olvido*, 1983, C. Sorín : *La película del Rey*, 1986, *Bombón el perro*, 2004, L. Puenzo : *La historia oficial*, 1984, *Gringo viejo*, 1989, C. Oves : *Conversaciones con mamá*, 2004, la feminista M.L. Bemberg : *Camila*, sobre Sor Juana Inés de la Cruz : *Yo, la peor de todas*, 1990, A. Aristarain : *Tiempo de revancha*, 1981, *Últimos días de la víctima*, 1982, *Un lugar en el mundo*, 1992, M. Pereira : *La deuda interna*, 1988, E. Subiela : *Hombre mirando al sudeste*, 1986, *Últimas imágenes del naufragio*, 1989, *El lado oscuro del corazón*, 1992, F. Bielinsky : *Nueve reinas*, 2000, *El aura*, 2005.

La década de los noventa ha visto la emergencia de un nuevo cine, con producciones independientes, que retratan la sociedad argentina de la crisis : M. Reitman : *Rapado*, 1991, Lucrecia Martel : *La ciénaga*, 2001, M.V. Menix : *El cielito*, 2003, Adrián Caetano : *Bolivia*, 2004, J.D Solanas : *Nordeste*, 2005, Eduardo Raspo : *Tatuado*, 2005. Hoy Argentina cuenta con 12.000 estudiantes en cine, el número más importante en el mundo.

Cantantes de tango en el barrio popular de La Boca en Buenos Aires.

B O L I V I A

• *Bolivia es un país de altiplanos y llanos,* ***sin salida al mar,*** *poblado esencialmente de* ***mestizos e indios.***

Bolivia ha sufrido graves crisis económicas y aunque se ha saneado en parte su economía, sigue siendo el país más pobre de América del Sur.

El 70 % de la población vive bajo el umbral de pobreza aunque las riquezas mineras y energéticas son muy importantes.

• *Existieron en Bolivia* ***importantes culturas precolombinas*** *(quechuas, aymaras) ; los quechuas fueron sometidos por los incas en el siglo XV, y* ***conquistados en el siglo XVI por los hombres de Pizarro.***

La riqueza de la Colonia se basó en la explotación de ***las minas de plata (Potosí).***

La independencia *se consiguió en* ***1825*** *gracias a los generales* ***Sucre y Bolívar.*** *Desde entonces, Bolivia ha conocido muchos golpes de Estado y muchas guerras.*

La democracia está realmente instalada desde 1982.

• *Cerca del lago Titicaca, se desarrolló la civilización precolombina de* ***Tiahuanaco*** *de la que quedan monumentos y esculturas en ruinas.* ***Las ciudades de Potosí, La Paz, Sucre*** *tienen muchos* ***monumentos barrocos,*** *del tiempo de la Colonia española.*

agricultura y pesca	47 % población activa	15 % PIB
industria y minas	17 % población activa	30 % PIB
servicios	35 % población activa	55 % PIB

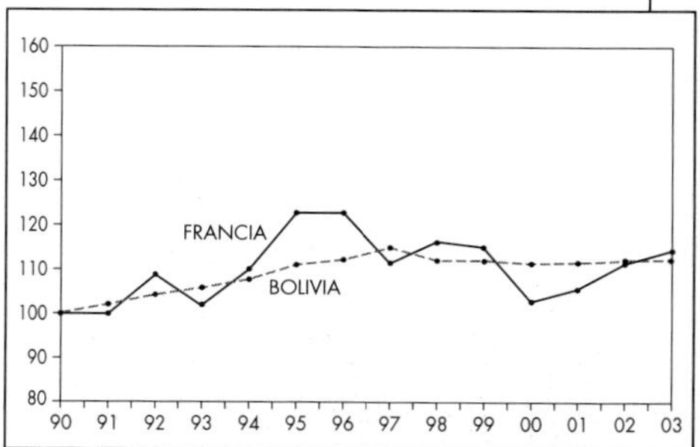

Variación del PIB/hab. de 1990 a 2003

	Bolivia	España
clasificación según IDH	114/177	20/177
población	9.180.000 hab.	43.197.000 hab.
superficie	1.098.580 km²	504.745 km²
densidad	8 hab./km²	85.5 hab./km²
capital	La Paz : 1.615.700 hab. (cap. constitucional : Sucre)	Madrid : 5.520.100 hab.
PIB (PPA) en millones de $	24,140	1.724.647
PIB/hab. (PPA) en $	2.902	27.913
inflación	4,4 %	2,3 %
moneda	boliviano	euro

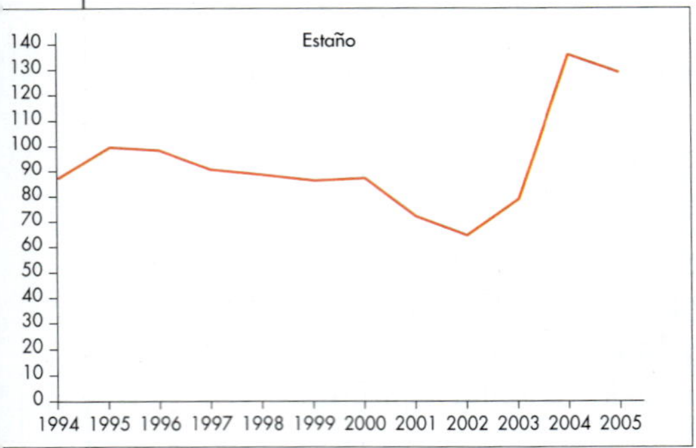

Cotización del estaño de 1994 hasta 2005 (índice 1995=100 ; los índices son promedios calculados en dólares)

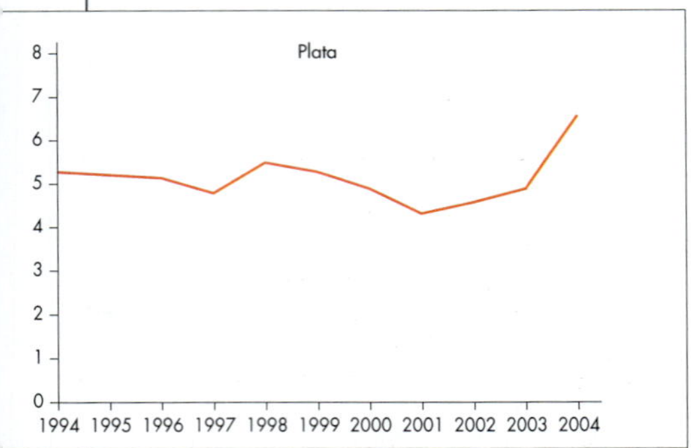

Cotización de la plata de 1994 hasta 2004 en dólares por libra

GEOGRAFÍA Y ECONOMÍA

1. Aislada en medio de las tierras, **Bolivia no tiene salida al mar**. En 1992, ha firmado con el Perú un acuerdo que le da un acceso al Pacífico, concediéndole la administración de una zona franca en el puerto de Ilo, en el extremo sur del país.

Los Andes recorren el país en dirección Noroeste-Sureste, divididos en dos cordilleras entre las cuales se extienden **los altiplanos** *(hauts plateaux)*, a unos 4.000 m de altitud, y se sitúan los lagos (Titicaca, el lago navegable más elevado del mundo, el Poopó, Uyuni y Coipasa salados). Al norte y al este están **los llanos** tropicales, húmedos en Amazonia (madera *–bois–*, quinina), secos en el Chaco (ganadería extensiva). Entre el altiplano y las llanuras están las "yungas", **ricos valles** a unos 2.400 m de altitud, donde se cultivan **el café, la caña de azúcar y la coca**.

Un 55 % de la población son **indios** (el mayor porcentaje de América del Sur : quechuas en las cordilleras, aymaras en el altiplano ; pocos entienden el español), un 30 % **mestizos** y un 15 % blancos (de origen español). La mitad vive en el altiplano, de clima riguroso debido a la altitud. Allí se concentran las riquezas mineras (estaño en Oruro, cinc y plata en Potosí, plomo, antimonio, sal) y las ciudades (La Paz, a 3.700 m, es la capital más alta del mundo ; Sucre, Cochabamba). Allí están los cultivos de consumo (maíz, patatas, ganadería, quinoa). Otro núcleo económico se desarrolla alrededor de Santa Cruz (gracias en parte a inversiones japonesas y al contrabando ; soja, algodón y productos de consumo).

La **economía boliviana es principalmente agrícola** : representa el 15 % del PIB y un 40 % de la población activa. A pesar de los programas de erradicación, se desarrolla el cultivo de la **coca** (3er productor mundial) que por sí sola representa el 15 % de las exportaciones. Los líderes "cocaleros" han pasado a tener mucha influencia en el país encabezando protestas callejeras que acabaron con gobiernos de políticos demasiado comprometidos con los intereses de Washington.

2. **El sector minero,** en crisis, se ha ido saneando desde 1987 : en 1983, la producción minera representaba el 25 % del PNB **(estaño, gas natural, plata)** ; el derrumbe de la cotización del estaño y de la plata, el elevado precio de extracción, la pletórica –numerosísima– administración (la COMIBOL, Corporación Minera de Bolivia, sociedad estatal, poseía más funcionarios que mineros) obligaron a una severa restructuración, al cierre de muchas minas y al despido *(licenciement)* de dos de cada tres mineros.

Con la privatización, muchas empresas inviertieron en el **sector hidrocarburífero** (2.500 millones de dólares entre 1996 y 2002). Estas empresas siguieron explorando y

Minero mascando coca. De las míticas minas del Cerro Rico en Potosí (4.600 m de altitud) salieron plata, luego estaño (propiedad de la familia Patiño), y ahora otra vez plomo, cinc y plata. Con la reciente reconversión del sector minero, se han multiplicado las cooperativas, propiedades de los mineros. Mascar la bola de coca permite a los hombres resistir mejor las durísimas condiciones de trabajo a semejante altitud. Casi todos los mineros se mueren del "mal de las minas" (la silicose).

descubrieron reservas de gas en Tarija y Santa Cruz que convirtieron el país en la segunda reserva de gas de la región. La población exigió la **nacionalización de los hidrocarburos**. Hoy el nuevo ministro de Minería propone la refundación y la modernización de la COMIBOL para que los recursos naturales beneficien a los bolivianos y no a las empresas extranjeras que tienen que pagar unas regalías (impuestos) del 50 % por la extracción y la producción del gas. Se prevé que los hidrocarburos representen un 20 % de las exportaciones en 2010 (hacia los países del MERCOSUR sobre todo).

3. La política de reestructuración permitió cierta estabilidad después de la crisis de los ochenta ; la economía creció el 3,6 % y la inflación era de un 4 % en 2004. En 2005, por formar parte de los países pobres más endeudados del mundo, Bolivia benefició de la condonación (anulación) de su deuda al FMI (unos 2.000 millones de dólares). Pero sigue siendo el país más pobre de América del Sur y tiene que enfrentarse hoy a la **desconfianza de los capitales extranjeros**.

HISTORIA

1. Se desarrollaron **importantes culturas precolombinas**, gran parte de cuya organización ha sobrevivido hasta hoy.

Los aymaras, en el altiplano, especialmente en torno al lago Titicaca, siguen teniendo hoy una organización social compleja cuya base es el "ayllú" : éste está constituido por un grupo de familias emparentadas, dueñas en común de unas tierras, y a las que "gobierna" un jefe llamado "curaca". Se dedican a la agricultura (papa, maíz y quinoa), a la pesca, al pastoreo de alpacas y llamas, que son animales andinos *(alpaga, lama)*, y tienen una rica artesanía (cerámica y textil).

Los quechuas, también en los Andes, viven en comunidades rurales, practican el cultivo en terrazas, cuidan de sus alpacas y llamas y también

La Paz es ahora una ciudad de tres pisos : 1. "el alto La Paz", en el altiplano (último término de la foto), donde hace poco sólo había un aeropuerto, ciudad enteramente india (aymara) 2. la ciudad mayoritariamente india (aymará), ladera abajo (3.600 a 3.000 m), donde está el palacio presidencial, con chabolas pero también rascacielos que dan fe de su actual expansión económica – 3. a unos 15 km más abajo (no se ve en la foto), a unos 2.600 m de altitud y gozando por lo tanto de un clima más agradable, se han instalado las embajadas y la gente más adinerada.

En la Puna, a unos 4.000 m de altura, en mayo y junio, la temperatura baja hasta los 20 grados bajo 0. En verano, ronda los 0 grados por la noche, pero de día, ¡ciudado con las quemaduras del sol! Las casas son de adobe (brique crue) *cubiertas de "ichu", hierba muy dura que crece en el altiplano, y cada vez más de chapa* (tôle). *Constan de una sola habitación donde duermen juntos, en el suelo, padres, hijos y llamas que aportan su calor. Los aymarás viven de la cría de las llamas, alpacas y carneros y del cultivo de la papa que conservan desecándola (cf. p. 87, los chuños). En el fondo, la Cordillera Real, 6.800 m.*

son hábiles artesanos (cerámica, orfebrería, tejidos de hermoso colorido y diseño). Fueron sometidos por **los incas** (cf. p. 247) y posteriormente por los españoles (Pizarro).

2. El descubrimiento de **las minas de plata de Potosí** en 1545 marcó la historia del país : un siglo más tarde, Potosí contaba con 160.000 hab. (más que ahora y que Sevilla entonces) para decaer al final del siglo XVII al agotarse los principales filones. La dura situación de los indios sometidos a trabajos forzados, ocasionó sublevaciones frecuentes (1661, 1730, 1780).

La independencia se proclamó en 1825 (Sucre, Bolívar) pero la historia del nuevo Estado se caracteriza por su **inestabilidad** : en el siglo XIX Bolivia conoció unos sesenta levantamientos militares, a los que se añadieron las guerras exteriores : en 50 años, **el país perdió la mitad de su territorio** (guerra del Pacífico 1879-84 en la que **cedió a Chile su fachada oceánica** ; guerra con Brasil ; guerra del Chaco 1932-1935 en la que cedió a Paraguay la mayoría de esta zona).

3. En el siglo XX, con el descubrimiento de estaño *–étain–* en Potosí, se organizó la potente **Central Obrera Boliviana** que se opuso a la oligarquía minera. A partir de los años 50, la vida política del país ha sido marcada por **Paz Estenssoro** : elegido Presidente en **1952**, realizó en diez años amplias transformaciones sociales (nacionalización de las minas, reforma agraria, sufragio universal). Volvieron a sucederse los gobiernos (en 50 años, unos 190, uno de los cuales sólo duró 6 horas), se desarrolló la guerrilla apoyada por

Cuba (Muerte de Che Guevara en 1967), y en **1985** volvió al poder Paz Estenssoro para hacer una segunda "revolución", liberal esta vez, en un país agobiado por la crisis minera, la caída de las exportaciones (bajón de los precios de las materias primas), la inflación (11,783 % en 1986).

En 1989, el social demócrata J. Paz Zamora consiguió la presidencia con un programa electoral que prometía una mayor justicia social : Bolivia es uno de los países más pobres de América Latina y posee grandes desigualdades sociales (el 30 % de la población monopoliza el 70 % de los ingresos).

En 1993, llega a la presidencia **G. Sánchez de Lozada**. El balance de su mandato confirma el crecimiento de la economía (+ 5 % en 1996), una contención de la inflación y la aplicación del programa de descentralización y de privatización.

En 1997, el ex dictador Hugo Banzer volvió a la presidencia y siguió el programa de privatizaciones y de lucha contra el cultivo de la coca sin conseguir reducir la pobreza y las tensiones sociales. El segundo mandato de Gonzalo Sánchez de Lozada (2002-2003) fue el escenario de protestas del pueblo contra la política liberal impuesta por el FMI. La represión violenta (33 muertos en febrero de 2003) no impidió otros enfrentamientos cuando se planteó la exportación de gas a México y Estados Unidos por un gasoducto chileno, reanudando así las viejas tensiones entre Bolivia y Chile. Al movimiento se sumaron los "cocaleros" y la mayoría de los índigenas. En octubre de 2003 Sánchez de Lozada tuvo que dejar la presidencia a Carlos Mesa quien organizó un referéndum en el que un 92 % de la población se declaró a favor de la nacionalización de los hidrocarburos. Pero la agitación social volvió en 2005 contra la privatización de las empresas municipales de distribución del agua. La represión violenta no logró contener las protestas y el gobierno tuvo que revocar la **Ley de Privatización**. Carlos Mesa dimitió en junio de 2005.

El Presidente Evo Morales lleva el unku en la ceremonia aymara el día anterior a su investidura oficial. Nombrado gran apu mallku, autoridad suprema de los pueblos índigenas bolivianos, inicia así "la nueva era" con la vuelta de los índigenas al poder. "¡Aymaras, quechuas, chiquitanos, guaraníes (etc.) por primera vez todos somos presidentes", declaró el día de su elección (El País, 20/12/05).

4. De las protestas, emergió un nuevo partido representante de las poblaciones indígenas, MAS (Movimiento al Socialismo) liderado por el cocalero **Evo Morales**. Éste ha ganado las elecciones de diciembre de 2005, con el 54 % de los votos en la primera ronda : se convierte así en el primer indígena presidente de la república de Bolivia. Apoyado por Fidel Castro y Hugo Chávez, pretende devolver el país a los bolivianos luchando contra la pobreza y fomentando la educación. Pero se enfrenta al recelo de las naciones extranjeras (problema de los hidrocarburos y del cultivo de la coca) y a las reivindicaciones de autonomía en la provincia de Santa Cruz, donde se concentra la mayor parte de las reservas de hidrocarburos.

CULTURA

1. Literatura

A finales del siglo XIX y principios del XX, R. Jaimes Freyre introdujo el modernismo (cf. p. 277), rompiendo con el romanticismo, al tiempo que **A. Arguedas** escribía novelas indigenistas y de denuncia social (*Raza de Bronce*, 1919).

Más tarde apareció la "generación del Chaco", de tendencias naturalistas y costumbristas (A. Céspedes). Sobre la especificidad boliviana reflexionó G. Francovich (*Los mitos profundos de Bolivia*, 1980).

La nueva generación quiere alejarse de la imagen de Bolivia, "país frío y andino", y describe la diversidad del país moderno con sus grandes ciudades. Se destaca Edmundo Paz Soldán, uno de los líderes del movimiento McOndo (*Sueños digitales*, 2000). También tienen éxito José Wolfango Montes (*Jonás y la ballena rosada*, 1987) y Cé Mendizábal (*Alguien más a cargo*, 2000).

2. Arte

Los restos precolombinos más importantes son los de **Tiahuanaco**, centro ceremonial próximo al lago Titicaca (800 a 1200) del que quedan ruinas monumentales y cerámica elegante (cf. p. 246).

El arte colonial ha conocido su época de esplendor en el siglo XVIII en **Potosí, La Paz** y **Sucre**. El pintor barroco M. Pérez de Holguín pintaba temas religiosos inspirados en Murillo y Zurbarán (cf. p. 226).

3. Cine

J. Sanjinés ha realizado filmes de denuncia social y política (*Yawar Mallku –La sangre del cóndor*, 1969– es un largometraje en quechua).

En la producción actual destacan : Marcos Loayza (*Cuestión de fe*, 1995) y Fernando Vargas Villazón (*Di buen día a papá*, 2004).

C H I L E

• *Chile es* **un país alargado** *(4.200 km, 4 veces la distancia entre Calais y Perpignan en Francia) y estrecho, en el sur de América.*
El norte es desértico y produce el **cobre** –le cuivre– *que es la primera exportación del país.*
La fértil zona central *es la más poblada y la más rica. Ahí están la* ***capital Santiago,*** *y las ciudades más importantes (Valparaíso, Concepción-Talcahuano, Viña del Mar).*
El sur es frío y lluvioso.
A unos 3.500 km de la costa chilena está la Isla de Pascua.
La ***pesca*** *es muy importante.*
Hoy la economía chilena es una de las más eficientes y estables de la región.

• ***Los incas*** *dominaron la parte norte del país pero no consiguieron vencer a los valientes* ***mapuches-araucanos,*** *que tampoco se dejaron vencer por* ***los conquistadores españoles Almagro y Valdivia****. En* ***1818, O'Higgins,*** *ayudado del General* ***San Martín,*** *consiguió la* ***independencia.*** *Chile conoció después un gran desarrollo industrial gracias a sus nitratos. La apertura del canal de Panamá en 1914 afectó gravemente a los puertos chilenos, pues muchos barcos, que ya no tenían que doblar el peligroso estrecho de Magallanes, dejaron de llegar hasta ellos. Tras* ***16 años de dictadura*** *del General Pinochet, se ha restablecido la* ***democracia*** *en 1989.*

• *Chile ha tenido dos premios Nobel de literatura gracias a dos poetas :* ***Gabriela Mistral*** *(1945) y* ***Pablo Neruda*** *(1971).*
Isabel Allende es una novelista actual muy famosa y traducida.

	Chile	**España**
clasificación según IDH	43/177	20/177
población	16.295.000 hab.	43.197.000 hab.
superficie	756.630 km²	504.745 km²
densidad	21 hab./km²	85.5 hab./km²
capital	Santiago : 5.866.200 hab.	Madrid : 5.520.100 hab.
PIB (PPA) en millones de $	173.812	1.724.647
PIB/hab. (PPA) en $	10.869	27.913
inflación	1,1 %	2,3 %
moneda	peso	euro

C H I L E

agricultura y pesca	14 % población activa	9 % PIB
industria y minas	27 % población activa	34 % PIB
servicios	59 % población activa	57 % PIB

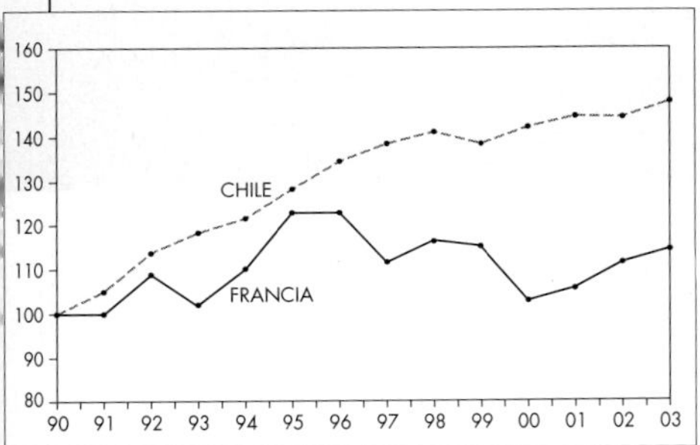

Variación del PIB/hab. de 1990 a 2003

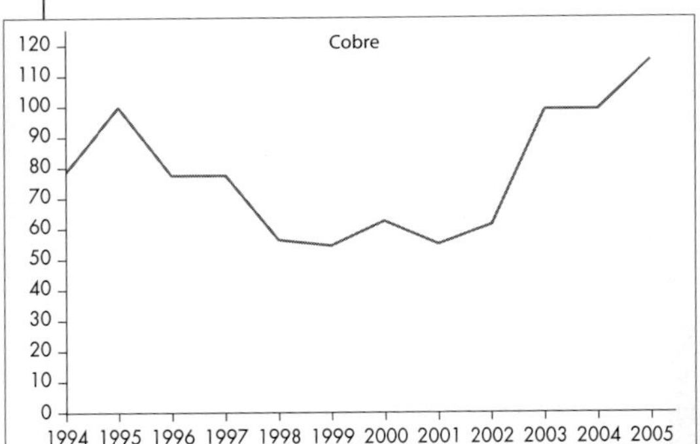

Cotización del cobre de 1994 hasta 2005 (índice 1995=100 ; los índices son promedios calculados en dólares)

GEOGRAFÍA Y ECONOMÍA

Franja larga y estrecha (4.200 km de longitud y menos de 200 km, de anchura media), Chile se ubica **entre la Cordillera de los Andes** –su frontera con Argentina– y **el Océano Pacífico** y desde el desierto, límite con Perú, hasta el polo Sur. La expresión de G. Mistral, para quien "Chile es la síntesis del planeta", da cuenta de la gran variedad de paisajes.

Santiago visto del Cerro Cristóbal. Como en todo Chile, los Andes aparecen como tela de fondo.

1. El Norte Grande, ganado a Bolivia y Perú por la Guerra del Pacífico (1879-1884), son 1.000 km de **desierto** hostil, piedras y arenas, de una gran riqueza mineral : **el salitre** (o nitrato) del desierto de Atacama, a partir del cual se fabricaban abonos –*des engrais*– y explosivos, representó la principal fuente de ingresos –*la principale source de revenus*– del Estado hasta el principio de este siglo, y ocasionó la aparición repentina de las ciudades de Iquique y Pisagua. Le ha sustituido **el cobre** (1er productor mundial, el 35 % de las exportaciones) que se exporta por el puerto de Antofagasta.

Mina de cobre de Chuquicamata.

La corriente marina fría de Humboldt (o del Perú) que impide la formación de nubes y es responsable en parte del clima desértico de la región, también tiene como consecuencia la existencia de **grandes riquezas pesqueras**.

El Norte Chico es una transición entre el desierto y el fértil valle longitudinal del Centro de Chile : también hay cobre (El Salvador) que los indios utilizaron, hace muchos siglos, para hacer una bella orfebrería. En los valles transversales se cultivan olivos, frutas, trigo.

2. Los 800 km de **la región central** que va de la provincia de Aconcagua al río Biobío son **el verdadero corazón de Chile** : ahí vive el 70 % de la población –una **población esencialmente blanca**– en ciudades

Valparaíso. Esta ciudad edificada en las colinas que rodean el puerto tiene un encanto especial. Con la apertura del canal de Panamá, decayó su importancia como primera etapa en las costas del Pacífico, tras doblar el temido estrecho de Magallanes.

industriales como **Valparaíso, Concepción-Talcahuano y la capital Santiago**. El clima mediterráneo permite una agricultura rica y diversificada : viñedos *–vignobles–* que producen **vinos** de excelente calidad, **frutales**, trigo, y una importante ganadería (vacunos *–bovins*). También es abundante **la pesca** en esta zona (Chile ocupa el 4° puesto mundial). Viña del Mar, en la bahía montañosa de Valparaíso, es uno de los centros turísticos más importantes de América del Sur.

Típicos del paisaje chileno son los pinos araucanos. En el fondo, el volcán Lohquimay en erupción.

3. **Al sur, el país de los lagos** es una magnífica región volcánica cubierta de bosques, con ríos, lagos y cascadas. En ella vive el pueblo araucano –que resistió por casi tres siglos y medio la dominación española, luego la chilena, y que conserva gran parte de sus tradiciones–. Al sur de Puerto Montt se encuentra la zona más despoblada de Chile donde el clima lluvioso y frío sólo permite la ganadería (ovinos) y la explotación forestal. Se explotan el petróleo (Tierra de Fuego) y el gas natural. Punta Arenas es la ciudad más meridional del mundo : este puerto nació para abastecer los barcos que acababan de pasar el terrible estrecho de Magallanes. La costa, muy recortada, está formada por fiordos *(fjords)* e islotes. Ahí también se practica la pesca.

4. A unos 3.500 km de la costa chilena está **la isla de Pascua**, célebre por las gigantescas estatuas de piedra volcánica que se hallan repartidas por toda la isla y que miden entre 2 y 10 metros de altura.

5. Hoy la **economía chilena** es una de las más boyantes (*prospères*) de la región ; después de la crisis asiática, la economía ha empezado a recuperarse en 2003 y ha crecido un 6 % en 2005 por segundo año consecutivo. Asimismo es uno de los países más abiertos a las importaciones e inversiones extranjeras (ocupa el 5° puesto mundial). De hecho, en diez años, Chile ha firmado **acuerdos de libre intercambio** con 31 países (Estados Unidos, Unión Europea, Corea del Sur y próximamente China e India). Pero su economía depende todavía mucho de las exportaciones de materias primas (cobre) y de las fluctuaciones de su cotización en el mercado mundial. Luego de asociarse al MERCOSUR en 1996, Chile está negociando su entrada en la OCDE (club de los países más industrializados del planeta). En 2005, el país poseía el PIB por habitante más alto de la región y éste se ha duplicado en la última década. Aunque se ha conseguido reducir la pobreza en los últimos quince años, sigue siendo un país muy desigual y la tasa de desempleo alcanza el 8,8 %.

HISTORIA

1. Antes de la conquista, **los incas** dominaban la mitad norte del país (hasta la región del actual Santiago), quedando la mitad sur en poder del pueblo **araucano o mapuche**.

Almagro emprendió la primera exploración en 1535 y poco después **Valdivia** inició la colonización (fundación de Santiago en 1544) a la que se opusieron los mapuches que no se dejaron dominar por los españoles sino hasta 1883.

A este período se remonta el origen del latifundismo ya que los descendientes de los 150 caballeros capitaneados por Valdivia se repartieron la tierra entre sí, sin dividirla jamás, constituyendo una oligarquía agraria que tuvo mucho poder político y social.

El aislamiento, la situación de guerra constante (con los araucanos pero también con los piratas ingleses y holandeses), la ausencia de minerales preciosos y la mala suerte (en 1647, un terremoto destruyó la ciudad de Santiago) impidió el desarrollo económico de la colonia.

2. En 1818, O'Higgins, con la ayuda de **San Martín**, consiguió la **independencia** de Chile. **La Guerra del Pacífico (1879-1883)** que dio a Chile los nitratos del rico desierto de Atacama permitió el gran **desarrollo industrial del siglo XIX**, con penetración del capital estadounidense (norteamericano) y nacimiento del movimiento obrero (huelga de Valparaíso en 1903 ; fundación del Partido Comunista, uno de los más fuertes de América Latina, en 1922). La apertura del canal de Panamá en 1914, la crisis del salitre y la crisis mundial de 1929 afectaron duramente la economía, acarreando unos años de anarquía a la que puso fin la elección de A. Alessandri en 1932. Desde entonces, la República de Chile, en cuya vida política participan las clases medias y populares, aparece como uno de los países socialmente más adelantados y democráticos de América del Sur.

3. En 1970 una coalición de izquierdas llevó al poder a **S. Allende** quien llevó a cabo la nacionalización de la gran minería de cobre (ya decidida por el anterior gobierno demócrata cristiano de E. Frei) y expropió algunos latifundios. El bajón de la cotización mundial del cobre, la oposición de las clases alta y media así como de las compañías extranjeras, la huelga política de los camioneros, la intervención de la CIA, y también las penurias debidas a errores de gestión ocasionaron el caos económico, lo que provocó una inestabilidad muy grave.

En septiembre de **1973**, un golpe militar llevó al poder al **General Pinochet**, quien devolvió minas y latifundios a sus primitivos propietarios y puso en práctica una política económica ultraliberal que acabó de arruinar el país. A partir de 1983, el "liberalismo controlado" ha permitido la reactivación, con un crecimiento medio del 5 %, sin una mayor inflación. Ha disminuido la deuda exterior y se han diversificado las producciones : ha bajado notablemente la importancia del cobre en las exportaciones.

Los **16 años de dictadura** hicieron 2.300 muertos y desaparecidos según el informe Verdad y Reconciliación de 1990. En 1988, **Pinochet** se vio obligado a dejar el poder tras un plebiscito que le obligó a organizar elecciones, aunque conservó el mando de las Fuerzas Armadas hasta 1998, año en el que se hizo senador vitalicio *(à vie)* antes de ser detenido en Londres en aplicación de una demanda del juez español Baltasar Garzón. Este puesto le fue retirado en 2002.

4. La transición a cargo del presidente **Patricio Aylwin** (1990-1994) marcó el **retorno a la democracia**. Le sucedieron entonces dos presidentes de la "Concertación" (alianza de partidos de centro-izquierda) : E. Frei (1994-2000) y Ricardo Lagos (2000-2006) que privilegiaron la apertura económica de Chile así como la lucha contra la pobreza. En septiembre de 2005, se promulgaron reformas de la constitución, rebajando el mandato presidencial a cuatro años y suprimiendo los puestos de senadores vitalicios. Por fin el jefe de las Fuerzas Armadas reconoció la **responsabilidad de los militares en los crímenes perpetrados** durante la dictadura.

Desde el 11 de marzo de 2006, es una mujer socialista (también candidata de la Concertación) quien ocupa el palacio de la Moneda : **Michelle Bachelet**. Es la primera mujer presidente del país donde hombres y mujeres votan por separado y donde sólo se autorizó el divorcio en 2004. Bachelet pretende "acabar con las desigualdades sociales pero sin cuestionar las políticas de libre mercado" o sea asegurando la continuidad con sus antecesores.

Los casos Pinochet

A partir de 1998, fue perseguido Augusto Pinochet por violación de derechos humanos en el caso de la "Caravana de la muerte" y la "Operación Condor". Aunque fue levantada su inmunidad de ex presidente en los dos casos, no fue juzgado por motivos de demencia senil. Sin embargo desde 2004, el ex dictador y su familia son procesados por malversación de fondos públicos (caso Riggs) y se investiga sobre su fortuna estimada en 28 millones de dólares. Por tercera vez, se le quitó su inmunidad en diciembre de 2005.

CULTURA

1. Literatura

Chile ha tenido una importante producción literaria.

Durante el **período colonial**, además de la crónica se ha cultivado el **género épico** (el español A. de Ercilla : *La Araucana*, 1569-1589 ; Pedro de Oña : *Arauco domado*, 1596, 1er poeta criollo).

Después de la Independencia, destaca la figura de A. Bello (el maestro de S. Bolívar) quien introdujo el **romanticismo** en Chile. También es autor de la *Gramática de la lengua castellana*, 1847, que, en su preocupación por mantener la unidad de la lengua, responde, tres siglos y medio más tarde, a la *Gramática* que había hecho Nebrija para que la lengua fuera "compañera del Imperio" (cf. p. 216). Gran influencia tuvo también el argentino D.F. Sarmiento (cf. p. 96). Románticos son el costumbrista J.J. Vallejo (escritor de artículos satíricos al modo de Larra, cf. p. 269) y el cuentista J.V. Lastarria. El **realismo** está presente con **A. Blest Gana**, creador de un mundo a la Balzac. M. Latorre : *Chile, país de rincones*, 1947, E. Barrios, P. Prado, J. Prieto pertenecen más bien a la corriente naturalista.

El pensador E. Molina inicia en Chile la reflexión sobre la filosofía propiamente americana (*Filosofía americana*, 1914).

En el siglo XX, las máximas figuras fueron poetas : **Gabriela Mistral**, poetisa intimista, defensora del niño, premio Nobel en 1945 (*Tala*, 1938, *Lagar*, 1954). **Pablo Neruda**, gran poeta, miembro del Partido Comunista chileno, premio Nobel en 1971, autor de numerosísimas ***Odas***, 1954-1959, y ***Canto General***, 1950, verdadero himno a Latinoamérica y su historia (cf. lectura p. 327). **La vanguardia,** encabezada por **V. Huidobro,** tuvo numerosos representantes (los poetas A. Cruchaga, Rosamel del Valle y el surrealista B. Arenas). **Nicanor Parra** es además folklorista.

Entre los **novelistas**, M. Rojas (problemática social, vida en los suburbios), F. Alegría (novela con sensibilidad política), J. Donoso (sátira social : *Casa de campo*, 1978), A. Skármeta (*Ardiente paciencia*, 1986, novela humorística en homenaje a Neruda, *El cartero de Neruda*, 1999), **I. Allende** (*La casa de los espíritus*, 1982, en la línea del realismo mágico ; *Hija de la fortuna, 1999 ; Retrato en sepia, 2001 ; Mi país inventado, 2003*).

También destacan las obras de Roberto Bolaño (*Los detectives salvajes*, 1999), **Luis Sepúlveda** (*Un viejo que leía novelas de amor*, 1992 ; *Patagonia Express*, 1994 ; *La locura de Pinochet y otros textos*, 2000) y Marcela Serrano (*Nosotros que nos queremos tanto*, 1994 ; *Lo que está en mi corazón*, 2001) que conocen un gran éxito internacional. Pero emerge una nueva generación de autores jóvenes, influenciados por la cultura norteamericana, que marcan su clara oposición al "realismo mágico" y exaltan la ciudad moderna y globalizada en la antología de cuentos *Mc Ondo* (1996) de Alberto Fuguet y Sergio Gómez.

El teatro también tiene grandes autores como A. Moock (*La serpiente*, 1920, de tono naturalista), L. Heiremans (*La jaula en el árbol*, 1957, simbolista), J. Díaz (*El cepillo de dientes*, 1961, *Variaciones para muertos en persecución*, 1964, *Topo-*

grafía de un desnudo, 1967, sátira social influida por el teatro del absurdo, cf. p. 310).

Ensayista y conocido filósofo fue J. Millas (*El desafío espiritual de la sociedad de masas*, 1962).

2. Arte

De las **culturas precolombinas,** quedan cerámica, objetos de orfebrería, y "pucarás" (pueblos fortificados) en el norte. Las excavaciones en el desierto de Atacama han permitido descubrir terracotas (objetos de barro) y momias, a 4.000 m de altitud, en la frontera entre Chile, Argentina y Bolivia.

El arte colonial es pobre (sólo cuenta con copias de las escuelas cuzqueña y quiteña).

En el siglo XVIII, J. Toesca edifica la Casa de la Moneda y la fachada de la catedral de Santiago (estilo neoclásico).

En el siglo XX, se desarrollan **el surrealismo** (**R. Matta**, emigrado a EE.UU., temas de ciencia ficción ; N. Antúnez, pintura figurativa fantástica que representa bicicletas, mantas, estadios) y el arte abstracto : los pintores M. Carreño y E. Zañartu ; la escultora Marta Colvín realiza una serie de puertas monumentales que se inspiran en las construcciones de Tiahuanaco (cf. p. 246).

3. Música

Compositores y pedagogos son D. Santa Cruz (*Seis canciones de primavera*, 1950) y P.H. Allende (*Doce tonadas* muestra su interés por el folklore). Entre **la música popular**, influida por la inca, **la cueca**, de ritmo vivo y sincopado, es la danza nacional. Esta música popular ha sido recopilada y dada a conocer por **Violeta Parra** (autora de la canción *Gracias a la vida*), inspiradora del movimiento folklórico-político del tiempo de la Unidad Popular, integrado por V. Jara, y los grupos Inti-Llimani y Quilapayún. Chileno era también el célebre pianista Claudio Arrau (1903-1991).

4. Cine

En los años 50, destacó la labor de S. Bravo, fundador del Centro de Cine Experimental en la Universidad de Chile.

El cine emprendió nuevo rumbo (preocupación política y social) a partir de 1969 con Aldo Francia (*Valparaíso mi amor*), H. Soto (*Caliche sangriento*, 1969, *Llueve sobre Santiago*, 1975), y **M. Littín** (*El chacal de Nahueltoro*, 1969, *Compañero Presidente*, 1970, *La Tierra prometida*, 1972, *Alcino y el cóndor*, 1982, *Los náufragos*, 1994). Junto a ellos, R. Ruiz, P. Guzmán. Durante la dictadura y especialmente en la primera década (1973-1983), se rodaron muchísimos filmes en el exilio (178), la mayoría documentales.

Surge ahora una nueva generación de directores : S. Caiozzi (*Julio comienza en julio*, *La luna en el espejo*, 1990), L.C. Sánchez, G. Justiniano, L. Kocking, T. Gaviola.

C O L O M B I A

• *En el noroeste de América del Sur, Colombia tiene salida al Océano Pacífico y al Mar Caribe.*
Su ***capital Bogotá*** *se sitúa en los Andes, al oeste, región donde vive la mayor parte de la población, esencialmente mestiza. Ahí se concentran las riquezas del país* ***(café, flores, frutas ; minas*** *y, en el norte y nordeste,* ***petróleo)****. Los inmensos llanos del este están casi deshabitados.*

• *De las* ***civilizaciones precolombinas,*** *la más conocida es la de los chibchas. El país consiguió su* ***independencia en 1819*** *gracias al general* ***Bolívar*** *y ha conocido después una historia bastante agitada.*

La violencia caracteriza el país *: se valora en 30.000 al año el número de víctimas que pierden la vida en enfrentamientos. Los grupos guerrilleros – que practican los* ***secuestros*** *– y los paramilitares controlan regiones enteras. El gobierno también trata de luchar contra el* ***narcotráfico****.*

• ***Gabriel García Márquez,*** *con su famosa novela "Cien años de soledad" (1967), es el novelista latinoamericano más traducido y conocido en el mundo.*

Colombia conserva ricas joyas –bijoux– *precolombinas, de oro adornadas de esmeraldas* –émeraudes– *en su* ***Museo del Oro de Bogotá.*** *El pintor actual más famoso es* ***Fernando Botero*** *que pinta con humorismo personajes gordos.*

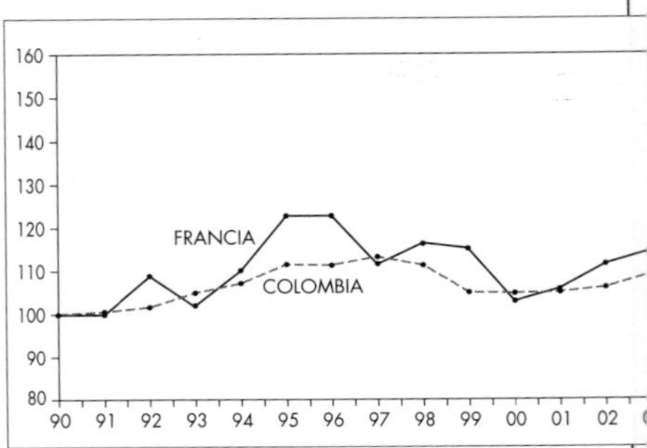

Variación del PIB/hab. de 1990 a 2003

C O L O M B I A

	Colombia	España
clasificación según IDH	73/177	20/177
población	45.600.000 hab.	43.197.000 hab.
superficie	1.138.910 km²	504.745 km²
densidad	40 hab./km²	85.5 hab./km²
capital	Bogotá : 7.432.800 hab.	Madrid : 5.520.100 hab.
PIB (PPA) en millones de $	315.548	1.724.647
PIB/hab. (PPA) en $	6.959	27.913
inflación	5,9 %	2,3 %
moneda	peso	euro

agricultura y pesca	21 % población activa	12 % PIB
industria y minas	19 % población activa	30 % PIB
servicios	60 % población activa	58 % PIB

GEOGRAFÍA

1. Colombia es un **país dual** : tiene **dos poderes y economías paralelas** (véase abajo) ; **dos mares** : el océano Pacífico y el mar Caribe ; dos grandes unidades de relieve : al este (casi los 2/3 del territorio), los inmensos **llanos tropicales** que forman parte de la cuenca del Amazonas y del Orinoco ; al oeste, los **Andes** divididos en tres cordilleras paralelas por los ríos Magdalena y Cauca, su afluente. La llanura litoral es más amplia en el Caribe, con ciénagas *(marécages)*.

Situada entre el Trópico y el Ecuador, Colombia tiene una gran variedad de climas y paisajes debido a su relieve. **El clima depende de la altitud :** las tierras bajas (menos de 1.000 m sobre el nivel del mar) son cálidas mientras que las laderas *(les pentes)* de los Andes ofrecen una eterna primavera al pie de las cumbres siempre nevadas. Al norte, en la costa caribeña, el verano dura todo el año. Salvo en el norte, las lluvias son frecuentes y abundantes.

La población, cuya tasa de natalidad ha disminuido mucho, se con-

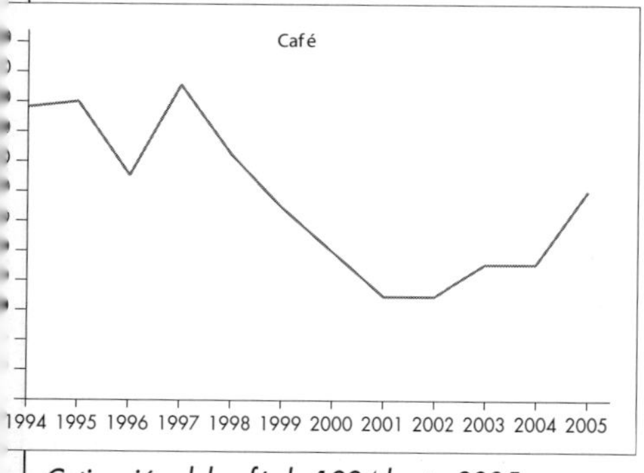

Cotización del café de 1994 hasta 2005 (índice 1995=100 ; los índices son promedios calculados en dólares)

centra en la región andina y sus valles, en la costa del Caribe, y en el Magdalena Medio que se está convirtiendo en una rica zona bananera y dehesas ganaderas. Poco a poco, Colombia va colonizando nuevas tierras y disminuye la preponderancia andina. La población es esencialmente **mestiza** ; también hay blancos (20 %) y negros (6 %), sobre todo en la costa del Caribe. **Bogotá**, la capital, está construida a 2.600 m de altitud. Existen otros centros importantes : **Medellín, Cali, Barranquilla**.

Cosechando el café en la cordillera occidental.

2. Colombia posee **muchísimas riquezas** :
– su **agricultura : café** (2° productor mundial), **flores** (Medellín es la capital de las orquideas), **frutas** (bananas), cultivos tropicales : cacao (9° prod. mundial), algodón, caña de azúcar (10° prod. mundial), maíz, bovinos, madera *(le bois)*, etc. Al lado de las grandes fincas, existen multitud de pequeñas explotaciones ;
– sus **riquezas mineras : petróleo**, gas, carbón, **oro** (en Colombia nació el mito de **El Dorado** –cf. el **Museo del Oro de Bogotá** que tiene además una de las mayores esmeraldas del mundo, otra riqueza nacional–). Colombia desarrolla su energía hidroeléctrica ;
– una **industria** dinámica y variada (**textil**, alimentaria, editorial, metalúrgica, química) ;
– un sector servicios prometedor (exportación de programas de televisión, de "software" *–logiciels–*, un potencial turístico insuficientemente explotado debido a la violencia que reina en el país).

3. Sin embargo la población vive mal :
– a causa de una **extremada pobreza** : los salarios son bajísimos, un 25 % de la población no tiene una ración alimentaria suficiente y un 40 % son pobres. De ahí la cantidad de niños abandonados (los "gamines" de Bogotá viven en pandillas –en grupos– en la calle, aprenden a robar en cuanto saben andar y a los quince años, ya han pasado a sicarios *–tueurs à gages–*) ;
– a causa de la **violencia** : en Colombia se producen una media de 15.000 asesinatos al año ; cada día mueren de muerte violenta unas 50 personas en el país ;
– a causa del **narcotráfico** que **ha desestabilizado la vida política** (corrupción y asesinatos de jueces, periodistas –el diario *El Espectador* ha sido objeto de múltiples amenazas y atentados– y hombres políticos) **y económica** del país : Colombia es el primer productor y distribuidor mundial de cocaína. El tráfico de droga representaría la cuarta parte de la riqueza nacional y un punto en el crecimiento económico anual pero algunas fuentes limitan su impacto a un 5 % del PNB. Los "narcos" invierten parte de sus beneficios en la economía nacional (agricultura, ganadería, industria, infraestructura

social como instalación de alumbrado *–éclairage public–*, construcción de hospitales, viviendas, y hasta de su propia cárcel por Pablo Escobar en 1991) y darían empleo a 1.700.000 personas. Su capacidad de inversión es tal que el "dinero limpio" no puede competir con él. Además no dependen de las fluctuaciones que afectan los precios de las materias primas. Luego del desmantelamiento de los carteles de Cali y Medellín y la muerte de Pablo Escobar, el tráfico de drogas ha sido recuperado esencialmente por los grupos guerrilleros y paramilitares.

Los "gamines" de Bogotá han abandonado a su familia para vivir en pandillas (groupes) en el centro de la ciudad. Viven en la calle –donde también duermen– robando o haciendo pequeños oficios.

HISTORIA

1. Quedan **vestigios megalíticos** en el alto Magdalena (San Agustín) : templos, estatuas, cerámicas, que dan fe de la existencia de una civilización ya avanzada más de 600 años antes de Cristo. Entre las áreas maya e inca, se desarrollaron civilizaciones originales : la más conocida es la de los **chibchas**, que nos han dejado notables obras de orfebrería. Estas civilizaciones quedaron destruidas por la colonización española (fundación de Santa Fe de Bogotá en 1538).

En 1739, se estableció el **virreinato de Nueva Granada** que comprendía aproximadamente los territorios de los actuales Colombia, Panamá, Ecuador y Venezuela. La explotación de las minas de oro dio origen a una rica aristocracia criolla que aspiraba a alcanzar la libertad económica.

2. Los primeros movimientos de autonomía se manifestaron ya en 1810, pero sólo se consiguió la **independencia en 1819 (Bolívar)**. Surgieron entonces las **dos tendencias opuestas** (centralismo conservador, proteccionista, defensor de la Iglesia ≠ federalismo liberal, librecambista, anticlerical), que habían de marcar la historia contemporánea de Colombia, entregándola a sangrientas **guerras civiles** (1895, 1899-1903, 1948, ¡once guerras civiles en total en algo más de 150 años de independencia!) que arruinaron el país.

Antes de que muriera Bolívar (1783-1830), fundador de la Gran Colombia, ya habían hecho secesión Ecuador y Venezuela. La secesión de Panamá tuvo lugar en 1903.

3. En 1948, el asesinato del líder liberal J. Gaitán dio lugar a gigantescas manifestaciones y disturbios, a una continua agitación social y a la aparición de potentes **movimientos guerrilleros,** la aparición de potentes movimientos guerrilleros : las FARC (Fuerzas Armadas Revolucionarias Colombianas) de corte castrista , el ELN (Ejército de Liberación Nacional) de corte marxista-leninista.

El problema mayor actualmente resulta ser el del poder cada vez más arrogante de **los narcotraficantes** (véase arriba).

Pero, la elección de **César Gaviria** a la Presidencia en 1990 manifestó el deseo de la población colombiana de acabar con los "narcos" y sanear la vida política. Se adoptaron nuevas instituciones políticas más democráticas, con una nueva justicia, nuevos partidos (además de los tradicionales están representados los ex guerrilleros legalizados, M-19 en particular que consiguieron el 27 % de los votos en las elecciones de diciembre de 1990 ; los indígenas y los evangelistas –*cf.* p. 79). También propició la incorporación de los sectores violentos a la sociedad civil y a los cauces legales (guerrilleros reconvertidos a la democracia, rendición de varios narcotraficantes como los hermanos Ochoa y Pablo Escobar).

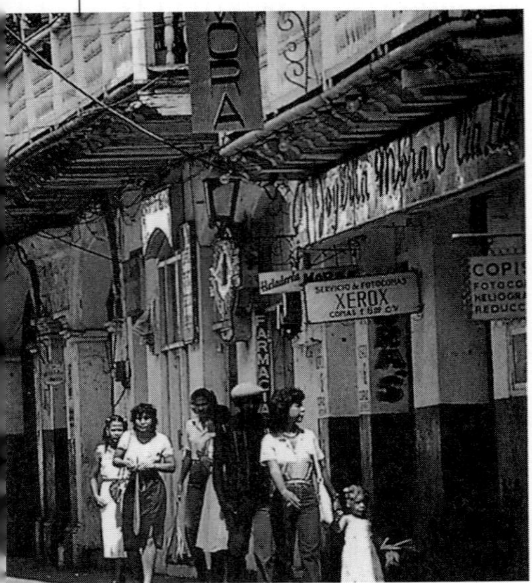

Excelente puerto y plaza fuerte del mar Caribe, Cartagena fue una de las bases esenciales de la colonización. Gran parte de la ciudad colonial se ha quedado intacta.

Estos esfuerzos se vieron contarrestados por la elección en 1994 de Ernesto Samper Lozano acusado de haber recibido del cártel de Cali 6 millones de dólares para la financiación de su campaña electoral. La guerrilla aprovechó la debilidad del poder central lanzando varias ofensivas y la violencia no remite : la tasa de homicidios alcanza la media récord de 89,5 por mil habitantes.

4. Las elecciones de junio de 1998 pusieron fin a 12 años de hegemonía liberal con la victoria del conservador **Andrés Pastrana**.

Éste concedió un estatuto político a los insurgentes y accedió a desmilitarizar una zona cocalera para entablar conversaciones de paz con las FARC, que rompieron el proceso al no aceptar los controles del ejército. También fracasaron las sucesivas negociaciones con el ELN, a pesar de la mediación extranjera. La victoria de **Álvaro Uribe** en 2002 marcó la vuelta a la intransigencia. En el marco del llamado **"Plan Colombia"**, los Estados Unidos dieron unos 4.000 millones de dólares a Colombia en seis años para financiar la lucha contra el terrorismo. Las **víctimas de esta guerra son los campesinos** : los enfrentamientos entre el ejército y la guerrilla redundaron en el desplazamiento de unos 50.000 campesinos que viven hacinados en campos de refugiados (50.000 indios manifestaron pacíficamente en 2004). El gobierno llegó a un acuerdo con las milicias de ultraderecha AUC (Autodefensas Unidas de Colombia en guerra contra la guerrilla) e instauró la **Ley Paz y Justicia** en 2005, permitiendo así la reinserción de los paramilitares que confiesen sus crímenes. No obstante la violencia hace cada día más víctimas entre los campesinos y los civiles. En mayo de 2006, después de haber cambiado la Constitución, que impedía ejercer dos mandatos consecutivos, Uribe se ha presentado de nuevo y ha sido elegido por el 63 % de los colombianos. Colombia ha firmado un acuerdo de libre intercambio con los Estados Unidos. En cambio, las relaciones con Venezuela están muy tensas.

Ingrid Betancourt, candidata a las elecciones presidenciales de 2002. Su programa se basaba en la lucha contra la violencia y la corrupción en Colombia. Es una de los 3.000 rehenes (otages) de las FARC. Está secuestrada desde febrero de 2002 y sus útimas noticias fechan de 2003. Recibe el apoyo de la comunidad internacional que trata de negociar su liberación.
En octubre de 2006, la comunidad internacional está recobrando un poco la esperanza con un comunicado de las FARC en el que se dicen dispuestos a negociar por la liberación de los rehenes.

CULTURA

1. Literatura

La literatura colombiana siempre ha sido muy europea, tanto en sus temas como en sus formas.

Entre los **románticos** los más famosos son J. Isaacs (*María*, 1867), T. Carrasquilla, Vargas Vila y R. Pombo y entre los modernistas destacan los poetas J. Asunción Silva, G. Valencia, P. Barba Jacob, el novelista **J.E. Rivera** *(La vorágine*, 1924, describe la vida de los caucheros, los que cosechan el caucho *–le caoutchouc–)*.

En la década de los 60, se forma el grupo MITO, revista que expresa la revitalización de la literatura, y del que emerge **G. García Márquez,** Premio Nobel 1982 e iniciador del realismo fantástico : en sus novelas se mezcla la descripción de la realidad colombiana con rasgos fantásticos e ilógicos. Sus novelas más famosas son : *Cien años de soledad*, 1967, *El otoño del Patriarca*, 1974, *El amor en los tiempos del cólera*, 1986, *El General en su laberinto* (sobre Bolívar), 1989, *Memoria de mis putas tristes*, 2004. Es de apuntar que Gabriel García Márquez ya ha publicado la primera parte de sus Memorias en 2000 titulada *Vivir para contarla* (cf. pp. 328-329). Fama internacional ha alcanzado también el poeta y novelista Álvaro Mutis : *Summa de Maqroll El Gaviero*, 1948-1997, obra pesimista de gran rigor formal ; Mutis recibió el IV premio Reina Sofía de Poesía Iberoamericana.

En la actualidad, se asiste a un renacimiento de la narrativa colombiana con autores como Jorge Franco (*Paraíso Travel*, 2000), Santiago Gamboa (*Vida feliz de un joven llamado Esteban*, 1999) o Mario Mendoza. Estos novelistas se alejan del compromiso político para describir mundos personales que conllevan a veces la violencia vigente en su país. Fernando Vallejo, en *La virgen de los sicarios* (1994), narra una historia de amor en "el país del odio" y describe la violencia con cierta distancia irónica.

2. Arte

De la **época precolombina** destacan los vestigios arquitectónicos y la escultura de San Agustín (en el sur) y la **orfebrería** (especialmente objetos de oro con incrustaciones de esmeraldas) chibcha y quimbaya.

La arquitectura colonial se caracteriza por la austeridad de sus fachadas, los ricos artesonados –*les plafonds à caissons*– de estilo mudéjar (cf. p. 211) y los hermosos claustros : Bogotá, Cartagena, Tunja ; Popayán quedó destruido en el terremoto de 1983. Entre los muchos pintores de aquella época, el más conocido es G. Vázquez.

Con la independencia, llegaron los estilos académicos.

El pintor colombiano más famoso de nuestro siglo es **Fernando Botero** : pinta personajes hinchados *(gonflés)*, cuya desproporción grotesca denuncia con humorismo aberraciones sociales o políticas. Las tendencias contemporáneas están representadas por los escultores abstractos E. Ramírez Villamisar y E. Negret.

3. Música

G. Uribe fue un compositor modernista postimpresionista ; B.E. Atehortúa compone música experimental electrónica en la que se introducen elementos autóctonos.

En la actualidad, destacan cantantes que conocen una fama internacional como Shakira y Juanes. Estos jóvenes colombianos han protagonizado el fenómeno "cross over" : un artista hispanohablante que triunfa entre el público anglosajón cantando en inglés y en español.

4. Cine

La violencia ambiental no ha sido muy favorable al cine. M. Rodríguez y J. Silva han rodado varios documentales (*Chircales*, 1972, *Planas, testimonio de un etnicidio*, 1971, *Campesinos*, 1975, *Amor, mujeres y flores*, 1989) que denuncian la explotación que sufren amplias capas de la población. Sobre la infancia abandonada en Bogotá : C. Durán, *Gamín*, 1978, V. Gaviria, *Rodrigo D. no futuro*, 1990.

COSTA RICA

• ***Situada en América Central*** *entre el Mar de las Antillas (o Caribe) y el Pacífico, Costa Rica limita con Nicaragua al norte y Panamá al este.*
Su población es esencialmente blanca. Costa Rica exporta café, bananas, cacao, caña de azúcar, piña –ananas– y flores.

• *Excepción en América Central,* ***Costa Rica es una democracia estable*** *y pacífica,* ***sin ejército*** *y con un Premio Nobel de la Paz por presidente. Esta estabilidad le ha permitido generalizar la educación, desarrollar su economía y ser* ***uno de los países latinoamericanos más ricos de la zona caribeña.***

	Costa Rica	España
clasificación según IDH	45/177	20/177
población	4.330.000 hab.	43.197.000 hab.
superficie	51.100 km²	504.745 km²
densidad	85 hab./km²	85.5 hab./km²
capital	San José : 1.034.900 hab.	Madrid : 5.520.100 hab.
PIB (PPA) en millones de $	41.967	1.724.647
PIB/hab. (PPA) en $	9.987	27.913
inflación	12,3 %	2,3 %
moneda	colón	euro

agricultura y pesca	20 % población activa	12 % PIB
industria y minas	22 % población activa	35 % PIB
servicios	58 % población activa	53 % PIB

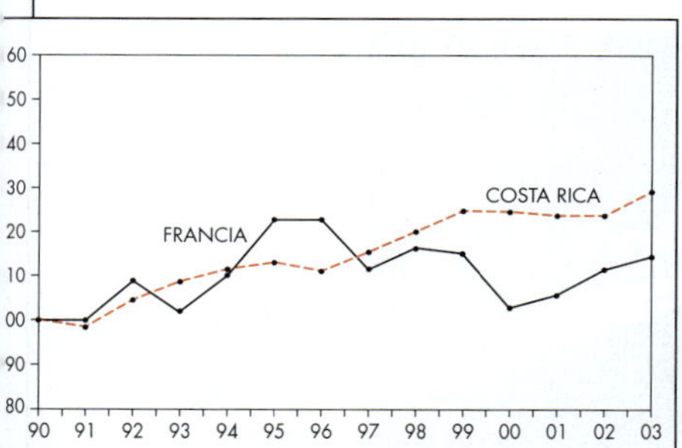

Variación del PIB/hab. de 1990 a 2003

GEOGRAFÍA

1. Con una extensión parecida a la de Suiza, Costa Rica está constituida por una estrecha faja de tierra de unos 200 km que separa el Mar de las Antillas (o Mar Caribe) del Pacífico. Su relieve es montañoso (cordilleras) con llanuras en ambas costas. El centro está ocupado por un altiplano, rica zona agrícola, donde se concentra **la población –esencialmente blanca–** y están las principales ciudades (la capital San José, Alajuela, Cartago, Heredia). Clima tropical húmedo templado por la altitud.

La agricultura costarricense es dual : con pequeñas y medianas explotaciones familiares que suministran los cultivos de consumo e inmensas fincas en manos de multinacionales americanas (Tela Railroad ex-United Brand, Del Monte) especializadas en cultivos de exportación : **café, plátanos** (2° productor mundial), **cacao, caña de azúcar**, y más recientemente **piña** *(ananas)* y flores. Las multinacionales pagan salarios elevados y ya no existen conflictos como los de 1930 descritos por M.A. Asturias en sus novelas.

2. La industria, sin bases locales energéticas (salvo la hidroelectricidad que asegura la casi totalidad del consumo nacional) y minerales se limita a la transformación de los productos agrícolas.

3. País próspero en Centroamérica, Costa Rica ha tenido el segundo mejor crecimiento económico de los países latinoaméricanos en 2003 (el 5,6 %) gracias en parte a las exportaciones de las **zonas francas** creadas en los años 90 (empresas farmacéuticas, de telecomunicaciones, de informática) y a las exportaciones de productos de la agricultura. Pero el déficit presupuestario y el riesgo de déficit del sector público obligaron a una política de ajuste en los últimos años. La deuda externa (40 % del PIB) y la inflación también permanecen elevadas.

Sin embargo, la **estabilidad política y el nivel escolar** elevado de la población atraen las inversiones extranjeras : en 2002, Costa Rica recibió el tercio de las inversiones destinadas a Centroamérica mientras sólo representa el 10 % de la población de los siete países del istmo. El ecoturismo es también un sector dinámico por disfrutar el país de una biodiversidad ejemplar.

Costa Rica es fundamentalmente agrícola y ganadera. En el fondo se ve el volcán Orosi.

Mercado en Costa Rica. País muy próspero dentro de la zona, Costa Rica posee riquezas agrícolas y es exportador de frutas tropicales y flores.

HISTORIA

Bajo la influencia náhuatl, maya y chibcha (cf. p. 249), la población precolombina era poco numerosa. La colonización fue tardía, quedando Costa Rica integrada en la Capitanía General de Guatemala. Esta colonización se hizo de la mano de pequeños campesinos españoles y esa estructura agraria de peque-ños terratenientes blancos explica en parte la **excepcional estabilidad** que ha disfrutado el país desde su independencia, conseguida en 1839.

En el siglo XIX, el café se convirtió en el primer cultivo y la compañía frutera norteamericana United Fruit (futura United Brand) instaló importantes plantaciones bananeras.

La paz se vio turbada en 1948 por una corta guerra civil, tras la cual el presidente **José Figueres** nacionalizó la banca, los seguros, la sanidad y el transporte y sobre todo **disolvió el ejército**, yendo a parar al Ministerio de Educación todo el presupuesto *(le budget)* que se destinaba a las fuerzas armadas. Pero la situación geográfica de Costa Rica entre dos vecinos conflictivos : Nicaragua (al norte) y Panamá (al sur), dificulta el mantenimiento de la paz. El presidente **Oscar Arias consiguió el Premio Nobel de la Paz** 1987 por su intervención para poner fin a los conflictos en América Central. De 1990 a 1998 el presidente J.M. Figueras luchó por mejorar la educación y la sanidad y restaurar el poder adquisitivo de la clase baja y media.

Su sucesor **Miguel Ángel Rodríguez** fracasó en su política neoliberal al oponerse la población a la privatización del Instituto Costarricense de Electricidad. Rodríguez fue nombrado posteriormente Secretario general de la OEA (Organización de Estados Americanos) pero, acusado de corrupción (con la empresa francesa Alcatel), tuvo que dimitir en octubre de 2004. Fue el escándalo político-financiero mayor en la historia del país.

Abel Pacheco, presidente socialdemócrata, elegido en 2002, también implicado en casos de corrupción, firmó el Acuerdo de libre Intercambio con los Estados Unidos en 2004.

Si el país colabora estrechamente con los Estados Unidos, queda un punto de desacuerdo : Costa Rica defiende activamente la existencia del Tribunal Penal Internacional. En febrero de 2006, las elecciones presidenciales vieron la victoria del ex presidente **Oscar Arias Sánchez** (Partido de Liberación Nacional), quien se expresó enseguida contra la violencia dominante en Centroamérica.

CULTURA

1. Literatura

Los autores más conocidos son el poeta costumbrista A.J. Echeverría (*Concherías*, 1905), los novelistas J. García Monge (1881-1958, naturalista), F. Dobles (interés por el campesinado, nacido en 1918) y el indigenista C.L. Fallas (*Mamita Yunai*, 1941). Carlos Cortés es hoy el escritor más reconocido (*Cruz de olvido, 1999*).

2. Arte

Existen importantes vestigios precolombinos en la costa del Pacífico y también preciosas piezas de cerámica y de oro.

En el siglo XX, el escritor indigenista, escultor y pintor Max Jiménez (1900-1947) consiguió la celebridad con su bronce *Abrazo*.

3. Música

J. Fonseca (1885-1950) fue autor de obras religiosas y compilador del folklore de su país (*Suite tropical sobre temas costarricenses*, 1935).

C U B A

• ***Cuba es la isla más extensa del Mar Caribe.*** *Produce sobre todo* ***caña de azúcar, tabaco*** *y frutas tropicales.*

• ***Primera isla colonizada por los españoles,*** *Cuba fue la* ***última colonia que consiguió su independencia de España en 1898,*** *pero pasó de hecho al dominio norteamericano.*
En 1959, los guerrilleros encabezados por Fidel Castro *consiguieron acabar con la dictadura de Batista, pero para resistir la presión del* ***embargo estadounidense*** *y mantenerse en el poder, Fidel Castro tuvo que apoyarse cada vez más en* ***la URSS.***
Si es cierto que el analfabetismo ya no existe en Cuba y que hay hospitales gratuitos, son cada vez más patentes los fracasos (les échecs) *del régimen y las consecuencias del aislamiento económico que originan penurias y colas así como la falta de libertades.*
La desintegración política de la URSS ha originado grandes dificultades económicas en la isla.
Hoy la comunidad internacional se pregunta qué será de Cuba después de Fidel Castro.

• *Cuba se ha convertido en un* ***centro cultural importante.***
En literatura, destacan los nombres de ***José Martí*** *(héroe de la independencia por la que perdió la vida en 1895), el novelista* ***Alejo Carpentier*** *y el poeta mulato Nicolás Guillén.*
El pintor cubista ***Wifredo Lam****, que se inspiró en el arte africano, también es internacionalmente conocido.*

	Cuba	España
clasificación según IDH	52/177	20/177
población	11.270.000 hab.	43.197.000 hab.
superficie	110.860 km^2	504.745 km^2
densidad	101 hab./km^2	85.5 hab./km^2
capital	La Habana : 2.276.500 hab.	Madrid : 5.520.100 hab.
PIB (PPA) en millones de $	33.920	1.724.647
PIB/hab. (PPA) en $	3.000	27.913
inflación	5,0 %	2,3 %
moneda	peso cubano	euro

agricultura y pesca	27 % población activa	8 % PIB
industria y minas	20 % población activa	24 % PIB
servicios	53 % población activa	68 % PIB

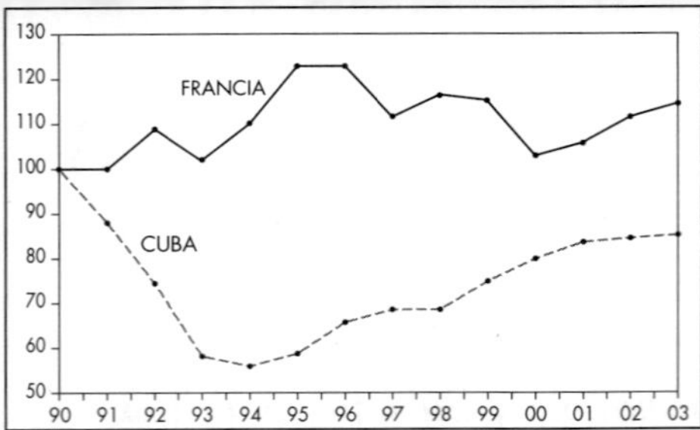

Variación del PIB/hab. de 1990 a 2003

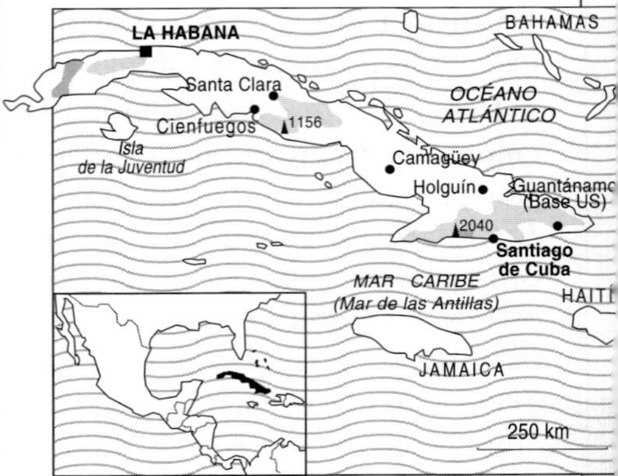

GEOGRAFÍA

1. La isla, alargada (1.250 km de largo) y estrecha (de 30 a 190 km de ancho), es la más **extensa** de todo el Caribe (tan extensa como las 3.700 islas caribeñas reunidas). Una llanura cubre las tres cuartas partes del territorio. La Sierra Maestra atraviesa el extremo sureste (pico Turquino, 2.040 m). **El clima** es cálido, temperado por los vientos y corrientes marinas.

La población, fuertemente urbanizada, está constituida esencialmente de **blancos y mulatos** (73 %).

El país es fundamentalmente **agrícola**. El primer cultivo es la **caña de azúcar** (ocupa el 80 % de las tierras explotadas, el 10 % de la población trabaja en este sector en plena reestructuración después del derrumbamiento de la Unión Soviética : cierre del 50 % de las cooperativas. Y Cuba ha perdido su puesto de primer productor mundial en 1998).

Desde 1970, se intenta diversificar la producción agrícola : además del cultivo tradicional del **tabaco** se producen **café, agrios** *(agrumes)* y **frutas tropicales** ; política de reforestación *(le reboisement)* y desarrollo de una importante **ganadería** bovina (carne y leche). La pesca es el tercer recurso del sector primario cubano. Otra riqueza es el níquel (5° productor mundial) que ha permitido un aumento del 16 % de las exportaciones de ese sector.

2. La industria no es muy importante : a la industria tradicional azucarera y tabacalera (los famosos cigarros de La Habana), se ha añadido la metalurgia, así como la industria farmacéutica y biotecnológica que contribuyen al crecimiento. Pero la mayor parte de los productos manufacturados presentes en el mercado cubano procedían de Europa del Este.

Cuba carece sobre todo de petróleo aunque se descubrió un nuevo yacimiento en 2004 ; por eso ha pasado un acuerdo con Venezuela por la compra de petróleo a un precio favorable. A cambio, Cuba vende servicios médicos, educativos y culturales a Venezuela y acoge en sus facultades a numerosos estudiantes provenientes de Bolivia y Venezuela. Con todo, la dependencia del país es muy fuerte en el sector de las energías que representa el 25 % de sus importaciones.

3. A consecuencia del cambio político en los ex países comunistas se ha hecho patente el fracaso económico : constantes penurias, problemas de abastecimiento *(approvisionnement)*, falta de transportes, existencia de un

Plaza de la catedral en La Habana colonial. El 27 de octubre de 1492 Colón descubrió las costas de Cuba. Durante la dominación colonial, La Habana fue escala entre los países de Tierra Firme y España.

La zafra es la cosecha de la caña de azúcar. Ésta es, con el tabaco, el café y las frutas la mayor fuente de riqueza del país.

mercado negro, dualidad monetaria con la coexistencia de una economía en dólares y otra en pesos, lo que aumenta las desigualdades sociales. La recesión se tradujo por una contracción de un 35 % del PIB entre 1990 y 1993. El peso de la enorme deuda exterior (1.200 millones de dólares, sin contar lo debido a la ex Unión Soviética), añadido a las consecuencias financieras de la enmienda *(l'amendement)* Helms-Burton votada en EE.UU. en marzo de 1996 y que internacionaliza el embargo americano, han puesto a Cuba al borde de la cesación de pagos. Hoy se observa una recuperación de la economía en la mayoría de los sectores (excepto el azúcar) con un crecimiento del 5 % en 2004 y del 11,8 % en 2005. El turismo y las remesas de los exiliados en Estados Unidos (3 % del PIB) también favorecen la mejora económica. Sin embargo este crecimiento es frágil. El gobierno decidió en 2004 la sustitución del dólar (introducido en 1993) por el peso convertible, divisa utilizable solamente en la isla.

HISTORIA

1. Los antiguos pobladores resultaron rápidamente eliminados al contacto con los europeos (enfermedades, trabajos penosos). Los esclavos negros traídos de África los sustituyeron muy pronto en las plantaciones de caña y de tabaco, o para cuidar del ganado. La Cuba colonial fue también un importante centro de construcción naval.

2. El dominio español duró hasta finales del siglo XIX : en 1868, una primera guerra de independencia fracasó. En 1880-1886, Cuba fue uno de los últimos países que suprimió la esclavitud y en 1892, **José Martí** fundó el Partido Revolucionario Cubano. En **1898**, la explosión del crucero (barco de guerra) norteamericano *Maine* en el puerto de La Habana acarreó la intervención de Washington y la derrota *(la défaite)* de España que tuvo que renunciar a Cuba, Puerto Rico y las islas Filipinas (al sureste de Asia).

Cuba pasó del dominio español a un casi protectorado estadounidense con la instalación de bases militares en la isla, y una presencia económica considerable (el 75 %

de las tierras labradas, el 90 % de las minas, el 40 % de la industria azucarera eran propiedad norteamericana). La vida política se caracterizó por **regímenes dictatoriales** (el General Machado, **F. Batista 1933-1959**) apoyados en una fuerte corrupción.

3. En 1956, **Fidel Castro** desembarcó en la provincia de Oriente al frente de 82 hombres (entre los cuales el **"Che" Guevara** y **Camilo Cienfuegos**) y dos años más tarde consiguió que Batista abandonara el poder.

Bajo la dirección de los "barbudos" se llevaron a cabo la **nacionalización de los bienes norteamericanos, la reforma agraria, la alfabetización e ideologización del pueblo** y se inició una **política de amplias reformas pero sin instauración de la democracia**. La inclinación creciente del régimen hacia el socialismo provocó la hostilidad de los Estados Unidos, que dejaron de comerciar con Cuba y promovieron la invasión fracasada de Playa Girón (o Bahía de Cochinos, 1961), hecho que llevó a Fidel Castro a radicalizar aún más su política y acercarse a la URSS. En 1962, la instalación de cohetes *(fusées)* soviéticos en Cuba provocó una gravísima tensión.

La participación de guerrilleros cubanos en las guerrillas o conflictos latinoamericanos o africanos ha sido muy importante. Para muchos países latinoamericanos, Cuba, que ha acabado con la subalimentación y el analfabetismo, se había convertido en el símbolo de la revolución triunfante y ejemplo a seguir. Sin embargo, su pésima situación económica y sobre todo la falta de libertad y el no respeto a los derechos humanos (presos políticos) explican ahora su creciente aislamiento.

4. La visita del papa en 1998 permitió, un tiempo, cierta tolerancia del régimen y el final del aislamiento internacional. Pero la represión volvió en 2003 con la detención de 75 disidentes y la ejecución de tres hombres condenados a muerte, lo que dificultó las relaciones diplomáticas con algunos de sus vecinos (México, Panamá) y con la Unión Europea. Algunos disidentes, como **Martha Beatriz Roque**, fueron liberados pero el gobierno cubano reafirmó su autoridad y su intransigencia hacia la oposición con nuevas detenciones de manifestantes en el verano 2005. Tras casi medio siglo de dictadura, la población y la comunidad internacional están en esperas de saber cuál será el destino de Cuba después de Castro. De hecho en el verano 2006, por razones médicas éste ha delegado sus poderes a su hermano, Raúl Castro, actual jefe de las Fuerzas Armadas Revolucionarias. ¿Habrá sucesión, transición o caos político? Eso es lo que se preguntan todos los observadores y sobre todos los cubanos refugiados en Miami desde hace muchos años (en el barrio de la pequeña Habana).

Huyendo de la Cuba castrista, muchos cubanos han emigrado a EE. UU. (1959, los "marielitos" de 1980, ocupación de embajadas en 1990), en particular a Miami donde los latinoamericanos representan el 44 % de la población total (35 % de blancos y 20 % de negros).

CULTURA

1. Literatura

En el **siglo XIX**, destacan los románticos : J.M. de Heredia y Campuzano y Gertrudis Gómez de Avellaneda, así como el poeta modernista **José Martí**, héroe de la Independencia (*Versos sencillos*, 1891). A. Hernández Catá escribió novelas naturalistas.

En el **siglo XX**, surgen excelentes cuentistas y novelistas como **J. Lezama Lima** (*Paradiso*, 1966 –también era poeta–) o **A. Carpentier**, recreador de la novela histórica (*El reino de este mundo*, 1949, *El siglo de las luces*, 1962, *El recurso del método*, 1974), inventor de "lo real maravilloso", uniendo un mundo imaginario nutrido de creencias afroantillanas con un mundo real e histórico (*Los pasos perdidos*, 1953), gran conocedor de la música que puede estar en el centro de sus novelas (*El acoso*, 1956, *Concierto barroco*, 1974 –cf. p. 330–).

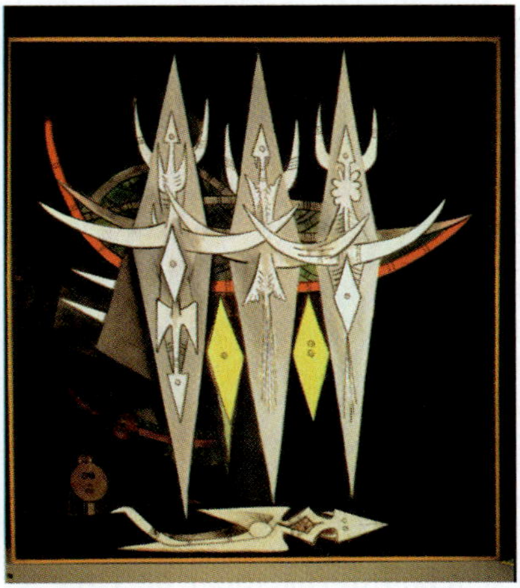

Umbral, 1949-50, *Wifredo Lam. Lam nació en Cuba en 1902 de padre chino y madre negra. En 1924, fue a estudiar en Madrid y con la guerra civil, pasó a París, donde conoció a Picasso y al surrealista André Breton. En 1941, volvió a América (Nueva York, Haití donde se inició en las supersticiones locales –vaudou– y Cuba). El pintor se apropió estas influencias en un estilo muy personal.*

Los poetas más destacados son **Nicolás Guillén**, cuya poesía comprometida *(engagée)* va dirigida al mundo negro o mestizo (*Motivos del son*, 1930, *Sóngoro Cosongo*, 1931), E. Diego (naturalista), E. Ballagas (pintor de la condición desolada de los negros), M. Brull (poesía pura).

La revolución de 1959 determina un corte : la **"Casa de las Américas"**, creada después de la revolución, constituye **uno de los focos culturales** latinoamericanos, pero la falta de libertad origina una **literatura "disidente" o del exilio**. Entre los autores oficiales o aceptados figuran Alejo Carpentier, Nicolás Guillén, Fernández Retamar, E. Desnoes, L. Otero, M. Barnet (*Biografía de un cimarrón*, 1966). Entre los disidentes están el cuentista V. Piñera, **G. Cabrera Infante** (*Tres tristes tigres*, 1968, *La Habana para un infante difunto*, 1979, exiliado desde 1970), S. Sarduy (escritor barroco exiliado desde 1960), R. Arenas (salido del puerto de Mariel en 1980), los poetas H. Padilla (abandonó Cuba en 1980) y Jorge Valls, la novelista **Zoé Valdés** (vive en París ; *La nada cotidiana*, 1995 ; *Te di la vida entera*, 1996 ; *Café Nostalgia*, 1997). Leonardo Padura tiene éxito con sus novelas negras (*Máscaras*, 1995 ; *Paisaje de otoño*, 1998). En la actualidad, emergen otras jóvenes autoras : Ena Lucía Portela (*El pájaro, pincel y tinta china*, 1999), Karla Suárez (*Silencios*, 2002, *La viajera*, 2005).

2. Arte

De las épocas precolonial y colonial quedan pocos vestigios importantes, salvo construcciones militares coloniales y los conjuntos barrocos de La Habana (catedral, iglesias y casa de Gobernación del siglo XVIII) y Guanabacoa.

A partir de 1925, se desarrollan las corrientes vanguardistas con los pintores E. Abela, A. Peláez, R. Portocarrero, **W. Lam** (cubismo y mitología afrocubana), Mariano Rodríguez (abstracto ; serie de los gallos) quienes mezclan elementos locales y formas de vanguardia, a veces con influencia del muralismo mexicano.

El deseo de promocionar el arte y la revolución han dado lugar en la Cuba (post) revolucionaria a la creación de carteles *(affiches)* de indudable valor artístico.

3. Música

La música popular es de una gran riqueza y presenta la doble influencia africana y española, tanto en los ritmos (bolero, rumba, son, guajira, habanera) como en los instrumentos (bongó, tumba, maraca, etc.). Como muchos músicos de su época en el mundo (cf. p. 321), el compositor A. Roldán se inspiró en el folklore antillano (*Obertura sobre temas cubanos*, 1925).

La música popular se ha transformado en un embajador mundial, especialmente con Silvio Rodríguez, principal exponente de la “Nueva Trova”.

Muy conocido es el autor de zarzuelas *(opérettes)* E. Lecuona. La revolución ha potenciado también la música y el baile (**Ballet nacional de Cuba** dirigido por Alicia Alonso).

A finales de los noventa, la película *Buena Vista Social Club* de Ry Cooder ha sacado a la luz a varios artistas de son olvidados por la revolución : **Compay Segundo, Ibrahim Ferrer**, etc., que terminaron su vida gozando de una fama internacional. Originó un nuevo brote de interés hacia la música latina.

4. Cine

Después de la Revolución, el cine cubano ha alcanzado un gran nivel estético con J. García Espinosa (*Cuba baila*, 1961), S. Álvarez (*Ciclón*), **T. Gutiérrez Alea** (*Muerte de un burócrata*, 1966 ; *Memorias del subdesarrollo*, 1969 ; *La última cena*, 1976) ; su obra más destacada es el éxito internacional de 1994, *Fresa y chocolate*, **H. Solas** (*Manuela*, 1966 ; *Lucía*, 1968 ; *Cantata de Chile*, 1975 ; *Cecilia*, 1981 ; *Barrio Cuba*, 2005), Octavio Cortázar (*El brigadista*, 1977), Sara Gómez (*De cierta manera*, 1974 ; Juan Carlos Taíbo, *Lista de espera*, 2001). A iniciativa de Fidel Castro, se creó en 1985, la **Escuela Internacional de Cine y televisión (EICTV)** de San Antonio de los Baños, presidida por el autor colombiano Gabriel García Márquez. Antiguos estudiantes son los directores Juan Carlos Cremata (*Nada*, 2001 ; *Viva Cuba*, 2005) y Arturo Sotto (*Pon tu pensamiento en mí*, 1992 ; *Amor vertical*, 1998). También es relevante el festival de cine de La Habana.

REPÚBLICA DOMINICANA

• *La Isla Española está ocupada por el estado de* **Haití,** *de habla francesa, y por la* **República Dominicana,** *de habla española.*
La República Dominicana vive de la exportación de sus productos agrícolas (caña de azúcar, café, cacao, banana) y mineros (oro, níquel).

• *El español* **Fray Bartolomé de las Casas** *fue el gran defensor de los indios. La muerte rápida de gran parte de los nativos fue causa de que muy pronto se introdujo a los esclavos negros para cultivar la tierra.*
Como todos los países de la región, la isla tuvo que sufrir los ataques de los corsarios ingleses.
Tras su independencia, quedó sometida a la influencia norteamericana. Desde 1966 es una democracia.

	República Dominicana	España
clasificación según IDH	98/177	20/177
población	8.900.000 hab.	43.197.000 hab.
superficie	27.750 km²	504.745 km²
densidad	320 hab./km²	85.5 hab./km²
capital	Santo Domingo : 2.750.100 hab.	Madrid : 5.520.100 hab.
PIB (PPA) en millones de $	60.042	1.724.647
PIB/hab. (PPA) en $	6.761	27.913
inflación	51,5 %	2,3 %
moneda	peso	euro

agricultura y pesca	14 % población activa	11 % PIB
industria y minas	23 % población activa	27 % PIB
servicios	63 % población activa	62 % PIB

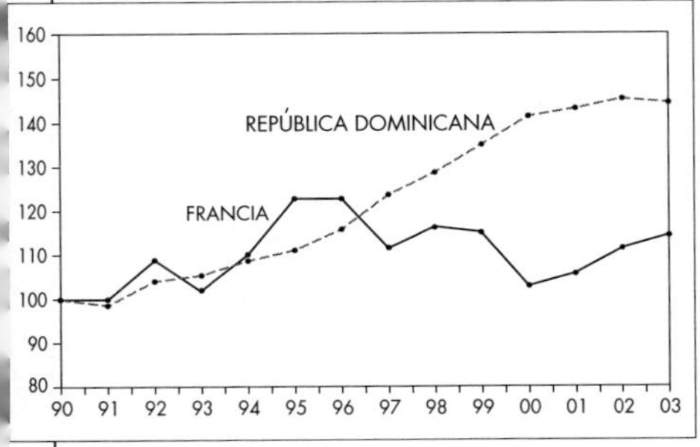

Variación del PIB/hab. de 1990 a 2003

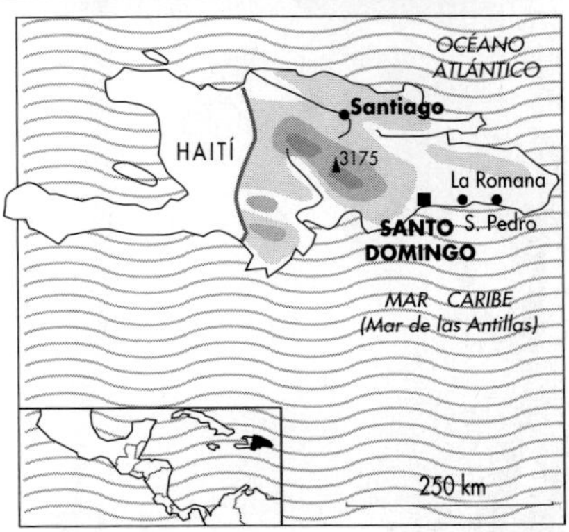

REPÚBLICA DOMINICANA

GEOGRAFÍA

1. La República Dominicana ocupa la **parte este de la Isla Española** cuya parte oeste constituye el Estado de Haití (de lengua francesa, de población negra, con una densidad doble y una renta per capita inferior a la mitad de la de su vecina).

El país está atravesado por cuatro **sistemas montañosos** (el Duarte, 3.175 m, es el punto culminante de las Antillas) en el centro de los cuales se sitúa el rico valle del Cibao. La parte oriental es un conjunto de llanuras y colinas fértiles. El clima, cálido y húmedo, varía según la altitud.

La mayor parte de **la población es mulata** (descendiente de negros y blancos).

La base de la economía es la agricultura siendo los cultivos más importantes, los cultivos comerciales de exportación : **la caña de azúcar, el café, el cacao y la banana**. La zafra (cosecha de la caña) obliga cada año a importar mano de obra clandestina de Haití, forma moderna de la esclavitud. La ganadería bovina es otra fuente tradicional de riqueza.

Playa caribeña

2. El sector minero es importante, con exportaciones de **oro y níquel**. La industria es sobre todo alimentaria (azucarera, destilerías, tabaco). Desde 1984, fecha en que se inició el CBI (Caribbean Basic Initiative), 400 empresas, varias de ellas asiáticas y que emplean a más de 100.000 personas, se han instalado en las zonas francas industriales. La República Dominicana se ha convertido en uno de los principales proveedores de artículos textiles a EE.UU. Este boom de las zonas francas ha permitido una actividad económica muy dinámica que registra una de las mejores tasas de crecimiento de la región (un 7 % en 2005) gracias al aumento de la demanda interna. También se ha reducido el déficit del sector público, origen de la crisis de 2003. Los sectores más dinámicos son las comunicaciones, la construcción y el turismo. Pero la tasa de desempleo es muy elevada (¡el 19,7 % en 2004!) aunque tenga tendencia a bajar y se prevé un mejor control de la inflación para que 2006 sea el año del empleo.

A nivel internacional el país sale de su aislamiento y trata de convertirse en puente entre el Mercado Común Centroamericano y la Comunidad del Caribe (Caricom).

HISTORIA

Descubierta por C. Colón en su primer viaje (1492), la isla estaba habitada por varios pueblos, entre los cuales los tainos y los caribes, en constante guerra contra los arawakos. Desaparecieron en los primeros años de ocupación española.

La Española tuvo gran importancia durante el período colonial pues desde ella partieron casi todas las **expediciones conquistadoras** del Nuevo Mundo. Las órdenes religiosas se establecieron en la isla, en particular los Dominicos –siendo el más famoso **el Padre Las Casas**, defensor del indio contra los abusos de los conquistadores–. Para sustituir a la mano de obra nativa, se introdujo a esclavos negros ya a partir de 1509.

Lo mismo que otras colonias españolas, la isla sufrió los ataques de los corsarios ingleses, y en el **siglo XVII la ocupación de Haití por los franceses**. Tras un largo período de **violencias y disturbios**, consiguió su independencia en 1865. Durante los cincuenta años siguientes, hubo 28 revoluciones y 35 gobiernos. Los EE.UU. ocuparon dos veces la isla (1924, 1966). De 1930 a 1961, el país fue sometido a la **dictadura de la familia Trujillo. Desde 1966, es una democracia.** El presidente de centro derecha, **Leonel Fernández**, gobierna el país desde 2000 y el Partido de la Liberación Dominicana ha vuelto a ganar las elecciones legislativas y municipales en mayo de 2006.

CULTURA

1. Literatura

La literatura romántica es popular e indigenista : M.M. Valencia, y M.J. Galván.

En el siglo XX, se desarrollan las vanguardias : M. del Cabral y H. Incháustegui.

El cuentista y hombre político Juan Bosch narra la vida del campesino antillano.

El ensayista nacionalizado mexicano P. Henríquez Ureña es nativo de la República Dominicana (cf. p. 320).

2. Arte

Quedan restos precolombinos (cerámica, conchas) que comprueban una primitiva ocupación.

Importante muestra de la arquitectura colonial del siglo XVI : catedral, palacio del Almirante, hospital de San Nicolás.

3. Música

El merengue es la danza popular de la República Dominicana, de ritmo antillano.

Fundada en 1496 por Bartolomé Colón (hermano de C. Colón), Santo Domingo es la más antigua de las ciudades americanas creadas por los conquistadores. Su catedral es la Primada de América, es decir que el obispo de Santo Domingo ocupa el primer puesto en la jerarquía religiosa americana.

E C U A D O R

• *Ecuador es un pequeño país atravesado por* **los Andes** *que separan la costa próspera de la llanura amazónica. La población está constituida principalmente de* **mestizos e indios.**
Su principal riqueza es el **petróleo.** *Pero la* **pesca** *y la agricultura* **(banana**, **café, cacao)** *son también muy importantes.*
La reserva natural de **las islas Galápagos** *es territorio ecuatoriano.*

• *Dominado por* **los incas, conquistado por F. Pizarro,** *Ecuador tuvo una economía próspera bajo la colonia española. Desde 1830, es una república independiente.* **El descubrimiento del petróleo** *en la década de los años 70 permitió desarrollar la economía, pero también fue causa de un fuerte éxodo rural y del endeudamiento* (l'endettement) *del país.*
Se restableció la **democracia** *en 1979 después de diez años de dictadura militar.*
Hoy el país se recupera difícilmente de la crisis financiera de 1999 que ha ocasionado protestas sociales e inestabilidad gubernamental.

• *Durante la* **época colonial, Quito** *fue uno de los principales centros culturales del Virreinato del Perú y conserva numerosos monumentos barrocos.*
A principios del siglo XX, el novelista J. Icaza denunció la explotación del indio.

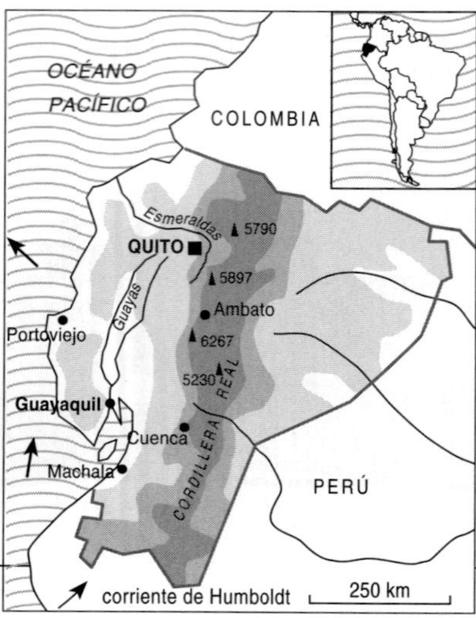

agricultura y pesca	30 % población activa	8 % PIB
industria y minas	25 % población activa	29 % PIB
servicios	45 % población activa	63 % PIB

Variación del PIB/hab. de 1990 a 2003

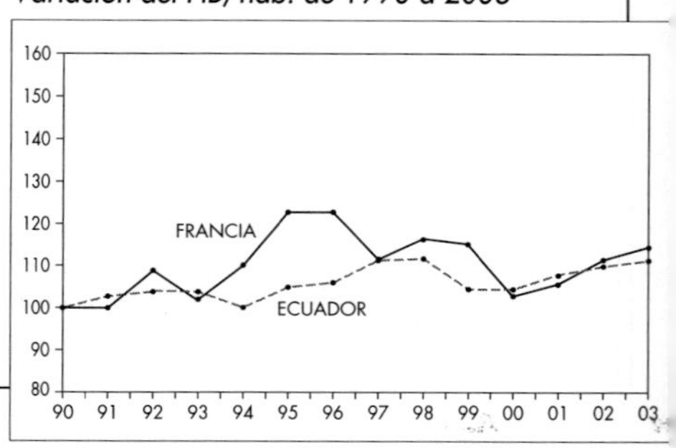

	Ecuador	España
clasificación según IDH	100/177	20/177
población	13.230.000 hab.	43.197.000 hab.
superficie	283.580 km²	504.745 km²
densidad	46 hab./km²	85.5 hab./km²
capital	Quito : 1.780.700 hab.	Madrid : 5.520.100 hab.
PIB (PPA) en millones de $	53.195	1.724.647
PIB/hab. (PPA) en $	3.819	27.913
inflación	8,7 %	2,3 %
moneda	dólar	euro

GEOGRAFÍA

1. Ecuador es un país poblado principalmente por **mestizos e indios** y una minoría blanca.

La volcánica Cordillera de los Andes que atraviesa el país de norte a sur conforma **tres regiones** :

• **La zona de la costa al oeste** es una **rica llanura** regada por los ríos Guayas y Esmeraldas, de clima cálido, húmedo y tropical, lo que favorece los cultivos de exportación : **café, cacao, maíz, banana** (1er productor y exportador mundial, el 19 % de la exportaciones), agrios *(agrumes)*, soja y arroz.

La presencia de la corriente marina fría de Humboldt (también llamada del Perú) resulta muy favorable para la **pesca**, a la que se añade ahora la cría industrial de **camarones** (*–l'élevage industriel de crevettes–* Ecuador es el primer exportador mundial de camarones).

La costa también es una región industrial **(refinerías de petróleo)**, centro de la vida económica moderna transformada por el descubrimiento de petróleo en los años 70. Hoy en día, el petróleo representa el 20 % del PIB, el 50 % del valor de las exportaciones.

El puerto de **Guayaquil**, la ciudad más poblada del país, ha sextuplicado (multiplicado por 6) su población en los últimos treinta años (2.5 millones de habitantes).

• **El altiplano central,** a unos 2.800 m de altitud, está encerrado entre la doble línea de los Andes y sus volcanes ; es una región **tradicional**, con sus cultivos alimenticios (maíz, patatas, frijoles, ganadería), su industria textil, su **capital Quito**, de arquitectura colonial, y los **pueblos indios**.

• **Al este, en la llanura amazónica,** donde vive el 2 % de la población, el subdesarrollo coexiste junto a la reciente explotación de **petróleo**.

2. Desde 2004, la economía del país empieza a recuperarse (+ 6,6 %) después de la grave crisis financiera de 1999. **El cambio de divisa –el dólar es la moneda corriente** desde el 2000– ha permitido reducir la inflación (91 % en 2000) pero implica ahora reformas estructurales para favorecer la competitividad. Aunque Ecuador se ha beneficiado del alza de la cotización del petróleo, la deuda sigue siendo importante y el FMI

La presencia de la corriente marina de Humboldt hace del Ecuador un país en el que abunda el pescado, lo que atrae los pelícanos. Cada mañana vuelven al puerto los barcos de los pescadores cargados de pescado que se vende por toda la costa y las ciudades del interior gracias a una red de carreteras bastante desarrollada. Lo mismo que para la agricultura, se trata de pequeños o medianos patronos.

otorgó, en 2003, 1.200 millones de dólares a cambio de una política de rigor presupuestaria. El objetivo es rebajar el endeudamiento al 40 % del PIB para 2007, reto difícil dadas las protestas populares. El paro alcanzó el 11,4 % en 2004 y la pobreza afecta al 54 % de la población que considera que no se beneficia bastante de la explotación del petróleo. Los indígenas exigen – mirando hacia Bolivia – una mejor representación de sus intereses en la vida política del país. A estas dificultades cabe añadir las consecuencias del fenómeno climatológico **El Niño** : las lluvias destruyeron millones de hectáreas de cultivo de arroz, plátano, soja.

3. Forman parte del archipiélago de Colón las **islas Galápagos** famosas por su fauna (galápagos –tortugas gigantes– e iguanas).

HISTORIA

Ecuador formaba parte del **imperio inca** desde hacía muy poco tiempo cuando llegó **el conquistador Pizarro** (1526-1532). Se fundó Quito en 1536 y para finales del siglo ya se había organizado la colonia basada económicamente en el cacao, café y tabaco.

Ecuador proclamó su **independencia** en 1809, pero ésta sólo fue efectiva después de la victoria del **General Sucre** sobre los españoles en 1822. Ecuador primero formó parte de la Gran Colombia (que reunía a Ecuador, Colombia y Venezuela), pero en 1930 se convirtió en república independiente. Desde entonces, el poder se repartió entre liberales, vinculados a los intereses de la agricultura exportadora de Guayaquil, y conservadores, representantes

Convento de la Merced, Quito, 1ª mitad del siglo XVIII. La Quito colonial ha sido declarada patrimonio de la humanidad y está protegida por la Unesco ; allí todo es blanco. Quito se caracteriza por la sobriedad de su estilo.

Quevedo, "carro de bancos", 1987. Este autobús tiene la particularidad de no tener portezuelas, lo que permite viajar al aire libre. En esta parada, un vendedor ambulante vende naranjas mientras el asistente del chófer coloca las maletas en la baca. Como se ve, la población es mestiza.

de la vieja oligarquía de Quito, mientras se sucedían revoluciones y golpes de Estado.

La grave crisis económica y el terremoto *(tremblement de terre)* de 1987 que ocasionó la catastrófica ruptura del oleoducto andino han creado un profundo malestar social reflejado en la elección de julio de 1996 del populista **Abdalá Bucaram**, pronto destituido a consecuencia de los efectos desastrosos de su gestión.

En enero de 2000, su sucesor, el demócrata-cristiano **Jamil Mahuad** renunció también luego de la insurreción indígena aliada al ejército contra su política de rigor y su proyecto de dolarización de la economía. Al tomar las riendas, su vicepresidente, **Gustavo Noboa**, se encontró con un país al borde del caos económico (inflación, devaluación de la moneda, y fuga de capitales). Decidió el cambio de divisa y consiguió estabilizar la economía. Las elecciones de 2002 fueron marcadas por un rechazo de los partidos tradicionales : **Lucio Gutiérrez** formó luego un gobierno de coalición con el partido **Pachakutik, líder del movimiento indio**. Al no cumplir con sus promesas de desarrollo social y de lucha contra la corrupción, se enfrentó al descontento popular : fue sustituido por **Alfredo Palacios** (¡cinco presidentes en nueve años!). El presidente ganador de las próximas elecciones –en octubre de 2006– tendrá la difícil tarea de restablecer la paz social y la estabilidad política.

Al nivel internacional es de notar el acercamiento de Ecuador a la política del colombiano Uribe en cuanto a la lucha contra la guerrilla y el control de la zona fronteriza. Asimismo, se firmó un **acuerdo de paz con el Perú** en 1998, después de tres años de conflicto en sus fronteras.

CULTURA

1. Literatura

A principios del siglo XIX, el poeta **neoclásico** J.J. Olmedo cantó la gesta de la independencia. El novelista **romántico** más conocido fue J.L. Mera (*Cumandá*, 1879, novela indianista). A finales del siglo XIX, el pensador J. Montalvo atacó las dictaduras de su país (*El cosmopolita*, 1869, *El Regenerador*, 1878).

En el siglo XX, tras el **modernismo** (A. Borja), vino el **vanguardismo** (J. Carrera Andrade, y, posteriormente C. Dávila Andrade y J.E. Adoum) mientras, con el "grupo de Guayaquil", la novela mostraba una

preocupación social : J. de la Cuadra (*Los Sangurimas*, 1934), D. Aguilera Malta, E. Gil Gilbert, A. Carrión. **J. Icaza** es el máximo representante **indigenista** (*Huasipungo*, 1934, *Cholos*, 1938). Sobre la dramática condición de los negros y mulatos escribió A. Ortiz.

Hoy la temática indigenista ha dejado sitio a novelas modernas ubicadas en ámbitos urbanos (Raúl Vallejo, Adolfo Macías, etc.). No obstante, el género más importante es el cuento en el que destacan voces femeninas (María Gabriela Alemán, Lucrecia Maldonado).

2. Arte

Del **pasado preincaico**, especialmente de la costa, quedan joyas y cerámicas (Chorrera, Jamacoaque, Bahía) ; la cultura de Valdivia es la más antigua del continente (3000 a. C.).

El arte colonial se conserva en la aristocrática **Quito**, considerada por la UNESCO "patrimonio cultural de la humanidad" y en las obras realizadas por su **importante escuela de tallistas** *(sculpteurs sur bois)* y **pintores**.

Manos del grito (La edad de la ira),
O. Guayasamín.

En el siglo XX destacan los pintores E. Tábara, E. Kingman y sobre todo **Oswaldo Guayasamín** (*Huacayñán* –en lengua cañarí– : *Camino del Llanto*, 1940-1952, *La edad de la ira*, 1968-71), pintor indigenista del dolor humano, de la violencia y de la ira.

3. Música y cine

La música popular muestra fuerte influencia quechua.

Gustavo Guayasamín es el director de cine más conocido.

G U A T E M A L A

• *País de los colores vivos, de los mercados indios, de los* **volcanes y terremotos,** *Guatemala limita al norte y oeste con México, al este con Belice, de habla inglesa, al sureste con Honduras y Salvador, y al sur con el Pacífico.*

• *Antes de la conquista española, se desarrolló en Guatemala (y en el Yucatán mejicano) la brillante civilización de* **los mayas.**
Hoy la mayoría de la población es india.
Independiente desde 1839, *Guatemala se convirtió en* **"república bananera"** *es decir que su economía y política quedaron bajo control de las grandes compañías multinacionales instaladas en el país para cultivar y exportar las bananas (United Fruit Company). En 1992, los latifundios siguen ocupando el 60 % de las tierras cultivables. En 1996, los acuerdos de paz pusieron fin a* **36 años de guerra civil** *y de violencia. Hoy Guatemala es el país motor de la integración económica de la región a través del* MCCA *(Mercado Común Centroamericano).*

• *Quedan importantes vestigios* **mayas** *(templos y tumbas de* **Tikal**). *Muchos monumentos de la época colonial fueron destruidos por terremotos (la ciudad de Antigua).*
En 1967, el novelista **Miguel Ángel Asturias** *recibió el premio Nobel de literatura (su obra denuncia la explotación neocolonial de las compañías norteamericanas sufrida por su país) y en 1992 la india* **Rigoberta Menchú** *el Nobel de la Paz.*

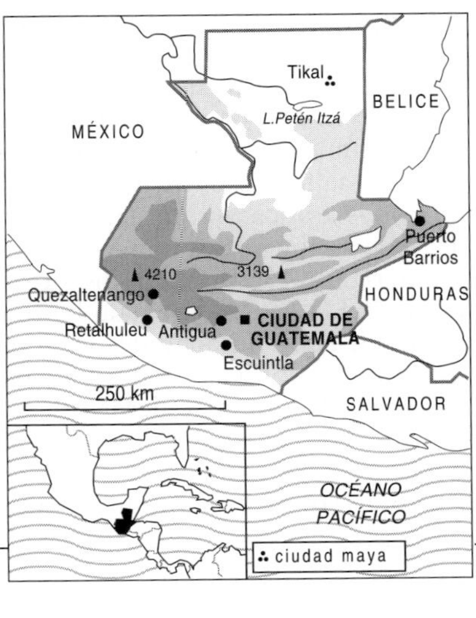

agricultura y pesca	37 % población activa	23% PIB
industria y minas	22 % población activa	15 % PIB
servicios	41% población activa	62 % PIB

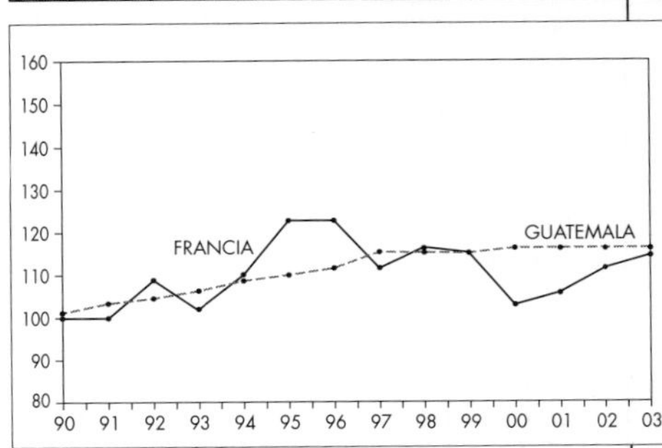

Variación del PIB/hab. de 1990 a 2003

	Guatemala	España
clasificación según IDH	121/177	20/177
población	12.600.000 hab.	43.197.000 hab.
superficie	108.890 km²	504.745 km²
densidad	115 hab./km²	85.5 hab./km²
capital	Ciudad de Guatemala : 3.628.800 hab.	Madrid : 5.520.100 hab.
PIB (PPA) en millones de $	53.619	1.724.647
PIB/hab. (PPA) en $	4.009	27.913
inflación	7,0 %	2,3 %
moneda	quetzal	euro

GEOGRAFÍA

1. **País montañoso** con más de treinta **volcanes**, Guatemala posee **dos fachadas marítimas**, la caribeña al norte, muy reducida (para ampliarla, Guatemala ha reivindicado hasta hace pocos años el territorio de Belice), y la pacífica, rectilínea, al sur.

• **Junto al Pacífico,** se extiende una llanura costera donde los **latifundios** producen caña de azúcar, algodón, **banana** y, en las bajas tierras volcánicas, **café** –principal exportación.

• La mayor parte de la población sobrevive en el **centro montañoso** cultivando maíz, frijol *(haricot)* y cebada *(orge)* en sus pequeñas parcelas de tierra (el 3 % de la población posee el 65 % de las tierras). Allí están las principales ciudades y la actual capital **Ciudad de Guatemala** : las anteriores capitales (**Ciudad Vieja** y **Antigua**) fueron medio arruinadas por **terremotos** en 1542 y 1773. Ciudad de Guatemala sufrió terremotos de consideración en 1917, 1918 y 1976.

• Al norte se halla la plataforma del **Petén**, prolongación de la del Yucatán mejicano, con **abundantes lagos y ruinas mayas** (Tikal).

• **El clima es tropical,** pero varía con la altitud. La época de lluvias se extiende de mayo a octubre.

2. Guatemala sigue siendo un **país esencialmente agrícola** (la agricultura representa el 75 % de las exportaciones) que ha sufrido las consecuencias de los frecuentes ciclones (Stan en 2005). La industria va creciendo tímidamente con las "maquiladoras", fábricas de textil instaladas en zonas francas y que tienen un acceso priviligiado al mercado norteamericano. Junto con los otros países del MCCA, Guatemala ha firmado en 2004 un acuerdo de libre intercambio con los Estados Unidos (CAFTA). También se desarrolla el turismo. Sin embargo, el 80 % de la población vive todavía en estado de pobreza. **Su economía ha estado**

El centro de "Guatemala City" imita Norteamérica : calles y avenidas (que tienen números –y no nombres– como en Nueva York) están llenas de anuncios internacionales. El centro es popular y convivial ; la clase alta vive en las zonas residenciales de la periferia donde tiene sus propios supermercados.

2005. Aquí estaban las casas de la comunidad de Panabaj, destruidas por el lodo que corría desde los volcanes luego de las lluvias provocadas por el huracán Stan.

muy afectada por la guerra civil que asoló el país de 1980 a 1996, y las situaciones conflictivas de Salvador y Honduras. El restablecimiento de la paz civil ha permitido la reactivación de la economía y el desarrollo del turismo. Se plantea actualmente al país el problema de la deforestación y el cambio de clima que ha resultado de ella.

HISTORIA

1. Guatemala, con el Yucatán mejicano, fue, muchos siglos antes de la llegada de los españoles, la **sede de una de las civilizaciones más brillantes de América : la de los mayas** (cf. p. 244). La conquista, particularmente cruel, fue llevada a cabo por Pedro de Alvarado, pasando el país a depender del virrey de México.

2. En 1821, consiguió la **independencia** sin derramamiento de sangre y formó parte de las Provincias Unidas del Centro de América (1824) hasta que se rompió la federación en **1839**. De 1871 a 1920, los gobiernos liberales de los presidentes Barrios, Barillas y Estrada Cabrera vieron el desarrollo económico del país con el

Plantación bananera Del Monte, Puerto Barrios, 1987. Se trata de una de las tres compañías bananeras norteamericanas implantadas en Centroamérica si bien todas tienen ahora un nombre hispánico. Los racimos de plátanos (el plástico los protege de los insectos y productos químicos) se cortan verdes todo el año. Se lavan, se secan, se cortan en "manos" y se empaquetan. En general maduran en los maduraderos de los buques o de los puertos de destino. La productividad es muy variable según la plantación esté bien o mal cuidada. (Para su uso culinario, véase pág. 87).

cultivo del café ; esta prosperidad atrajo a los extranjeros –alemanes y norteamericanos sobre todo– cuyo poder **(el imperio bananero de la United Fruit Company)** favoreció el mantenimiento de **regímenes autoritarios** (dictadura del general J. Ubico de 1931 a 1944). Los regímenes reformistas de Arévalo y Arbenz (1945-54) se enfrentaron a las mismas potencias financieras, que, apoyadas por la CIA norteamericana, acabaron abruptamente con ellos. Los sucesivos gobiernos militares se mantuvieron con el apoyo de Norteamérica y los conservadores y a partir de 1960 tuvieron que hacer frente a una oposición insurreccional.

3. En 1991, la elección a la presidencia del evangelista Jorge Serrano (centro derecha) evidenció la influencia cada vez mayor de las iglesias protestantes en Guatemala. Tradicionalmente, los católicos representaban el 90 % de la población. Hoy, el 30 % de los habitantes perte-

Iglesia de Jocotenango, cerca de Antigua : la fachada barroca churrigueresca ha sido edificada con la hermosa piedra rosada del país. Se puede ver cómo, en la parte más alta del edificio – la que menos se ve desde abajo – los artistas indios daban rienda suelta a su inspiración propia : los santos visten de forma poco ortodoxa, ofreciéndonos un buen ejemplo de sincretismo.

necen a unas 300 Iglesias o sectas protestantes ; son 14.000 los templos evangelistas en el país, más que las iglesias católicas, a los que se añaden los Mormones y Testigos de Jéhovah. Los acuerdos de paz, firmados el 29 de diciembre de 1996, pusieron fin a 36 años de guerra civil (más de 100.000 muertos) en que los indios, víctimas de una represión feroz, lucharon por el respeto de sus derechos humanos y el reconocimiento de su cultura e identidad. Uno de sus líderes es **Rigoberta Menchú,** premio Nobel de la Paz en 1992. Para asegurar la paz, **Óscar Berger**, presidente desde 2004, decidió reducir el presupuesto del Ejército y quiere llevar a cabo reformas sociales de lucha contra la pobreza y la inseguridad (3.000 muertos por año). Pero, tiene que enfrentarse a un déficit comercial que se va agravando y a un débil crecimiento económico (el 2,6 % en 2004). La llegada al poder del indígena Evo Morales en Bolivia en 2006 está levantando esperanzas entre los indios guatemaltecos pero todavía no ha sido creado un partido indígena en vista de las próximas elecciones.

CULTURA

1. Literatura

La literatura maya fue muy rica (*Popol Vuh*, *Libros de Chilam Balam*, cf. p. 248).

En el siglo XIX destacan el poeta romántico J. Batres y el autor de novelas históricas y cuadros de costumbres J. Milla (alias Salomé Gil).

La figura máxima de la literatura guatemalteca y una de las más relevantes de la literatura hispanoamericana es **Miguel Ángel Asturias, Premio Nobel 1967**, cuya obra combina el indigenismo, la denuncia social y política, y el gusto por lo mágico y legendario (*Leyendas de Guatemala*, 1930 ; *El Señor Presidente*, 1946 ; *El papa verde*, 1954 ; *Los ojos de los enterrados*, 1960 – cf. Lectura p. 324).

En la actualidad, Rodrigo Rey Rosa es el novelista más reconocido (*Cárcel de áboles*, *La orilla africana*). En la poesía, sobresale el indígena Humbberto Ak'abal (*Guardián de la caída de agua*, 1993).

2. Arte

Importantes vestigios precolombinos de la época clásica : población y centro ceremonial de **Tikal** (cf. p. 244), de Uaxactún (ambos en el Petén), y de la época postclásica : Zaculeu.

La época colonial se caracteriza por la robustez de sus edificios (para resistir los terremotos) y profusión decorativa (Antigua, Esquipulas). Existió una rica escuela escultórica barroca.

En el siglo XX, ha alcanzado fama internacional el pintor geométrico y surrealista **Carlos Mérida** (1891-1984), muralista de inspiración precolombina.

H O N D U R A S

• *Situado en América Central, Honduras limita al norte con el Mar de las Antillas (o Caribe), al este y sur con Nicaragua, al oeste con El Salvador y Guatemala. Posee al sur una estrecha salida al Pacífico. Es un país montañoso y esencialmente agrícola (banana, café), que figura* **entre los más pobres de América Latina.**

• *Antes de la llegada de los españoles, formó parte del imperio* **maya.** *Después de su independencia, se convirtió en una* **"república bananera"** *dominada por las compañías norteamericanas (en particular la United Fruit Company) que poseían inmensos latifundios y dictaban su voluntad a los gobernantes del país. Desde 1980 se ha consolidado la democracia.*

La economía de Honduras ha sufrido mucho de los conflictos y la difícil situación económica de sus vecinos.

	Honduras	España
clasificación según IDH	115/177	20/177
población	7.210.000 hab.	43.197.000 hab.
superficie	112.090 km²	504.745 km²
densidad	64 hab./km²	85.5 hab./km²
capital	Tegucigalpa : 1.074.300 hab.	Madrid : 5.520.100 hab.
PIB (PPA) en millones de $	19.252	1.724.647
PIB/hab. (PPA) en $	2.682	27.913
inflación	8,1 %	2,3 %
moneda	lempira	euro

agricultura y pesca	36 % población activa	26 % PIB
industrua y minas	22 % población activa	23 % PIB
servicios	42 % población activa	51 % PIB

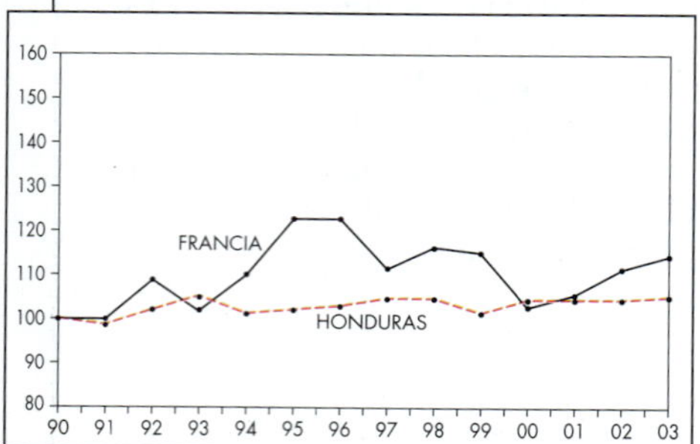

Variación del PIB/hab. de 1990 a 2003

GEOGRAFÍA

Situado entre el Salvador y Guatemala al oeste y Nicaragua al este, Honduras es un **país montañoso** ampliamente abierto al Mar Caribe y sus islas al norte, pero cuya costa pacífica es reducida. Sus numerosos ríos le suministran hidroelectricidad suficiente para su consumo.

Honduras tiene una extensión que es 5 veces más importante que la del vecino Salvador pero tiene menos habitantes. La población se compone sobre todo de **mestizos** ; un 8 % son negros o zambos (mestizos de negros e indias) y viven en la costa caribeña.

La zona más desarrollada se sitúa en el norte (cerca de la costa). La capital económica es San Pedro Sula, conservando Tegucigalpa tan sólo un papel administrativo. **El país es esencialmente agrícola,** y la **banana** es la principal producción y exportación. Se cultiva en latifundios, propiedad de ricos hondureños o grandes compañías norteamericanas, así como el café, el tabaco, la caña de azúcar, el algodón y aceite de palma. Las exportaciones no tradicionales (camarones, langostas y melones) van creciendo. En las tierras altas del interior, predominan los cultivos alimenticios (maíz, frijol,

San Pedro Sula refleja la riqueza de la costa : es una ciudad construida a cordel como las capitales norteamericanas, y está en plena expansión. Su clima es cálido y húmedo como se ve en esta foto por la vegetación y el color del cielo.

El Progreso, 1989. Escena típica de los pueblos de la costa, con sus habitantes mestizos de camisas impecables a cualquier hora del día, sus casas de madera y techos de chapa (aquí lo que vemos son tiendas y almacenes). El calor en esta zona donde crecen el banano y la palma ha aumentado mucho (alcanza los 50° a la sombra), ¿a causa de la deforestación?

arroz). La ganadería bovina (para la **carne**) es muy importante. También lo es la producción maderera (de **madera**, *de bois*). Pero la industria agroalimentaria y maderera está poco desarrollada. En cambio crece la producción de las "**maquiladoras**".

Honduras ha vivido rodeado de países en revolución o desequilibrio, lo que ha dificultado su desarrollo.

HISTORIA

1. El territorio formó parte del **imperio maya**, pero, a la llegada de los españoles no quedaba de él en Honduras más que las ruinas de **Copán** (periodo clásico, cf. p. 243).

Durante la **colonia**, dependió del virrey de México, basándose su economía en la minería (oro y plata).

2. Independiente, con Guatemala, en 1821, formó parte de las Provincias Unidas de Centroamérica hasta 1838. **A finales del siglo XIX** la modernización del país se consiguió con el desarrollo de la agricultura (banana). Se introdujeron en Honduras las compañías fruteras norteamericanas **(United Fruit)** convirtiéndose el país en una **"república bananera"** en la que la economía y la política pasaron bajo el control de grupos de presión norteamericanos.

La historia de Honduras ha estado marcada por una gran inestabilidad política, la crisis de 1954 (huelga de 400.000 trabajadores de la United Fruit), y la "guerra del fútbol" con El Salvador (1969). Honduras ha sido la punta de lanza de la intervención estadounidense en América Central.

Hoy Honduras sigue dependiendo mucho de los Estados Unidos : en su economía (firma del CAFTA, acuerdo de libre intercambio, desarrollo de las "maquiladoras"), en su política exterior (participación en la guerra contra Irak). Un millón de hondurreños se han instalado en los Estados Unidos y **las remesas** (*envoi de fonds de la diaspora*) van aumentando. Honduras se beneficiará de la iniciativa para los países pobres muy endeudados con un alivio de la deuda de cerca de 2.800 millones de dólares en 15 años (60 % del saldo actual de la deuda pública externa).

Copán. Estela levantada por el 13er gobernador de Copán en el año "18 conejo", es decir en 731 d.C. Mide 3,55 m de alto. Se encontró levantada ya en 1839 y representa a un personaje importante (el joven rey) a juzgar por el peinado ricamente adornado, las joyas, las sandalias.

Mara es una abreviación de marabunta, hormiga roja que lo devora todo por donde pasa. La primera mara fue creada en Los Ángeles (Estados Unidos) por los jóvenes de Centroamérica que emigraron en los años 80. Pronto pasaron a ser bandas criminales que se reconocen por sus tatuajes. Se dice que por cada asesinato, un mara lleva una lágrima tatuada. Entre los años 2000-2004, 20.000 jóvenes fueron repatriados a su país de origen (Guatemala, Salvador y Honduras) que muchos no conocen en realidad y donde "reproducen los mismos esquemas, se apoderan del tráfico de drogas y del pequeño crimen local" (Borja Bergareche, El País, 31 de julio de 2005).

La economía liberal practicada desde 1990 favorece el crecimiento pero la pobreza afecta al 70 % de la población. En 1998, el gobierno prometió reconstruir después del **huracán Mitch**. El presidente **Maduro**, elegido en 2001, pretendía reformar y modernizar el sistema de gobierno luchando contra la corrupción. Otra de sus preocupaciones fue la inseguridad (aumento del 50 % del presupuesto dedicado a la seguridad y lucha contra los "**maras**", organizaciones de delincuentes). Aquellos retos los tendrá que seguir el nuevo presidente desde noviembre de 2005 : **Manuel Zelaya** del Partido Liberal. También procurará realizar reformas sociales en este país donde el 80 % de la población es pobre.

ARTE

El importante centro cultural y ceremonial de **Copán** alcanzó su máximo esplendor en el siglo VIII. La astronomía estaba muy desarrollada.

M É X I C O

GEOGRAFÍA

• ***México limita al norte con los Estados Unidos,*** *al este con el Golfo de México, al sur con Belice y Guatemala, al sur y oeste con el Pacífico. La mayor parte del territorio está formado por unos* ***altiplanos*** *limitados de ambos lados por* ***la Sierra Madre*** *(Oriental y Occidental). El país se estrecha en el sur y se amplía de nuevo en la península del* ***Yucatán.***
El clima, árido en el norte y tropical en el sur, se hace más templado con la altitud.

• ***La población*** *es mayoritariamente mestiza e india, y* ***aumenta rápidamente.*** *La capital* ***México es una de las ciudades más pobladas del mundo.*** *Muchos mexicanos emigran a Estados Unidos para encontrar trabajo : se les llama "chicanos".*

• *México es un* ***gran país agrícola e industrial, muy rico en petróleo y que atrae a muchos turistas.*** *Posee* ***la economía más importante de Hispanoamérica*** *totalmente abierta hacia el exterior. Ha conseguido superar la crisis financiera de 1995 gracias a las inversiones extranjeras y está muy vinculado a su vecino del norte. Pero* ***la sublevavión zapatista*** *de 1994 (EZLN) evidenció las frustraciones de las poblaciones campesinas del sur del país que no se benefician del desarrollo económico. Además ha tenido que sufrir en 1995 las consecuencias de las catástrofes naturales : huracanes, ciclones.*

HISTORIA

• *Se desarrollaron en México muchas culturas precolombinas brillantes como olmecas, toltecas, mayas, etc. A la llegada de los españoles, la civilización* ***azteca*** *dominaba el país.*
Tras la conquista de México por H. Cortés y destrucción del mundo azteca, se creó el Virreinato de Nueva España.

• ***En 1810, el cura Hidalgo inició el movimiento de independencia que terminó en 1821.*** *Durante el siglo XIX, México tuvo que ceder la mitad de su territorio a los Estados Unidos. En la segunda mitad del siglo XIX, el indio* ***Benito Juárez*** *fue un presidente muy popular. Los 35 años de* ***dictadura de Porfirio Díaz*** *permitieron el desarrollo económico del país ; sin embargo,* *la explotación de los peones en los latifundios y el descontento provocado por el poder económico de los extranjeros en el país provocaron la* **revolución de 1910.**

• *Los cabecillas revolucionarios* **E. Zapata y F. Villa pedían una reforma agraria** *que nunca se hizo totalmente. En realidad, la revolución favoreció sobre todo a la pequeña y mediana burguesía. En la década de los años 30, el presidente* **Lázaro Cárdenas nacionalizó la minería y la industria petrolera,** *completando la labor de la revolución.*

• *Las elecciones de 2000 cambiaron el paisaje político del país y marcaron el final de la hegemonía del* PRI *(Partido Revolucionario Institucional, todopoderoso desde la Revolución, durante 71 años). El país se volvió entonces a una* **democracia pluralista.**

CULTURA

• *De* **los tiempos precolombinos** *quedan muchos* **templos y pirámides,** *piezas de orfebrería y de cerámica, esculturas de piedra. También se hacían mosáicos de plumas.*

• **El Virreinato de Nueva España fue un centro cultural muy brillante** *que nos ha dejado muchos* **monumentos barrocos, con una exuberante decoración.** *En las letras, destaca la figura de la poetisa Sor Juana Inés de la Cruz.*

• **La revolución de 1910 puso el arte al servicio del pueblo : los muralistas** *pintaban las paredes de los monumentos públicos para que el pueblo pudiera tener acceso a las obras de arte y recibir al mismo tiempo una enseñanza sobre su glorioso pasado. Los muralistas más famosos fueron* **Rivera, Siqueiros** *y* **Orozco** *a los que se debe añadir el popular grabador Posada.*
La música *siguió el mismo camino : el compositor* **Carlos Chávez** *introdujo temas folklóricos y populares en sus obras.*
Una renovación parecida tuvo lugar en literatura cuyos temas se centraron en la sociedad, la revolución y el porvenir del país.

• **A partir de los años 50,** *aparecieron nuevas tendencias más personales con* **el poeta y ensayista Octavio Paz, los novelistas Juan Rulfo y Carlos Fuentes y el famoso director de cine español, Luis Buñuel.**

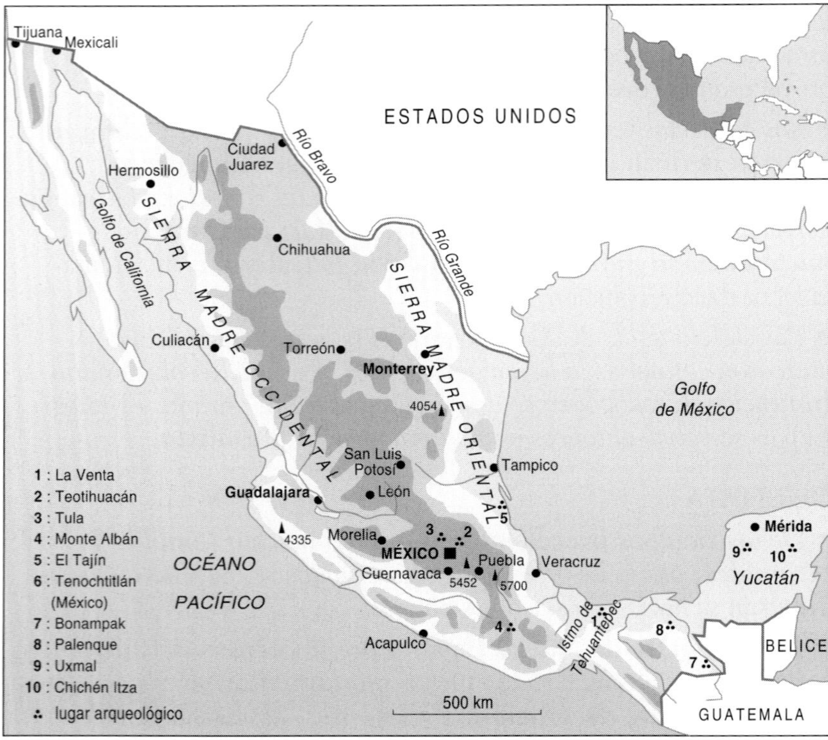

	México	España
clasificación según IDH	53/177	20/177
población	107.030.000 hab.	43.197.000 hab.
superficie	1.972.547 km²	504.745 km²
densidad	54 hab./km²	85.5 hab./km²
capital	México : 19.479.000 hab.	Madrid : 5.520.100 hab.
PIB (PPA) en millones de $	1.005.000	1.724.647
PIB/hab. (PPA) en $	9.666	27.913
inflación	4,7 %	2,3 %
moneda	nuevo peso	euro

agricultura y pesca	20 % población activa	4 % PIB
industria y minas	24 % población activa	26 % PIB
servicios	56 % población activa	70 % PIB

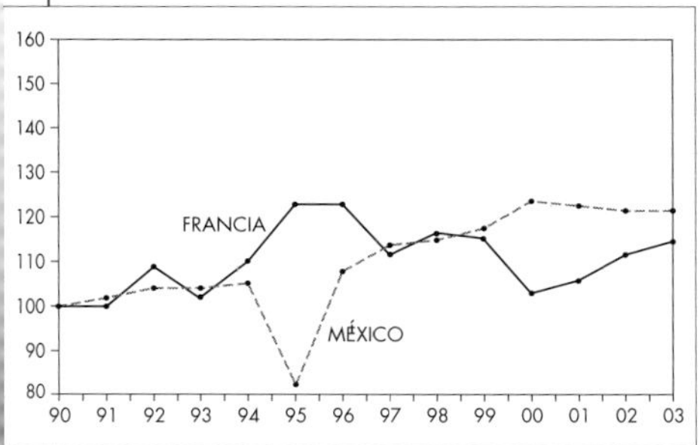

Variación del PIB/hab. de 1990 a 2003

GEOGRAFÍA

1. Un relieve en forma de pirámide y un clima variado

México se extiende por un **conjunto de altiplanos y sistemas montañosos** de considerable actividad volcánica, quedando localizadas las tierras bajas en las zonas costeras. Al norte, la **Sierra Madre Oriental** y la **Sierra Madre Occidental** limitan un altiplano de unos 1.500 m de altitud, que termina en el norte con el Río Bravo, frontera con los EE.UU., y en el sur con altas cuencas rodeadas de volcanes (Orizaba, 5.700 m, Popocatépetl). Dominan al este la llanura del Golfo de México y al oeste la planicie costera del golfo de California, profunda penetración del océano Pacífico que aisla la península estrecha y montañosa de Baja California. El litoral pacífico es alto y acantilado *(escarpé)* mientras que el atlántico presenta costas llanas y arenosas. En el sur, el país se estrecha en **el istmo de Tehuantepec** y se amplía de nuevo en **la península del Yucatán**.

Los ríos son caudalosos y existen numerosos valles.

Debido a la diferencia de latitud, **el clima es variado**, árido en el norte del país (tierra de los cactos y de la yuca), y tropical en el sur (selva virgen). Las temperaturas, elevadas, varían con la altitud.

2. Una población mestiza e india en rápido crecimiento

La población está constituida por un 55 % de **mestizos**, un 29 % de **indios**, un 15 % de blancos y un 1 % de otras etnias. La lengua oficial es el español pero los 25 millones de indios siguen hablando las lenguas de sus antepasados (unos 59 dialectos diferentes).

Aunque la población tiende a envejecer como en todos los países modernos, el índice de crecimiento sigue siendo muy alto y el 33 % de la población tiene menos de 15 años. El éxodo rural ha sido muy importante (la población urbana representa el 75 % del total). Las ciudades se han desarrollado muy rápidamente y se caracterizan por la yuxtaposición de un centro moderno y de barrios periféricos miserables (las llamadas "ciudades perdidas"). **México es una de las ciudades más pobladas del mundo** (casi 20.000.000 hab.). Las ciudades más importantes son Guadalajara (3.300.000 hab.), Monterrey (2.900.000 hab.), Puebla (1.220.000 hab.), León (1.040.000 hab.), Ciudad Juárez (1.010.000 hab.).

El paro y la miseria son causa de una fuerte emigración las más veces clandestina a EE.UU., donde **los chicanos** forman una comunidad de

Refinería de petróleo en La Cangrejera (Veracruz).

20 millones de personas que luchan por el reconocimiento de sus valores, por un trato de igualdad social y económica y cuentan con medios de expresión propios (radio, televisión, etc.). En marzo de 2006, se lanzaron a las calles de Los Ángeles para manifestar contra la voluntad del gobierno de castigar duramente el trabajo ilegal y de construir un muro de miles de kilómetros en la frontera con México. (Se estima que más de 400.000 mexicanos emigran clandestinamente cada año.) En fin, las **remesas de los emigrantes** constituyen la segunda fuente de ingresos en México, después de las exportaciones de petróleo.

3. Economía

Un país agrícola e industrial, rico en petróleo, que atrae a muchos turistas y en plena mutación.

- **La agricultura** ocupa el 20 % de la población activa y **se destina con prioridad al mercado interno** (maíz y frijoles, base de la dieta alimenticia nacional, sorgo, arroz y patatas) ; los cultivos de exportación (en el sur) son el algodón, el café, la caña de azúcar, las frutas y verduras (tomates y bananas). Se han realizado importantes inversiones en la pesca (camarones, *crevettes*) y la ganadería.
- En **el sector minero, de gran importancia**, destaca la producción de **plata, hierro, cobre y cinc**. El descubrimiento de **petróleo** en la costa del Golfo de México (Tampico y más al sur el Estado de Tabasco y Campeche en el Yucatán) ha convertido el país en uno de los principales exportadores del mundo y ha favorecido el desarrollo de la industria petroquímica. El grupo PEMEX (que tiene el monopolio) ocupa el 4° puesto en la producción mundial de petróleo.

México es un país industrial : siderurgia, metalurgia, industria de transformación, industria automotriz y textil, pero es de notar la **enorme importancia del capital extranjero**, especialmente estadounidense. Los norteamericanos han desarrollado

Cancún, cerca del Yucatán, compite con Acapulco en la costa pacífica, pero su lujosa infraestructura hotelera es mucho más reciente (hacia 1975).

La Bolsa, Paseo de la Reforma, México D.F. El Paseo de la Reforma es una de las avenidas más majestuosas del mundo : iniciada por el emperador Maximiliano para comunicar su residencia de Chapultepec con la ciudad de México, sólo se acabó a principios del siglo XX bajo la dictadura de Porfirio Díaz. Sorprende por su animación y su arquitectura moderna. La Bolsa de México es una de las grandes plazas financieras del mundo.

una industria de subcontratación (–*sous-traitance*– las llamadas **empresas "maquiladoras"** situadas en el norte, casi en la frontera para ahorrar en los gastos de transporte) que exporta su producción a EE.UU. a precios muy competitivos. Así, México se ha convertido en la primera economía de Hispanoamérica con un comercio exterior superior al de todos los demás países de la zona. Es el único país en haber firmado **tratados de libre comercio** (43 en total) con los Estados Unidos (el **ALENA** en 1994), Japón y la Unión Europea (2000) pero claro está que su economía depende esencialmente de los intercambios con su vecino del norte (el 88,4 % de las exportaciones y el 56 % de las importaciones en 2004). Las "**maquiladoras**" han permitido un fuerte desarrollo pero se observa, estos últimos años, un estancamiento debido a la competencia de China en el mercado mundial (actual 2° proveedor de los Estados Unidos, por delante de México).

• Por su clima y sus playas (Acapulco en la costa pacífica y Cancún en el Yucatán), su exotismo, su exuberancia y su riqueza artística (precolombina y colonial), México atrae a muchos **turistas**, principalmente a sus vecinos norteamericanos. Sin embargo las **catástrofes naturales** tienen graves repercusiones económicas : en octubre de 2005, el huracán Stan ha afectado las zonas agrícolas del sureste y el ciclón Wilma destruyó muchas instalaciones turísticas en el Yucatán.

México ha reducido su deuda externa que se limita ahora al 26 % de PIB (media latinoamericana : 44 % del PIB). El terremoto de 1985 ha puesto de relieve la corrupción de amplios sectores políticos, sindicales y económicos.

Pasada la crisis financiera de 1994 (el "Tequilazo"), la economía se ha recuperado gracias a las inversiones extranjeras y el sector bancario está ahora en pleno auge. El crecimiento económico alcanzó un 3 % en 2005 pero no resulta suficiente para la creación de empleos. La pobreza no deja de extenderse (el 40 % de la población) y va creciendo la economía informal a la par de la violencia e inseguridad (3.000 secuestros por rescates en 2003).

México D.F : una de las ciudades más contaminadas del mundo.

HISTORIA

Para las **civilizaciones precolombinas** (olmeca : La Venta, Tres Zapotes ; Teotihuacán ; tolteca : Tula ; zapoteca, mixteca : Monte Albán, Mitla ; totonaca : El Tajín ; **maya :** Bonampak, Palenque, Uxmal, Chichén Itza ; **azteca** o mexica : Tenochtitlán), **véanse pp. 242-245**.

1. El Virreinato de Nueva España

En 1519, H. Cortés inició la conquista de México (cf. p. 249). Explotando el descontento de diversos pueblos (entre ellos los tlaxcaltecas) sometidos por los aztecas, **tomó la capital Tenochtitlán en 1521**. El choque de la conquista (guerra, enfermedades, cambio de sistema económico, social y religioso) acarreó la ruina del imperio y su despoblación. La implantación del **Virreinato de Nueva España** en 1535 permitió la organización del territorio y su recuperación económica. La economía colonial se basó en la minería (Zacatecas y Guanajuato) y posteriormente en la agricultura y ganadería.

2. De la Independencia a la Revolución

El antagonismo entre criollos y peninsulares (llamados "gachupines", cf. p. 258), unido al ejemplo reciente de la independencia obtenida por los Estados Unidos y a la debilitación de España tras la invasión napoleónica llevó al **levantamiento de Hidalgo (Grito de Dolores, 1810)**, Morelos (1813) y a **la independencia (1821)**. Proclamado emperador, A. de Iturbide pronto tuvo que abdicar. Por la Constitución de 1824, el país se constituyó en República Federal. **El General Santa Anna** gobernó durante más de veinte años (1833-1855) imponiendo el centralismo, lo que motivó la secesión de Texas y la consiguiente **guerra con EE.UU. en la que México perdió la mitad de su territorio (1848)**.

En 1855, la llegada al poder de los liberales anticlericales (el indio **Benito Juárez**) abrió una etapa de reformas que impulsó a los conservadores a la oposición armada y a pedir la intervención de Europa : por la intervención de Francia, Maximiliano de Habsburgo fue proclamado emperador (1864-1867). Pero apoyados por EE.UU., triunfaron finalmente los liberales, siendo fusilado el archiduque Maximiliano por las tropas de Juárez. Tras un período de disturbios, llegó al poder un mestizo, **el general Porfirio Díaz** bajo cuyo largo mandato (1877-1911) el país se transformó en un Estado moderno : desarrollo de la industria y comunicaciones, impulso de la educación (imperó el positivismo –cf. p. 285–), crecimiento demográfico, afluencia de las inversiones extranjeras, especialmente norteamericanas. Pero la ausencia de libertades, la explotación de los peones en los latifundios, la fuerte presencia del capital extranjero llevaron a la revolución de 1910.

3. La revolución de 1910-1917

Prometiendo una reforma agraria, llegó al poder un gran terrateniente idealista **Francisco Madero** mientras se multiplicaban las rebeliones campesinas como las de Emiliano Zapata en el sur. Madero fue asesinado por V. Huerta (1913) lo que provocó el alzamiento de **V. Carranza** que le sucedió en la presidencia y convocó el Congreso que promulgó la Constitución de 1917, una de las más avanzadas de la época (derecho de los trabajadores a organizarse, derecho de huelga, salario mínimo, etc.). **Las insurrecciones campesinas de Emiliano Zapata y Pancho Villa** fueron finalmente vencidas en 1919-1920. Tras el asesinato de Carranza y el ascenso de Obregón (1920), se consolidó el proceso reformista ; pero el anticlericalismo de su sucesor Calles provocó la terrible guerra de los cristeros (1926-1929). **De 1934 a 1940, el Presidente Lázaro Cárdenas** impulsó la organización de sindicatos obreros y campesinos (CMT), elaboró un plan para el reparto de tierras a los campesinos, fomentó la educación y, sobre todo, nacionalizó la minería y la industria petrolera en 1938. Con él se reforzó el aparato de **partido gubernamental prácticamente único** (Partido Nacional Revolucionario fundado en 1929

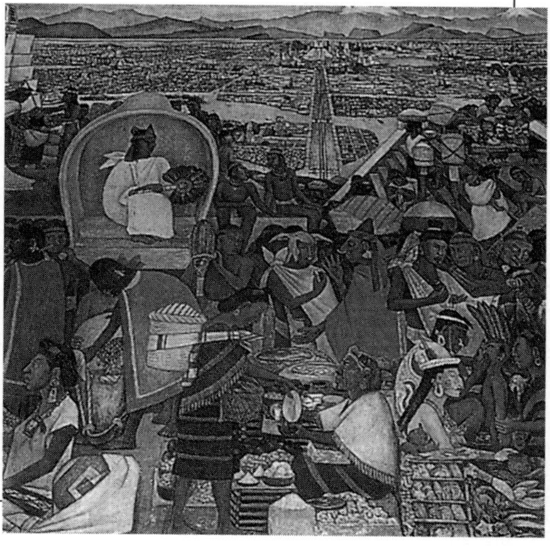

La gran Tenochtitlán *(fragmento), Diego Rivera, 1945 (4 x 9,75 m). Los muralistas pretendían llevar el arte a la calle y enseñar y dignificar al pueblo, reivindicando su pasado prehispánico. Al mercado de Tlatelolco, acudían cada día más de 60.000 personas. En el fondo, señoreada por la cadena de volcanes, se extiende la gran ciudad de Tenochtitlán : la capital de los aztecas, construida en una laguna, sorprendió a Hernán Cortés por su inmensidad y belleza.*

del que se deriva el actual **Partido Revolucionario Institucional** –PRI–).

Balance *(bilan)* : la revolución mexicana debilitó el poder de la oligarquía tradicional –pero sin resolver el problema agrario–, favoreció el ascenso de la pequeña y mediana burguesía y estabilizó un régimen que perdura hasta la actualidad.

4. El México actual

A partir de los años 50, el anquilosamiento del partido institucional PRI, la corrupción, la fuerte inflación originada por el importante crecimiento económico provocaron una intensa agitación obrera. La **crisis económica y social** culminó en 1968 con la masacre de la Plaza de las Tres Culturas en México.

En la década de los 70, el petróleo permitió el desarrollo de grandes proyectos, pero la gestión de éstos, la mayoría de las veces deficiente, acarreó en 1982 una suspensión de pagos interna *(une suspension des paiements, une faillite)* con **una enorme deuda externa**.

El presidente M. de la Madrid inició una política de saneamiento económico que ha continuado el presidente **Carlos Salinas de Gortari** con el desmantelamiento de los monopolios estatales, lucha contra la corrupción, privatizaciones y acercamiento a los EE.UU. Desde 1989, la inflación se ha estabilizado (114 % en 1988, 20 % en 1989, 30 % en 1990, 15 % en 1992).

Fue Salinas, considerado en su tiempo como el presidente "más enérgico y popular" desde Lázaro Cárdenas, quien firmó en 1994 el acuerdo del ALENA con EE.UU y Canadá. Pero no solucionó las desigualdades y el viejo problema del reparto de la tierra y se produjo a partir de esta fecha el sublevamiento de los indios de Chiapas.

El subcomandante Marcos, oculto tras su pasamontañas, es el líder de la sublevación que el EZLN (Ejército Zapatista de Liberación Nacional) inició en Chiapas el 1 de enero de 1994, día de la aplicación de los acuerdos del ALENA. Tras una década de lucha guerrrillera en las montañas del sureste mexicano, Marcos se ha lanzado en un tour del país, en vísperas de las elecciones de junio de 2006, con el fin de defender los derechos de los indios que siguen pidiendo tierra, libertad y dignidad como en tiempos de Zapata. Recibe el apoyo de los movimientos antiglobales.

Las elecciones de 2000 marcaron una casi "revolución" en el paisaje político pues por primera vez desde 1929, el PRI (Partido Revolucionario Institucional) perdió la presidencia. Fue elegido el candidato del PAN (Partido de Acción Nacional), **Vicente Fox** quien llevó a cabo la transición democrática. Pero, en el balance de su mandato, se le reprocha la falta de reformas sociales y de lucha contra la criminalidad (en la última década, se han multiplicado el tráfico de drogas, las agresiones y en particular los asesinatos de numerosas mujeres en la región de Ciudad Juárez). Del PAN es también su sucesor **Felipe Calderón** pero las elecciones de julio de 2006 han dejado a **Andrés Manuel López Obrador**, candidato del PRD (Partido Revolucionario Democrático), a un paso de la victoria, mostrando la importancia de la oposición a una política interior y exterior excesivamente dependiente de los proyectos estadounidenses.

Hoy México forma parte de la OCDE y está presente en la mayoría de las instituciones comerciales y políticas internacionales. Fox siguió estrechando los lazos con los Estados Unidos : en la cumbre de las Américas de Mar de la Plata (Argentina) en noviembre de 2005, trató de salvar el proyecto estadounidense de ALCA (**Acuerdo de Libre Comercio de las Américas**). Asimismo, el fracaso del candidato mexicano al puesto de secretario de la OEA (Organización de los Estados Americanos) parece ser sintomático del alejamiento entre México y América del Sur. Existen actualmente tensiones diplomáticas con Venezuela, Cuba, Argentina. De ahí la voluntad de acercarse a Centroamérica a través del Plan Puebla-Panamá (plan de desarrollo de infraestructuras).

San Juan de Teotihuacán, balcones y rejas del principio de la colonia. Por la calle plantada de coníferos que adornan muchas ciudades de la región pasa una señora de peinado típicamente indio.

CULTURA

1. Literatura

a. El Virreinato

En 1551 se creó la Universidad de México que pronto se convirtió en un **brillante centro cultural**.

El siglo XVII vio desarrollarse la literatura barroca con Ruiz de Alarcón, autor de comedias que muy pronto emigró a Madrid, la poetisa **sor Juana Inés de la Cruz**, de inspiración gongorina y una de las máximas figuras de la literatura mexicana, y C. de Sigüenza y Góngora.

b. De la Independencia a la Revolución

Mientras se consigue la independencia, J.J. Fernández de **Lizardi** escribe el *Periquillo Sarniento*, 1816, la primera novela picaresca americana ; el pensador J. Servando Teresa de Mier relata en sus *Memorias* los acontecimientos de la época. A finales del siglo XIX, el escritor I.M. Altamirano promueve, a través de su obra (*El Zarco*, novela indigenista) y revistas, una literatura de contenido y acento nacionales. Lo sigue J. Sierra.

Los poetas modernistas (M. Gutiérrez Nájera, S. Díaz Mirón, M.J. Othón) se agrupan en torno a **la revista "*Azul*"** y posteriormente alrededor de la *Revista Moderna* fundada por A. Nervo (González Martínez, J.J. Tablada). **La revolución de 1910-1917** ve florecer la literatura social despertadora de una conciencia nacional : en la poesía R. López Velarde ; en la filosofía y el ensayo **A. Caso** (*La existencia como economía y como caridad*, 1916), **A. Reyes, J. Vasconcelos** (*La raza cósmica*, 1929), **P. Henríquez Ureña, S. Ramos** (*El perfil del hombre y la cultura en México*, 1934) y, posteriormente, O. Paz (*El laberinto de la soledad*, 1950) ; en la novela **M. Azuela** (*Los de abajo*, 1916), **M.L. Guzmán** (*El águila y la serpiente*, 1928), a los que seguirán el dramaturgo R. Usigli (*El gesticulador*, 1937, *Corona de luz*, 1964), el poeta y dramaturgo de vanguardia **X. Villaurrutia**. A consecuencia de la guerra civil española, muchos intelectueles emigraron a México que se convirtió entonces en el centro intelectual más relevante de América Latina.

c. *La época contemporánea*

A partir de la década de los 30, se desarrolla una poesía intelectual y de refinadas imágenes poéticas en torno a la revista *Los Contemporáneos* (J. Torres Bodet, C. Pellicer, X. Villaurrutia, S. Novo).

Posteriormente, la generación de *Taller* (1938-1941), marcada por el surrealismo, intenta revolucionar al hombre mediante el amor y la poesía (**Octavio Paz**, Premio Nobel 1990 ; E. Huerta). La prosa de la época alcanza también particular calidad y éxito internacional con **Juan Rulfo** (su *Pedro Páramo*, 1955, que hace entrar en lo cotidiano la existencia tras la muerte, es una novela angustiosa, social y humorística a la vez. También es conocido su volumen de cuentos *El llano en llamas*, 1953), J.J. Arreola, A. Azuela, **C. Fuentes**, premio príncipe de Asturias de las Letras, 1994 (*La región más transparente*, 1958, de estilo realista ; *La muerte de Artemio Cruz*, 1962, donde el realismo se hace fantástico ; *Terra Nostra*, 1975 ; *Gringo Viejo*, 1985, sobre la revolución mexicana ; *Cristóbal Nonato*, 1987 ; *La campana*, 1990 –cf. p. 330), J. Revueltas, A. Yáñez, S. Elizondo (también cineasta). Conoce un gran éxito Laura Esquivel con su novela *Como agua para chocolate*, 1989, traducida a más de 20 idiomas.

En la narrativa actual, destacan varias autoras : Ángeles Mastretta (*Arráncame la vida*, 1986), Carmen Boullosa, Guadalupe Loaeza, etc.

En la novela policíaca, es relevante Paco Ignacio Taibo II quien denuncia la corrupción del estado y de la policía (*Sombra de la sombra*, 1986).

El año 1996 vio el nacimiento de la llamada generación del "Crack" cuyos principales representantes eran todos menores de cuarenta años : Jorge Volpi (*En busca de Klingsor*, 1999), Ignacio Padilla (*Amphitryon*, 1994). Manifiestan su voluntad de escribir para "un lector inteligente" renovando el idioma (mezclando español, inglés y spanglish). Los temas han cambiado : ya no son la Revolución o los pueblos sino la ciudad y la modernidad.

Entre los **filósofos** mexicanos actuales más destacados figuran : L. Zea (*Filosofía de la historia ameri-*

cana, 1978), A. Basave (*Tratado de metafísica*, 1982, *Vocación y estilo de México*, 1990). También tiene una influencia considerable el historiador E. O'Gorman (*La invención de América*, 1958). (Véase también pp. 319-320.)

2. Arte

***a.* El arte precolombino** se caracteriza por sus pirámides escalonadas, las canchas de juego de pelota, esculturas y bajorrelieves con símbolos entre los que destacan el jaguar, la serpiente y el águila. La orfebrería, la cerámica y el trabajo de las plumas tenían mucha importancia (cf. p. 243).

***b.* El arte colonial** se inspira del arte español pero encuentra su mejor expresión en **el exuberante barroco colonial**, con fuerte influencia indígena y el uso tan peculiar de los azulejos (cf. p. 251).

En los siglos XVI y XVII destaca la familia de pintores Echave. En el siglo XVIII, el neoclásico está representado por los arquitectos M. Tolsá (Escuela de Minería de México, estatua ecuestre de Carlos IV "el Caballito" 1796-1803) y F.E. de Tresguerras. En la pintura romántica del siglo XIX destacan el retratista J. Cordero, el indigenista F. Parra y el paisajista J.M. Velasco, "el pintor del Valle de México ".

c. Después de la Revolución y hasta la década de los 50, el muralismo aparece como un intento de los pintores de llevar al pueblo el mensaje revolucionario (valoración del pasado indígena y de los caudillos revolucionarios, condena del imperialismo, canto a las clases laborales, etc.) a través de un arte que acoge las grandes opciones del arte contemporáneo (fauvismo, cubismo, expresionismo) : sus representantes más conocidos son **Diego Rivera** (Palacio Nacional), **David Alfaro Siqueiros, José Clemente Orozco**, Juan O'Gorman (mosaicos de la torre de la biblioteca de la Universidad de México), y posteriormente J. Chávez Morado, X. Guerrero y el guatemalteco C. Mérida (cf. p. 143).

Dentro del muralismo, ocupa un lugar especial **Rufino Tamayo** quien

Uxmal, el llamado "templo de las monjas". De arquitectura maya (s. X-XI), ofrece una fachada de motivos geométricos con la figura repetida del dios Chac, dios de la lluvia, en el panel central. Al mirar esta fachada tan esculpida, se entiende por qué los mexicanos adoptaron con tanto entusiasmo el estilo barroco, recargando aún su ornamentación.

Iglesia de Santo Domingo en San Cristóbal, 1547. Esta fachada barroca es una buena muestra del sincretismo (o mestizaje) artístico : con la presencia de la rosa de los vientos en lo alto de la fachada (los precolombinos solían representar los cuatro puntos cardinales), los águilas-ángeles y, en el centro, el monje en la misma actitud característica que tiene el dios azteca de las Flores, el Amor y la Poesía, Xochipilli, del Museo arqueológico de México.

se aparta del realismo dominante en la pintura mexicana de entonces para conectar con las tendencias del surrealismo y la vanguardia europea, al que añade la influencia de la iconografía precolombina.

d. Los casi 30 años de hegemonía muralista marginaron todas las expresiones ajenas a sus postulados sociales. **A partir de los años 50,** consiguieron imponerse expresiones más subjetivas como el surrealismo de A. Gironella, el surrealismo folklórico de Frida Kahlo (1910-1954, la esposa de D. Rivera), el expresionismo de P. Coronel, el figurativismo misterioso de J. Soriano, la abstracción de V. Rojo o Lilia Carrillo, la magia indigenista de F. Toledo, la violencia fantástica de J.L. Cuevas, el realismo de R. Anguiano.

Mención aparte merece un género muy cultivado en México : **el grabado**. Su primer y máximo representante fue **J.G. Posada** (1852-1913), quien se inspiró en el folklore mejicano dentro de una perspectiva revolucionaria. Otro grabador famoso fue L. Méndez (1902-1969).

3. Música

La música precolombina, esencialmente ceremonial, alcanzó un gran desarrollo. (Véase p. 249.)

Para la conversión de los indios a la religión católica, la música fue un medio muy eficaz empleado por los misionarios : así llegó a la Nueva España la música sabia y popular española. En México fue donde la tradición polifónica española alcanzó su máximo desarrollo.

En el siglo XIX, los compositores más conocidos fueron M. Morales y A. Ortega (con su ópera romántica *Guatemotzín*, con temas indígenas).

En el siglo XX, los compositores, influidos por **la revolución**, introdujeron en sus obras **temas populares y folklóricos** : M. Ponce, S. Revueltas y sobre todo **Carlos Chávez** *(El fuego nuevo*, 1921 ; *Sinfonía india*, 1936 ; *Xochipitli Macuixochitl)*, seguidos por el "Grupo de los cuatro " : D. Ayala, B. Galindo *(Sones del Mariachi)*, S. Contreras, P. Moncayo. También en la época revolucionaria alcanzó su máxima popularidad **el corrido** heredado del romance español.

El español Rodolfo Halffter, nacionalizado mexicano, adoptó la música serial (cf. p. 308).

A. Lara, autor de cerca de 700 melodías (canciones, películas, etc.), gozó de un enorme éxito popular.

El mariachi es el nombre dado a una música popular muy alegre y al conjunto instrumental que la ejecuta (guitarras, trompetas, violines y vihuelas). Introducida en tiempos del emperador Maximiliano, se interpretaba para celebrar una boda, de ahí su nombre *(mariage)*.

4. Cine

• En los años 30-40, cuando apareció el cine sonoro, los directores mexicanos más famosos fueron **F. de Fuentes** (temática de la revolución o "ranchera" *Vámonos con Pancho Villa*, 1935, *Allá en el Rancho Grande*, 1936) y A. Galindo (temática crítica : *Mientras México duerme*, 1938 ; *Espaldas mojadas*, 1953).

• La llegada a México de cineastas españoles exiliados a raíz de la guerra civil (1936-1939) permitió a México en los años 40-60 ocupar el primer puesto del área latinoamericano en cuanto a la importancia de la producción cinematográfica : L. Alcoriza (al principio colaborador de Buñuel), C. Velo (documentalista pero también realizó *Pedro Páramo*, 1966, con tono surrealista) y sobre todo **L. Buñuel** (*Los olvidados*, 1950 ; *Nazarín*, 1959 ; *El ángel exterminador*, 1962 –cf. p. 317–). Destacó también la labor de **Emilio Fernández "El Indio"**, con melodramas líricos y folkloristas como *María Candelaria*, 1944, premiada en Cannes ; *Enamorada*, 1948, y R. Gavaldón (*Macario*, 1959). Los actores más famosos de aquella época son María Félix, Jorge Negrete y el actor cómico Mario Moreno "Cantinflas".

• **La producción más reciente** no alcanza el valor de la generación precedente pero destacan : J. Bracho, P. Leduc *(Latino Bar, Dólar Mambo)*, A. Ripstein (*La Reina de la Noche*, 1994), A. Arau (*Mojado Power*, 1981, *Principio y fin*, 1993) ; L. Mandoki (*Voces inocentes*, 2004), C Reygadas (*Batalla en el cielo*, 2005), R. Benet (*Noticias lejanas*, 2005) , Alejandro González Iñárritu (*Amores perros*, 2000, *21 gramos*, 2003).

• **La temática chicana** ha sido desarrollada en varias películas : *Espaldas mojadas*, A. Galindo, 1953 ; *Le Sel de la terre*, H.J. Biberman, 1954 ; *Boulevard Nights*, M. Pressman, 1979 ; *Alambrista*, R. Young, 1980 ; *Mojado Power*, A. Arau, 1981 ; *El Norte*, G. Nava, 1985 ; *La Ballade*, Gregorio Cortez ; *The Milagro Beanfield War*, R. Redford, 1988 ; *Al otro lado*, G. Loza, 2005.

N I C A R A G U A

• *Nicaragua limita al norte con Honduras, al este con el Mar Caribe, al sur con Costa Rica y al oeste con el Océano Pacífico.*
Es un **país montañoso y volcánico,** *cuya* **capital, Managua,** *fue destruida varias veces por terremotos.*
La economía del país ha quedado arruinada por la guerra civil de los años 80.

• *Nicaragua consiguió su* **independencia en 1838.** *Su economía pronto quedó dominada por compañías inglesas y norteamericanas (banana, café). En 1979, los guerrilleros del* **Frente Sandinista de Liberación Nacional** *derrocaron la dictadura de A. Somoza.*
Una nueva guerrilla (los Contras) nació para luchar contra la **democracia popular** *que se había instalado.* **Ésta terminó en 1990,** *cuando se celebraron elecciones que perdieron los sandinistas y que dieron el poder a Violeta Chamorro.*

• **El poeta nicaragüense Rubén Darío** *(1867-1916), creador del modernismo, tuvo una grandísima importancia en toda la literatura de lengua española.*

agricultura y pesca industria y minas servicios	33 % población activa 18 % población activa 49 % población activa	19 % PIB 33 % PIB 48 % PIB

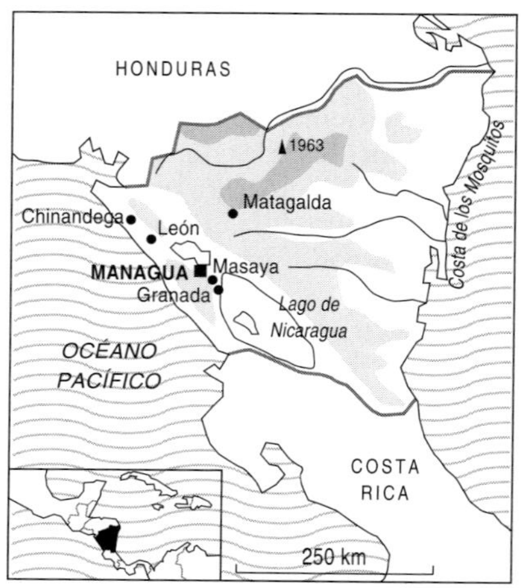

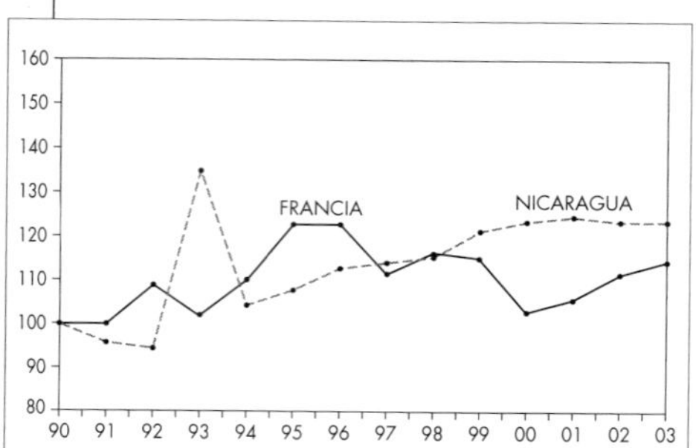

Variación del PIB/hab. de 1990 a 2003

	Nicaragua	España
clasificación según IDH	118/177	20/177
población	5.490.000 hab.	43.197.000 hab.
superficie	130.000 km²	504.745 km²
densidad	42 hab./km²	85.5 hab./km²
capital	Managua : 1.098.000 hab.	Madrid : 5.520.100 hab.
PIB (PPA) en millones de $	15.067	1.724.647
PIB/hab. (PPA) en $	2.677	27.913
inflación	8,2 %	2,3 %
moneda	córdoba	euro

GEOGRAFÍA

• Nicaragua limita al norte con Honduras y al sur con Costa Rica. Posee **dos amplias fachadas marítimas** (Pacífico al oeste y Mar Caribe al este).

La región montañosa y volcánica surcada por **lagunas y lagos** (el lago de Nicaragua que cubre un 6 % del territorio y el contaminado lago de Managua) que forma el eje del país separa la ancha e insalubre llanura costera del este del estrecho litoral del Pacífico. La temperatura, cálida, es templada en la meseta del interior. Temperatura y lluvias decrecen de este a oeste.

• **La población es mestiza,** con una minoría de blancos (10 %), de negros e indios (9 % y 4 % respectivamente) establecidos en la selva oriental y la costa de los Mosquitos. A pesar de la guerra, el índice de crecimiento demográfico es muy elevado. La mayoría de la población vive en la región occidental donde está la capital Managua (dos veces destruida por un terremoto –1931, 1972– que concentra la quinta parte de la población total), León, Granada y Masaya.

• **La agricultura** representa el 19 % del PIB y el 33 % de la población así como la mayoría de las exportaciones (café, algodón, azúcar y carne).

El principal sector industrial es el alimentario pero también progresa la industria textil de las "maquilas".

El bloqueo norteamericano y **una guerra civil de diez años** han arruinado la economía de este país fuertemente endeudado (la deuda alcanzaba el valor de 5 veces su PNB en 1990). No obstante ha beneficiado de un alivio de más de la mitad de su deuda gracias a la iniciativa para los países pobres muy endeudados en 2005. Hoy sigue representando el 120 % del PIB. Es importante destacar que Nicaragua ratificó el Tratado de Libre Comercio entre República Dominicana, Centroamérica y Estados Unidos que entrará en vigor en 2006. Pero Nicaragua difícilmente consigue controlar su economía : la **inflación** pasó del 8,9 % en 2004 al 11,3 % en 2005.

Managua en 1980. Destruido por el terremoto de 1972, el centro de Managua estuvo sin ser reconstruido e invadido por la vegetación hasta los años 1990.

HISTORIA

1. Vivían varios grupos **precolombinos** antes de la llegada de los españoles pero no crearon brillantes civilizaciones como en México-Guatemala o Perú.

Bajo la colonia, el país dependió de Guatemala y sufrió ataques filibusteros y de corsarios británicos.

2. Consiguió su **independencia** tras la disolución de las Provincias Unidas del Centro de América **(1838)**. Interesados por la posición estratégica de Nicaragua, **ingleses y norteamericanos rivalizaron por dominar el país** mientras conservadores y liberales luchaban por el poder político. La producción de bananas, a partir de 1880, favoreció la penetración del capital extranjero desarrollándose pocos años después el sector exportador (café).

3. Siglo XX

• De 1912 a 1933, el país fue ocupado por las tropas norteamericanas ; el ejército guerrillero de **A.C. Sandino** llevó contra ellas una lucha implacable pero Sandino fue asesinado en 1934. **A. Somoza** tomó el poder en 1937, en el que, con la ayuda de EE.UU. y gracias a la corrupción, se mantuvo su familia hasta 1979, construyendo una colosal fortuna.

• En 1961, se inició una nueva guerrilla **(Frente Sandinista de Liberación Nacional)** que, en **1979**, consiguió derrocar a Somoza abandonado por la oligarquía y condenado por la opinión internacional. El nuevo régimen, apoyado por Cuba y la URSS, emprendió reformas impresionantes (sanidad, educación, reforma agraria) pero tuvo que luchar contra una guerrilla (los "Contras") respaldada por EE.UU, con bases en Honduras.

Debido al embargo norteamericano, a la guerra civil, y a la incompetencia del gobierno (que abandonó progresivamente los principios democráticos), **la situación económica fue de mal en peor**, con una hiperinflación (10.205 % en 1988), una reducción del PNB/hab. de 1.348 dólares en 1977 a 340 dólares en 1996, el PNB más bajo de la zona, ¡comparable al de Haití!, la huida al extranjero de unos 500.000 nicaragüenses (más del 15 % de la población total). El pletórico ejército absorbía el 50 % del presupuesto *(du budget)* del Estado que sólo sobrevivía gracias a la ayuda

Campaña electoral 2006. Daniel Ortega se presenta bajo el lema "Nicaragua triunfa" a las elecciones presidenciales de noviembre de 2006. Ex guerrillero del Frente Sandinista de Liberación Nacional que derrocó al dictador Somoza, pretende frenar los acuerdos de libre comercio con los Estados Unidos quienes no ven con buenos ojos su posible elección.

soviética y cubana (Cuba prestó en particular servicio médico).

• En **1990**, las elecciones organizadas por el Presidente Daniel Ortega dieron el poder a la coalición de partidos representada por **Violeta Chamorro**, viuda de un anti-somozista asesinado en 1978 y directora del diario "*La Prensa*". Ésta se enfrentó con dificultades políticas y sociales que encontraban su origen en la catastrófica situación económica heredada del régimen anterior, y en el poder importante conservado por los sandinistas a través del ejército (Humberto Ortega, hermano del antiguo presidente, seguía siendo ministro de Defensa), de la policía y los sindicatos. Los diez años de guerra civil (1979-1990) causaron la muerte de más de 30.000 personas.

Entre 1996 y 2001, el presidente liberal **Arnoldo Alemán** llevó a cabo la privatización de las empresas públicas y gozó del apoyo de la comunidad financiera internacional. Pero sus reformas alimentaron el descontento popular (¡el 50 % de la población vive con menos de un dólar al día!) y ha sido recientemente condenado a veinte años de cárcel por malversación de fondos públicos. Su sucesor, el liberal Enrique Bolanos, trató de luchar contra la corrupción pero no pudo realizar reformas de fondo por no beneficiar del apoyo de los diputados, en su mayoría del **Frente Sandinista de Liberación Nacional**. Su líder, el ex guerrillero **Daniel Ortega**, es favorito para las próximas elecciones presidenciales de noviembre de 2006.

LITERATURA

Nicaragua es país de poetas : la gran figura de la literatura nacional fue **Ruben Darío** (1867-1916), **creador del modernismo** (*Azul*, 1988, cf. p. 285).

Entre los otros poetas famosos, cabe destacar los vanguardistas J. Coronel Urtecho (*Pol-là d'anata katanta, paranta*, 1970) y P.A. Cuadra (*Poemas nicaragüenses*, 1933 ; *El jaguar y la luna*, 1959), E. Mejía Sánchez, y E. Cardenal, poeta lírico y sacerdote militante en la guerrilla sandinista, Carlos Martínez Rivas (*La insurrección solitaria*, 1953).

Más recientes son los novelistas Gioconda Belli, quien participó en la guerrilla que combatió contra la dictadura somozista (*Línea de fuego*, 1978 ; *La mujer habitada*, 1988) y Sergio Ramírez.

P A N A M Á

• *Panamá es conocido sobre todo por* **su canal que reúne el Atlántico al Pacífico.** *Construído en 1914 por los Estados Unidos, fue devuelto a la soberanía panameña en 2000.* **Panamá vive sobre todo del sector terciario (tráfico del canal, comercio, bancos, etc.).**

• *Panamá siempre ha sido una zona de tránsito para las mercancías, lo cual atraía mucho a los piratas. Los franceses intentaron construir el canal a finales del siglo XIX (Ferdinand de Lesseps), pero fueron los americanos los que lo consiguieron veinte años más tarde.*
En 1989, el hombre fuerte de Panamá, el General Noriega, acusado de ser un narcotraficante, tuvo que abandonar el poder tras la intervención armada de los Estados Unidos. Desde entonces se ha restablecido la **democracia** *en el país.*

	Panamá	España
clasificación según IDH	61/177	20/177
población	3.230.000 hab.	43.197.000 hab.
superficie	75.520 km²	504.745 km²
densidad	42 hab./km²	85.5 hab./km²
capital	Panamá : 1.340.400 hab.	Madrid : 5.520.100 hab.
PIB (PPA) en millones de $	21.334	1.724.647
PIB/hab. (PPA) en $	6.997	27.913
inflación	0,5 %	2,3 %
moneda	dólar	euro

agricultura y pesca	21 % población activa	8 % PIB
industria y minas	16 % población activa	16 % PIB
servicios	63 % población activa	76 % PIB

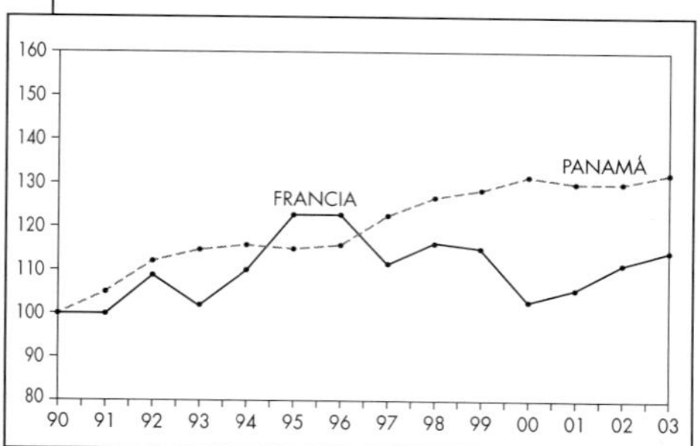

Variación del PIB/hab. de 1990 a 2003

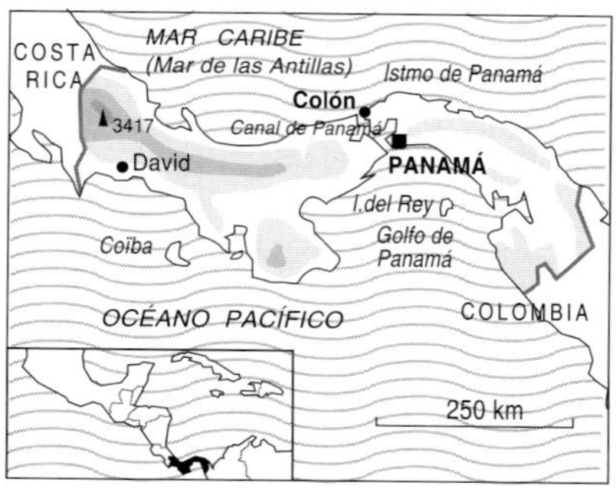

GEOGRAFÍA

1. Panamá ocupa la faja más estrecha *–la bande la plus étroite–* (de 50 a 200 km) del **istmo** centroamericano y es el punto de unión con América del Sur.

Dos arcos montañosos lo recorren de este a oeste. **El clima tropical** es húmedo ; **la población** muy mezclada (un 52 % son mestizos, un 18 blancos, 12 negros, 10 indios, 5 mulatos).

El país consta de cuatro partes muy distintas :

- La zona del canal, que se extiende 16 km a lo ancho del canal fue durante mucho tiempo posesión de Estados Unidos que finalmente devolvió la zona a la soberanía panameña en 2000.
- El canal, que enlaza Colón (Atlántico) a Panamá (Pacífico), tiene una longitud total de 81 km, una anchura que oscila entre 91 y 300 m, y una profundidad mínima de unos 13 metros –lo que impide el paso de los buques muy grandes. La duración de la travesía es de unas ocho horas.
- En cada extremidad del canal se encuentran las ciudades de Panamá y Colón donde vive casi la mitad de la población.
- El resto del país es mucho más pobre.

La construcción del canal no fue tarea fácil, como lo muestra este tramo sinuoso en medio de un relieve accidentado.

2. Aunque no es su principal fuente de ingresos (7 % del PIB), la agricultura es próspera (plátanos , cacao, azúcar –la mayoría de los bananales son propiedad de la "United Brand", ex-"United Fruit"–). La pesca y la piscicultura (crustáceos y camarones *–crevettes–*) son otros recursos importantes. Cultivos de consumo (arroz y maíz).

La industria (el 16 % del PIB) está esencialmente relacionada con el sector agroalimentario. Panamá importa sobre todo hidrocarburos y la casi totalidad de los productos manufacturados que necesita.

3. El país vive esencialmente de los servicios : el tráfico del canal (un 12 % del PIB), el oleoducto (un 7 % del PNB), la zona franca de Colón (una de las más importantes del mundo –un 7 % del PIB–), las banderas de conveniencia *(pavillons de complaisance)*, el sistema bancario que genera el 14 % de los ingresos. El **centro bancario internacional** (con sus 77 bancos) ha pasado a ocupar el 4° puesto de la banca mundial. La política de saneamiento y de control ha permitido luchar contra el blanqueo de capitales.

Panamá ha sabido utilizar la ventaja que constituía el canal a nivel económico. Zona franca, acoge la sede de muchas empresas multinacionales. Y sobre todo es la cuarta plaza bancaria mundial.

La moneda nacional, el balboa, no se emite en papel (el medio de pago utilizado es el dólar) y tiene con el dólar US un tipo de cambio fijo : 1 balboa vale 1 dólar, lo cual facilita los negocios internacionales.

Gracias a su sector terciario importante (comercio, transportes), Panamá tiene uno de los PIB/hab. más elevados de Latinoamérica a pesar del paro elevado. Éste sin embargo tiende a reducirse (del 12,8 % en 2003 al 7,6 % en el 2004) gracias al fuerte crecimiento económico de los últimos años (7,6 % en 2004).

HISTORIA

Panamá tuvo muy pronto (ya desde el siglo XVI) una gran importancia pues permitía el tránsito de mercancías procedentes de Perú al Mar Caribe. Su **prosperidad** fue causa de los constantes ataques de piratas. Integrado en el Virreinato del Perú, y, a partir de 1738, en el de Nueva Granada (cf. p. 249), formó parte de Colombia hasta su independencia en 1903.

A mediados del siglo XIX, el desarrollo del oeste norteamericano (descubrimiento de oro) volvió a dar importancia a la carretera transístmica (a través del istmo) y motivó la construcción de la primera línea de ferrocarril interoceánica a través del istmo. De **1880 a 1889, F. de Lesseps** intentó en vano construir el canal. En 1903, **los estadounidenses**, en un primer tiempo favorables a un canal de Nicaragua, consiguieron de la recién independiente República la creación de la "Zona del Canal". **El canal quedó terminado en 1914** y, desde entonces, ha asegurado la prosperidad económica y la relativa estabilidad política del país.

En 1977-79, el presidente O. Torrijos logró la **retrocesión del canal a la soberanía panameña para el año 2000** (tratado firmado con el Presidente Carter).

A finales del año 1989, el General Noriega que, sin ser presidente, gobernaba de hecho Panamá, fue derrocado por intervención del ejército norteamericano. El presidente **Martín Torrijos**, elegido en 2004, prevé utilizar una parte de los ingresos del canal en programas sociales de educación y reducción de la pobreza que afecta al 40 % de la población. Tiene que solucionar también el grave problema del déficit de la Seguridad Social. Por fin, es de notar que la economía panameña difiere de la de los otros países centroamericanos y la integración regional no constituye una preocupación tan grande para Panamá. Sin embargo, el gobierno se acerca a los Estados Unidos y Colombia en su lucha contra el terrorismo.

Catedral de Panamá. Es frecuente en América encalar o pintar una parte del edificio –aquí las torres– dejando la piedra al natural en el resto.

LITERATURA

A principios del siglo XX, R. Miró escribió poesía modernista. D. Korsi inició una poesía popular, de la ciudad, mientras R. Sinán introdujo el vanguardismo.

La novela, en la década de los 40, denunció la sumisión del país a otras potencias en obras de J. Beleño y H. Jurado.

P A R A G U A Y

• *Paraguay es, con Bolivia, el único país de América que* **no tiene salida al mar.** *Limita con Bolivia (al norte y al oeste), con Brasil (norte y este), y con Argentina (este, sur, oeste). Su población es esencialmente mestiza.*
Paraguay exporta **productos agrícolas e hidroelectricidad (la represa de Itaipú, en el río Paraná, es la mayor del mundo).**

• *A la llegada de los españoles, vivían en Paraguay* **los indios guaraníes.** *Éstos, bajo la dirección de los padres jesuitas, se reagruparon en repúblicas prósperas* **(las misiones jesuíticas)** *que desaparecieron con la expulsión de los jesuitas a mediados del siglo XVIII.*
De 1954 a 1989, se mantuvo en el poder el general Stroessner. Con el golpe del general A. Rodríguez, ratificado por las elecciones de mayo de 1989, ha vuelto la democracia.

• **Los mejores novelistas paraguayos han vivido en el exilio :** *el más famoso es A. Roa Bastos ("Yo el Supremo", 1974).*

	Paraguay	España
clasificación según IDH	89/177	20/177
población	6.160.000 hab.	43.197.000 hab.
superficie	406.750 km²	504.745 km²
densidad	15 hab./km²	85.5 hab./km²
capital	Asunción : 1.422.960 hab.	Madrid : 5.520.100 hab.
PIB (PPA) en millones de $	27.581	1.724.647
PIB/hab. (PPA) en $	4.553	27.913
inflación	5,2 %	2,3 %
moneda	guaraní	euro

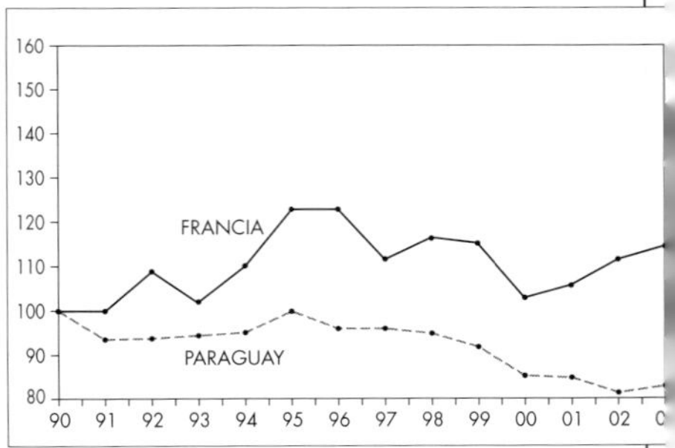

Variación del PIB/hab. de 1990 a 2003

agricultura y pesca	35 % población activa	25 % PIB
industria y minas	15 % población activa	24 % PIB
servicios	50 % población activa	51 % PIB

GEOGRAFÍA

1. Paraguay, lo mismo que Bolivia, **no tiene salida al mar lo que ha dificultado su crecimiento económico**. El río Paraguay, que lo atraviesa de norte a sur, sólo es navegable hasta Asunción. Divide el país en **dos regiones bien diferenciadas : en el oeste, el Chaco**, llanura inmensa donde sólo vive un 5 % de la población (entre ellos una colonia mennonita, secta cristiana de origen europeo, que se instaló a principios del siglo) y **el este, fértil** y donde vive la mayor parte de la población.

El clima, tropical y húmedo en el este, se vuelve más seco conforme se va hacia el oeste.

La población es esencialmente mestiza (mezcla de blancos e indios guaraníes).

2. La agricultura ocupa el 35 % de la población activa y de ella procede el 90 % de las exportaciones : **soja, algodón, carne**, madera *–bois–*, tabaco, y **mate** que sirve para hacer infusiones parecidas al té, de gran consumo en los países de la Plata. Existe una gran concentración de la tierra entre unas pocas manos.

La hidroelectricidad es la segunda riqueza de Paraguay : la construcción de **la gigantesca represa de Itaipú (1984) en el río Paraná**, en la frontera con Brasil –y en colaboración con este país– ha permitido la transformación de la economía (modernización de la agricultura, desarrollo de la industria –antes casi inexistente–, entrada de divisas con la exportación de electricidad a las cercanas megápolis de Brasil, Uruguay y Argentina). La represa de Yacireta, en colaboración con Argentina, aunque menos importante, ha consolidado este desarrollo.

El contrabando es otra riqueza importante : próspera en torno a Ciudad Presidente Stroessner –ahora Ciudad del Este–, especie de zona franca para productos de lujo que atrae a los vecinos argentinos y brasileños. Desde la construcción de las represas, **los brasileños y argentinos están teniendo cada vez mayor importancia en la zona**, con la inmigración de colonos, instalación de bancos, etc.

HISTORIA

1. A la llegada de los españoles, vivián en Paraguay **los indios guaraníes**. El país dependió del Perú y en 1777 se incorporó al Virreinato del Río de La Plata.

Entre 1607 y 1767, para proteger a los nativos de los abusos de los colonizadores españoles y portugueses, **los jesuitas desarrollaron reducciones** –misiones–, pequeñas repúblicas teocráticas, de economía comunitaria –o sea, sin propiedad privada–, en las que se preservaron la cultura y lengua guaraníes.

Antigua misión de Trinidad, cerca de la frontera con Argentina. En las misiones jesuíticas, los guaraníes vivían en comunidad bajo el gobierno de los padres jesuitas y sus propios caciques (o jefes). Su prosperidad despertó la codicia de los colonos portugueses y españoles. Tras la disolución de la orden en el Siglo de las Luces, desaparecieron también las misiones.

2. Después de la independencia (1811), **unos dictadores nacionalistas** favorecieron el desarrollo económico del país (**Francia** de 1813 a 1840 y **López** de 1844 a 1862). Pero las **sangrientas guerras** de la Triple Alianza (que reunía a Argentina, Brasil y Uruguay, 1864-70) y del Chaco (contra Bolivia, 1932-1935), por motivos territoriales y económicos, arruinaron el país, resultando muertos más del 80 % de los hombres.

3. La llegada al poder del **General Stroessner** en 1954 puso fin a la inestabilidad política. Su dictadura duró hasta que lo derrocó el Golpe de Estado del general Andrés Rodríguez, en 1989. Aprobado por las elecciones de mayo de 1989, **el General Rodríguez ha aportado la democracia** al país y el relanzamiento de la economía. Tras 40 años de gobiernos militares, Paraguay ha elegido en 1993 un presidente civil, Juan Carlos Wasmosy del Partido Colorado (derecha). Éste sentó las bases de una nueva justicia prohibiendo a los militares expresarse públicamente. Así fue condenado el General Oviedo por su intentona de golpe de estado en 1996. Su compañero del partido Colorado, Raúl Cubas, elegido en 1998, lo liberó generando así una nueva crisis política. El asesinato del vice-presidente por un supuesto partidario de Oviedo le obligó a dimitir en 1999. Lo sustituyó Luis González Macchi. La situación política frágil no permitió llevar a cabo las reformas necesarias y el gobierno renunció a las privatizaciones frente a la presión popular de 2002. La elección de **Nicanor Duarte Frutos** (Partido Colorado) en 2003 fue marcada por la vuelta a la estabilidad política y la lucha contra la corrupción. La pobreza afecta a la mitad de la población y las reformas siguen enfrentándose a conflictos sociales protagonizados por los campesinos sin tierra. La economía parece haberse recuperado de la crisis de los 90 con un crecimiento del 2,4 % en 2004. Paraguay también se beneficia de los efectos favorables del MERCOSUR. Sin embargo Estados Unidos ven con malos ojos la consolidación de dicha organización y, desde noviembre de 2005, han puesto en marcha un proceso de instalación de una base militar en el país.

Aunque la población es hoy principalmente mestiza, existen también indígenas guaraníes (el 2 % de la población) en la parte occidental del país que siguen viviendo en comunidades a pesar de la modernidad. De hecho, Paraguay es un país bilingüe donde se hablan dos idiomas : el castellano y el guaraní.

CULTURA

1. Literatura

La situación política hizo que la literatura casi no haya tenido existencia en Paraguay. Sus mayores representantes aparecen en el siglo XX, y generalmente viven **exiliados**.

El poeta surrealista H. Campos Cervera se exilió a Buenos Aires tras la insurrección de 1947, lo mismo que el novelista Gabriel Casaccia (*El pozo*, 1947 ; *La babosa*, 1952 ; *La llaga*, 1963 ; *Los exiliados*, 1966). El poeta, narrador y ensayista R. Bareiro Saguier (*Ojo por diente*, cuentos, 1971) se ha desterrado a Francia, así como el máximo escritor paraguayo **A. Roa Bastos** (*El trueno entre las hojas*, 1953 ; ***Hijo de hombre***, 1960 y ***Yo el Supremo***, 1974, presentan la problemática de la dictadura).

2. Música

La música popular, de raíces guaraníes, ha alcanzado difusión internacional.

P E R Ú

GEOGRAFÍA

• *Perú limita al norte con Ecuador y Colombia, al este con Brasil y Bolivia, al sur con Chile y al oeste con el Pacífico.*
El país se divide en **tres regiones naturales : costa, sierra, selva.**
– **En la costa,** *se sitúan las ciudades más pobladas (como* **Lima,** *la capital). Esta zona tiene un clima seco y cálido en verano, húmedo en invierno. En toda la costa,* **la pesca es muy importante.**
– **La sierra (zona andina)** *está poblada por los indios.*
– **La selva** *se encuentra al este. La ciudad más importante es Iquitos, a orillas del río Amazonas.*

• *Perú posee muchas riquezas mineras (petróleo) y la mayor mina de cinc y cobre del mundo. Ha sabido recuperarse de una economía desastrosa en los 80 pero depende mucho de la variación de las cotizaciones de las materias primas.*

HISTORIA

• **Cuando llegaron los españoles (Pizarro en 1531), los incas dominaban un extenso imperio.**

• **El Virreinato del Perú fue muy próspero** *gracias a la explotación de sus minas de* **oro y plata.** *Pero durante el siglo XVIII, hubo varias rebeliones indígenas (siendo la más importante la de Túpac Amaru).*

• *Llegó la* **independencia en 1821.** *Durante siglo y medio, los grandes terratenientes* (propriétaires terriens) *y las compañías extranjeras dominaron el país.*

• *El movimiento guerrillero* **Sendero Luminoso** *y la presidencia de* **Alberto Fujimori** *(1990-2000) han generado mucha violencia en el país y dejado un clima político y social inestable.*

CULTURA

• *Quedan aún muchos vestigios de las* **culturas preincaicas** *en la costa (Chavín, Paracas, Mochica, Nazca, Chimú), de la* **civilización inca en El Cuzco**, *la antigua capital del imperio de los incas, y en la ciudad de* **Machu Picchu.**

• ***Después de la Conquista,*** *el escritor Garcilaso el Inca fue un ejemplo del mestizaje cultural que tuvo lugar en el Perú. Durante la época colonial, fue muy famosa la escuela de pintura de El Cuzco.*

• ***Los novelistas*** *peruanos siempre se han inspirado en la sociedad peruana de su tiempo para denunciar la explotación de los indios o la violencia de las relaciones sociales : actualmente, el más famoso es* ***Mario Vargas Llosa.*** *En* ***poesía****, destacó* ***César Vallejo.***

	Perú	**España**
clasificación según IDH	85/177	20/177
población	27.970.000 hab.	43.197.000 hab.
superficie	1.285.220 km²	554.745 km²
densidad	22 hab./km²	85.5 hab./km²
capital	Lima : 8.139.000 hab.	Madrid : 5.520.100 hab.
PIB (PPA) en millones de $	153.054	1.724.647
PIB/hab. (PPA) en $	5.298	29.913
inflación	3,7 %	2,3 %
moneda	nuevo sol	euro

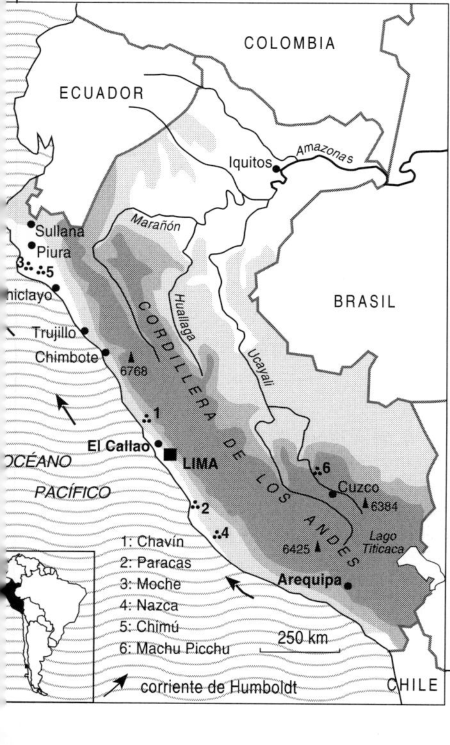

agricultura y pesca	30 % población activa	10 % PIB
industria y minas	22 % población activa	30 % PIB
servicios	48 % población activa	60 % PIB

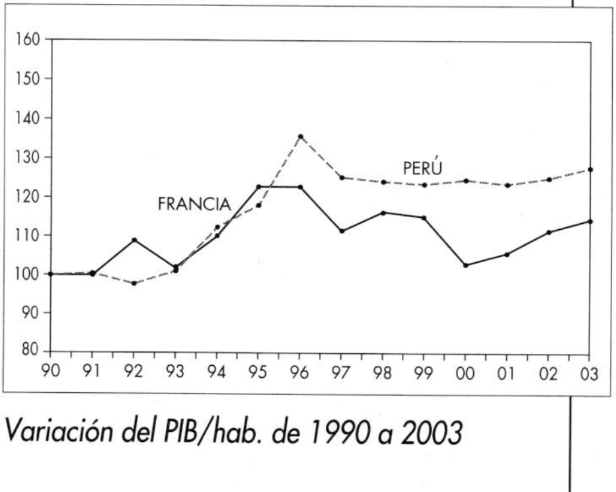

Variación del PIB/hab. de 1990 a 2003

"Asentamiento humano" en Lima : los recién llegados construyen "casas" con esteras (nattes de roseaux) *; si se pueden quedar, levantan "pueblos jóvenes" (el General Velasco prohibió la palabra "barriada" pero con ello no consiguió transformar la realidad peruana) con madera, chapa, barras de metal, etc. Más de la mitad de la población limeña vive en "pueblos jóvenes".*

GEOGRAFÍA

1. La cordillera de los Andes que atraviesa el país de norte a sur determina **tres regiones**.

• La **zona costera**, de 80 a 150 km, de anchura, **de clima desértico**, caracterizado por un techo de nubes que, en los meses de invierno, se condensa en pequeñas gotas *(la garúa)*, sobre todo en la región de Lima. Las aguas frías de la corriente marítima de Humboldt favorecen la presencia de **grandes riquezas pesqueras** (la anchoveta que se transforma en harina de pescado ; la pesca representa el 10 % de las exportaciones) que atraen a su vez cantidad de aves productoras de otra riqueza, el famoso **guano**. Desde la década de los 70, los peces no abundan tanto como antes, lo que acarrea una baja del volumen de guano producido. Perú, sin embargo, sigue siendo uno de los primeros países pesqueros del mundo (ocupa el 4° puesto mundial).

En la zona costera están las principales ciudades : Lima, la capital, en la que vive casi la mitad de la población, un 40 % de la cual en las barriadas, los llamados pueblos jóvenes –*les bidonvilles*–. Igual suerte corren las ciudades de El Callao (puerto de Lima), Chimbote, Chiclayo, Trujillo. La **irrigación** posibilita cultivos de exportación (**algodón**, caña de azúcar, frutas y cacao).

• **Entre las dos cordilleras,** la occidental, las más de las veces volcánica, y la oriental, está ubicada **la Puna**, altiplano situado a unos

Lima, en el Paseo de la República –la autopista que va del mar (Miraflores) al centro–, en cada semáforo se suceden vendedores ambulantes de tabaco, golosinas (bonbons) *o periódicos. Los peruanos leen muchos diarios : existen numerosos títulos en este país con tradición de libertad de prensa ; los más conocidos son* La Prensa *y* El Comercio.

Llamas en la puna (altiplano de altitud superior a 3.000 m) : todavía es de madrugada y están en el corral ; algunas conservan los adornos que les pusieron para celebrar alguna fiesta religiosa (antes se les sacrificaba para ofrecer su sangre al sol o a la tierra). La llama da su lana, transporta cargas, se come cuando llega a muy vieja, pero sobre todo da su calor al hombre pues las noches a 4.500 m de altitud son muy frías (cf. Bolivia, p. 103). ¡Cuidado, el escupitajo de la llama puede ser peligroso!

4.000 metros de altitud, **donde se encuentran las comunidades indígenas**. El aumento de la población y la inseguridad debida a la guerrilla provocan un **fuerte éxodo rural** hacia las ciudades de la costa, especialmente Lima y Callao.

El clima varía según la altitud, permitiendo **cultivos tropicales** en los valles (caña, naranjos y plátanos, café) y **de consumo** (arroz, maíz, trigo, cebada, patata, quinoa), así como la **ganadería** (vacunos, ovejas, llamas, alpacas, vicuñas), sin olvidar el cultivo de la **coca**.

La sierra es muy rica en **minerales** (**plata, cobre**, cinc, hierro, plomo, oro, etc.). El país posee la **mayor mina de cobre y cinc del mundo,** abierta en 2001 : Antamina.

• **Al este, la selva amazónica** es un inmenso llano forestal poco poblado que cubre la mitad del territorio. La minería es la riqueza principal **(petróleo y gas)**. También se producen café, cacao y coca. La ciudad más importante es Iquitos.

2. La situación económica catastrófica del final de los 80 (la inflación alcanzó un 7.650 % en 1990) se ha recuperado gracias a la privatización del sector minero, las inversiones extranjeras y la vuelta de los turistas más confiados en el clima político. La economía creció un 6 % en 2005 confirmando los años anteriores y la moneda permanece estable. Así, se ha negociado el reembolso anticipado de la deuda al Club de París. Pero el país depende mucho de la variación de las cotizaciones de las materias primas en el mercado mundial y más de la mitad de los peruanos viven bajo el umbral de la pobreza ; gran parte de la economía sigue siendo informal y el narcotráfico es importante. Perú es el segundo productor de coca. De ahí la creación de un "Plan de emergencia social productiva" para crear empleos en el ámbito rural con la ayuda internacional.

La Plaza de Armas en Lima era el centro de la ciudad colonial, con la catedral, el palacio de los virreyes y el Cabildo (Ayuntamiento, que se ve en la foto) ; es ahora una plaza peatonal.

El Candelabro. En la Reserva Nacional de Paracas, este extraño grabado en la arena suscita mucho la curiosidad de los científicos e historiadores y dio lugar a varias interpretaciones. Unos lo atribuyen a la antigua civilización de los Nazcas que dejaron huellas similares en el país. Otros creen que fue una señal hecha por los piratas.

HISTORIA

1. A partir del octavo milenio antes de Cristo, el Perú ha visto desarrollarse en su territorio **importantes culturas precolombinas** (Chavín de Huantar, 2000-200 a.C. ; Paracas, 200 a.C. – 400 d.C. ; Moche, o Mochica, y Nazca, 400-900 ; Chimú, 1200-1450 ; Inca, 1200-1533 ; véanse pp. 246-248.)

El imperio Inca, tuvo su origen en el valle del Cuzco hacia el siglo XIII (Manco Cápac) ; los incas lograron en poco tiempo anexar una gran extensión territorial, pero, cuando **llegaron los españoles en 1531**, se encontraban debilitados por la rivalidad –que degeneró en una guerra civil– entre los dos medios hermanos Huáscar y Atahualpa. Éste buscó la alianza de Pizarro, pero el conquistador le hizo prisionero a traición y, aunque recibió un fuerte rescate *–rançon–* por su liberación, mandó ejecutarlo en 1533. Los conquistadores tuvieron que luchar contra las sublevaciones incas pero más aún entre sí : la ejecución de Almagro en 1538 y la muerte de Pizarro en 1541 generaron una guerra civil entre españoles.

En 1542, se creó el **Virreinato del Perú,** cuya **prosperidad** resultó de la **explotación minera** en lo que era el alto Perú (la actual Bolivia con la fabulosa mina de Potosí), basada en el trabajo de los indígenas (la mita). El país conoció varias insurrecciones indígenas (Santos Atahualpa, 1742 ; **Túpac Amaru, 1780-1781**), lo que explica su tardía independencia (1821) conseguida gracias a la ayuda exterior del argentino San Martín y de las tropas chilenas así como de los venezolanos Bolívar y Sucre.

El valle del Cuzco, tras la estación de lluvias, en abril, luce tiernos colores verdes durante un mes. Después, todo será otra vez gris y rojizo. La región, rica, produce maíz y trigo.

2. A partir de entonces, el poder perteneció a los grandes terratenientes, –los cuales marginaron cada vez más a los indios (cf. los temas de las novelas)– y a los extranjeros que monopolizaban el comercio exterior (los británicos en el siglo XIX, principales compradores del guano, y en el siglo XX, los estadounidenses).

A finales del siglo XIX (1879-83) Perú, aliado de Bolivia, perdió la **Guerra del Pacífico** en la que cedió a Chile la zona salitrera del sur mientras Bolivia perdía su salida al mar.

La apertura del Canal de Panamá y la Primera Guerra Mundial provocaron un incremento de la producción... y de los precios (inflación). Esta situación de crisis que iba a culminar en 1929 favoreció la aparición del movimiento reformista e indigenista APRA (Alianza Popular Revolucionaria Americana, 1924), fundado por el panamericanista V.R. Haya de la Torre (cf. p. 365).

3. En 1968, una junta militar antiimperialista de izquierda presidida por Velasco Alvarado, nacionalizó el petróleo, la pesca, gran parte de la banca, inició una profunda reforma educativa y agraria. Pero las reformas dieron origen a un sector estatal enorme, descapitalizado, con una burocracia paralizadora. El **nuevo golpe de Estado de 1975** puso fin al proceso dictatorial y revolucionario sin conseguir la recuperación económica, lo que provocó amplios movimientos obreros y la aparición de un fuerte **movimiento guerrillero (Sendero Luminoso)**. En 1985, la elección del joven Alán García (APRA) despertó grandes esperanzas que quedaron defraudadas. En 1990, fue elegido a la Presidencia Alberto Fujimori quien, para luchar contra la guerrilla y la corrupción, recurrió a un "autogolpe", disolviendo el Parlamento y suspendiendo las garantías constitucionales (1992). Las acciones guerrilleras del movimiento revolucionario Túpac Amaru y sobre todo el grupo maoista Sendero Luminoso han causado en diez años más de 19.000 muertos.

El 9 de mayo de 1995 fue reelegido triunfalmente Alberto Fujimori ("El Chino") con casi un 65 % de los votos.

La ocupación de la embajada de Japón por un comando del movimiento Túpac Amaru el 17 de diciembre de 1996 paralizó la vida política del país hasta fines de abril de 1997 cuando el ejércitó liberó a los rehenes *(otages)* con un balance de 17 muertos (un rehén y los dieciséis miembros del comando).

En 1998-1999, Perú firma **acuerdos de paz con sus vecinos Ecuador y Chile**. En 2000, Alberto Fujimori se queda en el palacio presidencial después de elecciones irregulares pero se ve obligado a dimitir con la divulgación de un vídeo que deja en claro la corrupción y el autoritarismo de su gobierno. Huye a Chile y luego a Japón. Su sucesor, **Alejandro Toledo** del partido Perú Posible, confirma la vuelta a la democracia en 2001 y reactiva la participación en la integración andina : fue al origen de la creación de una zona de paz en los Andes en 2002 (objetivo común a los países de la Comunidad Andina de Naciones). También colabora como país asociado al MERCOSUR desde 2003. En 2004 fue creada en Cuzco la Comunidad Suramericana de Naciones. Pero las relaciones con Chile siguen tensas y Toledo se enfrenta a reivindicaciones regionalistas e indígenistas que debilitan su gobierno (el levantamiento de Andahuaylas del **grupo ultranacionalista Etnocacerista**). Las elecciones de abril de 2006 han dado la victoria al socialdemócrata **Alán García** (APRA), presidente por segunda vez pero han sido marcadas por la influencia creciente del indígena **Ollanta Humala**, líder ultranacionalista de izquierda.

CULTURA

1. Literatura

a. En los primeros años de la colonización, **el Inca Garcilaso**, hijo de un noble conquistador español y de una princesa inca, contó la historia y leyendas de su país (*Comentarios Reales*, 1609).

Los grandes nombres aparecen después en el siglo XIX y XX con obras muy vinculadas a la **realidad peruana** : Ricardo Palma (1833-1919) escribió una obra a caballo entre la historia y el folletín, de corte romántico : la larga serie de las *Tradiciones peruanas* (1872-1915). M. González Prada, entre romántico y modernista, planteó el problema social del indio en *Baladas peruanas* (1935). V. García Calderón vivió casi siempre en París donde escribió *La venganza del cóndor* (1924), cuentos de violencia, muerte y supersticiones. El político y pensador J.C. Mariátegui mezcló marxismo e indigenismo para analizar la situación de su país (*Siete ensayos de interpretación de la realidad peruana*, 1929). Entre los ensayistas y filósofos contemporáneos, destacan : A. Salazar Bondy (*¿Existe una filosofía de nuestra América?*, 1968), A. Wagner de Reyna (*Pobreza y cultura*, 1982), y F. Miró Quesada (*Humanismo y revolución*, 1969).

b. En **poesía** sobresalió **César Vallejo** (1892-1938), uno de los poetas hispánicos más famosos, de poesía vanguardista, pesimista y comprometida (*Los heraldos negros*, 1918 ; *Trilce*, 1922 ; *España, aparta de mí este cáliz*, 1940, sobre la guerra civil española).

Siguió una generación de novelistas indigenistas cuyas máximas figuras fueron **Ciro Alegría** (*La serpiente de oro*, 1935 ; *El mundo es ancho y ajeno*, 1941) y **José María Arguedas** (*Yawar Fiesta*, 1941 ; *Los ríos profundos*, 1958 ; *Todas las sangres*, 1964). Sus obras reflejaban la condición y la vida de los indios del Perú y patentizaban el sufrimiento de las comunidades andinas. E. López Albújar derivó hacia el naturalismo (*Cuentos Andinos*, 1920).

c. La misma temática social e indigenista se continuó con el novelista **Manuel Scorza** (*Redoble por Rancas*, 1970 ; *La danza inmóvil*, 1983) y S. Salazar Bondy, autor de dramas indigenistas de agresiva denuncia (*No hay isla feliz*, 1954 ; *Flora Tristán*, 1964 ; *Lima la horrible*, 1964).

Realismo social, pero en general urbano y a veces con mucho humorismo es lo que caracteriza la obra del más destacado escritor peruano – candidato a la presidencia en las elecciones de 1990 : **Mario Vargas Llosa,** novelista, premio Cervantes 1994 (*La ciudad y los perros*, 1962 ; *La casa verde*, 1966, metáfora de la jungla ; *Conversación en la catedral*, 1969 ; *Pantaleón y las visitadoras*, 1973 ; *La tía Julia y el escribidor*, 1977 ; *La guerra del fin del mundo*, 1981 ; *Historia de Mayta*, 1984 ;

¿Quién mató a Palomino Molero? 1986 ; *El hablador*, 1987, *Lituma en los Andes*, 1993), autor de obras de teatro (*La señorita de Tacna*, 1981 ; *Kathie y el hipopótamo*, 1983) y ensayista (*La orgía perpetua*, 1975, sobre G. Flaubert ; *El pez en el agua*, 1993). A. Bryce Echenique evoca con mucho humor la alta sociedad limeña en *Un mundo para Julius*, 1970, la novela que le dio a conocer. De la narrativa actual destacan jóvenes autores provocativos y polémicos que hacen "realismo sucio" en contraposición al "realismo mágico" con la creación de personajes marginales : Jaime Bayly (*No se le digas a nadie*, 1994 ; *La noche es virgen*, 1997), Javier Arévalo, Iván Thays o Óscar Malca.

Terracota de Quinoa, cerca de Ayacucho : esta representación de iglesia colonial da fe de la gran fantasía de los artistas locales.

2. Arte

a. **Quedan muchos restos del arte precolombino** que ponen de manifiesto una aguda sensibilidad artística y una notable técnica (cf. pp. 245-248).

b. **El arte colonial** se inspiró en los modelos europeos : naves góticas de la catedral de Cuzco, obras renacentistas, barroco que se diferencia según las regiones (Arequipa, Trujillo, Cajamarca). Se desarrollaron escuelas de pintura en que se unía el barroco español y el arte indígena en varias ciudades del Virreinato, siendo la más famosa la del Cuzco (cf. p. 252). Tras el terremoto que destruyó la ciudad de Lima en 1746, se reconstruyó la capital en un estilo barroco de influencia rococó (las celosías de madera del palacio de Torre Tagle).

c. **En el siglo XX,** J. Sabogal, pintor indigenista, R. Grau, que pasó de paisajista retratista a surrealismo no figurativo, F. de Szyszlo, que, influido por Tamayo (cf. p. 159), se inspira en lo indio practicando un indigenismo abstracto de formas y colores suntuosos, y **H. Braun-Vega**, célebre por su "revisión" de los pintores clásicos son las figuras más destacadas de la pintura peruana. Cabe citar también al extraordinario fotógrafo M. Chambi (1891-1973).

3. Música

La música popular, de origen incaico con influencia española, utiliza instrumentos de viento (quena, siku, pinkillo, anata), percusiones (caja) y cuerdas (charango). El "yaraví", el "triste" y el "carnavalito" son productos del mestizaje. En la costa, la influencia africana ha dado origen a la "marinera" antiguamente llamada "cueca".

4. Cine

Sin tener la importancia del cine mexicano, argentino o brasileño, el cine peruano tiene figuras de calidad.

De 1950 a 1960 : E. Nishiyama y M. Chambi han producido películas documentales. L. Figueroa : *Cherage*, *Los ríos profundos* ; C. Villanueva : *Cuculi*, *Jarawi* que denuncia el caciquismo. A. Robles-Godoy (*La muralla verde*, 1969 ; *Espejismo*, 1972) mezcla elementos realistas y mágicos, como lo hacen los novelistas de su generación. F. García (*Kuntur Wachana – Donde nacen los cóndores*, 1977 ; *El caso Huaynay*, 1981) narra las tensiones entre el campesinado indígena y los latifundistas. F. Lombardi (*La ciudad y los perros*, 1985 ; *Caídos del cielo*, 1990) y A. Legaspi (*Juliana*, 1989) hacen una crítica social a veces de gran violencia.

Las indias quechuas de la región de Chinchero (a unos 30 km del Cuzco) siguen tejiendo dibujos tradicionales con el telar de cinturón, pero los tintes ahora son químicos. Venden su producción a los naturales o a los turistas que acuden numerosos al mercado de los domingos y a visitar las murallas incaicas edificadas en la hermosa piedra rosada de la región. Las actividades terroristas de Sendero Luminoso resultaron catastróficas para esta artesanía pues ya no vienen los turistas.

P U E R T O   R I C O

• *Puerto Rico es una isla montañosa de las* ***Antillas,*** *de clima tropical y población bilingüe y mayoritariamente blanca.*
Es un ***Estado Libre Asociado a los EE.UU.*** *desde 1952.*
El inglés y el español son las dos lenguas oficiales.

• *Colonizada por los españoles que introdujeron en ella la mano de obra africana, Puerto Rico pasó en 1898 al poder de los EE.UU. que reprimieron violentamente los varios levantamientos nacionalistas. El nivel de vida de los puertorriqueños es el más elevado de América Latina.*

	Puerto Rico	**España**
clasificación según IDH		20/177
población	3.960.000 hab.	43.197.000 hab.
superficie	9.104 km^2	504.745 km^2
densidad	434 hab./km^2	85.5 hab./km^2
capital	San Juan : 1.967.600 hab.	Madrid : 5.520.100 hab.
PIB (PPA) en millones de $	68.950	1.724.647
PIB/hab. (PPA) en $	17.700	27.913
inflación	6,5 %	2,3 %
moneda	dólar	euro

agricultura y pesca	2 % población activa	1 % PIB
industria y minas	19 % población activa	45 % PIB
servicios	79 % población activa	54 % PIB

GEOGRAFIA

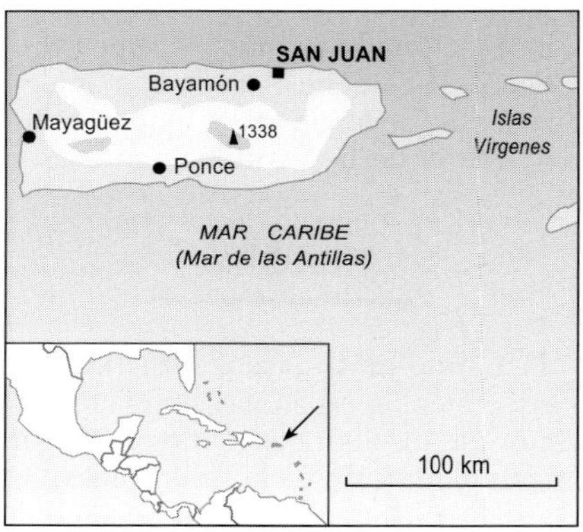

1. Puerto Rico es una isla montañosa de las **Antillas,** situada al este de la isla de Santo Domingo. Su **clima es tropical** y su población, **bilingüe** (español, inglés), mayoritariamente blanca. La isla está muy poblada. En 1989, fue asolada *(ravagée)* por el tifón Hugo.

2. Puerto Rico ha dejado de ser un país agrícola. La actividad más importante de la población es la industria manufacturera, muy diversificada (textil, refinería, agroalimentaria, farma-

Vista general de San Juan, capital de Puerto Rico, y de la laguna del Condado. Este país –transición entre el Norte y el Sur– ofrece aspectos marcadamente norteamericanos e hispanos.

ceútica, cosmética, electrónica). **El turismo** aporta un 6 % del total del producto bruto pero se estima que pasará a representar un 12 % en 2015. Puerto Rico es el país que recibe más turistas en la zona caribeña (un 17 %). Asimismo San Juan ocupa el 3° puesto mundial en los puertos de amarre de la industria de los cruceros.

Puerto Rico benefició hasta 1996 de la "sección 936" que le permitía exportar sus productos a los Estados Unidos libres de tasas. Eso fue lo que permitió el desarrollo económico. Hoy existen otras exenciones fiscales y las zonas de libre comercio favorecen la instalación de numerosas empresas. Puerto Rico tiene el PIB/hab. más elevado de América Latina, mayor incluso que el de las Antillas francesas.

HISTORIA

1. Como en todas las Antillas, las encomiendas españolas, con la extinción de los aborígenes, favorecieron la implantación de la trata y la esclavitud de los negros.

2. En **1898**, tras la guerra con **Estados Unidos**, la isla pasó al poder de este país y conoció levantamientos nacionalistas violentamente ahogados. En 1952 se estableció el Estado Libre Asociado, que deja la Defensa, la Hacienda y las Relaciones exteriores en manos de los EE.UU. Se presentan tres opciones a los puertorriqueños : conservación del estatuto actual, integración como 51° Estado de los USA, o independencia total. Ante la petición de la Comisión de la Decolonización de las Naciones Unidas, los Estados Unidos redujeron sus intervenciones armadas en el país.

En 2003, las manifestaciones pacíficas consiguieron la retirada de la Marina estadounidense de la isla de Vieques luego de la muerte de un civil por una bomba lanzada por error. Esa retirada fue considerada como una victoria de los independentistas y apaciguó un tiempo el clima. Pero el asesinato del líder nacionalista Filiberto Ojeda Ríos, que algunos atribuyen al FBI, reanudó esas tensiones con los Estados Unidos.

Desde 2005 gobierna Aníbal Acevedo Vilá del Partido Popular Democrático.

CULTURA

1. Literatura

Puerto Rico es un país de poetas vanguardistas. Desde 1960 destacan Luis Rafael Sánchez en novela, José Luis González en el cuento, José Luis Vega y Angela María Dávila en poesía.

2. Música

La bomba es una música popular nacida de la doble influencia española y negra. Puerto Rico es un centro musical importante.

E L   S A L V A D O R

• *El Salvador es uno de los países más pequeños y más poblados de Centroamérica.*
Es ***un país de volcanes y de violencia :*** *violencia de la injusticia social (la economía del país está dominada por unas cuantas familias) y violencia política (guerrillas y guerras con los países vecinos).*
La población, esencialmente mestiza, es numerosa *y muchas personas tienen que emigrar.*

• *Como la mayoría de los países centroamericanos, El Salvador se sitúa en la esfera de* ***influencia norteamericana.***
Arruinado por once años de guerra civil, El Salvador ha vuelto a la paz en 1992 y goza hoy de estabilidad política.

	El Salvador	España
clasificación según IDH	103/177	20/177
población	6.880.000 hab.	43.197.000 hab.
superficie	21.040 km²	504.745 km²
densidad	327 hab./km²	85.5 hab./km²
capital	San Salvador : 1.486.000 hab.	Madrid : 5.520.100 hab.
PIB (PPA) en millones de $	29.631	1.724.647
PIB/hab. (PPA) en $	4.379	27.913
inflación	4,5 %	2,3 %
moneda	dólar	euro

agricultura y pesca	17 % población activa	12 % PIB
industria y minas	27 % población activa	28 % PIB
servicios	58 % población activa	60 % PIB

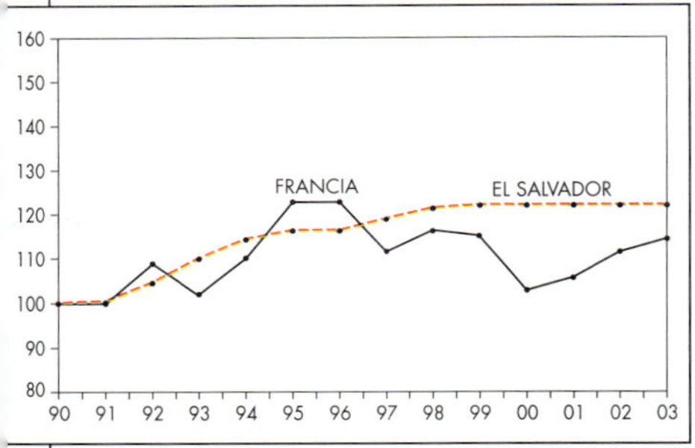

Variación del PIB/hab. de 1990 a 2003

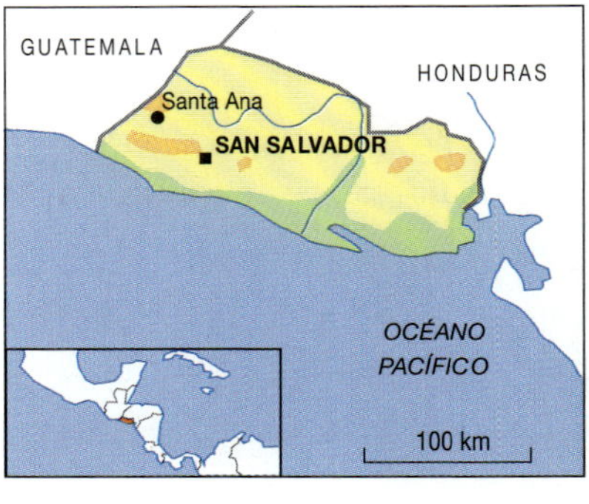

GEOGRAFÍA

1. El Salvador es uno de los países más pequeños de Latinoamérica. Limita con Guatemala y Honduras con los que siempre ha tenido relaciones conflictivas. Sólo tiene salida al Pacífico.

El territorio está atravesado por dos cadenas montañosas, una costera y volcánica al sur, y otra al norte fronteriza con Honduras. Entre ambas se extiende una meseta en la que se concentra la mayor parte de la **población, esencialmente mestiza**. **La densidad es muy importante**, lo que origina una emigración masiva a Honduras, fuente de varios conflictos entre los dos países. El clima es cálido en la costa y templado en el interior.

2. La agricultura ocupa a la mitad de la población pero la tierra sigue siendo **propiedad de unas pocas familias** a pesar de la reforma agraria prometida en 1979. Se cultiva maíz para el consumo interno y **café** para la exportación ; también algodón, caña de azúcar, añil *–indigo–*, tabaco y frutas tropicales.

Las industrias son pocas y muchas veces creadas por firmas extranjeras que se benefician así de la mano de obra barata. **La economía ha sido arruinada por once años de guerra civil** y por el terremoto que en 1986 destruyó por octava vez la capital San Salvador. **Las catástrofes naturales** son frecuentes : en 2005, el huracán Stan y la erupción del volcán Illamatepec causaron pérdidas considerables (355 millones de dólares) por lo que se espera un mayor crecimiento económico en 2006 gracias a las obras de reconstrucción. El país deberá también confirmar las mejoras en el sector agrícola (alza de la cotización del café y del azúcar) y en el turismo. Aun con todo El Salvador, que ha abandonado su divisa a favor del **dólar** desde 2001, no es bastante competitivo en el mercado mundial. La principal fuente de ingresos son las **remesas** (el 16,6 % del PIB) de los 2.5 millones de salvadoreños que viven en los Estados Unidos. En 2004, fue el primer país centroamericano en firmar el acuerdo de libre intercambio en Washington (CAFTA).

El volcán Izalco. Es uno de los muchos volcanes que pueblan este país, el más pequeño de Centroamérica.

De 1979 a 1990, El Salvador vivió una sangrienta guerra civil en la que incluso los niños a partir de 11 años eran alistados por la fuerza (por los grupos guerrilleros como por el ejército legal). Esta tragedia de los niños soldados la recuerda Luis Mandoki en su película Voces inocentes *(2004).*

HISTORIA

1. Poblado por mayas y nahuas antes de convertirse en el señorío de Cuscatlán creado por los aztecas, El Salvador fue conquistado por P. de Alvarado y perteneció a la **Capitanía General de Guatemala**. Durante la colonia, su economía se basó en el cultivo del cacao y del añil. Al independizarse de España, pasó a formar parte de las Provincias Unidas del Centro de América hasta 1841. El Salvador sostuvo varias guerras con Guatemala. A finales del siglo XIX, el país era el 3er productor mundial de café, monocultivo en manos de una minoría latifundista.

2. Con el **siglo XX**, vino la **dependencia de EE.UU.** Luchas intestinas, dictaduras militares, conflictos exteriores –con Honduras en 1969, la "guerra del fútbol"– resumen la historia del país. En 1979, llegó al poder una Junta Revolucionaria de Gobierno que puso en obra una reforma agraria y la nacionalización de los bancos y del comercio exterior. Fue el **principio de un período de violencias**, exilios, asesinatos (los escuadrones de la muerte, grupos paramilitares de la extrema derecha –75.000 personas murieron asesinadas en los 11 años que siguieron, entre las cuales **el arzobispo de San Salvador, O. Romero**, matado en plena misa en 1980–).

Manifestaciones en memoria del obispo Romero asesinado durante la guerrilla que asoló el Salvador durante once años.

3. En 1984, el centrista Napoleón Duarte fue elegido presidente, consiguiendo no una mejora pero sí, por lo menos, una estabilización en el deterioro de la economía. En 1989, ganó las elecciones el derechista A. Cristiani lo cual ha intensificado al principio la actividad de los guerrilleros de izquierda (FFMLN : Frente Farabundo Martí de Liberación Nacional). En 1991, para restablecer la paz civil, el presidente se ha comprometido a promover algunas de las reformas por las que luchan los guerrilleros y a que una "Comisión de la Verdad" formada por la ONU investigue los crímenes cometidos durante los 11 años de guerra civil. En 1992, se ha firmado la paz con el FFMLN, el cual constituye la 2ª fuerza política tras las elecciones de 1994. Este mismo año, gana las elecciones presidenciales Armando Calderón.

En marzo de 2004, el partido conservador ARENA (Alianza Republicana Nacionalista) gana por cuarta vez consecutiva las elecciones : **Elías Saca González** es un joven presidente que goza de una gran popularidad. Éste proyecta mejorar la sanidad, la educación, el abastecimiento en agua y electricidad, las viviendas y reducir la pobreza que afecta a un 50 % de la población. También ha reforzado el Plan Mano Dura para **luchar contra la criminalidad** y la multiplicación de "maras", grupos de jóvenes delincuentes ; el **Salvador es uno de los países más violentos de la región.**

CULTURA

1. Literatura

En la segunda mitad del siglo XIX, F. Gavidia fue la principal figura del romanticismo y precursor del modernismo, influyendo sobre R. Darío. Claudia Lars (1899-1974) fue una poetisa intimista que cantó la felicidad a diferencia de muchos poetas comprometidos con la revolución (C. Lovato, o P. Geoffroy Rivas).

En la narrativa, Salarrué escribió narraciones y leyendas de tono indigenista (*Cuentos de Cipotes*, 1958 ; *La espada y otras narraciones*, 1960).

En los últimos años, fue polémica la novela corta de Castellano Moya (*El asco : Thomas Bernhard en San Salvador*, 1997) al criticar toda la cultura de su país y retratar la violencia callejera en Latinoamérica.

2. Arte

Del arte precolombino quedan vestigios mayas y aztecas, en particular cerámica.

El arte colonial es muy escaso a causa de los terremotos.

U R U G U A Y

• *Uruguay limita con Brasil al norte, Argentina al oeste, el Río de la Plata al sur, y el Atlántico al este.*
Es un ***pequeño país bastante rico, agrícola y ganadero*** (***carneros*** : moutons), *con industria alimentaria o del cuero.*
Su población es esencialmente blanca y la mitad vive en la capital, Montevideo.

• *Uruguay es un país de* **larga tradición democrática,** *lo que le valió el nombre de "Suiza americana". Pero de 1973 a 1984 fue sometida a una dura dictadura militar.*
Afectada gravemente por la crisis argentina, la economía del país ha empezado a recuperarse en 2003. Uruguay participa activamente en la integración regional con el MERCOSUR.

• *Como en Argentina, la música, la pintura (P. Figari) y la literatura se inspiraron en el tema del gaucho (pastor a caballo que vigila el ganado).*
El pintor Torres García introdujo el arte abstracto en América Latina. Los autores uruguayos más conocidos son el modernista J.E. Rodó, el cuentista H. Quiroga, y, actualmente, los novelistas **J.C. Onetti,** *M. Benedetti y E. Galeano.*

	Uruguay	España
clasificación según IDH	46/177	20/177
población	3.460.000 hab.	43.197.000 hab.
superficie	176.220 km²	504.745 km²
densidad	20 hab./km²	85.5 hab./km²
capital	Montevideo : 1.366.700 hab.	Madrid : 5.520.100 hab.
PIB (PPA) en millones de $	30.958	1.724.647
PIB/hab. (PPA) en $	9.107	27.913
inflación	9,2 %	2,3 %
moneda	peso	euro

agricultura y pesca	14 % población activa	13 % PIB
industria y minas	27 % población activa	27 % PIB
servicios	58 % población activa	60 % PIB

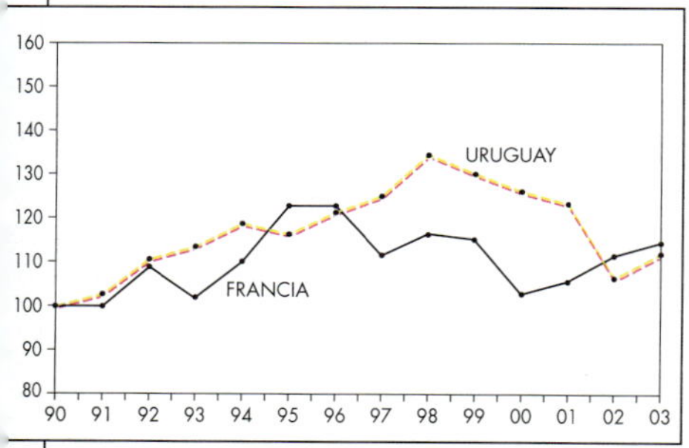

Variación del PIB/hab. de 1990 a 2003

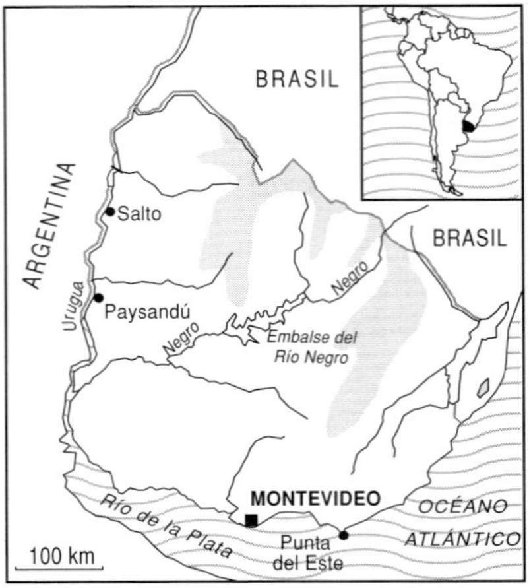

GEOGRAFÍA

Uruguay tiene una **población** casi en su totalidad de **origen europeo** (español e italiano), con un pequeño porcentaje de negros. Presenta el más alto índice de urbanización del continente (más del 80 %). En su capital, **Montevideo,** vive el **44 % de la población**. Aunque ésta tiene uno de los mayores PIB/hab. del continente, la pobreza afecta al 30 % de los uruguayos y la economía tiene que soportar el peso de la deuda externa. Un 40% de los trabajadores no tiene cobertura social.

Con su paisaje de pequeñas colinas y llanos cubiertos de pastos, su clima templado y húmedo, Uruguay es un país agrícola. La ganadería es el principal recurso del país (**ovinos** y bovinos vigilados por los gauchos) con el cultivo de cereales (trigo, maíz, arroz, cebada). La ganadería ha permitido el desarrollo de una próspera **industria derivada** (lana, cuero, calzado, conservas de carne).

La costa, por la que alternan playas de arenas finas y puntas pedregosas, atrae a muchos turistas, sobre todo argentinos (Pocitos, Carrasco La Paloma, Punta del Este).

HISTORIA

1. Desde la fundación, en 1724, de Montevideo, el futuro territorio de Uruguay fue el **punto de contacto y enfrentamiento entre el mundo español (Argentina) y portugués (Brasil)**. J.G. **Artigas**, héroe de la Independencia y padre de la patria, se opuso a sus dos vecinos antes de verse vencido por ellos. En **1828**, **Gran Bretaña** arbitró la creación del estado-tapón uruguayo que conoció unas décadas difíciles. Esta época de disturbios fue marcada por la emergencia de los **dos partidos políticos** que iban a dominar la vida política del país ("blancos" conservadores y "colorados" liberales), por una fuerte

Vista aérea de Montevideo. El trazado a cordel es característico de las ciudades coloniales.

En la capital de Uruguay, Montevideo, se concentra el 43,8 % de la población del país.

inmigración y por la **introducción del carnero** *(le mouton)*.

La primera mitad del **siglo XX** vio crecer la prosperidad económica, favorecida por el gobierno del colorado Batle y Ordóñez. Éste hizo de Uruguay **un Estado moderno, democrático**, dotado de una avanzada legislación social.

2. A partir de 1954, la baja de los precios internacionales de la lana y la carne condujo a un **deterioro de la situación económica** al que no pudieron hacer frente ni los blancos ni los colorados. Fue creciendo la agitación social, apareció un movimiento guerrillero urbano ("los tupamaros" cuyo nombre se deriva de Túpac Amaru –cf. p. 258–), lo cual condujo al **golpe militar de 1973**. Los militares no consiguieron resolver los problemas económicos ; el nivel de vida de las clases medias siguió bajando. La lucha contra el movimiento guerrillero de los tupamaros hizo de "la Suiza americana" el país con más presos políticos por habitante y una emigración exterior que alcanzó el 20 % de la población. Son muchos los uruguayos que viven fuera de su patria, y los más de ellos con un nivel cultural muy elevado.

En **1984**, la democracia se restableció en Uruguay con la elección de Julio María Sanguinetti (partido colorado). En 1989 se aprobó por referéndum (el voto es obligatorio en Uruguay) la ley de amnistía para los militares que hubiesen violado los derechos humanos durante la dictadura. Después de la presidencia de L. Lacalle (partido blanco), fue elegido de nuevo, en 1994, J. M. Sanguinetti cuya política de reformas fue frenada por la oposición de izquierdas. Las elecciones de 1999 dieron la presidencia a Jorge Battle (Partido Colorado) quien sufrió las consecuencias económicas de la devaluación del real brasileño y de la crisis argentina : crecimiento de -11 % y un 19 % de desocupados en 2002. Su política de ajuste, ayudada por el FMI, permitió cierta mejora a partir de 2003 (crecimiento del 12 % en 2004). Pero la pobreza generó la insatisfacción del pueblo quien votó a favor de **Tabaré Vázquez** (Encuentro Progresista / Frente Amplio), elegido en la primera vuelta de las elecciones de 2004 : es el primer presidente de izquierdas de Uruguay. Enseguida Vázquez puso en marcha un plan de emergencia y de ayuda social (100 millones de dólares al año). Más que nunca, se estrechan las **relaciones económicas y políticas con los vecinos del MERCOSUR,** que son sus principales clientes y proveedores *(fournisseurs)* y también con Cuba. El interés por la integración regional no decae : Montevideo es la sede del Secretariado de la organización.

El Río de la Plata. Descubierto por primera vez por Juan Díaz de Solís en 1516, el Río de la Plata (de unos 300 km de largo) es el estuario formado por las desembocaduras de los ríos Paraná y Uruguay que dio su nombre al Virreinato del Río de la Plata (Argentina, Paraguay y Uruguay) en la época de la colonia española. En su desembocadura se encuentran hoy la capital Montevideo, centro económico, y la ciudad turística de Punta del Este.

CULTURA

Difícilmente puede separarse la cultura uruguaya de la argentina por lo que cabe referirse también a este país.

1. Literatura

A partir de la guerra de independencia, se desarrolló la literatura gauchesca cantora de los **valores nacionales** (el poeta épico J. Zorrilla de San Martín : *La epopeya de Artigas*, 1910, el novelista E. Acevedo Díaz : *Ismael*, 1888 ; *Soledad*, 1894).

El **modernismo** se introdujo por el poeta Herrera y Reissig ; contó con figuras como las poetisas Mª. E. Vaz Ferreira, J. de Ibarbourou, **el ensayista J.E. Rodó** (*Ariel*, 1900), el cuentista **H. Quiroga** (*Los arrecifes de coral*, 1901 ; más tarde se fascinó por la jungla : *Cuentos de amor, de locura y de muerte*, 1917, *Anaconda*, 1921). Gran importancia tuvo también el crítico Zum Felde (*Proceso intelectual del Uruguay*, 1920, *Literatura del Uruguay*, 1930).

En la segunda mitad del s. XX, F. Hernández inició una obra singular, onírica y de crítica social a la vez, precursora de la de Onetti. **J.C. Onetti** es la máxima figura de la literatura uruguaya : sus novelas evocan el fracaso, la rutina cotidiana de la vida urbana (*La vida breve*, 1950 ; *Juntacadáveres*, 1964 ; *Dejemos hablar al viento*, 1979). Las generaciones más jóvenes continúan esta línea realista : el cuentista C. Martínez Moreno, **M. Benedetti** –con un estilo muy sencillo e innovador– (*Inventario*, 1961 ; *Primavera con una esquina rota*, 1982 ; *Cultura entre dos fuegos*, 1996 ; el poemario *Insomnio y duermevelas* –donde expresa su inquietud frente a la globalización–, 2002 ; el libro de cuentos *Tristezas y otras alegrías*, 2003) ; el ensayista–novelista **E. Galeano** (*Las venas abiertas de América latina*, 1971 ; *Memoria del fuego*, 1982 ; *Bocas del Tiempo*, 2004). Entre los filósofos-ensayistas, se pueden citar : C. Vaz Ferreira (*Moral para intelectuales*, 1968), y A. Ardao (*Génesis de la idea y el nombre de América Latina*, 1980).

Dentro de la nueva generación destacan narradoras como Mercedes Vigil y sus obras con trasfondo histórico (*Matilde, la mujer de Battle*, 1999) o Andrea Blanqué (*La sudestada*, 2001).

En Uruguay nacieron los franceses Lautréamont, Jules Laforgue y Jules Supervielle.

2. Arte

La época colonial fue marcada sobre todo por los arquitectos neoclásicos Tomás y José Toribio. En el siglo XIX, J.M. Blanés pintó cuadros históricos y anecdóticos relacionados con la vida del gaucho.

En el siglo XX, se introdujeron las nuevas tendencias con **P. Figari** (figurativo y colorista, pintó con matiz ingenuo escenas de interior, negros y gauchos) y **J. Torres García** (pintor escultor abstracto) que tuvieron una gran influencia en el Río de la Plata. R. Barradas representó la misma corriente abstracta. J. Gamarra es un pintor neofigurativo que se inspira en la identidad latinoamericana.

3. Música

Es **de origen español**. En el siglo XVIII nace el "pericón" que se considera la danza nacional. La **payada** es una canción **gauchesca** improvisada con acompañamiento de guitarra.

En la primera mitad del s. XX, la música culta alcanza su cumbre con E. Fabini (*Campo*, 1922). C. Estrada representa la transición con el vanguardismo.

4. Cine

Juan Pablo Rebella y Pablo Stoll, con sus películas *25 vatios* (2000) y *Whisky* (2004), evocan de manera burlesca y melancólica una vida cotidiana dura y desangelada.

La Chancha : *banda de rock compuesta por* Juan Bervejillo, Yanny Ippoliti *y* Alejandro Nari. *Junto con otros grupos como* No te va a gustar, La Chancha *formó parte del movimiento de protesta de los años 80 ocasionado por la dictadura y el fracaso de Argentina en la Guerra de las Malvinas. Sigue reivindicando su libre albedrío, su espíritu crítico, a veces provocativo, mediante producciones independientes.*

V E N E Z U E L A

• *Venezuela limita al oeste con Colombia, al sur con Brasil, al este con Guyana y al norte con el Mar de las Antillas (o Mar Caribe). Su capital es Caracas.*

Venezuela era un país agrícola y ganadero hasta que se descubrió petróleo en 1930. *Este descubrimiento transformó la economía del país :* ***el petróleo representa ahora su principal riqueza.*** *Miembro activo de la* OPEP, *Venezuela se beneficia hoy de la alta cotización del petróleo después de años de crisis. También ha diversificado su economía desarrollando su industria y el turismo. Actor privilegiado de la integración regional, el país va estrechando las relaciones con los vecinos del Caribe y del sur del continente, marcando su clara oposición a los Estados Unidos.*

• *Venezuela es el país del gran* ***Libertador Simón Bolívar*** *(1783-1830), quien soñaba con realizar la unión de todos los pueblos hispanoamericanos.*

Asimismo, la reforma constitucional de 1999, encabezada por su carismático líder populista ***Hugo Chávez****, declaró la creación de la* ***República Bolivariana de Venezuela.***

• *Los autores que marcaron la vida literaria de Venezuela fueron Rómulo Gallegos (*Doña Bárbara*, 1921) y Arturo Uslar Pietri. Los pintores más famosos fueron A. Michelena (siglo XIX) y A. Reverón (a principios del siglo XX).*

Venezuela ha sido uno de los centros culturales latinoamericanos más destacados en la segunda mitad del siglo XX *(arquitectura y arte cinético).*

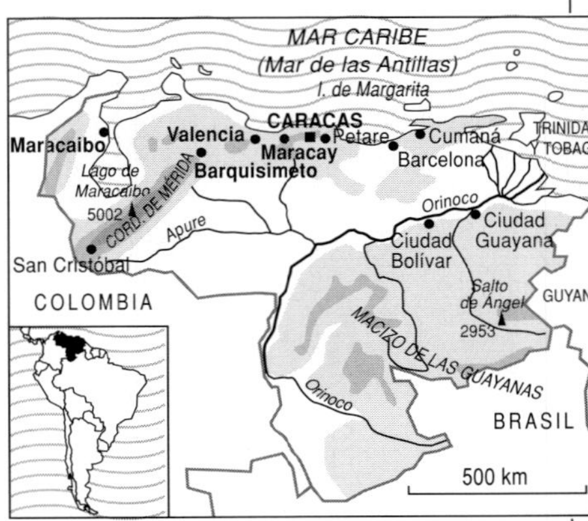

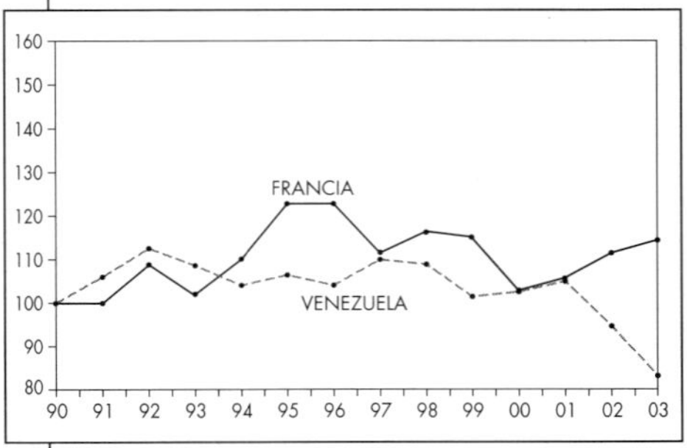

Variación del PIB/hab. de 1990 a 2003

	Venezuela	España
clasificación según IDH	68/177	20/177
población	26.750.000 hab.	43.197.000 hab.
superficie	910.050 km²	504.745 km²
densidad	29 hab./km²	85.5 hab./km²
capital	Caracas : 3.450.700 hab.	Madrid : 5.520.100 hab.
PIB (PPA) en millones de $	144.346	1.724.647
PIB/hab. (PPA) en $	5.571	27.913
inflación	21,7 %	2,3 %
moneda	bolívar	euro

agricultura y pesca	11 % población activa	5 % PIB
industria y minas	20 % población activa	41 % PIB
servicios	69 % población activa	54 % PIB

GEOGRAFÍA Y ECONOMÍA

1. El país ofrece **tres regiones naturales :**

• **una cadena montañosa** que nace del brazo oriental de la Cordillera de los Andes, aisla al oeste la depresión del golfo de Maracaibo y continúa hacia el este en la Cordillera del Norte que corre paralela a la costa caribeña,

• **en el centro los Llanos,** con vegetación de sabana,

• **al sureste, las mesetas del macizo de Guayana,** en parte despobladas y donde se sitúa el famoso Salto de Ángel, las cataratas más altas del mundo (980 m), veinte veces más altas que las del Niágara.

El **río Orinoco** cruza el país de oeste a este. El clima es cálido con temporada de lluvia de mayo a octubre y temporada seca. Los Llanos son más secos.

La población es esencialmente mestiza. La inmigración europea no fue masiva hasta la segunda mitad del siglo XX (década de los cincuenta) y continuó hasta hace poco. La población, en rápido aumento, se concentra en la costa y el auge petrolífero ha originado un **fuerte éxodo rural**. Las tres cuartas partes de la población viven en la ciudad, muchos de los recién llegados se amontonan en los "barrios" o "ranchitos" (chabolas *–bidonvilles–*) periféricos.

2. **Durante el período colonial, la economía se basaba en el cultivo del cacao, del café y de la caña de azúcar.** La ganadería era también muy importante en los Llanos. **El descubrimiento del petróleo** hacia 1930 en el Golfo de Maracaibo ha revolucionado la estructura económica que ha pasado a depender casi totalmente del petróleo. La nacionalización de la industria petrolera en 1976, cuando los precios estaban muy altos, originó un boom económico, con importantes inversiones y gastos del Estado no siempre atinados *–pas toujours très judicieux–* ni

controlados. Llegó una crisis financiera a la que se añadió la crisis económica mundial (disminución de la demanda internacional y caída de los precios del petróleo). Hoy, el país sigue dependiendo mucho de la cotización del petróleo pues representa el 50 % de los ingresos fiscales y el 80 % de las exportaciones (4° exportador y 7° productor mundial). Pero, luego de la recesión ligada a la crisis política de los años 2001-2004 (fuga de capitales y de las inversiones extranjeras), la economía se recupera gracias al alza de los precios de los hidrocarburos. ¡En 2004, el crecimiento económico alcanzó casi el 18 % (-11 % en 2003)! La **Ley de Hidrocarburos** de 2005 ha aumentado considerablemante las regalías *(royalties)* del sector petrolero, lo que permite un aumento de los ingresos. Venezuela también posee las mayores reservas de gas del continente.

Rancho en los llanos : los vaqueros crían los cebús por su carne. Entre junio y septiembre, en cuanto empieza a llover, los llanos sirven de refugio a una gran cantidad de aves y zancudas (échassiers).

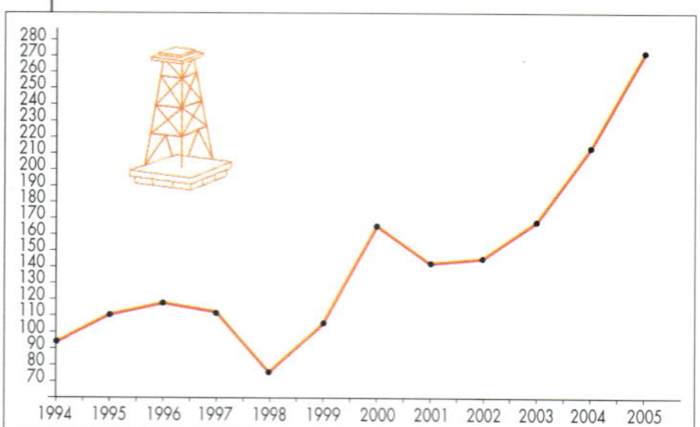

Cotización del petróleo de 1994 hasta 2005 (los índices son promedios calculados en dólares)

En los últimos años, Venezuela ha intentado diversificar su economía : desarrollando su producción agrícola y ganadera, potenciando los sectores más prometedores (**petroquímica, química, gas, aluminio** –Venezuela posee importantes yacimientos de **bauxita** que sirve para la fabricación de aluminio–, hidroelectricidad, explotación del hierro y construcción de plantas siderúrgicas). Son dos los grandes polos industriales : en el noroeste, el Golfo de Venezuela (Maracaibo) y en el sureste, el complejo de los ríos

Maracaibo, ciudad tropical, con sus casas pintadas, su ruido, sus coches, sus comercios, conoce una intensa actividad gracias al dinero que manejan los obreros del petróleo. Desgraciadamente, los nuevos barrios no ofrecen este aspecto coloreado ; la arquitectura moderna es más uniforme.

Orinoco y Caroní (El Pao). El **turismo** ofrece también grandes posibilidades dada la importancia de las costas y de las islas (la isla Margarita con sus perlas y su zona franca), los extraordinarios fondos submarinos, y la belleza del interior del país (parques nacionales de espléndida fauna y flora).

Venezuela es uno de los países líderes de la integración regional y estrecha sus **relaciones económicas con Cuba, Argentina y Brasil.** Desde julio de 2006, es miembro activo del MERCOSUR y participa de la mayoría de las organizaciones latinoamericanas. Aunque los Estados Unidos son su principal cliente, el estado venezolano expresa cada vez más su oposición a la política económica de su vecino del norte y propone la creación del **ALBA (Alternativa Bolivariana para las Américas)** al margen del proyecto norteamericano del ALCA.

Caracas es, con Buenos Aires y São Paulo, un centro de investigación para el arte moderno, especialmente la arquitectura. Éste es un edificio de despachos.

HISTORIA

1. Antes de la colonización, Venezuela estaba poblada por distintas tribus : las **tribus andinas** (timotes y cuicas) en el oeste, los caribes –antropófagos– y los **arawakos** en la costa y la región de los Llanos, tribus nómadas en el interior.

Las costas fueron descubiertas por C. Colón en 1498 quien, frente al enorme delta del Orinoco, se preguntó si, tierras adentro, no estaría ubicado el paraíso terrenal. Américo Vespucio, sorprendido por las casas de pescadores construidas sobre pilotes *–construites sur pilotis–* llamadas palafitos, dio al país su nombre de pequeña Venecia : Venezuela.

La carencia de metales preciosos obligó a los colonos a desarrollar la **agricultura** (cacao) y la **ganadería** en los Llanos.

2. Tras un primer intento **(Miranda)**, Venezuela consiguió su **independencia en 1821** gracias a **S. Bolívar**. Formó parte de la **Gran Colombia**

Puerto Ordaz, 1988. El complejo Orinoco-Caroní, en la Guayana venezolana, es el primer polo de diversificación industrial venezolano. Produce aluminio, siderurgia, materias plásticas, hidroelectricidad.

Una "patota" (bande) *de jóvenes de la clase alta está disfrutando en la playa caribeña.*

(que integraba Colombia, Ecuador y Venezuela) hasta 1830. A partir de entonces, y a pesar de que el país poseía una constitución democrática, **se sucedieron casi sin interrupción los golpes de Estado hasta 1958** –salvo bajo la dictatura de Gómez (1908-1935)–, **fecha en que se volvió a un régimen democrático** con el presidente R. Betancourt. Desde entonces alternan en el poder los democristianos y los sociodemócratas. El segundo mandato de Carlos Andrés Pérez (1989-1994) fue marcado por el descontento popular frente a su política de ajuste. Se enfrentó a manifestaciones violentas (Caracazo : 500 muertos) y a dos intentos fallidos de golpe de estado, en 1992, de parte de jóvenes oficiales nacionalistas entre los cuales el comandante **Hugo Chávez**. La represión y las acusaciones de corrupción le obligaron a dejar el poder en 1993. La victoria de Rafael Caldera (coalición de pequeños partidos) señaló **el final del bipartidismo** en Venezuela. Éste heredó un país desorganizado por la corrupción, los narcodólares y la inestabilidad política a lo que se sumó la crisis petrolífera. Su política de ajustes, de acuerdo con el FMI, así como la deuda externa generaron también el desprecio del pueblo.

3. Hugo Chávez, elegido en 1998, puso en marcha una reforma constitucional con la **creación de la República Bolivariana de Venezuela**. Reanudaba así con los principios del Libertador Bolívar : promoción de la educación, unión de los países latinoamericanos y rechazo de la intromisión extranjera, siendo el pueblo el principal motor de la revolución. El presidente pasa a tener más poder con un mandato de seis años y se facilita el recurso al referéndum como expresión directa del pueblo. Chávez, legitimado de nuevo en 2000 según las nuevas leyes, se enfrentó a una crisis política : golpe de estado fallido en 2002, huelga general en 2003, intento de revocación por referéndum nacional en 2004. Salió vencedor de esta consulta, lo cual reforzó su legitimidad dentro y fuera de Venezuela. La victoria en las elecciones locales y legislativas en 2005 con **el 89 % de los votos** (renuncia de los candidatos de oposición y abstención del 75 % de los votantes) le permite hoy controlar casi todas las instituciones políticas del país. También controla la empresa estatal PDVSA (PETROLEOS DE VENEZUELA S.A.).

Desde su investidura, el presidente ha llevado a cabo una **política social** con el desarrollo de "**misiones educativas**" (alfabetización de 2 millones de personas) y **sanitarias** (contratación de 10.000 médicos cubanos destinados a los barrios populares a cambio de petróleo). Sin embargo aunque el paro va bajando (del 20 % al 11,8 % en 2005), la **pobreza sigue afectando al 70 % de la población**. Chávez cuyo modelo es Fidel Castro, se presenta como uno de los líderes en contra del "imperialismo estadounidense" : los Estados Unidos condenan la compra de armas a España y Chávez les acusa de espionaje. También son conflictivas las relaciones con Colombia que le acusa de apoyar la guerrilla (el "caso Granda" : este dirigente guerrillero fue secuestrado por el ejército colombiano en Caracas en 2004). En cambio, se desarrolla la colaboración con Cuba, Argentina, Brasil, Bolivia.

Foro internacional de Caracas contra la globalización. La Venezuela de Chávez trata de realizar el **ALBA** *: Alternativa Bolivariana de las Américas (favoreciendo la colaboración económica regional en clara oposición a los Estados Unidos.)*

CULTURA

1. Literatura

La primera y gran figura fue Andrés Bello, maestro de Simón Bolívar, emigrado en 1829 a Chile donde publicó sus mejores obras (cf. p. 99). A principios del siglo XX, A. Arráiz introdujo el vanguardismo con sus obras de honda preocupación social (poesía : *Áspero*, 1924). Con él, A.E. Blanco (*Poda*, 1934). En la misma época, la narrativa pintó la jungla y el enfrentamiento entre civilización y barbarie : **Rómulo Gallegos** (*Doña Bárbara*, 1929).

Posteriormente, **Arturo Uslar Pietri** renovó la novela con la prosa de gran riqueza formal de sus novelas históricas (*Las lanzas coloradas* 1931 ; *El camino de El Dorado*, 1947 ; *Oficio de Difuntos*, 1976 ; *La visita en el tiempo*, 1990).

Otros novelistas prestigiosos son G. Meneses (*Canción de negros*, 1934 ; *La balandra Isabel llegó esta tarde*, 1934), S. Garmendía, el comunista M. Otero Silva (*Casas muertas*, 1955 ; *Cuando quiero llorar no lloro*, 1971), José Balza (*Percusión*, 1982 ; *Medianoche en vídeo 1/5*, 1988) y A. González León (*Asfalto-infierno*, 1962 ; *País portátil*, 1968, denuncia la violencia política y tuvo una gran influencia en la cultura latinoamericana).

En el campo del **ensayo,** destacan M. Picón Salas y A. Uslar Pietri ; en filosofía, E. Mayz Vallenilla (*El problema de América*, 1959, *Fundamentos de la meta-técnica*, 1990).

2. Arte

Se conoce poco el arte precolombino. El colonial no alcanzó la riqueza de otras regiones de América.

A finales del siglo XIX, sobresalió la figura del pintor histórico **A. Michelena.**

A principios del siglo XX, el impresionista **A. Reverón** renovó la pintura venezolana. Desde entonces, Venezuela ocupa un lugar destacado en la vanguardia artística.

H. Poleo evolucionó desde un expresionismo estilizado hasta la abstracción, haciendo resaltar la soledad humana (*Los tres comisarios*, 1943, *Familia andina*, 1960).

El escultor y pintor F. Narváez introdujo nuevos materiales y exaltó la negritud y el indigenismo.

El **arte cinético** está presente en Venezuela con los pintores-escultores J.R. Soto (*Decorado luminoso óptico para la* UNESCO, 1970), C. Cruz-Diez y A. Otero (*Coloritmos*) : los artistas intentan incorporar movimiento y velocidad, conseguir efectos cambiantes (por electricidad, sistemas de equilibrio, luces de distintos colores, incluso efectos sonoros). **En la arquitectura** también ha existido **una gran creatividad** : el arquitecto de mayor fama fue C.R. Villanueva (1900-76), racionalista influido por el francés Le Corbusier, que diseñó el estadio olímpico en Caracas y sobre todo realizó la ciudad universitaria (1957) en cuyos elementos decorativos colaboraron, entre otros artistas internacionalmente conocidos, A. Calder, Vasarely, F. Léger.

3. Música

La música popular ha sido influida por la africana ("son") y la antillana. En los Llanos, se baila el joropo, vals rápido tocado por un arpista.

La música culta tiene su máximo representante en V.E. Sojo, impresionista y realizador de una gran labor de recuperación de la música popular y colonial (*Misa cromática*, 1924 ; *Requiem memoriam patriae*).

4. Cine

En 1959, Margot Benacerraf dirigió el documental *Araya*, film de una gran belleza plástica que obtuvo un premio en Cannes.

Desde la década de los 70, el nuevo cine venezolano es un cine popular que muchas veces se inspira en novelas y es un cine de denuncia social o política. Los directores más conocidos son el populista R. Chalbaud (*La quema de Judas*, 1975, *El pez que fuma*, 1977, *La oveja negra*, 1987, *Cangrejo*, 1982 y 1984), Clemente de la Cerda (*Soy un delincuente*, 1976), I. Feo (*País portátil*, 1979), M. Wallerstein (*Cuando quiero llorar no lloro*, 1970 ; *Crónica de un subversivo latinoamericano*, 1975 ; *La empresa perdona un momento de locura*, 1977 ; *La máxima felicidad*, 1983), L.A. Lamata (*Jericó*, 1991).

QUINTA PARTE

Historia y civilización del mundo hispánico

Véase cuadro sinóptico pp. 332-333

DE LA PREHISTORIA A LA INVASIÓN ÁRABE

• ***La península ibérica*** *fue habitada desde tiempos muy antiguos como lo prueban las pinturas de Altamira (Cantabria).*

• ***Los romanos*** *la ocuparon desde el siglo II hasta el siglo V introduciendo su* ***brillante civilización*** *y* ***la lengua latina*** *de la que se deriva el español. Fueron* ***grandes constructores*** *: carreteras, puentes, murallas, teatros (Mérida), circos, acueductos (Segovia), etc.*

• *Como en el resto de Europa,* ***los bárbaros germánicos*** *invadieron el país.* ***Los visigodos*** (les wisigoths) *fueron vencidos por la* ***invasión árabe en 711.***

LA ESPAÑA PREHISTÓRICA Y LA ANTIGÜEDAD

Antes de los romanos, vivían los **tartesos** (en el bajo Guadalquivir –Andalucía–, fines del II milenio a. C.); los **iberos** (litoral mediterráneo), los **celtas** (noroeste), los **celtíberos**. Pronto existieron **colonias fenicias** (Andalucía) y **griegas** (Ampurias, en el nordeste).

Dama de Elche (Alicante – ¿s. III a. C.?), estatua ibérica

Pinturas rupestres de la Cueva de Altamira (Cantabria – 13.000 a. C.)

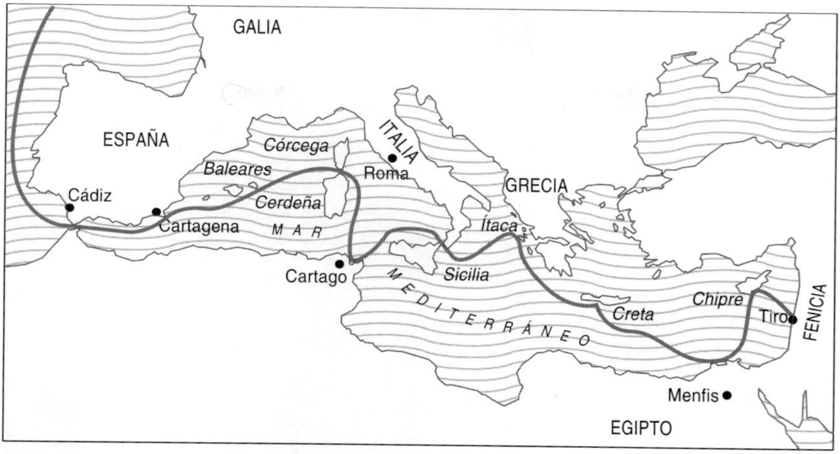

La gran ruta comercial de la Antigüedad

Toros de Guisando (Ávila – s. II a. C.), esculturas celtas

En sus guerras con Roma, los **cartagineses** llegaron a la Península. Tras la destrucción por Aníbal de Sagunto (Valencia), una ciudad aliada de Roma, los **romanos** iniciaron la conquista de España que duró dos siglos (sitio de Numancia : 133 a. C.).

LA ROMANIZACIÓN

Los diversos pueblos de la Península asimilaron la cultura y las costumbres de Roma. Adoptaron el **latín** como lengua común, los cultos romanos y posteriormente el cristianismo, **el derecho, las formas de vida y las artes de Roma**. Fueron siglos de una gran **prosperidad** económica.

Los romanos fueron grandes constructores. Los edificios que nos quedan son esencialmente civiles : puentes, acueductos, termas, murallas, arcos de triunfo, teatros y circos, etc.

Las iglesias hispanovisigodas que nos han quedado son pequeñas con arcos de herradura y ábside (parte posterior) rectangular. De su actividad artística, lo más importante que ha llegado hasta nosotros es la orfebrería.

Teatro romano de Mérida

LAS INVASIONES GERMÁNICAS

La decadencia militar del imperio romano hizo que la Península fuese invadida a principios del siglo V (quinto) por varios pueblos germánicos.

Los **visigodos** dominaron fácilmente el país desarrollando en los siglos VI (sexto) y VII (séptimo) una civilización original, cuyos centros más brillantes fueron Toledo, la capital, y Sevilla.

LA EDAD MEDIA

LA EDAD MEDIA EN EL MUNDO

Durante la Edad Media, se desarrolla la **sociedad feudal** *(con señores y vasallos :* seigneurs et vassaux*). La Iglesia adquiere gran poder sobre la sociedad europea y es quien motiva las* ***cruzadas*** (croisades).
A partir del **siglo XII,** *nace la* **burguesía** (la bourgeoisie) *en las ciudades, centros de artesanía y comercio.*
En 1453, ***los turcos toman Constantinopla,*** *cerrando la vía terrestre a las Indias. En este* ***siglo XV, empieza el Renacimiento.***

LA EDAD MEDIA EN ESPAÑA

- ***Los musulmanes invaden España (711)*** *y crean el Califato de Córdoba. Éste se desintegra en varios reinos en el siglo XI.*
- *En el norte, a partir del siglo XI, se forman y extienden los* **reinos cristianos** *y se inicia la* **Reconquista. El Cid** *toma Valencia en el siglo XI.*
- ***En 1492,*** *con la* **toma de Granada, los Reyes Católicos terminan la Reconquista.** *Este mismo año,* **Cristóbal Colón descubre América.**

CIVILIZACIÓN Y CULTURAS

- *Los musulmanes reactivan la* **economía** *(irrigación, introducción de nuevos cultivos y nuevas técnicas artesanales, desarrollo del comercio) y favorecen las* **artes,** *las* **letras,** *las* **ciencias** *(en Andalucía : mezquita de Córdoba, alcázar de Sevilla, Alhambra de Granada).*
- *Durante mucho tiempo, conviven en paz las* **tres culturas árabe, judía** *(juive)* **y cristiana.**

EL ARTE

- *En* ***el arte árabe,*** *son muy importantes la decoración (motivos geométricos o vegetales), los azulejos* (la faïence) *y el arco de herradura* (l'arc en forme de fer à cheval).

Los musulmanes construyen muchas mezquitas (mosquées), *alcazares (castillos) y palacios* (palais).

• *Con la* ***peregrinación*** (le pèlerinage) ***a Santiago de Compostela,*** *se introducen en España :*
– ***el arte románico*** *(siglos XI, XII, XIII) : iglesias con arcos de medio punto* (en plein cintre) *y,*
– *a partir del siglo XIII,* ***el arte gótico*** *: arco ojival, vidrieras* (vitraux) *y flechas* (flèches, clochers très fins).
• *Las artes* ***mozárabe*** *y* ***mudéjar*** *mezclan las influencias árabe y cristiana.*

LITERATURA

Como en el resto de Europa, se desarrollan en España la ***epopeya*** (l'épopée : *"Poema de Mio Cid", s. XII) y la* ***poesía religiosa.***
En el ***siglo XV****, bajo la* ***influencia italiana,*** *aparece una literatura refinada y cortesana (romancero, poesía de J. Manrique, libros de caballerías). En 1502, se publica "La Celestina", obra maestra del teatro español.*

....

LA EDAD MEDIA EN EL MUNDO

• Durante la **alta Edad Media** (s. V-XII), mientras florecían los grandes imperios bizantino y musulmán, Europa se fue fragmentando en pequeños reinos.

Nació y se desarrolló el **feudalismo** (con señores y vasallos). Fue una época de gran **religiosidad** (cruzadas).

• Durante la **baja Edad Media** (s. XII-XV), **se desarrollaron las ciudades y nació la burguesía**.
En 1298, **Marco Polo** redactó su famoso libro de viajes a China.
En el **siglo XIV**, la peste negra asoló *(ravagea)* a Europa (1348).

• En el **siglo XV** empezó el **Renacimiento** marcado por un gran desarrollo económico, el humanismo y el avance de las ciencias : hacia 1440, **Gutenberg** inventó la imprenta, lo que permitió una considerable multiplicación de los libros y la difusión de las ideas. En Italia, mecenazgo *(mécénat)* de los Médicis (Leonardo de Vinci, Miguel Ángel).

• En **1453**, con la **toma de Constantinopla por los turcos**, quedó cerrada la vía terrestre a las Indias : portugueses y españoles intentaron encontrar una ruta a través de los océanos Índico *(Indien)* y Atlántico y fueron descubriendo nuevas tierras.

LA EDAD MEDIA EN ESPAÑA

La historia

a. El Califato de Córdoba

En **711** los musulmanes ganaron la **Batalla de Guadalete** y en pocos años ocuparon la Península. En el siglo décimo, Abderramán III (912-961) se proclamó califa, con lo que Al-Andalus (nombre dado a la España musulmana) se hizo independiente del Imperio musulmán. En la época califal, Al-Andalus conoció su mayor **esplendor político, cultural y militar**.

b. Los primeros reinos cristianos

En las montañas del norte que no habían sido invadidas por los musulmanes, sucesivamente se formaron los reinos de Asturias (futuro reino de León), Navarra y Aragón quienes iniciaron la Reconquista (batalla de Covadonga, 722).

c. A la muerte del último gran general musulmán **Almanzor** (1002), **se desintegró el Califato de Córdoba** en varios reinos independientes, llamados taifas. Ello aceleró la Reconquista, al tiempo que se unificaron bajo la misma corona Castilla y León (reino de Castilla) y Cataluña y Aragón (reino de Aragón).

La victoria cristiana en la batalla de **las Navas de Tolosa en 1212** inició la decadencia definitiva del poder musulmán. En 1270, los musulmanes sólo se mantenían en el **reino de Granada**.

d. Hacia la unificación de España

En el siglo XIII, comenzó la expansión marítima y comercial de Portugal (en el Atlántico) y Cataluña (en el Mediterráneo). Más poblada que el centro, la **periferia** de la Península vio constituirse dinámicos **núcleos burgueses,** mientras que **Castilla** desarrolló con **la Mesta** (corporación de ganaderos *–éleveurs–* trashumantes) la principal producción económica de valor internacional que posibilitaban las mesetas : la lana de sus carneros.

En 1469, la boda de Isabel de Castilla con Fernando de Aragón **(los Reyes Católicos)** marcó **la unificación territorial de España** que había de completarse con la **toma de Granada en 1492** (rendición del rey Boabdil) y la invasión del territorio navarro en 1512, mientras al oeste se consolidaba la vocación independiente de Portugal.

e. Los Reyes Católicos (1474-1516)

• Organizaron un **estado unitario** e impusieron la **unidad religiosa** : creación de la Inquisición, expulsión de los judíos (1492), conversión forzosa de los mudéjares (los moriscos).

Vista general de la Mezquita de Córdoba

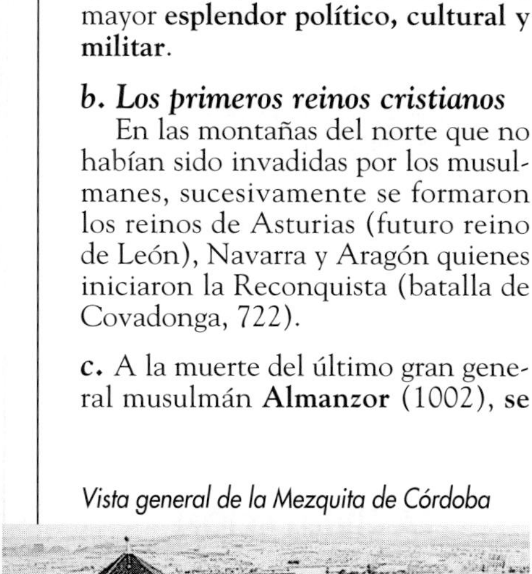

Escudo de los Reyes Católicos

En su política exterior buscaron alianzas (Inglaterra y el Imperio alemán) para **aislar a Francia**, su principal enemigo (cf. las guerras de Italia).

• El **12 de octubre de 1492, Cristóbal Colón**, creyendo llegar a las Indias, **descubrió América**.

En 1494 se firmó el **Tratado de Tordesillas** : España y Portugal se repartían las tierras recién descubiertas y por descubrir. La creación de la **casa de Contratación** ya en 1503 para la administración, control del comercio, navegación y riquezas del Nuevo Mundo muestra el interés que dedicaron los Reyes Católicos a las Indias Occidentales (cf. p. 249).

• Tras la muerte de Fernando el Católico (1516), los reinos de España pasaron a su nieto Carlos, hijo de Juana la Loca y Felipe el Hermoso de Alemania, que, tras la **regencia del Cardenal Cisneros**,

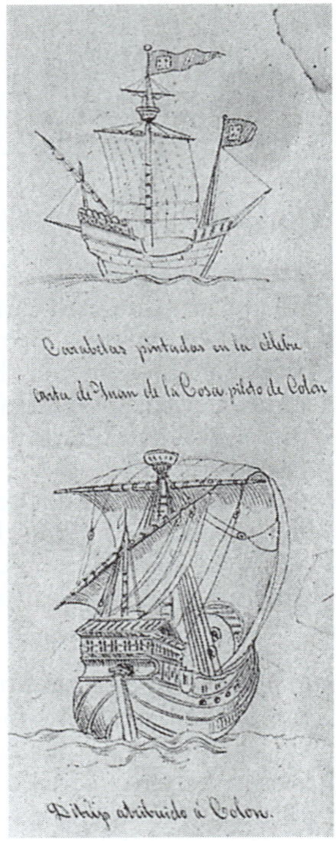

llegó de Flandes, reinando bajo el nombre de Carlos I de España (el futuro emperador Carlos V –Quinto– de Alemania en 1519 –cf. p. 223–).

LA CIVILIZACIÓN

1. El aporte musulmán

En la agricultura, los árabes **mejoraron las técnicas de regadío** (introdujeron la noria) y difundieron muchos **cultivos nuevos** (arroz, caña de azúcar, algodón, frutales –en particular naranjos–, etc.).

Muy brillante fue la vida urbana,

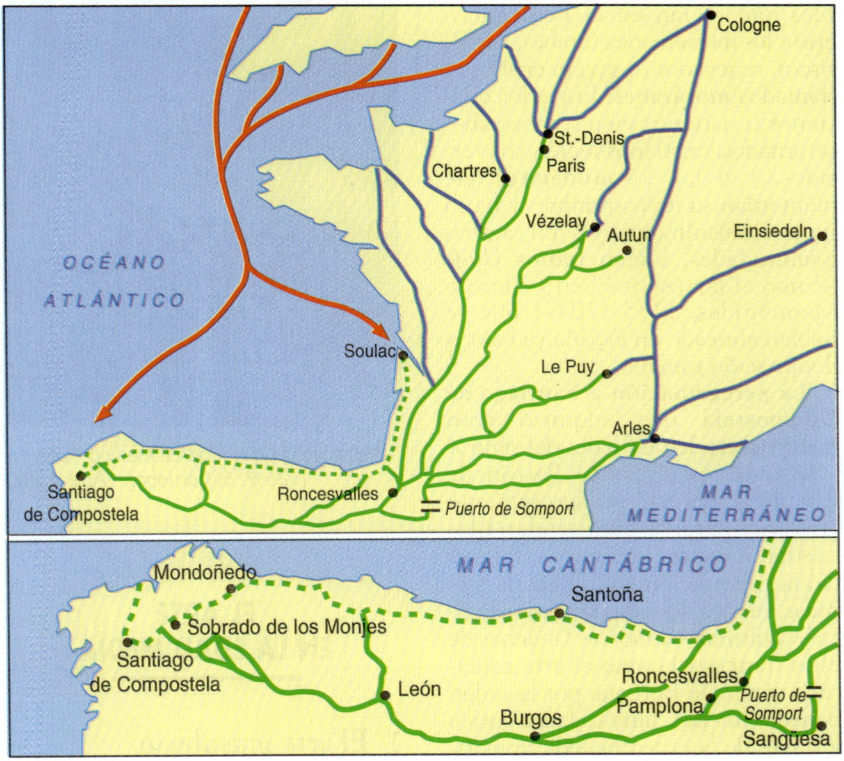

El camino de Santiago

con una cuidada urbanización (calles empedradas, alcantarillado *–système d'égouts–*) y una **rica artesanía** (objetos de cuero, de bronce, metales preciosos, tejidos de lujo, armas –las famosas espadas–, alfarería *–poterie–*).

Se establecieron grandes rutas de **comercio** que comunicaban a la Península con todo el Mediterráneo, el Mar Rojo y el Océano Índico. **En el campo cultural**, gracias a las traducciones de los sabios musulmanes, se transmitió gran parte del saber griego, que se había perdido en Occidente con la invasión de los bárbaros (filosofía, matemáticas, medicina, etc. –**Averroes**, 1126-1198–).

Las escuelas, bibliotecas (la de Córdoba), la poesía, la arquitectura y las artes (véase más abajo el arte musulmán) conocieron una verdadera edad de oro hasta finales del siglo XII.

2. La convivencia de culturas

La Reconquista no impidió, porque duró siglos, la convivencia (cohabitación) de los distintos pueblos que vivían en la Península : entre los musulmanes (árabes, berberiscos, renegados...) vivían cristianos llamados **mozárabes**. Entre los cristianos (cristianos viejos, mozárabes retornados, cristianos recién convertidos...) vivían los **mudéjares** que mantenían su fe, costumbres y hasta jueces musulmanes. Y en ambas comunidades, vivían **judíos** (*Juifs* –como el famoso médico y fílosofo Maimónides, 1135-1204–) que se habían afincado en España ya bajo la dominación romana.

La peregrinación a Santiago de Compostela que adquirió gran importancia desde finales del siglo X –Santiago es el Santo Patrón de España y apareció milagrosamente en varias batallas para ayudar a los cristianos contra los moros–, favoreció la penetración en España de técnicas, modos de vida, formas artísticas y culturales europeas (muchas de ellas francesas) como el arte románico traido de Borgoña por la orden benedictina de Cluny y el arte gótico a través de la orden benedictina cisterciense *(de Cîteaux)*.

Mezquita de la ciudad de Medina Azahara (936-976, Córdoba) – Arte califal.

EL ARTE EN LA EDAD MEDIA

1. El arte musulmán

• **El arte musulmán** es un arte esencialmente **decorativo**, de gran complejidad y delicadeza.

Los materiales utilizados en la construcción solían ser pobres (como el **ladrillo** *–brique cuite–* o el adobe *–brique crue–*) pero se recubrían con **azulejos** *–faïence–* en la parte inferior

Los peregrinos llevaban un bordón (un bâton de pèlerin) *y, cosida en la capa y el sombrero, una concha* (une coquille Saint-Jacques).

El patio de los leones de la Alhambra de Granada – Arte nazarí.

y placas de **yeso esculpido** *–plâtre sculpté–* y pintado en las partes superiores. El decorado adoptaba **formas vegetales o geométricas**, incluyendo frases en caracteres arábigos que corrían alrededor de puertas y ventanas, enmarcándolas. El arco más empleado fue el **arco de herradura** *–arc en fer à cheval–* pero adoptó una gran variedad de formas.

De la época musulmana, nos quedan magníficos monumentos ; los más conocidos son :

– en **Córdoba : la Mezquita** y las ruinas del palacio de Medina Azahara (s. VIII al X) ;

– en **Sevilla : el Alcázar, la Giralda** que era el alminar (el minarete) de una antigua mezquita (s. XII) y **la Torre del Oro** (s. XIII) ;

– en **Granada** : los palacios de **la Alhambra** y el Generalife (s. XIV-XV). Estos edificios, con sus olorosos **jardines** interiores, el **agua** omnipresente en los patios y en las mismas salas, la abundancia y delicadeza de la decoración, sugieren una vida de gran refinamiento *(grand raffinement)*.

El arte mudéjar (s. X a XVI) deriva del arte árabe. Se llamaba mudéjares a los musulmanes que vivían bajo dominación cristiana.

Toledo fue la ciudad de las tres religiones (judía, árabe y cristiana) ; buena muestra de ello es la Sinagoga del Tránsito, de estilo mudéjar, construida en 1366 para Samuel Levi, el famoso tesorero del rey don Pedro. El decorado es de estilo árabe : arco lanceolado con marco lobulado. Ventanas ciegas o tapadas por una reja de madera. Profusa ornamentación (arabescos y motivos geométricos). Uso de la escritura –aquí hebrea– como motivo didáctico y decorativo. Esta sinagoga, como muchas otras, se transformó en iglesia tras la expulsión de los judíos en 1492.

Torre de San Pedro (Teruel) : esta torre es de estilo mudéjar (construida por arquitectos musulmanes que vivían en territorio cristiano) : se empleó el ladrillo –brique– y se ornamentó con gran profusión de azulejos –faïence– de variados colores, según una organización que se inspiraba en el decorado musulmán.

2. El arte románico (siglos XI, XII, XIII)

Las iglesias románicas son edificios generalmente macizos, de muros anchos y ventanas estrechas. Sólidos contrafuertes soportan la **bóveda de medio cañón** *(voûte en plein cintre)* que sustituye el antiguo tejado de madera. El **arco es de medio punto** (semi-circular). La puerta central suele ofrecer una serie de arcos de tamaños (dimensiones) decrecientes llamados arquivoltas.

Catedral de Zamora (cúpula románica)

Panteón decorado con frescos románicos (de finales del siglo XI, Colegio San Isidro)

La escultura se desarrolló sobre todo en las portadas y capiteles de las iglesias y en los claustros. Lo mismo que **la pintura**, realizada al fresco sobre los muros de las iglesias, tenía una función didáctica (de enseñanza). La figura humana, casi siempre vista de frente, se reduce a esquemas *(schémas)* fácilmente inteligibles, a gestos **simbólicos**. No se trata tanto de representar la apariencia de las cosas como de imponer lo sagrado (tradición bizantina), aunque de modo realista en numerosos casos.

Catedral de Burgos (arte gótico)

Las iglesias, de piedra, suelen tener una fachada *(façade)* con tres portadas y un rosetón *(rosace)* encima de la puerta central. Las torres se terminan en flechas o agujas caladas *(flèches ou aiguilles ajourées)*. Se multiplican las **vidrieras** *(les vitraux)* que van sustituyendo las antiguas pinturas al fresco.

En este período, se construyeron las catedrales de **Burgos, León** y **Toledo** en Castilla, y las catedrales de **Barcelona, Gerona**, y **Palma de Mallorca** en el reino de Aragón.

• **La escultura** gótica dota a sus figuras de expresión humana (dolor, alegría...). Adquieren importancia las Vírgenes, los Cristos que sufren en el Calvario y los numerosos santos.

Las esculturas pueden ser estatuas solas o sepulcros o aparecer en los

3. El arte gótico

• El arte gótico predominó en los tres últimos siglos de la Edad Media (XIII, XIV, XV).

Su gran novedad reside en el empleo de la **bóveda de aristas** (*voûte d'arête, croisée d'ogive*) que, descargando su peso ya no en las paredes sino en los pilares, disminuye el empuje *(la poussée)*, permite multiplicar los vanos (*–les ouvertures–* arco ojival) y con la ayuda del arbotante *(arc boutant)* aumentar considerablemente la **altura y elegancia** de las naves. **El arco es ojival.**

Virgen con el Niño (escultura gótica ; Colegiata de Santa María la Mayor, Toro - Zamora)

Claustro de San Gregorio, Valladolid (arte isabelino)

retablos (detrás del altar) o en la sillería (en el coro).

En la baja Edad Media, en **música**, se desarrolla la **polifonía** : se combinan diversas líneas melódicas independientes.

• **Bajo los Reyes Católicos, el arte isabelino**, arte de **síntesis entre el gótico, el mudéjar y el italianismo,** se caracteriza por la **abundante decoración** que invade las fachadas, los patios, los retablos (artistas más famosos : Juan Guas y Gil de Siloé).

LA LITERATURA EN LA EDAD MEDIA

1. Tendencias generales

En la alta Edad Media fue cuando nacieron, con la división de la Península en varios reinos, unos dialectos de origen latino de los que se derivarían las **lenguas romances** (gallego, leonés, castellano, navarro-aragonés, catalán y mozárabe) que iban a sustituir el latín en la literatura.

Los principales géneros literarios fueron los mismos que en el resto de Europa : **la epopeya** y **la poesía religiosa**, o sea los relacionados con las clases sociales dominantes (aristocracia guerrera, clero moralizador). Cuando, con la urbanización del siglo XIII, se desarrolló la burguesía, aparecieron el cuento y la sátira, más afines a la moral práctica de esta nueva clase social.

2. La epopeya

La primitiva **poesía épica** tuvo un carácter exclusivamente **oral** –se cantaba y recitaba–, anónimo y colectivo, es decir sin autor conocido, enriqueciendo cada **juglar** a su gusto los versos que recitaba. La más conocida es el ***Poema de Mio Cid*** (s. XII) que cuenta las hazañas de Rodrigo Díaz de Vivar, el Cid Campeador (héroe histórico del siglo XI –cf. Lectura).

El Cid Campeador

Los temas épicos inspirados en episodios de la Reconquista se mantuvieron largo tiempo en la literatura española (cf. el Romancero y el teatro del Siglo de Oro, Lope de Vega).

Por supuesto, la figura de los héroes sufrió algunas alteraciones a lo largo de los siglos : así **el Cid** es un vasallo leal, un fiel esposo y un buen padre en el *Poema de Mio Cid* o *El Cantar* (s. XII), un héroe y un santo en la Primera Crónica (s. XIII), un joven guerrero en la *Segunda Crónica* (s. XIV) donde la boda con Jimena compensa el homicidio del padre de ésta, un héroe fanfarrón y brutal en el Romancero (s. XIV), un joven caballero defensor del honor paterno en conflicto con su propio amor en *Las Mocedades del Cid* de Guillén de Castro (s. XVII).

3. El mester de clerecía

Se trata de una **poesía culta** hecha por los clérigos que pretendían dar a conocer leyendas antiguas traducidas de viejos códices. Su más destacado representante es **Gonzalo de Berceo** (s. XIII).

4. Alfonso X el Sabio y la afirmación del castellano

En el **siglo XIII**, este rey supo atraer a su corte a los mejores sabios de su tiempo, sin diferencias de religión o raza. Gracias a la colaboración de letrados judíos, musulmanes, castellanos, italianos etc., se redactó una especie de enciclopedia de la cultura de la época (*Las Partidas*, la *Crónica General*) ilustrada con miniaturas maravillosas y por primera vez en lengua vulgar –el castellano y no el latín–, cuya ortografía quedó así estabilizada. También escribió este monarca unas *Cantigas*, poemas, en gallego.

5. El siglo XIV

• *El libro de Buen Amor*, de Juan Ruiz, Arcipreste de Hita reúne a la vez las características del mester de clerecía (empleo de la cuaderna vía –*quatrain d'alexandrins monorimes*–, propósito moralizador) y de la poesía juglaresca (estilo popular, rápido y espontáneo ; abundancia de refranes) ; pero al contrario de la literatura de los siglos anteriores se presenta como una autobiografía. Por su humorismo y su apego a la vida (*son amour de la vie*), por la creación del tipo de Trotaconventos (que, como lo dice humorísticamente su nombre, es una señora que facilita los amores ilícitos), *el Libro de Buen Amor* anuncia *La Celestina* y la explosión sensual del Renacimiento (cf. Lectura).

Miniatura de Las Cantigas : *Alfonso el Sabio y sus colaboradores*

• **Don Juan Manuel**, sobrino de Alfonso X de Castilla, fue el primer escritor castellano con conciencia del valor literario de su obra. Escribió ficciones a menudo basadas en el "**ejemplo**" (anécdota breve de intención moralizante) que ilustraban su propósito didáctico (de enseñanza moral). *El libro del Conde Lucanor* es su obra maestra.

6. El siglo XV

En el siglo XV, bajo la influencia italiana (Dante, Boccaccio, Petrarca), se desarrolló una literatura refinada y cortesana.

• **Jorge Manrique** (1440?-1479) : "Coplas por la muerte de su padre...". El poeta subraya la fugacidad de lo terreno y la primacía de lo eterno en unos versos flexibles llenos de bellísimas imágenes. Cualquier español es capaz de citar algunos versos de esta magnífica obra (cf. Lectura) :

> "Nuestras vidas son los ríos
> que van a dar en la mar
> que es el morir."

• Los nuevos gustos también se dan paso en el Romancero. Según ciertos críticos, los primeros romances fueron breves fragmentos sacados de los cantares de gesta *(chansons de geste)*. Están escritos en versos octosilábicos (de 8 sílabas) con asonancia en los pares. De su carácter oral da fe la gran cantidad de variantes que presenta cada uno de los romances.

Luego aparecieron romances eruditos, artísticos, etc. al lado de los romances viejos. Éstos siguieron conociendo un gran éxito pues fueron utilizados ampliamente por los dramaturgos del Siglo de Oro (Lope de Vega), los románticos (Duque de Rivas) y los poetas del siglo XX (García Lorca y Gerardo Diego).

• En la prosa, los ideales refinados de amor y esfuerzo heroico originaron la novela sentimental (cf. el *Roman courtois* en Francia) y los libros de caballerías. El más conocido fue ***Amadís de Gaula***, cuyo protagonista, héroe victorioso de caballeros, gigantes y encantadores, aparece como prototipo de la fidelidad amorosa a su dama (Oriana) y del heroismo caballeresco, paladín de la justicia y de los oprimidos.

• En 1502, la ***Tragicomedia de Calisto y Melibea***, posteriormente llamada ***La Celestina***, de Fernando de Rojas, es la primera obra de teatro moderna y saca a escena el amor imposible y trágico entre dos nobles jóvenes Calisto y Melibea, favorecido por la alcahueta *(l'entremetteuse)* Celestina. La vida humana aparece dominada por el azar y el hombre es arrastrado por fuerzas contra las que no puede luchar. Los personajes dejan una impresión de gran autenticidad en sus sentimientos y su forma de expresarlos (cf. Lectura).

Gracias a los **Reyes Católicos** y más aún a **Cisneros**, se difundió rápidamente por toda España el **humanismo** y el renacimiento. El Cardenal Cisneros fundó la Universidad de Alcalá donde **Antonio de Nebrija** realizó por primera vez en el mundo una biblia (la *Políglota*) en cuatro idiomas : caldeo *(chaldéen)*, hebreo, griego y latín. También redactó Nebrija la primera **gramática castellana** (1492) para facilitar un instrumento de gobierno al poder central.

El Cantar de Mio Cid (siglo XII)

Era de ver tantas lanzas subir y bajar,
tanta adarga[1] horadar[2] y traspasar[3],
tanta loriga[4] romper y desmallar,
tantos pendones[5] blancos, rojos en sangre tornar,
tantos caballos briosos sin sus jinetes andar.
Los moros gritan ¡Mahoma!, ¡Santiago! los de Vivar.
Por el campo iban cayendo, en un poco de lugar,
moros alanceados[6] mil y trescientos ya.

1. *bouclier de cuir*
2.3. *percer de part en part*
4. *cotte de mailles*
5. *bannières*
6. *transpercés par les lances*

Esta poesía solía ser **declamada por juglares :** este carácter oral se nota en la forma de avivar el interés ("era de ver"), en las palabras que repiten la misma idea (por ej. "horadar y traspasar").
Son típicos **del estilo épico** el **dinamismo** (frases sencillas con pocos adjetivos y muchos verbos de acción) y el **efectismo** (acumulación y anáforas, exageración : "tanta", "mil y trescientos") ; pero nunca se llega a los extremos inverosímiles de un Roldán (en *La chanson de Roland* francesa) medio muerto causando pavor a 40.000 moros o partiendo en dos, de un solo golpe de su espada, al jinete enemigo y su caballo.

Juan Ruiz, *El Libro de Buen Amor* (1330)

Al llegar la Cuaresma (periodo de ayuno –jeûne–*) que precede la Semana Santa (Pascuas), luchan los ejércitos de don Carnal, partidario de la vida alegre sin privaciones, y doña Cuaresma.*

El primero de todos que hirió[1] a don Carnal
fue el puerro cuelloalbo[2] e hiriólo muy mal.
Vino luego en ayuda la salada sardina,
hirió muy reciamente a la gruesa gallina[3],
atravesósele en el pico, ahogóla aina[4],
después a don Carnal falseó la capellina[5].
Andaba ahí el atún[6] como un bravo león.
Hallóse con don Tocino[7], díjole mucho baldón[8].
Si no por la Cecina[9], que le desvió el pendón[10],
diérale a don Lardo por medio del corazón.

1. herir : *blesser*
2. *le poireau au col blanc*
3. *la grosse poule*
4. *l'étouffa à l'instant*
5. *fit tomber le casque*
6. *le thon*
7. *Sire Lard*
8. *outrage*
9. *la Boucanée (viande fumée)*
10. *la bannière*

¿Qué género poético parodia aquí Juan Ruiz?

Jorge Manrique, *Coplas por la muerte de su padre* (1476)

Recuerde[1] el alma dormida
Avive el seso[2] y despierte
contemplando
cómo se pasa la vida
cómo se viene la muerte
tan callando. [...]

Nuestras vidas son los ríos
que van a dar en la mar
que es el morir :
allí van los señoríos[3]
derechos a se acabar
y consumir ;

allí los ríos caudales[4]
allí los otros, medianos
y más chicos[5] ;
allegados[6] son iguales
los que viven por sus manos
y los ricos...

¿Qué se hizo[7] el rey don Juan?
Los infantes de Aragón
¿Qué se hicieron?
¿Qué fue de tanto galán?
¿Qué fue de tanta invención
como trajeron?

No gastemos tiempo ya
en esta vida mezquina
por tal modo,
que mi voluntad está
conforme con la divina
para todo ;

y consiento en mi morir
con voluntad placentera[8]
clara y pura,
que querer hombre vivir
cuando Dios quiere que muera
es locura.

1. despierte
2. *l'esprit*
3. *les seigneuries*
4. *abondants*
5. pequeños
6. reunidos
7. *Qu'est devenu*
8. *de bon gré*

Compare esta elegía con la *Ballade des dames du temps jadis* de F. Villon (*"Mais où sont les neiges d'antan?"*). Aclare su intención moral. Compárela con el mensaje (tema del "Carpe diem") que, un siglo más tarde, sacarán los poetas renacentistas del mismo tema de la fugacidad de lo terreno (Garcilaso de la Vega, Ronsard, cf. pp. 228 y 234).

Fernando de Rojas, *La Celestina* (1499)

Entrando Calisto en una huerta en busca de su halcón[1], halló ahí a Melibea, de la que se quedó enamorado; pero ésta, enojada, lo despidió y vuelve el joven a su casa donde lo espera su criado Sempronio.

SEMPRONIO : ¿Tú no eres cristiano?
CALISTO : ¿Yo? Melibeo soy, y a Melibea adoro, y en Melibea creo, y a Melibea amo.
[...]
SEM. : Porque no te desesperes, yo quiero tomar esta empresa de cumplir tu deseo.

1. *son faucon*

CAL. : ¡O, Dios te dé lo que deseas! Qué glorioso me es oírte, aunque no espero que lo has de hacer.
SEM. : Antes[2] lo haré cierto.
CAL. : Dios te consuele. El jubón de brocardo[3] que ayer vestí, Sempronio, vístetelo tú.
SEM. : (*Aparte*) Prospérete Dios por éste, y por mucho más que me darás. De la burla, yo me llevo lo mejor. Con todo, si destos aguijones me da[4], traérsela he hasta la cama.
CAL. : ¿Cómo has pensado hacer esta piedad?
SEM. : Yo te lo diré. Días ha grandes que conozco en fin desta vecindad una vieja barbuda que se dice Celestina, hechicera[5], astuta, sagaz en cuantas maldades hay. Entiendo que pasan de cinco mil virgos[6] los que se han hecho y deshecho por su autoridad en esta ciudad. A las duras peñas promoverá y provocará a lujuria si quisiere[7].
CAL. : ¿Podríala yo hablar?
SEM. : Yo te la traeré hasta acá.

2. *au contraire*
3. *le pourpoint de brocart*
4. *si c'est ainsi qu'il m'aiguillonne*
5. *sorcière*
6. *plus de cinq mille pucelages*
7. *si elle le voulait, elle ferait bouger les pierres pour les inciter à la luxure.*

La pasión de Calisto, al imitar el "credo" cristiano, se expresa de forma herética y muestra la locura amorosa del joven. Es de advertir que las relaciones entre el noble y su criado ya no son las que unían al caballero medieval y su paje : lo que mueve a Sempronio es la posible ganancia (el jubón que le da su amo y lo "mucho más que me darás") : en la sociedad urbana renacentista, el honor ya no guía las acciones. Por eso el criado le aconseja a Calisto que acuda a los servicios de Celestina, alcahueta *(entremetteuse)* hechicera, gracias a la cual los amantes saciarán el ardor de sus cuerpos jóvenes. También el amor ha cambiado de signo.

EL SIGLO DE ORO

Siglos XVI y XVII

Se llama **Siglo de Oro** *el periodo muy brillante en España de los siglos XVI y XVII.*

EN EL MUNDO

El ***siglo XVI*** *es el siglo de las* ***grandes transformaciones :*** *la invención de la imprenta por Gutenberg en 1440 permite la difusión de la cultura y el progreso de las ciencias.*
Se descubren nuevas tierras, *lo que favorece el* ***enriquecimiento de la burguesía.*** *Pero tanto el siglo XVI como el siglo XVII quedan ensombrecidos por las* ***guerras de religión.***

EN ESPAÑA

España es la gran defensora de la religión católica, *con su famoso Tribunal de la Inquisición.*
La dinastía de los ***Habsburgo*** *reina sobre las* ***inmensas posesiones*** *españolas en Europa y América. Pero las* ***continuas guerras*** *arruinan el país que pierde en el siglo XVII los Países Bajos, Rosellón y Portugal. En la propia España, se suceden los levantamientos* (les soulèvements).
Al auge económico (l'essor économique) *del siglo XVI, sucede la crisis del siglo XVII.*

EL ARTE

• ***Al arte en el siglo XVI***
El ***arte renacentista,*** *que encuentra su inspiración en la Grecia y Roma clásicas, predomina en el siglo XVI.*
De él se deriva el ***arte plateresco,*** *muy decorativo (Universidad de Salamanca). En la segunda mitad del siglo, el* ***estilo herreriano*** *es más austero (Monasterio de El Escorial).*
En pintura, ***El Greco*** *pinta escenas religiosas de figuras alargadas y gran espiritualidad.*

• ***El arte en el siglo XVII***
El siglo XVII es el siglo del ***arte barroco,*** *de la fastuosidad, del gusto por la ornamentación, el movimiento, los juegos de luces.*
Los artistas más famosos son el arquitecto J. de Churriguera, el escultor Gregorio Fernández, los pintores ***Zurbarán, Murillo,***

Velázquez : *su inspiración ya no es sólo religiosa sino también realista y popular.*

LA LITERATURA

• ***En el siglo XVI, la literatura renacentista*** *se caracteriza por su* ***estilo sencillo y elegante.***

Los poetas más famosos son ***Garcilaso de la Vega*** *y* ***Fray Luis de León.***

Contrastando con las ***novelas de caballerías,*** *las refinadas* ***novelas pastoriles*** *y la* ***literatura mística*** *(religiosa), se publica en 1554 la primera* ***novela picaresca : "La vida de Lazarillo de Tormes",*** *en la que un pícaro* (un fripon), *antihéroe ladrón* (voleur) *y de bajo origen social, cuenta sus aventuras.*

• ***A finales del siglo XVI y durante el siglo XVII,*** *la alegría optimista del Renacimiento da paso al* ***desengaño*** (le désenchantement) *pesimista del* ***barroco.***

Lo mismo que en el arte, en literatura también se ve el gusto barroco por ***la ornamentación, los contrastes, la complicación*** *(****Góngora, Quevedo,*** Gracián*).*

En el ***teatro,*** *la nueva comedia no respeta las unidades, mezcla lo trágico y lo cómico y crea la figura del criado* (le valet) *gracioso : los autores más conocidos son* ***Lope de Vega, Tirso de Molina*** *y* ***Calderón.***

Pero el autor más famoso del Siglo de Oro es ***Cervantes, autor de*** *la novela* ***"El Quijote".***

LOS SIGLOS XVI Y XVII EN EUROPA

1. **La Europa del siglo XVI** es muy diferente de la de los siglos anteriores.

• La población ha aumentado y el crecimiento de las ciudades ha sido considerable.

• **Nace el capitalismo**, desarrollándose la industria artesanal y el comercio.

• La navegación conoce grandes progresos técnicos que fomentan el comercio y posibilitan el **descubrimiento de nuevas tierras**.

• Los monarcas consiguen poco a poco imponer su autoridad sobre los nobles, concentrando en sus manos todo el poder político.

• Con el Renacimiento, se desarrolla el Humanismo. Gracias a la imprenta, inventada por Gutenberg en 1440, se difunden las ideas. Progresan las ciencias **(Copernico)**, las artes (especialmente en Florencia, Roma y Venecia : Brunelleschi, Donatello, **Miguel Ángel**, Rafael, **Leonardo da Vinci**, Tintoretto, Veronés ; en Flandes y Alemania : El Bosco, Brueghel, Durero), las letras (**Erasmo** de Rotterdam, el francés Rabelais, el inglés Tomás Moro). Se edifican los castillos del Loira (Blois, Chambord, Chenonceaux...).

• El siglo XVI también estuvo marcado por la **división religiosa : reforma de Martín Lutero** (excomulgado por el Papa en 1520), de Calvino. Creación de la **iglesia anglicana** por el rey Enrique VIII. Para luchar contra la extensión del protestantismo, el Papa convocó el **Concilio de Trento** (1545) al que encargó llevar a cabo la **Contrarreforma**. Reforzada por la voluntad de poder de los Reyes, se desarrolló una profunda intolerancia religiosa en Europa que se vio asolada *(ravagée)* por las **guerras de religión (Guerra de los Treinta Años** : 1618-1648).

2. **En el siglo XVII**, Francia le quitó a España el puesto de primera potencia de Europa gracias a la política de los cardenales **Richelieu** y **Mazarino**. Bajo el reinado de **Luis XIV** triunfó el **mercantilismo** (desarrollo de las manufacturas, protección aduanera, creación de sociedades por acciones, bolsas y bancos, imperios coloniales potentes). El gran auge (desarrollo) comercial de **Holanda** y de **Inglaterra** (y de sus Compañías de las Indias Orientales) convirtió a estas naciones en centros de las finanzas mundiales y permitió el enriquecimiento de la **burguesía que fue adquiriendo un gran poderío**.

• Con el **empirismo** (investigación, observación, experimentación), progresó de forma extraordinaria la **ciencia** (Bacon, **Descartes**, Kepler, **Galileo**, Torricelli, Pascal, Newton).

• La literatura alcanzó niveles muy altos sobre todo en el **teatro (Molière, Corneille, Racine, Shakespeare)**.

• Triunfó el **barroco** en las artes (**Bernini y Caravaggio en Italia ; Rubens**, Van Dyck, **Rembrandt**, Vermeer en los Países Bajos ; la galería de los Espejos en **Versalles**) y la música (nacieron la ópera –Monteverdi y **Scarlatti**–, el ballet, la sonata). Fue la época del órgano, del clavicordio *(le clavecin)* y del violín (Stradivarius).

EL SIGLO DE ORO EN ESPAÑA

1. Con la muerte de Fernando el Católico, la Casa de Austria (los **Habsburgo**) accedió al trono de España en la persona de **Carlos** (Primero de España, Quinto de Alemania). Éste abdicó en su hijo **Felipe II**, el cual no heredó los territorios de los Habsburgo pero consiguió subir al el trono de Portugal (1580).

Los monarcas que reinaron a lo largo del siglo XVII dejaron el poder en manos de nobles favoritos : los **validos (Conde-Duque de Olivares)**.

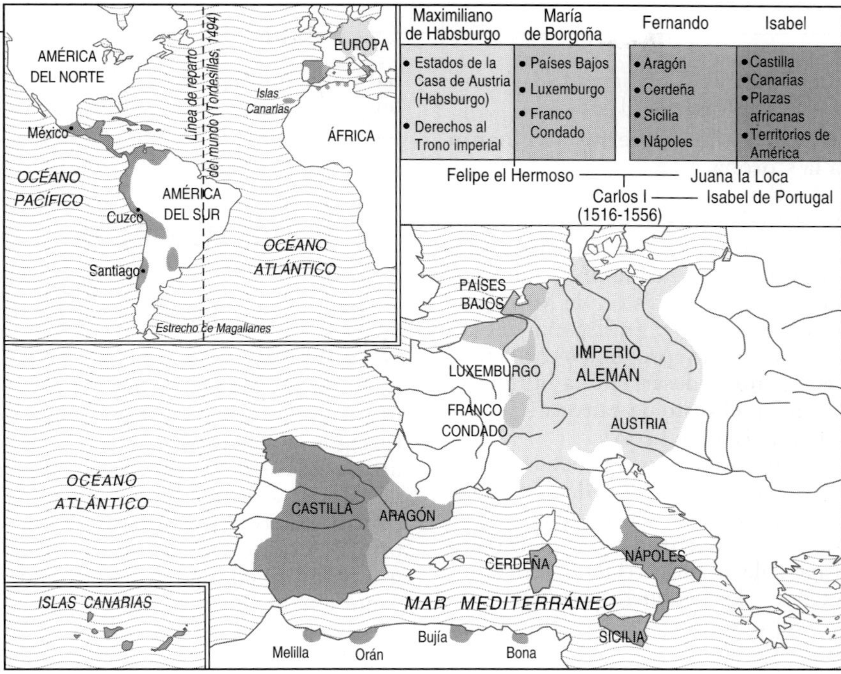

La herencia de Carlos I

2. Política exterior

• España desarrolló la colonización de América (cf. pp. 249-253).
• Sus extensas posesiones hicieron de **España la potencia más importante de Europa en el siglo XVI**. Para mantener su hegemonía, tuvo que sostener **continuas guerras con los países europeos** (cinco guerras con **Francia** : victoria de Pavía en 1525 en la que cayó prisionero el rey Francisco I ; batalla de San Quintín 1557).
• También luchó contra el expansionismo **turco** de **Solimán el Magnífico** (batalla de Lepanto en la que Cervantes perdió el brazo, 1571).
• Pero la **"Armada Invencible"** fue derrotada por la flota inglesa en 1588.

Durante **el siglo XVII, España perdió gran parte de sus posesiones en Europa** (Países Bajos y Portugal).

3. Política interior

• España tuvo que hacer frente a **numerosas sublevaciones** *(révoltes)* :
– Carlos I venció las **Comunidades de Castilla** (1521).
– Bajo el reinado de Felipe II, los flamencos se rebelaron, así como los **moriscos** (moros bautizados) de las Alpujarras (Andalucía).
– La política fiscal del **Conde-Duque de Olivares**, privado del rey Felipe IV, provocó **levantamientos en Cataluña, Aragón, Nápoles y Sicilia. Se perdieron los Países Bajos** (1648), el Rosellón *(le Roussillon)*, la

Cerdaña *(la Sardaigne)*, el Artois (1659) y **Portugal** (1665).

• **Las continuas guerras arruinaron a la Corona.**
– La Península, menos poblada que el resto de Europa, vio **disminuir su población activa** con la emigración a América, el considerable aumento del clero, la expulsión de los moriscos (1605-1609). En España, debido en particular a prejuicios socio-religiosos, **no se desarrolló la burguesía como en el resto de Europa** (cf. Lectura : F. Luis de León).
– El abundante oro procedente de América provocó la **inflación**, agravando la crisis económica, originando el desinterés por el trabajo (agrícola o industrial), y enriqueciendo a los banqueros, comerciantes y manufacturas de los países del norte de Europa.
Se multiplicaron los vagabundos y pícaros ladrones.

• España, convertida por Carlos I en **defensora del Catolicismo** (en 1530, Ignacio de Loyola fundó la **Compañía de Jesús** –los jesuitas–), fue sometida al duro control del **Tribunal de la Inquisición** y a la terrible ley de la **limpieza de sangre** (para tener honra, era necesario probar que no se tenía sangre judía ni mora).

EL ARTE EN ESPAÑA

1. El arte en el siglo XVI : el Renacimiento

a. En **arquitectura**, los edificios se inspiran en los modelos antiguos (griegos y romanos) con fachadas distribuidas simétricamente a partir de la puerta principal que ocupa el centro. Puertas y ventanas se amplían ; encima, suele adornarles un frontón triangular o circular. También se ven columnas y frisos. Muchas iglesias tienen cúpula. A la verticalidad gótica, sucede el equilibrio y la horizontalidad.

Al principio del siglo, predominó el **estilo plateresco**, cuyas fachadas presentan una variada y rica decoración que imita los trabajos de orfebrería de los plateros.

En la segunda mitad del siglo, desaparece la decoración en los edificios monumentales y austeros de **estilo herreriano** (del nombre del arquitecto Juan de Herrera).

b. En **escultura**, se desarrolla la talla (escultura de madera) policromada y dorada tan característica de España. Los artistas más famosos son **Alonso Berruguete** y **Juan de Juni** cuyas figuras llaman la atención por su dramatismo.

Fachada plateresca de la Universidad de Salamanca

Monasterio de El Escorial, mandado construir por el rey Felipe II. Estilo herreriano

Dominan las líneas curvas, las columnas retorcidas, los frontones partidos.

José de Churriguera fue el arquitecto que más influyó en la arquitectura barroca de finales del siglo XVII y parte del XVIII. Dentro de las iglesias, los retablos de estilo churrigueresco se caracterizan por una **profusa ornamentación** : las columnas retorcidas se cubren de pámpanos y vid *(de pampres et de grappes)*, abunda el oro, se multiplican los espejos que reflejan la luz divina. El **dinamismo** de las formas ayuda al creyente a elevarse hacia Dios, siendo la magnificencia de la iglesia pálido reflejo del resplandor divino. Los temas escultó-

c. En **pintura** destaca Domenico Teotocopulos, **El Greco** : nacido en Creta (de ahí su apodo el Greco), se formó en Italia y se instaló en Toledo. Sus pinturas se inspiran sobre todo en temas religiosos y se caracterizan por sus figuras alargadas y estilizadas, el tratamiento de la luz y el empleo de colores vivos muy característicos que confieren a sus lienzos dinamismo y espiritualidad.

El Greco, Adoración de los pastores

2. El arte en el siglo XVII : el Barroco

a. En **arquitectura** siguió dominando el estilo herreriano durante la primera mitad del siglo. Pero a este arte geométrico y frío muy equilibrado sucedió el **arte barroco** mucho más apasionado y dinámico, con complicada decoración de las fachadas y del interior de los edificios.

Plaza Mayor de Salamanca. El estilo barroco siguió teniendo mucho éxito en el s. XVIII.

Gregorio Fernández, Cristo yacente (paso)

ricos son aquellos mismos que negaban los protestantes : la Virgen, los santos, los sacramentos. El arte barroco religioso es un estilo al servicio de la Contrarreforma (cf. Lectura : Fray Luis de Granada).

b. La **escultura** barroca española continúa desarrollando el arte de la talla, pero acentuando el carácter patético y realista de sus imágenes, las cuales eran sacadas en procesiones (los **"pasos"** de Semana Santa). El principal "imaginero" (escultor) fue **Gregorio Fernández**.

c. La pintura barroca española se orientó hacia el realismo y el estudio de la luz. **Zurbarán** se inspiró en temas religiosos. También pintó bodegones (naturalezas muertas) ; sus "blancos" son característicos.

Típicas del arte lleno de gracia de **Murillo** son sus "Inmaculadas" (cuadros de colorido suave que representan a la Virgen encaramada en el cuerno de la luna). Pero también pintó escenas realistas y populares como pícaros.

Velázquez fue, sin lugar a dudas, el maestro del realismo español. Pintó temas mitológicos e históricos, paisajes, retratos de nobles, mendigos y bufones. Su técnica de la luz, su dominio de los colores y su arte de la composición dan a sus cuadros una gran profundidad, una impresión de realidad y de vida captada a través del instante.

Zurbarán, Aparición de San Pedro a San Pedro Nolasco

Murillo, Nuestra Señora de la Inmaculada Concepción

Esopo. *El arte de Velázquez confiere nobleza al mendigo*

d. La **música** conoció un gran desarrollo. La polifonía (canto a varias voces) alcanzó su mayor intensidad con Tomás Luis de Vitoria. La música instrumental (A. de Cabezón, s. XVI ; J. Cabaniles s. XVII) fue predominando en el siglo XVII sobre la vocal.

Las Meninas : *Por el juego de las miradas, de las diferentes perspectivas que se abren (puerta, espejo), el espectador está incorporado al cuadro.*

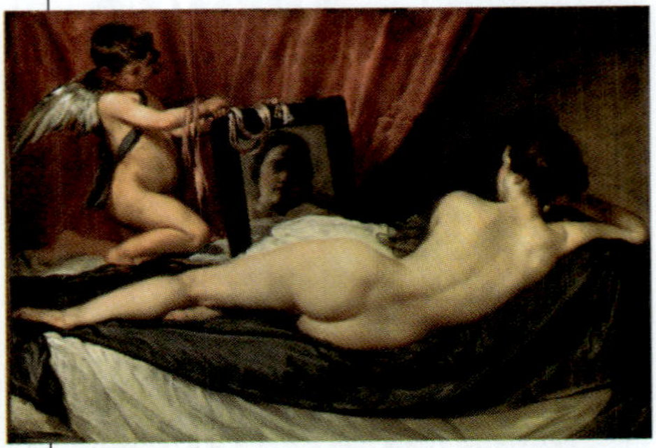

Velázquez, Venus del espejo

LA LITERATURA

1. Renacimiento y humanismo (s. XVI)

a. Para el hombre medieval, Dios era el centro del Universo. Los descubrimientos y cambios ocurridos al final de la Edad Media fueron motivo de que los hombres hicieron del ser humano el centro de sus estudios, por lo que se llamaron humanistas (cf. Lectura : J. Pico de la Mirandola).

El humanismo se caracterizó por :
• su confianza en el **hombre** y sus facultades racionales,
• el **afán de conocimiento** científico,
• la valoración de la vida terrenal (tema del **"Carpe Diem"** con el que se incita al lector a gozar de los placeres de una vida fugaz, cf. en Francia la oda de Ronsard "*Mignonne, allons voir si la rose…*" cf. p. 234),
• la valoración de la **naturaleza** : la naturaleza, estilizada, sirve de marco a amores refinados ; el "lugar ameno" suele ser un verde prado, a orillas de un claro río de aguas cristalinas, al que dan fresca sombra unos verdes sauces. El tema del "Beatus ille" celebra los encantos y la paz bucólicos (del campo), oponiéndolos a la ciudad ruidosa y cansada,
• la afición a todo **lo clásico** (temas mitológicos),
• la literatura renacentista usa un estilo de **elegante naturalidad**.

b. **Dominan la poesía lírica**, es decir, la poesía en la que el poeta expresa sus propios sentimientos :
– el poeta, cortesano y soldado **Garcilaso de la Vega** : compuso elegantes sonetos y églogas de inspiración clásica y amorosa. Usó mucho el endecasílabo (verso de once sílabas) de origen italiano, solo o combinado con heptasílabos (versos de siete sílabas) en estrofas llamadas silvas (cf. Lectura).
– **Fray Luis de León** que escribió una poesía religiosa y renacentista a la vez.

La literatura religiosa se continuó en las obras de los carmelitas Santa Teresa de Jesús (cf. Lectura) y San Juan de la Cruz : estos **místicos** intentaban conseguir la unión con Dios y describieron su experiencia mística (sus éxtasis) inspirándose en el *Cantar de los Cantares* de la Biblia : el alma –la esposa– busca a Dios –el esposo– para gozar el venturoso encuentro de la unión mística.

c. Las novelas más leídas siguieron siendo las **novelas de caballerías**, de origen medieval, y posteriormente las **novelas pastoriles** (la *Diana* de Montemayor).

Contraponiéndose a esta literatura fantasiosa e idealizada, aparece en 1554 una corta novela anónima llena de realismo y humor : el ***Lazarillo de Tormes***, con la que nace un

Murillo, Niños comiendo uvas y melón

nuevo género literario : la novela picaresca. El protagonista –Lázaro–, ya mayor, cuenta su vida en primera persona. Hijo de un ladrón y una mujer de mala vida, sirve a varios amos : un ciego cruel, un clérigo avariento, un pobre hidalgo vanidoso y ridículo, etc., y acaba siendo el marido consentido de la criada de un arcipreste (cf. Lectura).

Son propios de la **novela picaresca** :

- su carácter autobiográfico (relato de su vida por el propio protagonista),
- el carácter antiheroico del protagonista (bajo origen social y falta de ideales),
- su estructura abierta : los episodios son independientes entre sí y no existe verdadero desenlace,
- su intención satírica y divertida.

2. Cervantes (1547-1616)

Aunque escribió poesía y teatro (entremeses), alcanzó la fama gracias a su prosa.

Las *Novelas ejemplares* (1613) son novelas cortas, algunas de corte picaresco (*Rinconete y Cortadillo, El Coloquio de los perros*), otras fantasiosas e idealistas (*La Gitanilla*).

El ingenioso hidalgo don Quijote de la Mancha (1605-1615) es una de las obras maestras de la literatura mundial. He aquí brevemente el tema de la novela : el hidalgo Alonso Quijano se ha vuelto loco a fuerza de leer libros de caballerías ; decide abandonar su casa para convertirse en caballero andante, defensor de débiles y desamparados. Toma por nombre don Quijote de la Mancha, por dama Dulcinea del Toboso y le pide al dueño de una venta (*une auberge*) –que a él le parece un castillo– que le arme caballero. Tras lo cual, se lanza a buscar aventuras en compañía de Sancho Panza, un campesino al que nombra su escudero. Sus aventuras más conocidas son la aventura de los molinos que a don Quijote le parecieron ser gigantes, o la de los rebaños de ovejas y carneros contra los que arremetió el caballero andante pensando que se trataba de unos ejércitos enemigos. El cura y el barbero de su pueblo consiguen volverlo a su casa, valiéndose de un engaño.

En la segunda parte, publicada diez años después de la primera, don Quijote es a la vez protagonista de la acción y personaje de ficción ya que se encuentra con personas que han leído la historia de sus aventuras. Vencido por un bachiller, vecino suyo disfrazado de Caballero de la Blanca Luna, don Quijote vuelve a su casa, recobra el juicio y muere.

La obra parte de una parodia de los libros de caballerías cuya moda ya se iba acabando : la locura anacrónica del héroe y lo ridículo de las situaciones mueven a risa. Sin embargo, el personaje es ambiguo y su humanidad, la generosidad y nobleza de sus ideales, que contrastan con la grosería y vulgaridad del mundo que lo rodea, lo trágico de su destino y luchas siempre fracasadas *(ses luttes qui se terminent toujours par un échec)*, le atraen la simpatía del lector.

El estilo, vivo y natural, lleno de humor, muestra la perfección del realismo español.

Esta novela es un buen ejemplo de la multiplicación de los puntos de vista y de las apariencias engañosas propias del barroco : en efecto, el narrador (el que narra o cuenta las aventuras de don Quijote) pretende relatar la historia verdadera del caballero andante partiendo de un manuscrito escrito por el árabe Cide Hamete Benengeli ; pero contrasta los hechos referidos por este manuscrito con testimonios orales y con su propia apreciación. Así el narrador es a la vez lector. En la segunda parte, es el propio don Quijote, es decir el protagonista de una historia presentada como real, quien se encuentra confrontado con su propia ficción al tratar con sus lectores. Existe pues toda una reflexión sobre la realidad y la ficción y sobre la narración y la lectura, problemática muy moderna.

Quijote ha pasado al lenguaje común : ser "un quijote" es ser una persona excesivamente soñadora e idealista. "Una quijotada" es una acción "quijotesca", es decir una locura o una acción noble y desinteresada pero que no da ningún resultado.

3. El Siglo de Oro y el Barroco (final del siglo XVI, siglo XVII)

La pérdida de la hegemonía política y el deterioro de la economía nacional se tradujeron en la literatura por dos actitudes :

• **pesimismo** amargo o cruel que

Picasso, D. Quijote y Sancho Panza

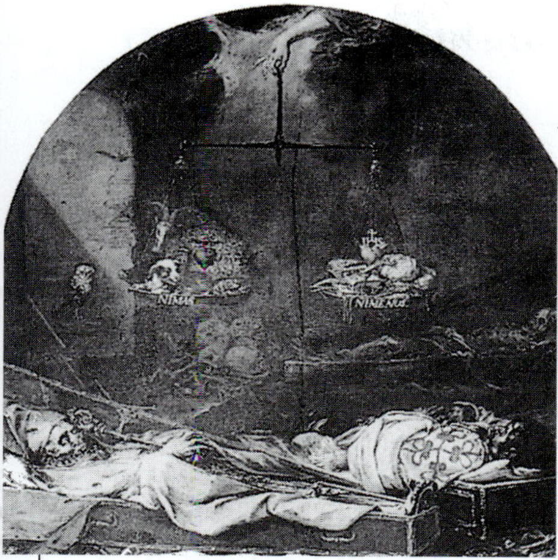

Valdés Leal, Finis Gloriae Mundi

denuncia las falsas apariencias, desvalorizando la vida presente y la naturaleza humana. El alegre tema del "Carpe Diem" deja lugar a la doctrina del **desengaño** (Quevedo, Calderón ; cf. Lectura : Garcilaso de la Vega). Al humorismo sonriente del *Lazarillo de Tormes*, se sustituye la agria sátira moralizante de novelas picarescas como el *Guzmán de Alfarache* de Mateo Alemán ;
– **alegre inconsciencia** que se refugia en el mundo de las fantasías novelescas o teatrales (fastuosidad de los espectáculos).

Estas dos actitudes, aunque opuestas, pueden encontrarse en un mismo autor (cf. por ejemplo Quevedo o Góngora) o una misma obra (las novelas picarescas) : la época barroca es una época de **desequilibrio** en la que **se multiplican los puntos de vista**. Ello se traduce –como en el arte– por la **complicación** cada vez mayor de las formas artísticas, la **exageración** (la hipérbole), la abundancia de **contrastes**.

Dominan dos estilos :

• **El culteranismo** busca la belleza de la forma con el empleo abundante del **latinismo** (con lo que se crearon numerosas palabras –neologismos como "adolescente", "esplendor", "náutico", etc.), las alusiones a la mitología y sobre todo el recurso a **complicadas metáforas** (los pájaros son "inquietas liras", el cielo "campo de zafiro"), y al **hipérbaton** (alteración del orden normal de la frase) ; "paraíso cerrado para muchos, jardines abiertos para pocos", el culteranismo se dirige a una minoría. Se empleó sobre todo en poesía. Ejemplo de culteranismo son estos versos de Góngora :

> "deste, pues, formidable de la tierra
> bostezo el melancólico vacío"

(el vacío melancólico de este bostezo –*bâillement*– formidable de la tierra : el poeta se refiere a una gruta).

Góngora (1561-1627) fue el máximo representante del culteranismo. Sus temas de inspiración son nobles o burlescos y se expresan usando un metro (una versificación) que puede ser culto (sonetos) o popular (letrillas y romances).

• El **conceptismo** fue cultivado por casi todos los autores. Se basa en la asociación ingeniosa de ideas o palabras ("conceptos"), en la sutileza del pensar y la agudeza del decir. El conceptismo se utilizó esencialmente en la prosa burlesca (cf. Quevedo) o moralista (cf. Gracián). Ejemplo de conceptismo en Gracián : "las bóbedas con mucha necedad" del palacio de la Soberbia (una bóveda : *une voûte* ; bobo = necio [→ necedad] : *sot*).

La obra de **Quevedo** (1580-1645) presenta dos vertientes : una burla y crítica mordaz de la sociedad, y un moralismo estoico. Poeta, crítico, historiador moralista, es conocido sobre todo por sus fantasías satíricas *Los sueños* y su novela picaresca *El Buscón*, caricatura despiadada de la sociedad. Su estilo, conceptista, tiene una extraordinaria fuerza expresiva.

Gracián (1601-1658) es otro gran representante del conceptismo, autor de *El Criticón*, alegoría pesimista de la vida humana.

4. La comedia nueva

• **Lope de Vega** (1562-1635), llamado por su fecundidad el "Fénix de los Ingenios", escribió unas 1.500 comedias de las que más de 400 han llegado hasta nosotros.

Escribió comedias de "corrales" (representadas en corrales o teatros) para un público esencialmente **popular** aficionado a las fantasías divertidas. Los temas pueden ser novelescos (comedias de capa y espada, de amor), de honor, históricos o religiosos.

Las comedias suelen tener tres actos y están escritas en versos (predomina el popular octosílabo). No siguen la regla de las tres unidades : la acción puede pasar en **varios lugares** y durar toda una vida. Tampoco hay unidad de tono pues **se mezclan lo trágico y lo cómico**. Existe en las comedias un personaje típico de la literatura española : **el gracioso** o figura del donaire, que sirve de elemento de contraste originando efectos cómicos. También se introducen a menudo canciones y romances tradicionales (cf. p. 216), lo que añade una dimensión lírica y popular al teatro.

Fuenteovejuna es una de las comedias más conocidas de Lope : en ella, el Comendador (el noble señor que manda en la provincia) rapta a una hermosa campesina el día de su boda. Todo el pueblo de Fuenteovejuna decide vengar la deshonra de la joven y mata al Comendador. La tragedia encuentra un desenlace feliz gracias a la intervención de los Reyes Católicos.

Con esta comedia se ve que el sentimiento del honor no es privilegio de la nobleza, sino que también lo tienen los villanos. También aparece claro el amor a la monarquía, protectora de los campesinos contra el noble, tirano y ofensor.

• Las comedias de **Tirso de Molina** (1584-1648) se sitúan en la línea de las de Lope de Vega ; están llenas de humor y sus personajes, tienen caracteres más individualizados. Se puede

Corral de Almagro (Ciudad Real)
Las comedias se representaban en corrales como éste, o sea en el patio de una casa, pero entonces no había sillas y la mayoría de los espectadores se quedaban de pie.

considerar a Tirso de Molina como creador de la figura de **don Juan** con su comedia *El Burlador de Sevilla y Convidado de Piedra*. Don Juan aparece en la obra como un ser infernal, más burlador *(trompeur)* que seductor pues sólo consigue seducir prometiendo el casamiento. Siendo el casamiento un sacramento, ofende a Dios. Burla a damas nobles lo mismo que a campesinas, escondiendo a veces su identidad (es "un hombre sin nombre"), con lo que resulta ser un peligro social : en efecto suprime cualquier jerarquía poniendo al mismo nivel a todas las mujeres : con él desaparecen los títulos y sólo quedan "un hombre y una mujer". El castigo divino precede al castigo de la sociedad : la estatua del Comendador al que don Juan había matado tras intentar burlar a su hija, le invita (le convida, de ahí el título) a cenar. El comendador, cogiendo la mano de don Juan –esa mano que tantas veces había servido para "firmar" una promesa de casarse– lo lleva al infierno sin darle tiempo para confesarse (cf. Lectura).

5. Calderón de la Barca (1600-1681) y el teatro barroco

Calderón escribió sobre todo para la **Corte**. Por ello su teatro es más culto (recurre al culteranismo y al conceptismo en su expresión) y su acción se centra en torno a un **pensamiento filosófico**. La **escenografía** solía ser muy **complicada** y lujosa y requería la colaboración de arquitectos y tramoyistas *(machinistes)*. También podía incluir danza y música (cf. Molière y Lulli en Francia).

Calderón escribió dramas de honor como *El médico de su honra* en el que un marido mata a su esposa por una simple sospecha de infidelidad, sin que haya habido ofensa alguna.

El Alcalde de Zalamea cuenta la venganza de Pedro Crespo, un villano, alcade del pueblo de Zalamea, contra un noble capitán que ha deshonrado a su hija. Como en la comedia de Lope de Vega *Fuenteovejuna*, el rey Felipe II aprueba la conducta del villano. Este drama calderoniano llama la atención por su intensidad dramática y la personalidad de Pedro Crespo.

La vida es sueño es tal vez la obra maestra del teatro español. Su héroe Segismundo es un príncipe que ha crecido encerrado en una cárcel. En efecto, su padre quiere evitar que le quite el reino como lo anunciaron unos oráculos. En el segundo acto, el rey, para probarlo, lo manda traer a la Corte tras haberle dado un narcótico. Al despertar, Segismundo se comporta bárbaramente por lo que el rey le da nuevamente un narcótico y le devuelve a su cárcel primera. Pero el pueblo lo liberta y Segismundo consigue reprimir sus impulsos y se transforma en un rey generoso y mesurado.

Esta obra, centrada en la idea barroca del "desengaño", de las falsas apariencias pues "la vida es una ilusión", muestra el poder de la voluntad frente al destino y es una interrogación sobre este mismo destino del hombre.

También escribió Calderón teatro religioso : sus **autos sacramentales** recurren sistemáticamente a la alegoría para explicar la complejidad del mensaje cristiano.

Juan Pico de la Mirandola, *sabio italiano* (1463-1494)

El hombre está en el centro de todo lo que acontece. Cuando todo hubo sido creado y el mundo estaba completo, emergió el hombre y Dios le dijo : "No te he fijado lugar alguno, ni tarea, ni plan, de manera que puedes emprender cualquier empresa y ocupar el lugar que desees. Todo lo demás que existe estará sometido a las leyes que ordené. Tú serás el único capaz de determinar lo que eres."

Explique por qué se ha dicho de este texto que es el "manifiesto del humanismo" (si no sabe contestar, mire p. 228).

Garcilaso de la Vega (1501-1536)

En tanto que[1] de rosa y azucena[2]
se muestra la color en vuestro gesto[3]
y que vuestro mirar ardiente, honesto,
enciende el corazón y lo refrena ;

y en tanto que el cabello, que en la vena
del oro se escogió, con vuelo presto,
por el hermoso cuello blanco, enhiesto[4]
el viento mueve, esparce[5], y desordena ;

coged de vuestra alegre primavera
el dulce fruto, antes que el tiempo airado[6]
cubra de nieve la hermosa cumbre.

Marchitará la rosa el viento[7] helado
todo lo mudará la edad ligera[8],
por no hacer mudanza en su costumbre.

1. *tandis que*
2. *lys*
3. rostro
4. *dressé*
5. *disperse*
6. *irrité*
7. *le vent fanera la rose*
8. rápida

Garcilaso de la Vega desarrolla en este soneto **el tema clásico del "Carpe diem"** *(Cueille le jour),* palabras del poeta latino Horacio que nos recuerdan que la vida es corta y debemos apresurarnos a gozar de ella.

Compare su mensaje con el que nos da J. Manrique en sus "Coplas", p. 218, y con el final de la célebre *Ode à Cassandre* (1552) de P. Ronsard :

Mignonne, allons voir si la rose...
Donc, si vous me croyez, mignonne,
tandis que votre âge fleuronne
en sa plus verte nouveauté,

cueillez, cueillez votre jeunesse :
comme à cette fleur, la vieillesse
fera ternir votre beauté.

Haga un retrato de la joven a quien se dirige el poeta español. Se trata del arquetipo de la belleza **renacentista** (piel blanca, pelo rubio, ojos azules).
Lea ahora otro soneto, posterior y **barroco,** que Luis de Góngora (1561-1627) dedica al mismo tema

Mientras por competir con tu cabello,
oro bruñido, el sol relumbra en vano ;
mientras con menosprecio, en medio el llano
mira tu blanca frente el lilio bello ;

mientras a cada labio, por cogerlo,
siguen más ojos que al clavel temprano ;
y mientras triunfa con desdén lozano
del luciente marfil tu gentil cuello ;

goza cuello, cabello, labio y frente
antes lo que fue en tu edad dorada
oro, lilio, clavel, marfil luciente,

no sólo en plata o viola troncada
se vuelva, mas tú y ello juntamente
en tierra, humo, en polvo, en sombra, en nada.

Compare la estructura de los dos sonetos.
Caracterice la belleza de las dos chicas y comente la elección de las metáforas.
¿Qué efecto producen las enumeraciones del primer terceto?
Analice el tono de la estrofa final.
¿Percibe ahora la diferencia entre el armonioso equilibrio del Renacimiento y el claroscuro cruel y pesimista del barroco? (Mire p. 231 la *Vanidad* de Valdés Leal.)

Anónimo, *Lazarillo de Tormes* (1554)

Los dos primeros amos de Lazarillo –un ciego y un clérigo– lo maltrataban y no le daban de comer. Su tercer amo es un hidalgo (gentilhomme) *muy pobre.*

Y verle venir a medio día la calle abajo con estirado cuerpo, más largo que galgo de buena casta[1]; y, por lo que tocaba a su negra que dicen honra[2], tomaba una paja de las que aun asaz no había en casa, y salía a la puerta escarbando los (dientes) que nada entre sí tenían, quejándose de aquel mal solar[3], diciendo : "Malo está de ver, que la desdicha desta vivienda lo hace; como ves es lóbrega, triste, oscura; mien-

1. *lévrier de bonne race*
2. *par peur du qu'en dira-t-on*
3. *demeure*

tras aquí estuviéremos, hemos de padecer[4] ; ya deseo se acabe este mes, por salir della."

Pues estando en esta afligida y hambrienta persecución, un día, no sé por cuál dicha o ventura, en el pobre poder de mi amo entró un real[5], con el cual vino a casa tan ufano, como si tuviera el tesoro de Venecia, y, con gesto muy alegre y risueño, me lo dio diciendo : "Toma, Lázaro, que Dios ya va abriendo su mano; ve a la plaza y merca[6] pan, y vino, y carne, ¡quebremos el ojo al diablo! Y más te hago saber, porque te huelgues, que he alquilado otra casa, y en esta desastrada no hemos de estar más de en cumpliendo el mes! ¡Maldita sea ella y él que en ella puso la primera teja, que con mal en ella entré! Por Nuestro Señor, cuanto ha que en ella vivo, gota de vino y bocado de carne no he comido, ni he habido descanso ninguno, mas ¡tal vista tiene y tal oscuridad y tristeza! Ve y ven presto, y comamos hoy como condes."

Tomo mi real y jarro, y a los pies dando prisa, comienzo a subir mi calle, encaminando mis pasos por la plaza, muy contento y alegre. ¿Mas qué me aprovecha si está constituido en mi triste fortuna que ningún gozo me venga sin zozobra? Y así fue este, porque, yendo la calle arriba, echando mi cuenta en lo que le emplearía que fuese mejor y más provechosamente gastado, dando infinitas gracias a Dios, que a mi amo había hecho con dinero, a deshora me vino al encuentro un muerto, que por la calle abajo muchos clérigos y gente en una andas traían.

Arriméme a la pared por darles lugar, y, desque el cuerpo pasó, venía luego a par del lecho una que debía ser su mujer del difunto, cargada de luto[7], y con ella otras muchas mujeres, la cual iba llorando a grandes voces, y diciendo : "Marido y señor mío, ¿adónde os me llevan? ¡A la casa triste y desdichada, a la casa lóbrega y oscura, a la casa donde nunca comen ni beben!"

Yo que aquello oí, juntóseme el cielo con la tierra, y dije : "¡Oh, desdichado de mí, para mi casa llevan este muerto!"

Dejo el camino que llevaba, y hendí por medio de la gente, y vuelvo por la calle abajo a todo el más correr que pude para mi casa, y, entrando en ella, cierro a grande prisa, invocando el auxilio y favor de mi amo, abrazándome dél, que me venga a ayudar y a defender la entrada.

4. *pâtir, souffrir*
5. moneda
6. *achète*
7. *en grand deuil*

- Analice las relaciones que unen Lazarillo y su amo.
- Dada la experiencia que ya tiene Lazarillo tras su vida con el ciego y el clérigo, ¿le parece muy verosímil esta anécdota? Muestre que se mezclan en este relato motivos tradicionales (la misma anécdota, la burla de la pobreza y orgullo del escudero) y una real creación literaria (organización del relato, observación, aciertos estilísticos).

Fray Luis de Léon (1527-1591), *La perfecta casada* (1583)

Tres maneras de vida son en las que se reparten y a las que se reducen todas las maneras de viviendas que hay entre los que viven casados ; porque o labran[1] la tierra, o se mantienen de algún trato y oficio[2] o arriendan sus haciendas[3] a otros y viven ociosos del fruto de ellas. Y así, una manera de vida es la de los que labran, y llamémosla vida de labranza ; y otra la de los que tratan, y llamémosla vida de contratación ; y la tercera de los que comen de sus tierras, pero labradas con el sudor de los otros, y tenga por nombre vida descansada... Y si alguno nos preguntare cuál de estas tres vidas sea la más perfecta y mejor vida, decimos que la de la labranza es la primera y la verdadera, porque se ha de entender que en esta vida primera, que decimos de labranza, hay dos cosas : ganancia[4] y ocupación ; la ganancia es inocente y natural y sin agravio o disgusto ajeno[5] ; la ocupacíon es loable, necesaria y maestra de toda virtud. La segunda vida, de contratación, se comunica con ésta en lo segundo[6], porque es también vida ocupada como ella, y esto es lo bueno que tiene ; pero diferénciase en la primera, que es la ganancia, porque la recoge de las haciendas ajenas[7] y las más veces con disgusto de los dueños de ellas, y pocas veces sin alguna mezcla de engaño[8]. Y así, tiene algo de peligro y es menos bien reputada.

1. *ils labourent*
2. *négoce ou métier*
3. *ils louent leurs terres*
4. *le gain*
5. *sans offense ni déplaisir d'autrui*
6. *se rapproche de la première sur le second point*
7. *elle le tire des biens d'autrui*
8. *tromperie*

Fray Luis se dirige a una dama para exponerle el ideal de la esposa cristiana, de forma que sólo trata aquí de la vida de los que están casados.
Sus criterios de selección son "la ganancia" y "la ocupación". El labrador, con el sudor de su rostro, saca su ganancia de la tierra que Dios le ha dado, por eso su vida es la mejor de todas ; mientras que el artesano o el comerciante consigue su ganancia de lo que le dan otros hombres. Para el moralista español, "comercio" suele ser sinónimo de "engaño". Ello explica la repulsión de los españoles del Siglo de Oro por el negocio : tradicionalmente, los cristianos eran labradores, los judíos comerciantes y los árabes artesanos. Por eso, los que se beneficiaron del oro americano no fueron los españoles dominados por la Inquisición y los prejuicios religiosos y raciales (la obsesión por la "limpieza de sangre") sino la burguesía de los países del norte de Europa, especialmente aquéllos cuya religión –la protestante– no asimilaba el dinero con el pecado (Países Bajos).
Este texto es un buen ejemplo también de la prosa clara, sencilla y elegante del renacimiento.

Fray Luis de Granada (1504-1588), *La Introducción al símbolo de la Fe* (1583)

¿Qué es, Señor, todo este mundo visible sino un espejo[1] que pusisteis delante de nuestros ojos, para que en él contemplásemos vuestra hermosura?

Porque es cierto que así como en el cielo seréis espejo en que veamos las criaturas, así en este destierro[2] ellas nos son espejo, para que conozcamos a vos... Las criaturas hermosas predican vuestra hermosura, las fuertes vuestra fortaleza, las grandes vuestra grandeza, las artificiosas vuestra sabiduría, las resplandecientes vuestra suavidad, las bien ordenadas y proveídas vuestra maravillosa providencia. ¡Oh, testificado con tantos y de tan fieles testigos...! ¿Quién no se deleitará de la música tan acordada de tantas y tan dulces voces, que por tantas diferencias de tonos nos predican la grandeza de vuestra gloria?

1. *un miroir*
2. *(cette terre d'exil où nous vivons)*

Retablo de la capilla de Andahuaylillas, cerca de El Cuzco (Perú)

"Todo este mundo no es sino un espejo" : explicite el sentido de esta afirmación.
¿Qué papel cumplen las artes para la propagación de la fe?

Fíjese en el juego de la luz en los espejos de nácar, en el movimientro ascendente de las columnas que eleva nuestra mirada hacia lo alto, en la riqueza abrumadora del oro : ¿cómo ilustra la foto de este retablo barroco el texto de Fray Luis de Granada y el propósito militante del arte de la Contrarreforma?

Teresa de Jesús (1515-1582)

Véante mis ojos,
dulce Jesús bueno ;
véante mis ojos,
muérame yo luego.
Vea quien quisiere
rosas y jazmines,
que si yo te viere
veré mil jardines.
Flor de serafines[1],
Jesús Nazareno,
véante mis ojos,
muérame yo luego.
No quiero contento,
mi Jesús ausente,
que todo es tormento
a quien esto siente ;
sólo me sustente
tu amor y deseo.
Véante mis ojos,
dulce Jesús bueno ;
véante mis ojos,
muérame yo luego.

1. *conjunto de ángeles*

Con este poema místico de corte popular, Santa Teresa da a entender a todos lo que es la experiencia mística o sea la unión total con Dios : por eso trata el tema divino desde un punto de vista humano. Esta unión no es fácil (cf. versos 15-16), pero una vez conseguida, todo lo demás pierde importancia (versos 5 a 8, 17-18 y estribillo).

Tirso de Molina (¿1584?-1648), *El burlador*[1] *de Sevilla,* 1630, Jornada primera

Sala en el palacio del rey de Nápoles. Es de noche. Aparecen dos siluetas.

ISABELA : Duque Octavio, por aquí
podrás salir más seguro.

DON JUAN : Duquesa, de nuevo os juro
de cumplir el dulce sí[2].

ISABELA : ¿Mis glorias serán verdades,
promesas y ofrecimientos,
regalos y cumplimientos,
voluntades y amistades[3]?

DON JUAN : Sí, mi bien.

ISABELA : Quiero sacar
una luz.

DON JUAN : Pues ¿para qué?

ISABELA : Para que el alma dé fe[4]
del bien que llego a gozar[5].

DON JUAN : Mataréte[6] la luz yo.

1. *le trompeur, l'abuseur*
2. (D. Juan reitera su promesa de casarse con Isabela)
3. *Ainsi donc, tout deviendra réalité, mon bonheur,/ tes promesses et tes engagements,/ tes attentions et ton empressement,/ ton amour et ta flamme.*
4. *soit témoin*
5. *jouir*
6. matar, *a. éteindre, b. tuer*

ISABELA : ¡Ah, cielo! ¿Quién eres, hombre?
DON JUAN : ¿Quién soy? Un hombre sin nombre.
ISABELA : ¿Que no eres el duque?
DON JUAN : No.
ISABELA : ¡Ah, de palacio![7]
DON JUAN : ¡Detente!
Dame, duquesa, la mano.
ISABELA : No me detengas, villano[8].
¡Ah, del rey[9] ¡Soldados, gente!

Sale el Rey de Nápoles con una vela en un candelero[10].

REY : ¿Qué es esto,
ISABELA *(Aparte)* : ¡El rey! ¡Ay, triste!
REY : ¿Quién eres?
DON JUAN : ¿Quién ha de ser?
Un hombre y una mujer.
REY *(Aparte)* : Esto en prudencia consiste
¡Ah, de mi guarda! Prended
a este hombre
ISABELA : ¡Ay, perdido honor!

7. *A l'aide !*
8. *misérable*
9. *A moi! Des gens !*
10. *un chandelier allumé*

Esta escena es típica de la comedia clásica de enredo : con personajes embozados *(le visage dissimulé dans leur manteau)*, equivocaciones *(quiproquos)*, mucha animación y suspensión. El don Juan de Tirso es un ser escandaloso que se burla de Dios (no respeta la promesa sagrada del casamiento que además ha hecho en nombre de otro), de la sociedad (se atreve a deshonrar a una Duquesa en el mismo palacio del Rey de Nápoles – para él el amor iguala a todos y donde están "un hombre y una mujer" desaparece toda jerarquía social) ; un ser satánico que obra al amparo de las tinieblas para provocar dramas, un ser al que condenamos por la bajeza de su vil proceder. Sin embargo, su audacia, su amoralidad tranquila asombran y hasta fascinan. No hace falta más para que nazca el mito.

EL NUEVO MUNDO

LA AMÉRICA PRECOLOMBINA

• ***Mesoamérica (México y América Central)***

La primera cultura avanzada que aparece es la de ***los olmecas.***
Las ***civilizaciones clásicas*** *posteriores son dominadas por los sacerdotes* (les prêtres) : *Teotihuacán, los zapotecas, los toltecas en México, los mayas en Yucatán (México) y Guatemala.*
A partir del siglo XIII el estado ***azteca*** *extiende su dominio por todo México. En Yucatán y Guatemala siguen viviendo los* ***mayas.***
El arte precolombino se caracteriza por sus pirámides, *los juegos de pelota, la orfebrería, el trabajo de las plumas y la cerámica. Las figuras simbólicas más representadas son el jaguar, la serpiente y el águila.*

• ***América del Sur***

Las primeras culturas más conocidas son las de Chavín y Paracas.
Las ***civilizaciones clásicas*** *más importantes son : los mochicas (hallazgo de las tumbas de Sipán en 1988), Nazca, Tiahuanaco (en Bolivia).*
Los incas *se establecen en el Cuzco en el siglo XIII de donde extienden su imperio por los Andes.*
De las civilizaciones de esta área nos quedan objetos de cerámica y orfebrería, tejidos adornados con ***motivos geométricos*** *–también servían para envolver a los muertos– y* ***edificios construidos con enormes bloques de piedra*** *encajados sin argamasas* (encastrés sans mortier) *ni decoración esculpida* (et non sculptés).

LA CONQUISTA Y LA COLONIZACIÓN

• ***En 1492, Cristóbal Colón llega a América.***
H. Cortés conquista el imperio azteca *(México) y* ***Pizarro y Almagro el imperio de los incas.***
• *Durante los siglos XVI, XVII, XVIII, España explota las* ***minas americanas de oro y plata*** *y se enriquece comerciando con el Nuevo Mundo. Introduce en América el ganado* (le bétail) *y nuevos cultivos (caña de azúcar, café, plátano, etc.) ; del Nuevo Mundo nos vienen la patata, el maíz, el cacao, el tabaco.*
• *Desde su descubrimiento, América ha sido tierra de* ***inmigración y mestizaje*** (mezcla de razas) : *se introduce a los primeros esclavos*

negros ya en 1509 ; se llama mestizo al hijo de indio y blanco, y criollo al blanco nacido en América.

- *En* **Paraguay, los jesuitas** *establecen "reducciones" para proteger y cristianizar a los nativos guaraníes; estas comunidades se mantienen durante casi dos siglos.*
- ***El arte colonial es barroco,*** *con colores muy vivos.*
- *Los escritores más célebres de la colonia son* ***Garcilaso de la Vega "el Inca"*** *y* ***Sor Juana Inés de la Cruz.***

LA AMÉRICA PRECOLOMBINA

- El **12 de octubre de 1492**, unos meses después del fin de la Reconquista y de la Toma de Granada por los Reyes Católicos, **Cristóbal Colón** desembarcó en la isla Guanahaní. Este día, se celebra en España y toda Hispanoamérica el Día de la Hispanidad. El "Descubrimiento de América" y su colonización fueron uno de los hechos más importantes de la Historia mundial : tuvo considerables repercusiones económicas, científicas y culturales en gran parte del mundo.
- **Las civilizaciones precolombinas.**

Cuando los españoles llegaron a América, florecían tres grandes imperios.

En **Mesoamérica (México y América Central)** :

- los **aztecas** en el actual México,
- los **mayas** en la provincia del Yucatán.

En **América del Sur** :

- los **incas** en el sur de Colombia, Ecuador, Perú, gran parte de Chile, el norte de Argentina y el oeste de Bolivia.

Estas civilizaciones, como las de Europa, eran el fruto de un largo proceso histórico.

Esta cabeza olmeca mide más de 2 metros de altura, más de 6 metros de circunferencia y pesa alrededor de 20 toneladas. Fue esculpida en roca volcánica procedente de una zona alejada de unos 100 km. La civilización olmeca es la más antigua de México y fue base de civilizaciones posteriores.

La ciudad de Teotihuacán, situada en el centro de una fértil llanura, conoció su periodo de esplendor en los siglos II a IV. La ciudad se organizaba alrededor de la larga y ancha "avenida de los muertos", con grandes monumentos, entre los cuales el "templo de Quetzalcóatl", la "serpiente de plumas", cuya cabeza repetida adorna el templo. El cascabel del crótalo (al lado de la cabeza), conchas y caracolas (símbolos de agua y fertilidad), y el cuerpo ondulante de la serpiente también aparecen representados.

1. Mesoamérica (América Central –cf. mapa p. 150–)

a. Las primeras civilizaciones (2000 a. C.-300 d. C.)

Con la civilización **olmeca** aparecieron los primeros centros ceremoniales (La Venta, Tres Zapotes en el Golfo de México). Las pirámides de tierra han desaparecido, pero quedan estatuas monolíticas y enormes cabezas humanas de piedra o basalto (algunas de las cuales alcanzan tres metros de altura). También aparecen representaciones en jade de figuras humanas con rasgos de jaguar. Se practicaba ya el juego ritual de la pelota y se habían inventado la escritura jeroglífica y el calendario. La influencia de los olmecas se extendía muy lejos (hasta América del Sur).

b. El período clásico (300-600 d. C.)

Teotihuacán (250 a. C.-650 d. C.), a unos 50 km, al nordeste de México, fue la capital de la cultura prehispánica de Mesoamérica. Los conjuntos monumentales de palacios y pirámides imponentes muestran

Figurilla masculina tolteca tocando tambor, 19,5 cm de altura ; la música (percusiones e instrumentos de viento) formaba parte del ritual precolombino.

una notable preocupación por el urbanismo. Aquella civilización pacífica y teocrática (en la que gobernaban los sacerdotes *–les prêtres–*) vio desarrollarse el culto a **divinidades agrarias : Tlaloc**, el dios de la lluvia y **Quetzalcóatl**, la serpiente de plumas, dios creador (señor del viento) y civilizador (dio el maíz y el cacao a los hombres). Muchas veces está representado bajo forma de una serpiente de cascabel cuya muda (o cambio de piel) simboliza el periódico renacer de la naturaleza. Teotihuacán irradiaba su cultura al nordeste hasta El Tajín (donde los **totonacas** edificaron la famosa pirámide de los 365 nichos), al sureste hasta Tikal (Guatemala), centro de la brillante civilización **maya** (Tikal, Bonampak, Palenque, Copán en Honduras –cf. p. 146–) y al sur hasta Monte Albán, capital de los **zapotecas**, quienes, a principios del siglo X, fundaron Mitla que había de pasar bajo el dominio de los **mixtecas**, conocidos por su orfebrería. **Hacia el año mil, la mayoría de estos centros fueron abandonados** sin que se sepan exactamente los motivos.

c. *El período postclásico*

Sucesores de los hombres de Teotihuacán, los **toltecas** se instalaron

El templo postclásico maya-tolteca de los guerreros y las mil columnas de Chichén Itza, en la parte norte del Yucatán, muestra el cambio que se verificó después del período de decadencia y destrucción del siglo X. La casta de los guerreros pasó a dominar la de los sacerdotes y los santuarios se ampliaron para dar cabida a un mayor número de personas.

Templo maya de Tikal (Guatemala). La cresta que remata el templo se alza a 42 m de altura. La humedad ha impedido la conservación de materiales orgánicos (madera, telas, etc.) y casi todo el legado maya conocido está sobre la piedra.

Códice Magliabecchiano. Sacrificio humano en lo alto de una pirámide azteca. Se ofrecía a los dioses el corazón del sacrificado cuyo cuerpo se tiraba después escaleras abajo. El sacrificio no era un acto de crueldad sino una necesidad : los dioses eran mortales y había que alimentarles para regenerar el cosmos y retrasar la desaparición de un mundo condenado a la nada.

Manuscrito Diego Panes, s. XVIII. El señorío de Texcoco formaba parte de la Triple Alianza –con Tenochtitlan y Tlacopan– que dominaba el Valle de México. Aquí se ve al príncipe en la Sala de Consejo.

en 856 en Tula, cuya metrópoli y organización (inmenso templo, fortificaciones) reflejan su **carácter guerrero** y militarista. El dios de la guerra, Tezcatlipoca, obligaba a una guerra constante para conseguir víctimas que sacrificarle. Algunos devotos del dios pacífico Quetzalcóatl se exiliaron a Yucatán donde conquistaron la civilización **maya** de Chichén-Itza. Cuenta la leyenda que Quetzalcóatl, dios blanco y barbudo opuesto a los sacrificios humanos, volvería para recobrar su sitio. Cuando, venido del este, desembarcó Hernán Cortés de su "montaña flotante" (los barcos), montado en un animal desconocido (el caballo), señor del fuego y del trueno (las armas de fuego), de piel blanca y de cuerpo resplandeciente bajo el sol (la armadura), los enviados del emperador azteca Moctezuma lo tomaron por un enviado del dios huido.

Los toltecas a su vez fueron sometidos por invasores del norte, entre los cuales estaban los **aztecas** que fundaron **México-Tenochtitlan en 1325**. Los aztecas extendieron sus dominios, llegando a formar un extenso imperio. Se dedicaban a la agricultura, la artesanía y el comercio. Recibían tributos (mercancías y víctimas para los sacrificios) de los pueblos conquistados ; por eso, algunos de ellos (los tlaxtaltecas) se aliaron a los españoles para escapar de su dominio.

Los mantos de Paracas son tejidos de 6 a 8 metros de largo que servían para envolver a los muertos. Su perfecta conservación se debe al clima muy seco que reina en la costa sur del Perú. Los motivos nunca se repiten.

2. **Área andina** (América del Sur –cf. mapa p. 175–)

a. Las primeras civilizaciones *(1800-200 a. C.)*

El centro de **Chavín** (esculturas, cerámica, templos piramidales) extendió su influencia por toda la costa del Perú, en particular hasta **Paracas**, conocida por su cerámica y sus necrópolis en las que se depositaba el cuerpo del muerto en posición fetal (con la cabeza apoyada en las rodillas) y envuelto en una inmensa pieza de tela generalmente bordada (momia o fardo). Los antepasados eran objeto de veneración y los indios solían consultar con las momias sobre las decisiones importantes que tenían que tomar.

b. El período clásico *(300 a. C.-900 d. C.)*

Fue la época en que se descubrió la irrigación, y se empezó a emplear el adobe (ladrillo *–brique–* de barro y paja secado al aire) para construir templos y pirámides. En la costa norte, los **mochicas** tenían una fuerte organización estatal y militar. Instalaron grandes sistemas de riego que cubrían valles enteros y edificaron imponentes construcciones. Son famosos por su cerámica y su orfebrería de oro. En 1988, descubrieron en Sipán (600 km al norte de Lima) las riquísimas tumbas del "Señor de Sipán", cuyo hallazgo representa un valor semejante al que tuvo el descubrimiento de la sepultura del faraón Tutankamón en 1922.

En la costa sur, la cultura **nazca** también desarrolló una agricultura intensiva de regadío. Es conocida sobre todo por las extrañas figuras simbólicas, a veces de gran extensión (hasta 1.500 m), que se descubrieron

La Puerta del Sol (Viracocha) en Tiahuanaco (altiplano boliviano, a casi 4.000 m de altura) está formada de un solo bloque de piedra de unas 10.000 toneladas, de 3 metros de alto y 4 de ancho.

Máscara funeraria del señor de Sipán (cultura mochica), cuya tumba se descubrió en 1988 en la costa desértica de Lambayeque, en el Norte del Perú. Es de oro, con ojos de lapislázuli. Mide 12 cm de alto por 15,5 de ancho y pesa 116 g.

gracias a fotografías aéreas y cuya significación sigue siendo un enigma. En los Andes (Bolivia) y próximo al lago Titicaca, el centro religioso de **Tiahuanaco** (s. V-XII) extendió pacíficamente su influencia hasta Perú y Chile.

c. *El período postclásico*

En la costa norte del Perú, la sociedad **chimú** (1000-1470) es famosa por su orfebrería (cobre, oro, plata), su cerámica, los textiles, los trabajos hechos con plumas de pájaros y sus técnicas agrícolas de cultivos en terrazas. Fundó un gran número de ciudades y fue conquistada por los incas en el siglo XV.

El imperio inca comenzó a desarrollarse en el siglo XII y se extendió muy rápidamente en el siglo XV, antes de quedar destruido por Pizarro en 1532. Su centro era **Cuzco**, fundado por Manco Cápac. Se veneraba a Viracocha (dios creador y civilizador), Inti (el sol), Mamaquilla (la luna) y otros dioses. Había pocos sacrificios humanos. La autoridad del Inca, el soberano, era absoluta y se apoyaba en una organización administrativa muy rígida que regulaba la vida del individuo desde su nacimiento hasta su muerte. La tierra pertenecía al Inca que la distribuía entre los campesinos para su cultivo. Para gobernar y vigilar mejor aquel inmenso imperio, se construyó una magnífica red de caminos (existen todavía los impresionantes puentes colgantes hechos con fibras vegetales). Los incas, además de agricultores, tejedores y alfareros *(potiers)* fueron un pueblo de arquitectos :

La cerámica mochica es muy realista : las dos cabezas de ave que adornan esta cabeza hacen pensar que el personaje retratado es algún sacerdote. Mide 32,5 cm de alto.

Detalle de la arquitectura inca : estos enormes bloques de piedra se cortaban (¿cómo? – los incas no tenían instrumentos metálicos para hacerlo ; tampoco utilizaban la rueda para transportarlos) para ajustarse unos con otros y resistir así mejor los temblores de tierra. Estas murallas son las de Ollantaytambo, la última de la serie de fortalezas del valle del Urubamba antes de llegar a Machu Picchu.

llaman la atención las puertas y ventanas en forma de trapecio, el ajustamiento de los enormes bloques de piedra que resistieron los terremotos (–*tremblements de terre*– Cuzco, Machu Picchu, fortalezas de Sacsahuamán y Ollantaytambo).

3. La literatura de los pueblos precolombinos

Aparte de los Códices, escritos en figuras por indios americanos poco después de la conquista de México a petición del primer virrey de Nueva España, sólo conocemos la producción precolombina a través de la tradición oral o la pictografía jeroglífica. Los cronistas españoles nos hablan de cantos colectivos, danzas corales, declamaciones poéticas, concursos de poesía cuya tradición se ha continuado hasta hoy. Lo cierto es que la **poesía** venía acompañada de **danza y música** (flautas y percusiones ; no había instrumentos de cuerda. En ciertas culturas, se usaban grandes caracoles embocados como trompetas). Su tema era épico, lírico o sagrado.

El Popol Vuh es la traducción española de los mitos relativos a la creación y la historia del pueblo maya-quiché. Los *Libros de Chilam Balam* son la relación simbólica del origen del tiempo y de los pueblos centroamericanos.

Las lenguas americanas enriquecieron la lengua castellana con palabras como : canoa, caribe, cacique, piragua, huracán, poncho, pampa, etc. y las que designan los productos de la flora y la fauna : maíz, papa, coca, yuca, tabaco, tomate, cóndor, etc.

En Machu Picchu (casi 2.500 m), en abril, tras la estación de las lluvias, todo aparece muy verde. En la foto se ven perfectamente las terrazas para los cultivos y la escalera que permite acceder a las casas o edificios.

LA CONQUISTA Y LA COLONIZACIÓN

1. En cincuenta años, los españoles se instalaron en territorios treinta veces más extensos que la metrópoli.

Las grandes culturas precolombinas

- **1519-1522 : conquista del imperio azteca (México) por Hernán Cortés** (ayudado por una princesa india llamada la Malinche o Doña Marina).
- **1524-1539 : conquista del imperio incaico (Perú) por F. Pizarro y D. de Almagro.**
- América se organizó en **virreinatos** y **capitanías generales** dependientes de un virreinato, aunque autónomas. Al principio, hubo dos virreinatos : el de **Nueva España** al norte (1535), del que dependían las capitanías generales de Guatemala y Cuba, y el del **Perú** (1543) al sur (con la capitanía general de Chile) al que le fueron amputadas provincias para conformar los virreinatos de **Nueva Granada** en 1739 (Colombia, Ecuador, capitanía general de Venezuela) y del **Río de la Plata**, en 1776. Un virrey nombrado por el Rey de España gobernaba cada virreinato. La organización colonial se dirigía desde la Península a través del **Consejo de Indias** que promulgaba las leyes y la **Casa de Contratación** (en Sevilla) que centralizaba el tráfico comercial y cobraba los tributos.

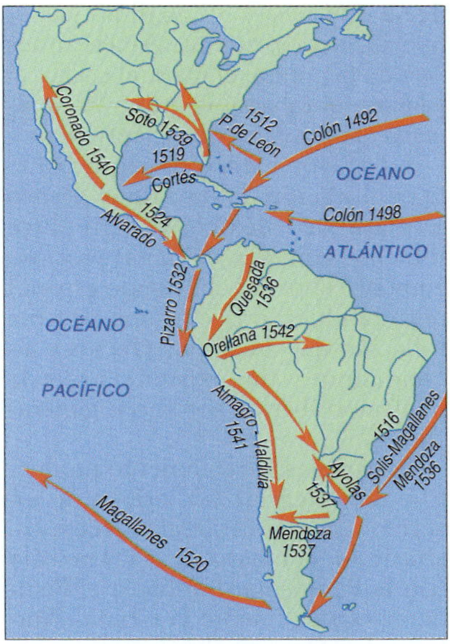

Itinerario de los descubridores y conquistadores

Los españoles se repartieron las tierras conquistadas y los indios que vivían en ellas. Cada "lote" de indios constituía una **encomienda**. El colono o encomendero debía proteger y cristianizar a sus encomendados (los indios), los cuales estaban obligados a trabajar para el encomendero. Los indios, libres de derecho *(libres en droit)*, en la realidad eran tratados como esclavos.

2. La economía del Nuevo Mundo

Se fue estableciendo una estrecha relación de interdependencia entre América y España.

Los españoles introdujeron en América **nuevos cultivos** : trigo, arroz, caña de azúcar, vid, plátano, naranjo, café, olivo, etc. y la **ganadería** *(l'élevage)* : caballos, vacas, ovejas, cerdos, etc. De América nos vienen la patata, el maíz, el cacao, el tomate, el tabaco, la quina *(le quinquina qui fait baisser la fièvre)*, etc.

La mayor fuente de riqueza fue la explotación de las **minas de oro y plata** de México y Perú. Este inmenso volumen de metal precioso aumentó el poder del Estado español pero también provocó una terrible inflación que afectó los precios y las condiciones de existencia de la población ibérica por varias generaciones.

El gigantesco crecimiento productivo americano dio origen a un activo comercio (metales preciosos, azúcar, vino, tabaco y cacao) no sólo con la Península sino hacia el Pacífico y especialmente la China. Piratas y corsarios atacaban con frecuencia los galeones españoles.

En el siglo XVII, ya tenía América una economía bastante desarrollada, basada en el producto de la minería, agricultura, ganadería, con una industria naval notable (el 40 % de las flotas transoceánicas era de construcción americana). Las ciudades se habían convertido en centros importantes : Potosí, en los Andes peruanos, con sus minas de plata y su población de cerca de 160.000 habitantes, era la mayor concentración urbana del mundo hispánico y una de las mayores del mundo. La ciudad era el instrumento esencial de la colonización : en los casos en los que el terreno era lo suficientemente llano, el plano, enviado desde España, solía ser un damero (*un damier* –cf. p. 190–) perfecto en cuyo centro estaba el zócalo (la playa mayor), sede de todos los poderes (el cabildo *–le pouvoir municipal–* y la catedral, réplica a la pirámide). No había ghettos ; las calles se cruzaban perpendicularmente y se abrían al exterior, favoreciendo los intercambios y el mestizaje (cf. p. 251).

3. La población del Nuevo Mundo

Las nuevas enfermedades transmitidas por los europeos y el trabajo forzoso (la "mita") causaron la muerte de muchísimos indios y motivaron la introducción en América de la mano de obra africana (ya desde 1509). Ciertos misioneros intentaron proteger a los indios, entre ellos **Fray Bartolomé de Las Casas**. Pronto llegaron también los asiáticos a comerciar en algunas regiones de la costa del Pacífico.

Al contrario de lo que pasó en

Norteamérica, en Latinoamérica **se mezclaron las diversas razas** :
- los **criollos** eran ricos propietarios descendientes de españoles nacidos en América sin mezcla indígena. Constituían, con los funcionarios españoles, la clase alta ;
- los artesanos, comerciantes y pequeños propietarios formaban la clase media.
- A la clase baja pertenecían los **mestizos** (hijos de blanco e india), los **mulatos** (hijos de blanco y negra), los indios, los zambos (hijos de indio y negro), los esclavos negros (son infinitas las posibilidades de mestizaje).

Lo mismo que para la economía, también desde el punto de vista sociocultural existieron estrechas relaciones entre América y la Península : de la misma manera que muchos españoles volvían ricos a España tras su paso por América (cf. p. 13, los indianos), los hijos de las clases ricas iban a educarse o pasar temporadas en la Península. La labor de las órdenes religiosas (en particular de los franciscanos y los jesuitas) permitió un mejor conocimiento mutuo y una asimilación cultural.

4. Las reducciones jesuíticas en Paraguay

En el siglo XVII, para proteger a los nativos guaraníes de los malos tratos y abusos de los colonos europeos, **los jesuitas** fundaron "reducciones" que eran "repúblicas" sin propiedad privada ni dinero, en las que los indígenas seguían hablando su idioma guaraní y que eran gobernadas por los misioneros. Las reducciones duraron hasta que se expulsó a los jesuitas de América en 1767 (cf. p. 172).

5. El arte en la América colonial

En América se difundieron todos los estilos artísticos que florecían en la Península, y sobre todo el **barroco**. Pero los artistas locales añadieron una brillante decoración, motivos vegetales y florales y colores muy vivos. La utilización de piedras de diferentes colores, de la yesería policromada *(stuc peint de différentes couleurs)* y el azulejo *(faïence)* es característica de la arquitectura barroca mejicana donde fachadas y cúpulas fueron ornadas con vibrantes colores rojos, azules, amarillos.

La "americanización" o mestizaje del barroco consistió en la incorpo-

Iglesia de Santo Domingo en Oaxaca (México), siglo XVII : la bóveda de la iglesia está cubierta de un inmenso árbol que representa la genealogía de Santo Domingo, típico del arte colonial por su recargada ornamentación, los colores, el oro.

Escuela cusqueña, San José y el Niño, siglo XVIII.
La pintura cusqueña se caracteriza por su originalidad, su elegancia y su gran valor artístico. Resulta de la confluencia de la tradición artística occidental y de la expresión de la sensibilidad indígena. Se nota el gusto de esta época de brocatear, o sea de aplicar pintura dorada sobre ciertos elementos del cuadro, aquí sobre vestiduras y destellos de santidad... ¿mítico recuerdo al culto del sol? El marco de flores que rodea el lienzo señala la influencia indígena.

Retablo de la iglesia de la Compañía en Quito, siglo XVI. Para los artistas barrocos de la Contrarreforma, la riqueza decorativa es un reflejo del resplandor y de la belleza divina.

ración a las decoraciones, tallas (esculturas de madera) y pinturas no sólo de las **técnicas precolombinas** sino de **temas supervivientes de sus antiguas mitologías** (creencias). **En México**, en el siglo XVI, los elementos ideográficos transformaron muchas fachadas en verdaderos tapices. Ciertas vírgenes se parecen a la diosa madre de la tierra Coatlicue. Se ven caballeros-águilas aztecas. **En Tepalcingo** (México) los artesonados *(les plafonds à caissons)* y cúpulas están invadidos por cabezas de ángeles indios. **En Perú y Bolivia**, las mazorcas de maíz sustituyen a los racimos de uvas churriguerescos (cf. p. 225) ; los pumas a los leones, desconocidos de los artistas locales ; están presentes el cóndor, animal sagrado de quechuas y aymarás, y la cantucta, flor también sagrada (cf. p. 142 y 160).

En la famosísima **escuela de pintura de El Cuzco (Perú)**, las figuras favoritas fueron arcángeles arcabuceros *(archanges arquebusiers)*. Santiago Matamoros transformado en Santiago Mataindios, la Virgen y el Niño Jesús con vestimentas de "guaguas" (indias) quechuas. La estratificación social se refleja en los santos aristocráticos vestidos de oídores (jueces) y santos pobres, como San Isidro, con poncho indígena y bolsa de coca al costado.

6. La literatura del Nuevo Mundo

• Las primeras obras hispanoamericanas fueron **crónicas**, memoria de la llegada y el establecimiento de los españoles en las nuevas tierras. Cronistas hubo muchos, comenzando por C. Colón, H. Cortés, o P. de Valdivia (cf. p. 249). Pero los más notables fueron el simple soldado Bernal Díaz del Castillo, Juan de Castellanos, el poeta épico A. de Ercilla *(La Araucana)*, Juan de Betanzos *(Suma y narración de los Incas)* y el Inca Garcilaso. Hijo de un pariente del poeta Garcilaso y de una princesa inca prima de Atahualpa, **Garcilaso de la Vega "El Inca"** (1539-1616) vino a España a los veinte años. Sus *Comentarios Reales* (1609) cuentan las leyendas de la América precolombina.

• Lo mismo que en el Viejo Mundo, se desarrolló en América una **literatura oral** en lengua española que fusionó tradiciones europeas, indígenas y africanas. Del romance español se derivó el **corrido mexicano**.

• Los modelos **barrocos** también se cultivaron en América (el mexicano B. de Balbuena, el chileno Pedro de Oña, el peruano J. de Espinosa Medrano apodado "El Lunarejo", el venezolano J. de Oviedo y Baños, etc.) y encontraron su más alta representación en **Sor Juana Inés de la Cruz** (1651-1695) quien nació en México y escribió comedias y poesías líricas, de influencia gongorina.

• **El teatro** se inició con **autos sacramentales** y loas destinados a la evangelización de los nativos. Se representaron también muchas comedias al modo de las de Lope de Vega (cf. p. 232), siendo el autor más conocido **Juan Ruiz de Alarcón**, nacido en México pero que se fue muy joven a España donde permaneció hasta su muerte *(La verdad sospechosa)*.

Ollantay es un drama peruano de origen quechua transmitido oralmente, de tema amoroso y en verso, que se editó en el siglo XIX ; la acción se sitúa hacia finales del siglo XIV.

EL SIGLO DE LAS LUCES

1700-1814

EL SIGLO DE LAS LUCES

Se llama Siglo de las Luces al siglo XVIII, por el desarrollo del movimiento "ilustrado" (éclairé) *que se oponía a las "tinieblas" del pensamiento tradicional.*

Durante este siglo vivieron los grandes ***científicos*** *(Newton, Franklin, Lavoisier...) y* ***filósofos*** *(el alemán Kant, los franceses Montesquieu, Voltaire, Rousseau...).*

Este siglo fue marcado por la ***Independencia de los Estados Unidos de América*** *(1776) y la* ***Revolución francesa (1789).***

- *En España, los* ***Borbones*** *suceden a los Habsburgo tras una guerra de sucesión en la que* ***se pierde Gibraltar.***

El déspota ilustrado ***Carlos III moderniza el país.***

Tras la invasión de la Península por Napoleón, empieza la ***Guerra de Independencia (2 de mayo de 1808).***

LA CULTURA

- *Se nota la* ***influencia francesa*** *en la arquitectura (los palacios de Aranjuez, de la Granja y el Palacio Real de Madrid imitan el palacio de Versalles).*
- ***F. de Goya*** *es el máximo pintor de su siglo.*
- *Los pensadores Feijoo, Cadalso, Jovellanos difunden en España las ideas de la Ilustración.*

EL SIGLO XVIII EN EUROPA

1. El siglo XVIII fue marcado por **grandes progresos** en toda Europa. Se desarrolló la **agricultura** gracias a la rotación de cultivos, la selección de semillas y la introducción de nuevas técnicas (maquinaria agrícola).

Se inició en Inglaterra la **revolución industrial** (máquinas de hilar y telar en la industria textil, invención de la máquina de vapor). Poco a poco los talleres artesanales fueron sustituidos por grandes fábricas (desarrollo del maquinismo y del capitalismo).

En el siglo XVIII, **Gran Bretaña fue sustituyendo a Francia como primera potencia mundial** y empezaron a tomar importancia **Prusia** y **Rusia**.

Por toda Europa se desarrolló un movimiento filosófico, literario y científico llamado la **Ilustración**. Los ilustrados creían en el poder de la razón, de la ciencia y de la educación para conseguir la felicidad de la Humanidad. Surgieron por toda Europa academias y sociedades que potenciaron la investigación y la difusión de ciencias e ideas, jardines botánicos, museos, etc.

El Siglo de las Luces fue el siglo de la **Enciclopedia** de **Diderot** y **d'Alembert**, suma de todo el saber de la época. También de **grandes científicos** como **Newton, Laplace, Volta, Franklin, Lavoisier** y Linneo y de filósofos : los ingleses Berkeley (subjetivismo o idealismo sensualista) y Hume (escepticismo), el alemán **Kant** (racionalismo crítico : *Crítica de la razón pura*), los franceses **Montesquieu** (*El espíritu de las Leyes* sienta las bases de la monarquía parlamentaria y establece la separación de los poderes ejecutivo, legislativo y judicial), **Voltaire** (defensor de la libertad de pensamiento y de los derechos individuales) y **Rousseau** (preocupado por la educación : *Emile*, la vuelta a la Naturaleza –mito del buen salvaje– y la soberanía del pueblo : *El Contrato social)*.

Estos últimos pensadores tuvieron una gran influencia sobre muchos monarcas que, aunque no limitaron su poder absoluto, adoptaron muchas ideas de la Ilustración, realizando reformas y protegiendo las ciencias y las artes. Representativos del **despotismo ilustrado** fueron Carlos III de España, Federico II de Prusia y Catalina II de Rusia.

Ciertas ideas de la Ilustración asomaron en la Declaración de **Independencia de los Estados Unidos de América** (1776) y su Constitución (1787) que sigue vigente hoy día. Inspiraron después la **Revolución Francesa** (1789) y los movimientos de liberación en América Latina (1810-1824).

2. **El arte** del principio del siglo, **el arte rococó**, era un arte decorativo, íntimo y refinado, en el que predominaba la línea curva (Watteau en Francia, Tiépolo en Italia). A mediados del siglo XVIII, apareció el **arte neoclásico** que imitaba el arte clásico (Iglesia de la Madeleine en París ; el pintor francés David).

En música, nació el piano. Los compositores más famosos fueron el italiano Vivaldi, los alemanes Haendel y **Bach**, barrocos, y los austríacos clásicos Haydn y **Mozart**.

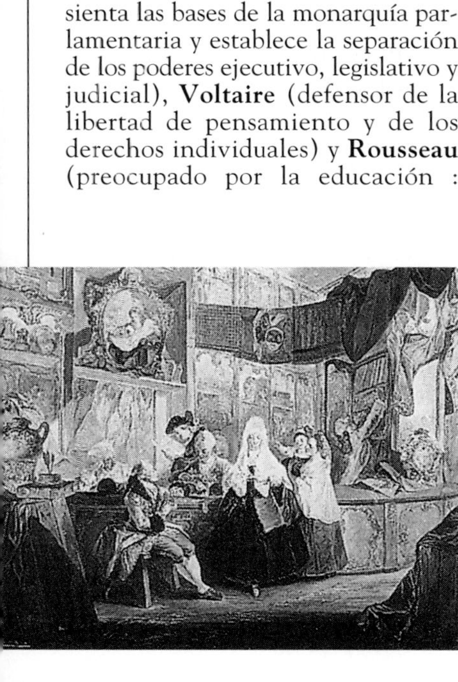

Paret y Alcázar, La tienda

ESPAÑA EN EL SIGLO XVIII

1. La España ilustrada de Carlos III

En 1700, al morir sin descendientes, Carlos II de Habsburgo designó como sucesor a Felipe V de Borbón, duque de Anjou. Desde entonces reinan en España **los Borbones**. Pero este cambio de dinastía originó una guerra de sucesión que duró más de doce años y al final de la cual (Tratado de Utrecht, 1713) España perdió sus posesiones en Europa y tuvo que ceder **Gibraltar** a Gran Bretaña.

Con los Borbones, penetró en España la influencia francesa, estableciéndose una **administración centralizada** y suprimiéndose los fueros (privilegios) de algunas regiones. **Se modernizó el país** cuya población aumentó notablemente. **Carlos III** rodeado de excelentes ministros (Aranda, Floridablanca, Campomanes), mandó construir caminos, canales, desarrollar granjas modelos y la puesta en cultivo de nuevas tierras (creación de la ciudad-colonia de La Carolina, en la provincia andaluza de Jaén). El comercio se vio favorecido por la supresión de las aduanas interiores y del monopolio que tenían los puertos de Sevilla y Cádiz para comerciar con Hispanoamérica. Se crearon manufacturas reales (cerámica, tapices, etc.). En Cataluña, se desarrolló la industria textil cuya producción se enviaba en gran parte a América. Los ilustrados intentaron renovar el sistema educativo tradicionalmente en manos de los clérigos. En 1767, como en el resto de Europa, se expulsó a los jesuitas, lo que tuvo consecuencias nefastas para la educación, no habiendo nadie para sustituirlos.

Fuente de la Cibeles. Madrid se embelleció notablemente bajo el reinado de Carlos III

2. La España de Carlos IV y la Guerra de Independencia

Carlos IV abandonó el poder al privado de la reina María Luisa, Manuel **Godoy**. En 1804, el emperador Napoleón decidió invadir Inglaterra, pero la flota hispano-francesa fue derrotada por la británica de Nelson en **Trafalgar, 1805**. Napoleón declaró entonces el bloqueo continental contra Inglaterra, pero habiéndose negado Portugal a colaborar, el emperador decidió invadir este país. Para ello, las tropas francesas tenían que pasar por España ; pero, después de ocupar Portugal, los franceses no se retiraron de la Península y tampoco cumplieron su promesa de entregar a España parte del reino conquistado. A consecuencia de esta situación y de la impopularidad

Francisco de Goya, La familia de Carlos IV

del rey y de Godoy, estalló el motín de Aranjuez (marzo de 1808) : Godoy fue depuesto *(démis de ses fonctions, renvoyé)* y Carlos IV tuvo que abdicar en su hijo Fernando. Pero Napoleón los llamó a Bayona donde tuvieron que abdicar ambos y proclamó a su hermano José como rey de España.

El 2 de Mayo de 1808, el pueblo de Madrid se levantó en armas contra los franceses. Así empezó la **Guerra de Independencia.** Frente a Francia que había gozado de tanto prestigio entre los españoles durante el Siglo de las Luces, se movilizaron todas las fuerzas : las tropas regulares, respaldadas posteriormente por el general inglés Wellington, demostraron que el ejército de Napoleón no era invencible (victorias de Bailén 1808, los Arapiles 1812, Vitoria 1813) ; el pueblo español empezó una **guerrilla despiadada** (Juan Martín el Empecinado, el cura Merino), las ciudades (Gerona, Zaragoza) resistieron a los **sitios** *(sièges)* franceses (en **Zaragoza** se hizo famosa **Agustina de Aragón** –cf. p. 270–).

Las Cortes, reunidas en **Cádiz,** promulgaron la **Constitución de 1812**, con la que se sustituía el sistema político del antiguo régimen por un sistema político liberal.

Francisco de Goya,
El tres de mayo

Cajahuaringa, Túpac Amaru. *Cuando tomó el poder en 1968, el Gral. Juan Velasco Alvarado hizo de Túpac Amaru el símbolo de su gobierno y organizó un certamen (un concours) para pintar un cuadro que sustituyese la figura de Pizarro en el salón del Palacio presidencial. No se conoce la cara de José Gabriel Condorcanqui, llamado "Túpac Amaru" (en recuerdo del nombre del último soberano Inca), ya que, tras su ajusticiamiento en 1781, el Virrey mandó destruir todos los retratos que se le habían hecho. Cajahuaringa lo representa aquí en contrapicado, inmenso, llenando todo el cuadro, con cara de indio, túnica y pectoral de máscara del Sol, pero con chorrera (jabot), medias y calzados europeos y señoreando la cordillera andina.*

AMÉRICA EN EL SIGLO XVIII

Con los Borbones, las posesiones americanas dejaron de ser los "Reinos de Indias" para llamarse "Provincias de Ultramar", lo que subrayaba su control más estrecho por España.

A partir de finales del siglo XVII, se fue desplazando el eje económico del Pacífico al Atlántico (creación del nuevo virreinato del Río de la Plata, 1776).

Los malos tratamientos de los que eran víctimas los indios fueron la causa de unas **rebeliones indígenas** (Vélez de Córdoba en Bolivia, 1739 ; **Túpac Amaru** en el Perú, 1780) que fueron duramente reprimidas.

También creció el **descontento entre los criollos** (blancos nacidos en América), gente rica y culta, pero que se veían apartados del poder cuyos altos empleos estaban reservados a los españoles de la metrópoli. Tampoco veían con buen ojo la reglamentación del comercio impuesto por España a su único favor. Por ello, las ideas de los filósofos franceses se difundieron rápidamente y la independencia de los Estados Unidos y la Revolución francesa tuvieron gran resonancia.

EL ARTE EN LA ESPAÑA DEL SIGLO DE LAS LUCES

1. Siguió teniendo mucho éxito el **estilo barroco churrigueresco** : Plaza Mayor de Salamanca, Palacio del Marqués de Dos Aguas en Valencia, fachada del "Obradoiro" en la catedral de Santiago de Compostela.

Palacio Real, Madrid

Continuó la tradición de la talla (o imaginería) barroca con el murciano Francisco **Salzillo** creador de dramáticos **pasos policromados** (cf. p. 63).

A *imitación del* **Palacio de Versalles**, se levantaron los palacios de Aranjuez, La Granja (Segovia), el Palacio Real de Madrid. Se edificaron el Museo del Prado, la Puerta de Alcalá. Se construyeron muchas fuentes ornamentales (la Cibeles en Madrid) y se crearon jardines (jardines del Buen Retiro en Madrid).

2. La pintura estuvo dominada por **Francisco de Goya y Lucientes** (1745-1828). Se pueden distinguir tres etapas en la pintura del artista aragonés que se hizo célebre en poco tiempo pero, a causa de sus ideas liberales, tuvo que exiliarse a Burdeos (*Bordeaux*) en 1828, donde murió.

• **Los cartones para tapices** tienen una composición sencilla y colores alegres o suaves. También retrató Goya a muchos nobles.

• Después de su sordera (*sa surdité*), su obra se orienta hacia la **sátira social** (serie de grabados : *Los Caprichos*). Pero Goya sigue siendo el **pintor de la Corte** (*la Familia de*

Francisco de Goya, La sombrilla (cartón)

Francisco de Goya, El aquelarre

Carlos IV –cf. p. 257–, las dos *Majas*, pinturas de San Antonio de la Florida).

A raíz de la Guerra de Independencia, denuncia los *Desastres de la guerra* en una serie de estampas grabadas. Muy célebres son sus dos cuadros *El dos de Mayo* (o la lucha con los mamelucos) que anuncia el arte romántico del francés Delacroix y *El tres de Mayo* –cf. p. 257– (o los fusilamientos en la montaña del Príncipe Pío), de gran fuerza emocional por su composición, los contrastes de luz, colores y actitudes.

• **Las pinturas negras** pintadas en las paredes de "la Quinta del sordo" presentan brujas y aquelarres *(des sorcières et des sabbats)* o **visiones fantásticas**. Sin embargo, Goya siguió haciendo retratos, y ciertas pinturas de Burdeos anticipan ya el impresionismo.

3. **En Hispanoamérica,** el arte barroco se mantuvo casi durante todo el siglo XVIII y sólo en la segunda parte del siglo comenzó a imponerse el neoclásico.

4. En **música**, destacó el padre A. Soler, organista y autor de sonatas para guitarra.

LAS LETRAS ESPAÑOLAS EN EL SIGLO XVIII

El siglo XVIII se caracterizó por un rebrote (reaparición) de la curiosidad intelectual y el deseo de divulgar los conocimientos (creación de Sociedades de Amigos del País). Gracias al apoyo prestado por el Gobierno, se crearon diversas instituciones científicas y academias como las Reales Academias que publicaron el *Diccionario de Autoridades de la Lengua Española*. Pero si las clases altas acogieron las influencias extranjeras y en particular la de Francia, el pueblo siguió apegado a las formas tradicionales.

Con la Ilustración, la literatura se orientó hacia nuevos rumbos.

• En prosa, se desarrolló la crítica de carácter racional cuyas máximas figuras fueron : **Fray Benito Jerónimo Feijoo** *(Teatro crítico)*, que luchaba contra la credulidad, criticaba la rutina de los hombres de ciencia y contribuyó a divulgar en España las novedades de la cultura europea (cf. Lectura) ; **Cadalso** : en las *Cartas Marruecas* inspiradas en las *Lettres Persanes* de Montesquieu, el africano Gazel, en forma epistolar, presenta un cuadro crítico de la vida económica, social y cultural del país (cf. Lectura) ; **Gaspar Melchor de Jovellanos** : autor de Informes y Memorias sobre los problemas que se planteaban a la España de su época (cf. Lectura).

• El poeta **F.M. Samaniego** con sus *Fábulas morales* ilustró la preocupación didáctica (de enseñanza) de la época. Aunque no alcanzan la perfección de las *Fábulas* de la Fontaine, son conocidas de todos los españoles "La lechera", "Las ranas pidiendo rey", "El cuervo y el zorro".

• En el **teatro**, las comedias de **L. Fernández de Moratín** recuerdan las de Molière : *El sí de las niñas* se centra en el tema de la libertad de elección en el matrimonio.

Padre Benito Jerónimo Feijoo (1676-1764)

Consiste la propiedad del estilo en usar de las locuciones más naturales y más inmediatamente representativas de los objetos. En esta parte, si se hace el cotejo[1] entre escritores modernos, no puedo negar que por lo común hacen ventaja los franceses a los españoles[2]. En aquéllos se observa más naturalidad ; en éstos más afectación…

Es lícito el uso de voz de idioma extraño[3] cuando no hay equivalente en el propio… Por este motivo, en menos de un siglo se han añadido más de mil voces latinas a la lengua francesa, y otras tantas, y muchas más, entre latinas y francesas, a la castellana.

… Los que a todas las peregrinas[3] niegan la entrada en nuestra locución, llaman a esta austeridad "pureza de la lengua castellana…" ¡Pureza! Antes se deberá llamar pobreza, desnudez, miseria, sequedad.

1. comparación
2. los franceses son mejores que los españoles
3. *étrangère(s)*

En los años del setecientos, en que la "Ilustración", la cultura francesa, irradiaba en toda Europa, y en que, además, reinaba en España un rey francés, se hacían inevitables el cotejo entre las dos lenguas francesa y española, y la entrada de galicismos en el castellano. En las palabras del Padre Feijoo se perfila el ideal de estilo de la época ilustrada : prosa natural (y ya no el estilo culterano del lenguaje barroco) con toda la riqueza léxica necesaria para dar cauce a la nueva cultura.

Gaspar Melchor de Jovellanos (1744-1811)

El segundo medio de acercar las ciencias al interés consiste en la instrucción de los labradores[1]. Sería cosa ridícula quererlos sujetar a su estudio ; pero no lo será proporcionarlos a la percepción de sus resultados, y he aquí nuestro deseo. La empresa es grande por su objeto, pero sencilla y fácil por sus medios. No se trata sino de disminuir la ignorancia de los labradores, o por mejor decir, de multiplicar y perfeccionar los órganos de su comprensión. La sociedad no desea para ellos sino el conocimiento de las primeras letras, esto es, que sepan leer, escribir y contar… Una instrucción, pues, tan necesaria a todo individuo para perfeccionar las facultades de su razón y de su alma… bastará para habilitar al labrador, así como a las demás clases laboriosas, no sólo para percibir más fácilmente las sublimes verdades de la religión y la moral, sino también las sencillas y palpables de la física que conducen a la perfección de sus artes.

1. *paysans*

Este informe *(rapport)* es representativo del deseo del despotismo ilustrado de mejorar el espíritu y las condiciones de vida del pueblo. Jovellanos está muy preocupado por lo útil, por las verdades experimentales y "palpables" de la física, por las "artes" es decir las técnicas artesanales, en este caso agrícolas.

José Cadalso (1741-1782)

En Las cartas marruecas, *1789, se utilizan –como en multitud de libros europeos de la época – las opiniones de un extranjero de distinta civilización para poner de relieve, por contraste, los defectos de la sociedad local* (Les Lettres Persanes *de Montesquieu se publicaron en 1721*).

Uno de los defectos de la nación española, según el sentir de los demás, es el orgullo… Todo lo dicho es poco en comparación con la vanidad de un hidalgo de aldea. Éste se pasea majestuosamente por la triste plaza de su pobre lugar[1], embozado en su mala capa, contemplando el escudo de armas que cubre la puerta de su casa medio caída y dando gracias a la providencia divina de haberle hecho don Fulano de Tal[2]. No se quitará el sombrero, no saludará al forastero que llega al mesón[3], aunque sea el general de la provincia o el presidente del primer tribunal de ella. Lo más que se digna hacer es preguntar si el forastero es de casa solar[4] conocida al fuero[5] de Castilla ; qué escudo es el de sus armas y si tiene parientes conocidos en aquellas cercanías…

1. *village*
2. *Monsieur de…*
3. *l'étranger qui arrive à l'auberge*
4. *appartient a une lignée*
5. *les registres*

Cadalso evoca una de las causas de la decadencia nacional, el orgullo nobiliario, ya objeto de sátira desde hacía siglos (cf. Lazarillo, pp. 228-229 y 235).

1814-1873

EN EUROPA

La Revolución industrial *enriquece las grandes potencias que construyen importantes imperios coloniales en Asia, África y Oceanía.*
Los alemanes Marx y Engels echan las bases del socialismo.
Se desarrolla el anarquismo. Nacen los ***movimientos obreros.***

EN ESPAÑA

Tras la guerra de Independencia, la lucha entre liberales y absolutistas y las dificultades económicas favorecen la ***inestabilidad política*** *(guerras carlistas, pronunciamientos, revolución de 1868 y proclamación de la Primera República que ni duró un año).*

EN AMÉRICA

Los criollos aprovechan estas dificultades para conseguir la ***Independencia : Hidalgo en México, San Martín y Bolívar en América del Sur.***
Pero toman el poder los **caudillos** *(tiranos) apoyados por los ricos criollos (sectores conservadores) y no se realiza el proyecto de estados unidos hispanoamericanos soñado por el Libertador Bolívar.*

LITERATURA

- *El* ***romanticismo*** *tiene en España a sus representantes :*
el dramaturgo Zorrilla y los poetas Espronceda, Bécquer y Rosalía de Castro.
En la segunda mitad del siglo, se desarrolla la ***novela realista*** *con* ***Pérez Galdós, Emilia Pardo Bazán y Clarín.***
En el teatro, tiene gran éxito ***la zarzuela*** (l'opérette).

- ***En Hispanoamérica*** *dominan el neoclasicismo ilustrado y racionalista y el romanticismo* ***(Lizardi, Bolívar, Sarmiento).***
*J. Hernández ("****Martín Fierro****" cuenta en verso la vida de un personaje libre, al margen de la ley :* ***el gaucho*** –vacher argentin–) *y R. Palma encuentran su inspiración en la tradición popular.*

LO QUE PASÓ EN EUROPA

Tras la derrota de Napoleón en 1815, las grandes potencias europeas, reunidas en el Congreso de Viena, intentaron **restablecer las monarquías absolutas** (restauración de Luis XVIII en Francia). Pero las ideas liberales no se habían apagado y provocaron **movimientos revolucionarios** (en 1820 en España, Nápoles y Portugal ; en 1830 en Francia, Italia, Polonia, Bélgica ; en 1848 en Francia, Italia, Prusia y Austria). Se consiguieron la **unificación de Italia** (Garibaldi) y la **unidad de los estados alemanes** (Bismarck).

La revolución industrial nacida en Inglaterra al final del siglo XVIII se extendió por Europa transformando la agricultura (mecanización, uso de abonos *–engrais–* químicos e insecticidas, aparición del cultivo a gran escala y de la agricultura de exportación) y causando el éxodo rural.

La concentración de los trabajadores en grandes fábricas y las durísimas condiciones de trabajo favorecieron el **nacimiento de movimientos obreros** (*Manifiesto comunista*, 1848, de los alemanes Marx y Engels, anarquismo del ruso Bakunin, creación en **1864** en Londres de la **Primera Internacional**).

Su rápido desarrollo económico empujó a las grandes potencias europeas a encontrar nuevos mercados y materias primas en Asia y África. Gran Bretaña y Francia construyeron entonces **grandes imperios coloniales**, seguidas de Rusia, Alemania e Italia.

ESPAÑA DE 1814 A 1873

La guerra de Independencia (1808-1814) y el desprestigio de la Monarquía favorecieron la **emancipación de América** (**1810-1824** ; cf. p. 265).

1. El regreso de **Fernando VII** a España en 1814 significó la **vuelta al absolutismo** y la persecución de los liberales. Se derogó la Constitución de 1812 y se declararon nulos los decretos liberales de las Cortes de Cádiz. El siglo XIX se caracterizó por una **prolongada lucha entre liberales y absolutistas**, grandes **dificultades económicas** y las **guerras carlistas** (1834-1839 ; 1872-1876) : para que pudiera reinar su hija Isabel, Fernando VII había abolido la ley sálica que impedía el acceso al

F. de Madrazo, Isabel II

Simón Bolívar en Potosí. *(Panteón nacional, Caracas, donde está sepultado Bolívar.) El Libertador, homenajeado por los indios aymaras, aparece de pie, acompañado por Sucre, delante de las banderas ondeantes de Venezuela y Bolivia, y fondo de tormenta.*

trono a las mujeres. Cuando murió Fernando VII, le sucedió su hija Isabel, de dos años de edad, siendo regenta la reina María Cristina de Borbón. Estalló una guerra civil entre los partidarios de la regenta (los cristinos, liberales) y los del infante Carlos, hermano del rey y pretendiente al trono (los carlistas, absolutistas). Terminó la guerra con el Convenio de Vergara y pasó a ser regente el general liberal **Espartero** (1840-1843).

2. **Bajo el reinado de Isabel II** (1843-1868) se sucedieron motines y **pronunciamientos** militares, hasta que la **revolución de septiembre de 1868** obligó a la reina a abandonar el trono. Su sucesión fue una de las causas de la guerra de 1870 entre Francia y Alemania. Por fin, se proclamó la **Primera República**, la cual sólo duró once meses bajo las presidencias sucesivas de Figueras, Pi y Margall (federalistas), Salmerón, Castelar (centralistas).

AMÉRICA EN EL SIGLO XIX

En 1783, la Paz de Versalles había reconocido la **independencia de los Estados Unidos de América**.

1. La Independencia

En el siglo XIX, los criollos de la América española, descontentos de la política centralista de la metrópoli, aprovecharon la invasión de España por las tropas de Napoleón para independizarse. Los primeros intentos independentistas (los curas **Hidalgo** y Morelos en **México, 1810 ; Bolívar** en Venezuela, 1813) fracasaron.

Pero en 1816 se proclamó la independencia de **Argentina**. El general argentino **San Martín**, después de atravesar los Andes, junto con el chileno O'Higgins, dio la independencia a **Chile** que se constituyó en

República.

En el norte, **S. Bolívar** liberó **Colombia** y **Venezuela** (1821). En 1822, **Sucre** logró la independencia de **Ecuador**.

En **México**, la aristocracia criolla obtuvo sin violencia la independencia (Plan de Iguala, 1821) e impuso un régimen monárquico que al cabo de un año fue sustituido por una república.

Con **Perú** (San Martin, Sucre) en **1824** terminó el proceso de independencia de América. En 1830, España no conservaba de su inmenso imperio de América sino Cuba y Puerto Rico (que perdió en 1898).

2. Norte-Sur

Durante el siglo XIX, el Norte y el Sur de América siguieron direcciones distintas.

• **El Norte**, de población mayoritariamente blanca y bastante **homogénea** social y culturalmente, se desarrolló y **conquistó nuevos territorios** : EE.UU. compró la Luisiana a Francia (1803), Florida a España (1819) ; de 1845 a 1848, anexionó Texas, Nuevo México y California (con lo que México perdió la tercera parte de su territorio), estableciéndose la frontera en el Río Grande. Tras la Guerra de Secesión (1865) empezó una rápida industrialización.

• **El Sur,** al contrario, **no era homogéneo ni racial ni culturalmente.** El deseo de los ilustrados y revolucionarios de incorporar a los indios en la sociedad americana imponiéndoles el régimen de propiedad individual acarreó *(entraîna)* la desaparición de muchas comunidades y el empeoramiento de las condiciones de vida de los indígenas. Los negros, en cambio, se vieron favorecidos por la Independencia ya que se suprimió poco a poco la esclavitud. Chile fue el primer país que la abolió en 1824 ; Brasil y Cuba fueron los últimos (1888 en Brasil).

Los libertadores habían soñado con una Patria Continental, una confederación de los pueblos hispanoamericanos. Pero ni siquiera **la Gran Colombia de Bolívar**, que reunía a Colombia, Venezuela y

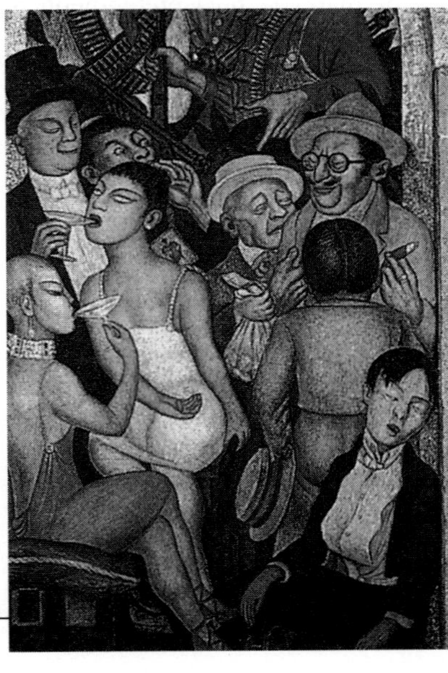

D. Rivera, La noche de los ricos. *Con este mural, Diego Rivera denuncia la colusión de la alta clase y de la Iglesia mexicanas con los yanquis en perjuicio del pueblo pobre ; éste aparece en el fondo, preparando la revolución que regenerará el país.*

Ecuador, se mantuvo íntegra. La idea unionista chocó contra los intereses de los países imperialistas (los ingleses en particular) y sobre todo contra la oposición de las **oligarquías (ricos terratenientes) y caudillos (jefes) locales**. Se multiplicaron las **rivalidades entre Estados**, consecuencia de sus fronteras mal definidas. Las luchas entre concepciones políticas opuestas, las dictaduras y revoluciones, el egoísmo de una oligarquía (una minoría) detentora de la mayor parte de la riqueza del continente frente a un pueblo miserable, favorecieron la **dependencia y el subdesarrollo**.

• **Latinoamérica se convirtió en campo de acción de los imperialismos europeos (Francia e Inglaterra) y posteriormente de los Estados Unidos** de América, los cuales defendieron la **Doctrina Monroe** : "América para los americanos" –1823– lo cual justificó, a partir del principio del siglo XX, una indiscutida posición hegemónica (cf. p. 365).

(Para la historia de cada país, véase por países, pp. 89-200.)

LA CULTURA EN EL MUNDO EN EL SIGLO XIX

1. El siglo XIX fue el siglo de la **prensa,** señal de una vida cultural de calidad. Se produjeron importantes **progresos tanto científicos como técnicos** cuyo símbolo puede verse en la Torre Eiffel, levantada con motivo de la Exposición Universal de París de 1889 : la **física**, y en particular la electricidad y la óptica, conoció grandes avances gracias a **Siemens** (la dinamo), **Edison** (la bombilla eléctrica, el fonógrafo), **Morse** (el telégrafo), **Daguerre** (la máquina fotográfica). En **medicina,** destacan los nombres de **Pasteur** (vacuna contra la rabia), **Mendel** (leyes de la herencia), **Darwin** (teoría del evolucionismo biológico). Gracias a la **química,** empezó la producción de abonos *(engrais)* artificiales así como de tintes sintéticos.

Dominan el pensamiento de la época el filósofo alemán **Hegel** (idealismo), el francés **A. Comte** (positivismo) y el inglés **Spencer** (el evolucionismo).

2. El romanticismo

• En el arte, la **primera mitad del siglo** vio florecer el **romanticismo** que significó una **exaltación del yo**, de la pasión, de los instintos y de los sentimientos más violentos (de ahí la evolución del mito de don Juan, símbolo de rebeldía contra Dios y los hombres, o de Carmen que desafía la muerte para defender su libertad). El romántico descubre una nueva **naturaleza** : abandonando los tópicos bucólicos (el lugar ameno, cf. el Renacimiento, p. 228), pinta las altas cumbres, las selvas, el mar tempestuoso ; le gustan los ambientes nocturnos, las ruinas bajo el claro de luna. También le atraen lo exótico, la pompa fastuosa de Oriente (por lo que la España musulmana y morisca se pone de moda ; otra vez Carmen, cf. también los *Cuentos de la Alhambra* de W. Irving) o las brumas mitológicas de los países nórdicos (la *Lorelei* germánica), los **temas medievales** o históricos (novelas históricas, gusto por el gótico). Lo popular y lo folklórico adquieren gran prestigio. El arte romántico es un arte de masas, **efectista** y dinámico, que rechaza las reglas (se olvidan las famosas tres unidades del teatro clásico francés) y **mezcla los géneros** (lo trágico y lo cómico, lo sublime y lo grotesco, lo bello y lo feo : Quasimodo y Esmeralda en *Notre-Dame de Paris* de V. Hugo).

• En **literatura**, destacan los nombres de los franceses **Chateaubriand, Hugo, Dumas** (novelistas), **Lamartine, Vigny, Musset** (poetas) ; de los ingleses **W. Scott** (novelista), **Byron, Shelley, Keats** (poetas) ; de los alemanes **Novalis, Heine** (poetas), **Schiller** (dramaturgo) y **Goethe** (poeta, pensador y dramaturgo : *Fausto*), de los italianos Manzoni (novelista) y **Leopardi** (poeta).

• Los **pintores** románticos más famosos son los franceses **Géricault** y **Delacroix,** los paisajistas ingleses. **Constable** y **Turner**.

• En **música : Beethoven, Schubert, Schumann, Berlioz, Chopin** y **Liszt**. **Wagner** en Alemania y **Verdi** en Italia introdujeron en sus óperas los temas nacionalistas.

3. El realismo

• En reacción contra la desmesura romántica, aparece el **realismo**, más a tono con las preocupaciones de la burguesía triunfante y de la ciencia experimental positivista ; los artistas, olvidando su individualidad propia, se centran en lo cotidiano ; la naturaleza pintada es el entorno familiar, los caracteres de los personajes se analizan con minuciosidad, rehuyendo de la idealizadora estilización del romanticismo, pero cuidando la adecuación y belleza de la forma. Es el apogeo de la novela con los franceses **Stendhal, Balzac, Flaubert**, el inglés **Dickens** y los rusos **Dostoievski** y **Tolstoi**. A finales del siglo, el realismo derivó hacia el **naturalismo (Zola)** que insistía en los aspectos más sórdidos de la realidad.

• Los artistas realistas más destacados fueron los **pintores** franceses **Millet, Courbet** y Daumier.

EL ARTE EN ESPAÑA

1. Arquitectura

Como en el resto de Europa, el siglo XIX no creó un estilo original : imperaron el neoclasicismo (Palacio

J.-M. *Millet,* L'angélus

M. Fortuny,
Almuerzo en la Alhambra

de las Cortes en Madrid), el neogótico, el neorrománico y el neomorisco (muchas plazas de toros).

2. Pintura

En la corriente realista, destaca **Mariano Fortuny** con escenas exóticas.

3. Música

El siglo XIX fue una época de gran esplendor para la **zarzuela**, obra teatral y musical en la que el canto y el baile alternan con el diálogo hablado : Chueca, Barbieri, Chapí...

LITERATURA

1. El romanticismo

La moda del **romanticismo** se desarrolló en España a partir de 1833 (en 1835, el *Don Álvaro o la fuerza del sino* del Duque de Rivas causó el mismo impacto que el **Hernani** de V. Hugo en Francia) cuando volvieron los exiliados liberales tras la muerte del absolutista Fernando VII, y terminó hacia 1850. Sin embargo, muchas de las notas que lo caracterizan perduraron en plena época realista y hasta en el siglo XX.

• **Larra** (1809-1837), figura clave del romanticismo español, es cono-

J.-J. Granville, Bataille d'Hernani

cido sobre todo por sus artículos tanto de costumbres como literarios o políticos.

• **J. Zorrilla** (1817-1893), poeta y dramaturgo, se inspiró en el pasado nacional : *El puñal del Godo, Traidor, inconfeso y mártir, La leyenda del Cid*. En *Don Juan Tenorio* (1844), el amor salva al protagonista, pues, cuando al final de la obra, éste, tras asistir a su propio entierro, acepta la invitación a cenar del Comendador don Gonzalo, su hija Inés, muerta también pero cuya virtud y candidez habían seducido a don Juan, aparece y consigue que se arrepienta *(qu'il se repente)* antes de morir. Este fin "ejemplar" y muy romántico explica por qué se representó tradicionalmente el *Don Juan Tenorio* el día de los Difuntos (cf. Lectura).

• **J. de Espronceda** (1808-1842) fue liberal exaltado y autor de una poesía muy efectista, llena de imágenes de un gran vigor plástico y fónico : así por ejemplo :

> "Y en ronco rebramar
> cual rugen las entrañas
> del horrísono volcán..."
>
> *(Et dans un brame rauque*
> *comme rugissent les entrailles*
> *du volcan effroyable...)*

• **G.A Bécquer** (1836-1870) escribió cuentos fantásticos y poemas de inspiración romántica pero no empleó la retórica efectista del romanticismo. Sus temas son la mujer, el amor y la misma poesía. Su lirismo melancólico, su sencillez y la musicalidad de sus versos anuncian la poesía moderna. Compárese este verso de *Rimas* "Las alas de tul del sueño" con los precedentes de Espronceda (cf. Lectura).

• **Rosalía de Castro** (1837-1885) escribió en gallego sus poesías de inspiración popular y de sensibilidad romántica.

2. El realismo

El realismo se abrió paso en España de la mano del **costumbrismo** que testimoniaba de las costumbres de una sociedad que iba siendo transformada por la expansión industrial (Larra, Mesonero Romanos,

Galvez, Agustina de Aragón. *Fue heroína en los sitios de Zaragoza durante la guerra de Independencia (1808-1809).*

Fernán Caballero). El realismo representa una tendencia muy arraigada en la tradición española (cf. la sobriedad del *Poema de Mio Cid* en la Edad Media, o novelas como el *Lazarillo de Tormes* o el *Quijote* en el Siglo de Oro). Recibirá la influencia del naturalismo (Zola).

• **Pérez Galdós** (1843-1920) pintó la vida española mediante la narración de su historia reciente, del ambiente popular y de la clase media madrileña. El conjunto de los *Episodios Nacionales* y las *Novelas españolas contemporáneas* vienen a ser una historia novelada de la vida española del siglo XIX. Una de las más famosas, *Fortunata y Jacinta* (1887), evoca la vida cotidiana de la clase media madrileña a través de la dramática pasión de Fortunata por Juanito Santa Cruz, esposo de Jacinta (cf. Lectura).

• **Emilia Pardo Bazán** (1851-1921), concilió los rasgos típicos del naturalismo (descripciones detalladísimas, situaciones crudas, cierto determinismo trágico) con sus convicciones cristianas. Su obra *Los Pazos de Ulloa* ofrece un cuadro de la vida rural gallega y una denuncia del caciquismo (es decir, la influencia excesiva de los caciques, de los jefes locales).

• **Clarín (Leopoldo Alas)** (1852-1901), crítico y periodista, es autor de la obra maestra del siglo XIX ***La Regenta*** (1885), muchas veces comparada con la *Madame Bovary* de G. Flaubert.

• En el **teatro**, la comedia costumbrista perduró hasta bien entrado el siglo XX con Benavente (Premio Nobel 1922), los hermanos Quintero y Arniches.

LA CULTURA EN HISPANOAMÉRICA

1. La literatura en Hispanoamérica

• El final del siglo XVIII y principio del XIX es **neoclásico,** es decir **ilustrado y racionalista** : los escritores más destacados son el pensador mejicano Fray Servando Teresa de Mier, el venezolano S. Rodríguez, el mejicano J.J. Fernández de **Lizardi**, autor de *El Periquillo Sarniento*, considerada la primera novela hispanoamericana.

Racionalistas, pero con sensibilidad **romántica** fueron aquellos hombres que promovieron la Independencia : **F. de Miranda** (venezolano), **A. Bello** (venezolano-chileno), **S. Bolívar** (venezolano).

• **El romanticismo** se inspiró en los autores franceses y españoles (**E. Echeverría**, argentino, **R. Pombo**, colombiano) y en las tradiciones populares (la poesía gauchesca del argentino **J. Hernández** : ***Martín Fierro*** cuenta la vida de un personaje libre, al margen de la ley : el gaucho *–cowboy argentin–*).

La novela ofrece **motivaciones sociales y políticas** : la cubana G. Gómez de Avellaneda, el argentino J. Mármol, el chileno A. Blest Gana, el ecuatoriano J.L. Mera, el dominicano M.J. Galván, el mejicano I.M. Altamirano, el argentino naturalista E. Cambaceres, el colombiano J. Isaacs, el argentino **D.F. Sarmiento**, los costumbristas (cf. p. 270) peruanos **R. Palma** (*Tradiciones Peruanas*) y M. González Prada, el mexicano J. Sierra, el ecuatoriano J. Montalvo *(Siete tratados)*.

Aunque no es americano, cabe citar el nombre de ***A. de Humboldt***, explorador y científico alemán, que viajó por América Latina estudiando todos los aspectos de la geografía, la flora, las etnias y la vida de entonces, hasta tal punto que se ha hablado a su propósito de "segundo descubrimiento de América".

2. El arte en Hispanoamérica

En el siglo XIX se mantuvo largo tiempo el clasicismo en pugna con el romanticismo y el costumbrismo (cf. el exotismo americano de los artistas viajeros europeos).

Lecturas

José Zorrilla (1817-1893), *Don Juan Tenorio* (1844)

DON JUAN y la ESTATUA DEL COMENDADOR

DON JUAN

¡Aparta, piedra fingida!
Suelta, suéltame esa mano,
que aún queda el último grano
en el reloj de mi vida.
Suéltala, que si es verdad
que un punto de contrición
da a un alma la salvación
de toda una eternidad,
yo, ¡santo Dios!, creo en ti;
si es mi maldad inaudita,
tu piedad es infinita...
¡Señor, ten piedad de mí!

ESTATUA

Ya es tarde.

(Don Juan se hinca de rodillas, tendiendo al cielo la mano que le deja libre la estatua. Las sombras, esqueletos, etc., van a abalanzarse sobre él, en cuyo momento se abre la tumba de Doña Inés y aparece ésta. Doña Inés toma la mano que Don Juan tiende al cielo.)

DOÑA INÉS
No; heme ya aquí,
Don Juan; mi mano asegura
esta mano que a la altura
tendió tu contrito afán,
y Dios perdona a Don Juan
al pie de mi sepultura.

DON JUAN
¡Dios clemente! ¡Doña Inés!

DOÑA INÉS
Fantasmas, devaneceos;
su fe nos salva..., volveos
a vuestros sepulcros, pues
la voluntad de Dios es;
de mi alma con la amargura
purifiqué su alma impura,
y Dios concedió a mi afán
la salvación de Don Juan
al pie de la sepultura.

Acto III, escenas 2-3

Al leer este final de la obra de Zorrilla, ¿comprende Vd por qué se habla de énfasis y efectismo a propósito del romanticismo?

Gustavo Adolfo Bécquer (1836-1870), *Rima X* (1871)

Los invisibles átomos del aire
en derredor[1] palpitan y se inflaman,
el cielo se deshace en rayos de oro,
la tierra se estremece alborozada[2],
oigo flotando en olas de armonías
rumor de besos y batir de alas,
mis párpados se cierran... Qué sucede?
– Es el amor que pasa!

1. *tout autour*
2. *tressaille d'allégresse*

Destaque los rasgos románticos de esta Rima. ¿No le hace pensar esta evocación en un cuadro impresionista?

Benito Pérez Galdós (1843-1920), *El Sitio de Zaragoza* (1808-1809)

Sintiendo el sordo golpe de las piquetas por diversos puntos, nos causaba espanto el no saber por qué parte seríamos atacados. Subíamos a las buhardillas[1], bajábamos a los sótanos, y, pegando el oído a los tabiques[2], procurábamos indagar[3] el intento del enemigo según la dirección de sus golpes. Por último, advertimos que se sacudía con violencia el tabique de la misma pieza donde nos encontrábamos, y esperamos a pie firme en la puerta después de amontonar los muebles formando una barricada. Los franceses abrieron un agujero y luego, a culatazos[4], hicieron saltar un madero, presentándosenos en actitud de querer echarnos de allí. Éramos veinte. Ellos eran menos, y, como no esperaban ser recibidos de tal manera, retrocedieron[5], volviendo al poco rato en número tan considerable que nos hicieron gran daño, obligándonos a retirarnos, después de dejar tras los muebles cinco compañeros, dos de los cuales estaban muertos. En el angosto pasillo, topamos con una escalera por donde subimos precipitadamente sin saber a dónde íbamos; pero luego nos hallamos en un desván[6], posición admirable para la defensa.

1. *mansardes*
2. *cloisons*
3. *deviner*
4. *à coups de crosse*
5. *ils reculèrent*
6. *un grenier*

En esta página, no hay exageración ni sentimientos exaltados. La novela realista relata los hechos con precisión : la abundancia de los verbos da cuenta de la tensión de los combatientes, de la rapidez de la acción. Hay pocos adjetivos : el texto no es descriptivo sino dramático. El estilo da cuenta de la determinación de los españoles.

LA RESTAURACIÓN

1873-1931

Después del **fracaso de la Primera República, 1873-74,** *vuelven al poder los* **Borbones.**
La **industrialización** *enriquece a la burguesía (Cataluña y País Vasco), pero crece el anarquismo y aumenta la* **agitación social.**
La **dictadura del General Primo de Rivera** *no consigue mejorar la situación y cae la monarquía, proclamándose la* **Segunda República en 1931.**
En **1898,** *España pierde su última colonia* **en América : Cuba,** *que pasa de la dominación española a la dependencia norteamericana.*
En 1910 empezó la Revolución mexicana. Sesenta años antes, EE.UU. *(los Estados Unidos de América) le habían quitado a México más de la tercera parte de su territorio.*
Durante la primera guerra mundial, España permanece neutral.

ARTE Y LITERATURA

Empieza para España un nuevo siglo de oro :

• *El catalán modernista* **A. Gaudí** *renueva la arquitectura (Templo de la Sagrada Familia en Barcelona).*
En **pintura** *coexisten y se suceden varias tendencias :*
el impresionismo : J. Sorolla ;
el cubismo : P. Picasso ("Las señoritas de Avinyó", *1907)* *y* **J. Gris ;**
el surrealismo : S. Dalí *y* **J. Miró.**
En **música, Albéniz** *y* **Manuel de Falla** *se inspiran en el impresionismo y el folklore.*
A. Mercé, "la Argentina", renueva el ballet español.

• *La pérdida de Cuba da lugar a una reflexión sobre la situación y el porvenir de España : a la* **generación del 98** *pertenecen* **Unamuno, Pío Baroja** *y* **Antonio Machado.**

El filósofo Ortega y Gasset *difunde las nuevas ideas filosóficas en su "Revista de Occidente" (1923).*

*La literatura se orienta hacia una escritura de gran refinamiento (***modernismo** *del nicaragüense Rubén Darío, de R. del Valle Inclán y de J.R. Jiménez) y una* **poesía** *que concede suma importancia* *a la metáfora (****Generación del 27 :*** *J. Guillén,* ***F. García Lorca,*** *V. Aleixandre, L. Cernuda, R. Alberti).*

• ***En Hispanoamérica, el positivismo*** *influye decisivamente en la vida cultural y política del continente. Se desarrollan la* ***poesía modernista (Rubén Darío)*** *al lado de la* ***novela indigenista,*** *que se preocupa por las condiciones de vida de los indios.*

Los pensadores latinoamericanos se interrogan sobre la posibilidad de crear una filosofía propiamente latinoamericana.

LO QUE PASA EN EUROPA

Gran Bretaña y Francia habían conquistado **grandes imperios coloniales**, seguidas de Rusia, Alemania e Italia.

La competencia imperialista fue una de las causas de la **primera guerra mundial** (1914-1918) que llevó a una reorganización de las naciones del centro de Europa. En Rusia, los **bolcheviques** se hicieron con el poder **(Lenín, 1917)**.

LO QUE PASA EN AMÉRICA

En Hispanoamérica, la doctrina Monroe (cf. p. 267) justificó la presencia militar, política y económica de Norteamérica en su "patio trasero" (*"arrière-cour"*) centroamericano de **"repúblicas bananeras"**, donde monopolizaron el poder unos **dictadores** instalados por la violencia y ayudados desde el exterior (Estrada Cabrera y Ubico en Guatemala, Hernández Martínez en El Salvador, Carías en Honduras, Somoza en Nicaragua, Batista en Cuba, Trujillo en la República Dominicana y Duvalier en Haití). En 1910 empezó la Revolución mexicana (cf. p. 155).

En Sudamérica, la primera guerra mundial supuso una considerable retirada de los capitales europeos que se precisaban para el esfuerzo de la guerra, y un incremento espectacular de las **inversiones estadounidenses** *(les investissements nord-américains)* en todos aquellos países donde había una materia prima muy importante (cobre, aluminio, petróleo, etc.) o un sector agrícola rentable (caña, café, banano, etc.).

ESPAÑA A FINALES DEL SIGLO XIX Y PRINCIPIOS DEL XX

• No duró ni un año la Primera República Española. En 1874, un pronunciamiento devolvió el trono a **Alfonso XII** (hijo de Isabel II). El sistema político de la restauración se basaba en la alternancia en el poder del partido **conservador** (encabezado por **Cánovas** e integrado por la aristocracia, los grandes terratenientes y ciertos sectores de la clase media) y del partido **liberal** (liderado por **Sagasta** y que representaba a la burguesía industrial y comercial). Este **"turno de partidos"** permitió una relativa estabilidad pero quedaron excluidos de la vida política amplios sectores de la sociedad española. Este sistema desembocó en la corrupción y el **caciquismo** : el cacique (tirano local) era el que verdaderamente ejercía el poder en su pueblo o su provincia, cambiando según su antojo los resultados de las elecciones.

• Bajo la **Regencia de María Cristina de Habsburgo**, segunda esposa de Alfonso XII, se desarrollaron los **movimientos nacionalistas** (Cataluña y País Vasco) y **se perdieron las últimas colonias : Cuba y Filipinas en 1898**. Esta pérdida tuvo hondas repercusiones en toda una generación de pensadores, economistas, políticos y escritores **(la Generación del 98)** que reflexionó sobre las causas de la decadencia española y las posibilidades de remediarla.

• Con **el reinado de Alfonso XIII** (1902-1931), el tímido **proceso de industrialización** del país (industria textil, minería, ferrocarriles), al mismo tiempo que consolidó las **burguesías nacionalistas de las regiones periféricas** (en particular de Cataluña), dio origen a un **movimiento obrero** que, a partir de 1870, se relacionó con movimientos internacionales (**anarquistas**, cuya principal figura fue Anselmo Lorenzo : celebración del Primer Congreso de la Confederación Nacional del Trabajo –C.N.T.– en 1911 en Barcelona ; y **socialistas** : Pablo Iglesias fundó el Partido Socialista Obrero Español –P.S.O.E.– en 1879 y se constituyó la Unión General de Trabajadores –U.G.T.).

Hubo **gravísimos disturbios sociales** (Semana Trágica de Barcelona 1909 – Huelga general revolucionaria de 1917). Durante la Primera Guerra Mundial, España se mantuvo neutral. La violencia de la lucha de clases, los movimientos nacionalistas, la guerra de Marruecos (que todavía pertenecía a España), la incapacidad del sistema político para transformarse, llevaron al golpe de Estado y a la **Dictadura del General Miguel Primo de Rivera** (1923-1930), cuyo fracaso acarreó la caída de la Monarquía.

En Abril de 1931, se proclamó la Segunda República.

LITERATURA Y ARTE EN EL MUNDO

1. La literatura

Los finales del siglo XIX y principios del siglo XX están marcados por una mayor preocupación por el **esteticismo** (cf. los poetas **Baudelaire, Verlaine, Rimbaud, Mallarmé, Valéry**, el dramaturgo belga Maeterlinck y el novelista **Proust**). Se rechaza el aburguesamiento del arte (que transforma la obra de arte en mercancía) ; en reacción contra el realismo, **el modernismo** vuelve al exotismo (indigenismo) y al cosmopolitismo. En la literatura, se buscan nuevas formas (inspiradas de parnasianos y simbolistas : verso blanco –o suelto, sin rima–, estrofas libres) y nuevos contenidos (imaginarios, melancólicos y bellos). En arquitectura, escultura, pintura, el modernismo *(Modern Style* o *Art Nouveau)* pretende hacer del arte algo cotidiano y cultiva las técnicas artesanales. Abundan lo sinuoso, lo exótico, lo vegetal, lo refinado (cf. el cartelista checo Mucha, el arquitecto catalán Gaudí, el belga Van de Velde y su utilización del vidrio en particular).

La primera guerra mundial fue el trauma del que nacieron las **vanguardias** (entre otros –ismos : el futurismo del italiano Marinetti –"un automóvil de carreras es más hermoso que la victoria de Samotracia"–, el dadaísmo –negación de todos los valores, nihilismo y burla absolutos– el expresionismo –angustia y rebeldía– y sobre todo el **surrealismo –Breton, Aragon, Éluard, Desnos–**).

2. La pintura fue el género que mostró mayor vitalidad : a finales del siglo XIX, el **impresionismo** intentó captar con pinceladas sueltas los efectos efímeros que provoca la luz en los objetos (Manet, Monet, Renoir) ; el **postimpresionismo** reconstruyó la forma de los objetos por medio de la línea, experimentando nuevos efectos del color y de la luz (Gauguin, Van Gogh). Con **Cézanne** empezó la **modernidad** : **fauvismo** (Matisse) y **cubismo** que reduce los objetos a volúmenes y planos geométricos (**Picasso**, Braque). El **expresionismo**, basado en los contrastes, la caricatura y lo grotesco, tuvo sus máximos representantes en Alema-

Calendario de Mucha

nia. Después de la Guerra Mundial, apareció el **surrealismo**, exploración del sueño y del inconsciente (escritura automática de Breton ; Dalí y Tanguí en pintura ; Buñuel para el cine). París, caja de resonancia del **arte de vanguardia** atrajo a multitud de artistas europeos.

3. **En música** el compositor ruso **I. Stravinski** escribió ballets de corte nacionalista pero con ritmos y sonoridades originales (*La consagración de la Primavera*, 1913, dirigido por el coreógrafo Nijinski y bailado por los Ballets rusos de Diaguilev). Otros músicos, como **G. Gershwin**, aplicaron el estilo de jazz a las formas sinfónicas tradicionales de concierto (*Rapsodia en azul*, 1924 ; *Un americano en París*, 1928 ; *Porgy and Bess*, 1935).

Gaudí, Casa Batlló

EL ARTE EN ESPAÑA

1. La arquitectura

A finales del siglo se desarrolló el modernismo con particular esplendor en Cataluña : son famosísimos los arquitectos **Antoni Gaudí** (1852-1926) y Lluis Domènech i Montaner (1850-1923). A. Gaudí, empleando nuevos materiales (hormigón armado *–béton armé–*, hierro) e integrando los elementos funcionales y las líneas arquitectónicas, consiguió una total renovación de la arquitectura tanto religiosa (Templo de la Sagrada Familia en Barcelona) como civil (Parque Güell, Casa Battló, Casa Milá en Barcelona). Gaudí no hubiera podido llevar a cabo su magnífica obra sin la ayuda del mecenas catalán Eusebio Güell. Por ello, Gaudí, además de representar la renovación artística **modernista**, simboliza también las aspiraciones nacionalistas de una Cataluña industrial vanguardista y triunfante.

2. La escultura

Largo tiempo académica, renació a finales del siglo (influencia del francés Rodin) : los escultores más conocidos fueron R. Bellver, **Mariano Benlliure** (1862-1947), Julio González y el cubista **Gargallo** (1881-1934).

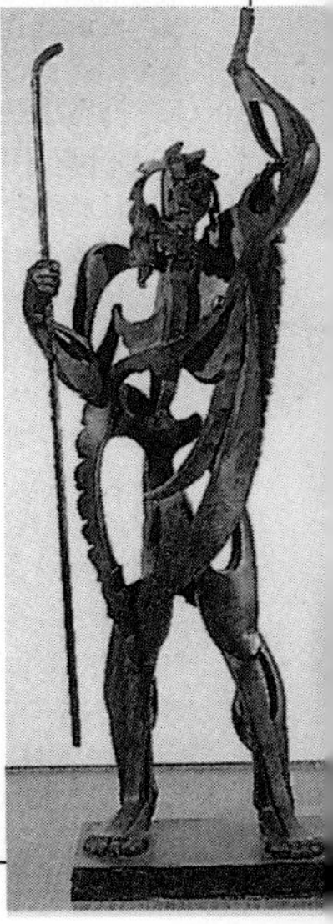

Gargallo, El profeta, *1933*

3. La pintura

El valenciano **Joaquín Sorolla** (1863-1923) fue el máximo representante de la pintura impresionista, con temas populares sobre la pesca y el mar. Concede gran importancia a la luz (transparencias, reflejos y filtraciones).

J. Gutiérrez Solana (1886-1945) es un retratista expresionista, de temática popular.

La aportación de España a la pintura moderna es enorme : Picasso (1881-1973), junto a Braque, inventó el cubismo que más influencia ha ejercido en este siglo y al que **Juan Gris** (1887-1929) dio su equilibrio clásico.

P. Picasso, Mujer planchando.
En el período azul (1901-1904), predominan el color azul y los personajes del pueblo, de estilizado patetismo.

El tema de la ventana –evasión y onirismo– ha sido muy utilizado por los pintores y los surrealistas en particular.

J. Sorolla, Al agua

J. Gris, Ventana abierta

P. Picasso, Las señoritas de Avinyó, *1907, causaron un gran escándalo y anuncian el cubismo.*

P. Picasso, El sueño, *1932 : la sinuosidad del arabesco subraya la belleza armoniosa de la joven y la ternura del pintor.*

Salvador Dalí (1904-1989) y **Joan Miró** figuran entre los surrealistas más conocidos en el mundo.

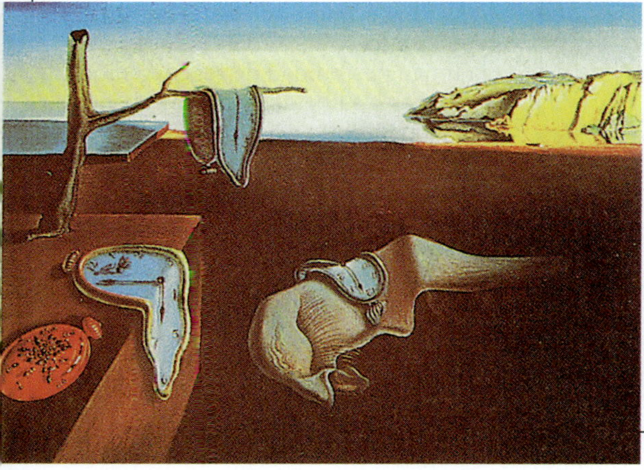

Persistencia de la memoria, *1931 : en este cuadro de inspiración surrealista, Dalí explora el inconsciente.*

Muchacha en la ventana, 1925 : esta obra armoniosa muestra las cualidades de Dalí para el dibujo.

J. Miró, Interior holandés, *1928*

4. La música

En el siglo XX, surgió una corriente de pianistas y compositores influidos por el impresionismo (el francés Debussy) y que encontraron su inspiración en el folklore popular : Pedrell, **Albéniz**, Granados, y sobre todo el gran **Manuel de Falla**.

La bailarina y coreógrafa A. Mercé, "La Argentina", estilizando elementos folklóricos, renovó el ballet español *(El amor brujo)*.

LA LITERATURA

1. La Generación del 98

Bajo este nombre se agrupa a pensadores que reflexionaron sobre la decadencia de España. Ya anteriormente, varios autores habían examinado la situación y apuntado remedios de tipo económico, social o jurídico (Cadalso en el siglo XVIII, Larra en el XIX).

En la literatura, lo mismo que en la política, se opusieron dos tendencias : los conservadores veían en la vuelta a los valores del Siglo de Oro la única posibilidad de regeneración, mientras los liberales preconizaban la apertura a Europa.

En 1875, **Francisco Giner de los Ríos** fundó la **Institución Libre de Enseñanza** donde se llevó a cabo una renovación de los métodos pedagógicos (método activo con clases prácticas, excursiones al campo y al extranjero, enseñanza del arte, libertad religiosa...). En la Institución Libre se formaron gran parte de los intelectuales liberales que habían de influir en las generaciones siguientes.

Gran importancia tuvieron también los trabajos de **investigación y crítica literaria** que adquirieron entonces un rigor científico, en particular los de **M. Menéndez y Pelayo**.

Los hombres de la **Generación del 98** si bien fueron muy diferentes e individualistas, coincidieron en **buscar la verdadera imagen de España**, distinta de la consagrada por los tópicos (la "España de pandereta") : esencia vinculada al paisaje (sobre todo castellano), a la historia (no la oficial de las grandes batallas sino la "intrahistoria", historia íntima del pueblo), a la literatura (particularmente medieval o los autores entonces olvidados como Góngora o Gracián).

A la Generación del 98 pertenecieron **Ganivet, Unamuno** (*En torno al Casticismo*, ensayo, 1895), **Azorín, Pío Baroja, Maeztu, Antonio Machado** (*Campos de Castilla*, poesía, 1912 – cf. Lectura).

2. Los nuevos maestros

• **Rubén Darío y el modernismo.**

Influido por la escuela romántica (Hugo), parnasiana (Leconte de Lisle) y sobre todo simbolista (Verlaine), el modernismo fue introducido en España por el poeta nicaragüense **Rubén Darío** (*Azul*, 1888). Se trata de un arte refinado, en el que se evocan ambientes irreales o exóticos, reflejos del estado de ánimo del poeta. Muy próxima a la idea del arte por el arte, esta poesía canta la luz, los colores, la musicalidad recurriendo mucho a las sinestesias (asociación de sensaciones pertenecientes a sentidos diferentes, por ejemplo : el color de un olor : "fragancia azul"). Su influencia sobre la literatura española (la poesía en particular : Manuel Machado y J.R. Jiménez) fue inmensa (cf. Lectura).

• **R. del Valle Inclán** (1866-1936).

Sus primeras narraciones muestran una gran preocupación por la belleza de una escritura refinada (las *Sonatas*) en la línea modernista. Pero evolucionó después hacia el humor desgarrado, la imagen grotesca y la sátira caricaturesca de la realidad española, lo que llamó el **esperpento** (*Luces de Bohemia*, 1920, *Divinas Palabras*, 1920, *Martes de Carnaval*, 1930 – cf. Lectura).

• **J. Ortega y Gasset (1883-1955).** Sin abandonar los problemas fundamentales de la filosofía, su "perspectivismo" y "raciovitalismo" los coloca a la altura del hombre, único punto

Anónimo, Ramón del Valle-Inclán

de partida para cualquier posible solución salvatoria. El hombre es el hombre concreto, situado en un contexto –una circunstancia– preciso : "Yo soy yo y mi circunstancia, y si no la salvo a ella no me salvo yo." En sus escritos *España invertebrada* (1921) y *La rebelión de las masas* (1930) opone al igualitarismo de masas falsamente democrático la necesaria acción de unas "minorías egregias", hecho que fue y es frecuentemente mal interpretado. Ortega es hoy reconocido como una eminente figura de la filosofía mundial, y cuyo aporte para la emancipación del pensamiento filosófico de lengua española fue decisivo.

3. Los vanguardistas y la Generación del 27

• **Juan Ramón Jiménez** (1881-1958). Modernista melancólico al principio, fue depurando su estilo de todo artificio. Su poesía "pura" influyó enormemente en los poetas de la Generación del 27. En 1914, se publicó *Platero y yo*, un libro "autobiográfico" en prosa poética, que evoca su vida con el burro Platero. En 1956, fue galardonado con el Premio Nobel (cf. Lectura).

• **Ramón Gómez de la Serna** (1891-1963), autor de novelas, obras de teatro y ensayos, fue el gran promotor del arte de la vanguardia en España con sus *Greguerías* (1917). La "greguería" es una metáfora humorística, una ocurrencia ingeniosa que recuerda el concepto o la metáfora barroca (del siglo XVII) ; por ejemplo : "La noche reposa entre pestañas azules", o "El cocodrilo es un zapato desclavado".

• Fue precisamente porque consideraban a Góngora (cf. p. 231) como su maestro por lo que se designó a una generación de poetas nacidos entre 1892 y 1903 con el nombre de Generación del 27 (en 1927 se celebró el tercer centenario de la muerte de Góngora). Aquellos jóvenes poetas españoles volvieron a la **poesía popular** española y dieron a la **metáfora** un papel primordial. Ésta ya no se basaba en la semejanza física entre el término real y el evocado (por ej la mujer es una rosa) sino en la emocíon idéntica que ambos términos despiertan en nuestro ánimo (por ej. "Lloras zumo de limón" : Lorca sugiere lo agrio del limón y de la pena al tiempo que arraiga a la chica que llora en la tierra andaluza de los limoneros). A diferencia de las vanguardias europeas, la vanguardia española se inspiraba en la más pura tradición española tanto popular (romancero, cancionero) como culta (Góngora y la lírica del Siglo de Oro).

Forman parte de la generación del 27 : **Pedro Salinas, Jorge Guillén, Gerardo Diego, Dámaso Alonso, Federico García Lorca, Vicente Aleixandre, Luis Cernuda, Rafael Alberti,** a los que se añaden **Emilio Prados, Manuel Altolaguirre** y **Miguel Hernández**.

• **F. García Lorca** (1898-1936) estudió música con Manuel de Falla y muy pronto se dedicó a las letras : sus poemarios más conocidos son el *Romancero Gitano* (1928) y el *Poema del Cante Jondo* (1931) en los que se recoge, estilizándola, la tradición andaluza. Muy marcados por el surrealismo son *Poeta en Nueva York* (1935) y el *Diván de Tamarit* (1936).

Escena de domador y animal fabuloso, *dibujo de F. García Lorca*

El teatro de Lorca, aunque centrado en la sociedad andaluza de su época, presenta las pulsiones inconscientes que mueven a los hombres. Se trata de un teatro poético que se inspira en la tradición del Siglo de Oro (Lope de Vega) : *La Zapatera Prodigiosa*, 1930 ; *Bodas de Sangre*, 1933 ; *Yerma*, 1934 ; *Doña Rosita la Soltera*, 1935 ; *La Casa de Bernarda Alba*, 1936 (cf. Lectura).

Lorca murió fusilado por los franquistas en 1936.

• La irrupción de la guerra civil en 1936 acabó con lo que se anunciaba tanto en literatura como en las artes como un segundo Siglo de Oro.

LA LITERATURA EN HISPANOAMÉRICA

1. Alcanzando una gran influencia en todos los sectores de la vida, se desarrolló el **positivismo**, inspirado en la filosofía de A. Comte, según la cual el espíritu humano debe basarse en la observación y la experiencia y no en la especulación (no fundada en los hechos) para conocer la realidad y prever su evolución futura. Esta doctrina tuvo una gran importancia entre la burguesía no tradicionalista del siglo XIX y se encuentra en la base de diversos intentos reformistas americanos (Porfirio Díaz en México ; en Brasil, la bandera sigue llevando el lema positivista de "orden y progreso").

2. El modernismo surgió en Hispanoamérica en las últimas décadas del siglo XIX, como apertura al cosmopolitismo –por la vía francesa (romanticismo, parnasianismo y simbolismo, cf. pp. 277-278)– y creación americana.

Apareció con la prosa del cubano **José Martí** y los cuentos del nicaragüense **Rubén Darío** (*Azul*, 1888). Pero en la **poesía** fue donde alcanzó su máxima representación : en primer lugar con Rubén Darío (*Cantos de vida y esperanza*, 1905), seguido por el argentino Leopoldo Lugones, el uruguayo Herrera y Reissig, el mexicano Amado Nervo.

Ensayistas modernistas y positivistas a la vez fueron el uruguayo J. E. Rodó *(Ariel)* y el argentino J. Ingenieros.

3. La narrativa vio los comienzos del **realismo indigenista** en la obra de E. López Albújar (Perú) y de Alcides Arguedas (Bolivia).

4. La búsqueda de la identidad

El mestizaje que se practicó desde el principio de la conquista y colonización no impidió que se desarrollaran los prejuicios raciales en un continente que recibía todos sus modelos de Europa e intentaba copiarlos. La mezcla racial se veía como una vergüenza, una decadencia. Sólo a principios del siglo XX, superando el complejo de inferioridad racial latinoamericano, la reivindicaron como una originalidad enriquecedora el uruguayo J.E. Rodó (*Ariel*, 1900), el mexicano J. Vasconcelos (*Raza cósmica*, 1929), el brasileño G. Freyre (*Casa grande e senzala*, 1933). Con ellos nació la conciencia de una diferencia y una especificidad latinoamericanas, que estudiarían los ensayistas, escritores y artistas del siglo XX (cf. pp. 319 a 321). No por casualidad surgió en ese tiempo el primer movimiento literario genuinamente latinoamericano : el modernismo.

Lecturas

La Generación del 98
Miguel de Unamuno (1864-1936)

Hay que sembrar en los hombres gérmenes de duda, de desconfianza, de inquietud... Y sobre todo y ante todo, nada de vivir en paz con todo el mundo... No, no, no ; nada de vivir en paz... No quiero vivir en paz ni con los demás ni conmigo mismo. Necesito guerra, guerra en mi interior: necesitamos guerra.

¿Cómo entiende Vd eso de "nada de vivir en paz"? (relaciónelo con la frase de Azorín "El pueblo reposa en un profundo sueño").

Miguel de Unamuno, *España y Europa : La razón y el progreso*

Tengo la profunda convicción de que la verdadera y honda europeización de España, es decir, nuestra digestión de aquella parte de espíritu europeo que pueda hacerse espíritu nuestro, no empezará hasta que no tratemos de imponernos en el orden espiritual a Europa, de hacerle tragar[1] lo nuestro, a cambio de lo suyo, hasta que no tratemos de españolizar a Europa. [...]

Señor Fundaste este tu pueblo, el pueblo de tus siervos Don Quijote y Sancho sobre la fe en la inmortalidad personal; mira, Señor, que es esa nuestra razón de vida y es nuestro destino entre los pueblos el de hacer que esa nuestra verdad del corazón alumbre las mentes contra las tinieblas de la lógica y del raciocinio[2] y consuele los corazones de los condenados al sueño de la vida. [...]

En tales pláticas iban cuando "descubrieron treinta o cuarenta molinos que hay en aquel campo". Y Don Quijote los tomó por desaforados gigantes, y sin hacer caso de Sancho encomendóse[3] de todo corazón a su señora Dulcinea y arremetió a ellos[4], dando otra vez con su cuerpo en tierra.

Tenía razón el Caballero: el miedo y sólo el miedo le hacía a Sancho y nos hace a los demás simples mortales ver molinos de viento en los desaforados gigantes que siembran mal por la tierra. Aquellos molinos molían pan, y de ese pan comían hombres endurecidos en la ceguera[5]. Hoy no se nos aparecen ya como molinos, sino como locomotoras, dínamos, turbinas, buques de vapor, automóviles, telégrafos con hilos o sin ellos, ametralladoras y herramientas de ovariotomía, pero conspiran al mismo daño. El miedo y sólo el miedo sanchopancesco nos inspira el culto y veneración al vapor y a la electricidad; el miedo y sólo el miedo sanchopancesco nos hace caer de hinojos[6] ante los desaforados gigantes de la mecánica y la química implorando de ellos misericordia. Y al fin rendirá el género humano su espíritu agotado de cansancio y de hastío[7] al pie de una colosal fábrica de elixir de larga vida. Y el molido Don Quijote vivirá, porque buscó la salud dentro de sí y se atrevió a arremeter a los molinos.

1. *avaler*
2. *raisonnement à vide*
3. *il se recommanda*
4. *il les attaqua*
5. *l'aveuglement*
6. *tomber à genoux*
7. *dégoût, lassitude*

¿Quién encarna, según Unamuno, el espíritu español? ¿Cuál es su cualidad esencial? ¿En qué pueden enriquecerse mutuamente España y Europa?

Antonio Machado (1875-1939)

El Mañana efímero

La España de charanga y pandereta[1]...
Esa España inferior que ora y bosteza[2],
vieja y tahur[3], zaragatera[4] y triste;
esa España inferior que ora y embiste[5]...
cuando se digna usar de la cabeza,
aún tendrá luengo parto[6] de varones
amantes de sagradas formas y maneras;
florecerán las barbas apostólicas
y otras calvas en otras calaveras[7]
brillarán, venerables y católicas.
El vano ayer engendrará un mañana
vacío[8] y ¡por ventura! pasajero...
Mas otra España nace,
la España del cincel y de la maza[9],
con esa eterna juventud que se hace
del pasado macizo de la raza.
Una España implacable y redentora,
España que alborea
con un hacha en la mano vengadora,
España de la rabia y de la idea.

1. *folklorique, inauthentique*
2. *qui prie et qui bâille*
3. *joueuse, tricheuse*
4. *tapageuse*
5. *prie et attaque*
6. *une longue descendance*
7. *d'autres calvities sur d'autres têtes*
8. *vide*
9. *du ciseau et de la masse*

Dos Españas se oponen en este poema : ¿cuáles? Relaciónelo con el texto precedente de Miguel de Unamuno

El modernismo
Rubén Darío (1867-1916)

Marcha triunfal (1895)

¡Ya viene el cortejo!
¡Ya viene el cortejo! Ya se oyen los claros clarines.
La espada se anuncia con vivo reflejo;
ya viene, oro y hierro, el cortejo de los paladines.

Ya pasa debajo los arcos ornados de blancas Minervas y Martes
los arcos triunfales en donde las Famas erigen sus largas trompetas,
la gloria solemne de los estandartes,
llevados por manos robustas de heroicos atletas.

...
Los claros clarines de pronto levantan sus sones,
su canto sonoro,
su cálido coro,
que envuelve en un trueno de oro
la augusta soberbia de los pabellones.
Él dice la lucha, la herida venganza,
las ásperas crines,
los rudos penachos, la pica, la lanza,
la sangre que riega[1] de heroicos carmines
la tierra;
los negros mastines[2]
que azuza[3] la muerte, que rige la guerra.

1. *arrose*
2. *mâtins, chiens*
3. *excite*

Lea en voz alta este poema de Rubén Darío : ¿nota la fuerza sugestiva de sus sonoridades y su ritmo?

Juan Ramón Jiménez (1881-1958)

Pastoral (1903-1905)

Tristeza dulce del campo.
La tarde viene cayendo.
De las praderas segadas[1]
llega un suave olor a heno[2].

Vengo detrás de una copla
que había por el sendero,
copla de llanto, aromada
con el olor de este tiempo;
copla que iba llorando
no sé qué cariño muerto,
de otras tardes de setiembre
que olieron también a heno.

1. *fauchées*
2. *foin*

Las sinestesias y metáforas sugieren una melancolía nostálgica neorromántica.
El metro sencillo (octosílabos asonantados e-o), el valor musical y simbólico de las palabras denotan la influencia simbolista.
Con *Diario de un poeta recién casado,* 1916, de donde está sacado el poema siguiente, Juan Ramón Jiménez inicia una poesía más depurada. Desaparecen los elementos decorativos modernistas : ya no hay color, música ni anécdota ; en *Soledad,* la realidad exterior del mar se reduce a su mundo interior de soledad.
Escuche Vd cómo el ritmo sugiere el movimiento constante de las olas. Aclare su poder evocador :

Soledad

En ti estás todo, mar, y, sin embargo,
¡qué sin ti estás, qué solo,
qué lejos, siempre, de ti mismo!

Abierto en mil heridas, cada instante,
cual mi frente,
tus olas van, como mis pensamientos,
y vienen, van y vienen,
besándose, apartándose,
en un eterno conocerse,
mar, y desconocerse.

Eres tú, y no lo sabes,
tu corazón te late, y no lo siente...
¡Qué plenitud de soledad, mar solo!

Ramón del Valle-Inclán (1866-1936), *Luces de Bohemia* (1920)

Los héroes clásicos reflejados en los espejos[1] cóncavos dan el Esperpento. El sentido trágico de la vida española sólo puede darse con una estética sistemáticamente deformada… España es una deformación grotesca de la civilización europea… Las imágenes más bellas en un espejo cóncavo son absurdas… deformemos la expresión en el mismo espejo que nos deforma las caras y toda la vida miserable de España.

1. *miroirs*

La Generación del 27

Federico García Lorca (1898-1936)

Romance sonámbulo

Verde que te quiero verde.
Verde viento. Verdes ramas.
El barco sobre la mar
y el caballo en la montaña.
Con la sombra en la cintura,
ella sueña en su baranda[1],
verde carne, pelo verde,
con ojos de fría plata.
Verde que te quiero verde.
Bajo la luna gitana
las cosas la están mirando
y ella no puede mirarlas.

1. *balustrade*

Lorca consigue crear aquí un ambiente a la vez onírico, misterioso y fascinante para rodear la tragedia andaluza de la gitana muerta.

LA REPÚBLICA Y FRANCO

1931-1975

EN EL MUNDO

La ***gran crisis económica de 1929*** *arruina la economía mundial.*
Después de la ***Segunda Guerra Mundial,*** *y hasta 1990, el mundo queda dividido en* ***dos bloques*** *dominados respectivamente por EE.UU. y la URSS.*
A partir de 1950, el mundo occidental conoce un importante ***desarrollo económico.***

EN ESPAÑA

- ***La Segunda República*** *sólo dura cinco años* ***(1931-1936)****.* *Se hacen y deshacen muchas reformas, hay mucha agitación social y terrorismo.*
- ***En 1936, se levanta el General Franco y empieza la guerra civil (1936-1939)****, preludio a la guerra mundial.*
- *Franco establece una dictadura y gobierna con el apoyo de la* ***Iglesia,*** *del* **Ejército** (l'Armée) *y de la* ***oligarquía*** *(la clase rica).* *Durante los primeros quince años de la* ***posguerra,*** *España vive* ***aislada*** *política y económicamente y conoce una* ***gran pobreza.*** *Pero a partir de* ***1953,*** *recibe la* ***ayuda de EE.UU.*** *y se la admite en la ONU.* *Con la* ***década de los 60*** *empieza* ***el milagro económico*** *gracias sobre todo a la riqueza nacida del turismo, de la emigración, y al dinero que los extranjeros invierten* (investissent, placent) *en la economía española.*

EN EL MUNDO

1. La gran crisis del 29

Los años veinte habían sido años felices de prosperidad económica. Pero la superproducción tanto agrícola como industrial en Estados Unidos y la cotización excesivamente alta de la bolsa en Nueva York llevan a la **crisis de 1929** que, iniciada en EE.UU., repercute en todos los países del mundo, acarreando el desempleo y un bajón de la actividad económica. Esta depresión favorece el nacimiento de los fascismos nacionalistas (Hitler en Alemania, Mussolini en Italia) cuyas agresivas políticas exteriores provocan la **Segunda Guerra Mundial (1939-1945)**.

2. Los dos bloques

Los años que van de **1945 a la década de los años 60** se conocen como la época de la **guerra fría** entre las dos superpotencias (EE.UU. y la URSS). Para acelerar la reconstrucción de Europa Occidental, sustraerla a la influencia comunista y volver a encontrar mercados para sus productos, los Estados Unidos inician en **1947** una ayuda económica a Europa (el **"Plan Marshall"**). Para defenderla contra un posible ataque del comunismo, en 1949 se crea la OTAN (Organización del Tratado del Atlántico Norte) a la que responde en 1955 el **Pacto de Varsovia** que engloba a los países de influencia soviética.

Las superpotencias mantienen su dominio en sus respectivas áreas de influencia (intervención de EE.UU. en Guatemala en 1954 y 1958, en El Salvador en 1960, en la República Dominicana en 1965, en la Granada en 1983, en Panamá en 1989 ; intervención soviética, sangrienta y de consecuencias graves y duraderas, en Hungría en 1956, en Checoslovaquia en 1968, en Afganistán en 1979) y se enfrentan más o menos indirectamente en varias guerras locales (Corea 1950-1953 ; Vietnam 1957-1975 ; Cuba, crisis de los misiles nucleares en 1962 ; África y Centroamérica en la década de los 80).

Sin embargo, la accesión a las armas nucleares de la URSS y luego de Gran Bretaña y Francia establece una nueva situación de **equilibrio y distensión** *(détente)* entre los dos bloques. El derrumbe *(l'effondrement)* en cadena de los regímenes comunistas iniciado y favorecido por el reformismo ("perestroika") de Gorbachov han modificado por completo la situación política en Europa.

3. La descolonización

En el mismo período, la mayor parte de los pueblos colonizados por Europa consiguen su independencia : **descolonización** de la India (Gran Bretaña en 1947, Gandhi) ; Indochina (Francia en 1946-1954), África (Etiopía, Egipto, Libia, Marruecos, Tunicia, Argelia –1954-1962–, África negra en la década de los 60 ; Angola y Mozambique en 1975 con el fin de la dictadura portuguesa).

4. La economía

A partir de 1950, gracias a la cooperación internacional, al aumento de las inversiones *(des investissements)* y a una política de la educación que permite una mejor calificación de la mano de obra, tiene lugar un **importante desarrollo económico** que permite un aumento generalizado del nivel de vida en los países desarrollados.

ESPAÑA DE 1931 A 1975

1. La Segunda República : 1931-1936

Conoce tres etapas :

a. **Reformista** de 1931 a 1933 : tras la promulgación de la Constitución de 1931 (separación Estado/Iglesia, concesión a las mujeres del derecho al voto), se aprueban varias reformas :

– Estatuto catalán (1932).

– Reforma agraria para acabar con el latifundismo (es decir, con la existencia de fincas muy extensas que en Andalucía o Extremadura suelen explotarse extensivamente (poco y mal), originando el paro –*le chômage*– rural).

– Creación de escuelas y política cultural.

– Reforma del Ejército.

Pero el Gobierno de Azaña se encuentra con graves problemas económicos, debidos al impacto de la depresión de 1929, y políticos : oposición de los anarquistas, del Ejército (sublevación del General Sanjurjo en 1932), de los católicos (pasividad del Gobierno frente a los incendios de iglesias y conventos), de los grandes terratenientes.

b. Dominio de las **derechas** : 1934-1936. Se suspenden las reformas (devolución a sus dueños de las tierras expropiadas, acercamiento a la Iglesia, ...). En octubre de 1934, tras la entrada en el Gobierno de tres ministros de derechas, tiene lugar la revolución (socialista y separatista) de octubre de 1934 en Cataluña y Asturias. Es necesaria la intervención del Ejército para sofocarla.

c. En febrero de 1936, el **Frente popular** triunfa en las elecciones, lo que provoca la **polarización política** en España (desarrollo de Falange Española, partido de derechas fundado por José Antonio Primo de Rivera, hijo del General Primo de Rivera, cf. p. 277, y del Partido Comunista Español : PCE) y el **aumento de las violencias** (ocupación de tierras por los campesinos, incendios de iglesias, múltiples atentados y asesinatos). El asesinato del líder de la derecha J. Calvo Sotelo el 12 de julio de 1936 es el detonante de la **sublevación militar**.

Empieza la **Guerra Civil** que durará casi tres años (18 julio 1936 - 4 abril 1939) y que acabará con la experiencia republicana.

2. La guerra civil española : 1936-1939

La sublevación empieza en Marruecos bajo el mando del General Francisco Franco y se extiende rápidamente por diversas regiones del norte y del centro de España, amenazando Madrid, lo que obliga al Gobierno republicano a trasladarse a Valencia.

En marzo de 1938, las tropas franquistas consiguen alcanzar el Mediterráneo, cortando en dos zonas el territorio controlado por la Repú-

La guerra civil, julio de 1936

Guernica, 1937. P. Picasso pintó este cuadro tras el bombardeo de la ciudad vasca de Guernica por la legión alemana Cóndor el domingo 26 de abril de 1937, día de mercado. De los 7.000 habitantes, 1.654 resultaron muertos y 889 heridos.

blica. Tras la larga batalla del Ebro (julio a diciembre de 1938), queda destruido casi completamente el ejército republicano. El 1° de abril de 1939, Franco anuncia oficialmente que la guerra ha terminado.

Pero la guerra civil tiene unas implicaciones y consecuencias que traspasan las fronteras españolas ya que los dos bandos reciben una **ayuda internacional**.

- **Los franquistas** (o rebeldes, o azules, o nacionalistas) reciben desde el primer momento el apoyo de la Alemania de Hitler (aviones, armamento, instructores), de la Italia de Mussolini (armamentos, varias divisiones) y del Portugal de Salazar (puesta a disposición de los sublevados de los puertos portugueses, envío de voluntarios).
- **Los republicanos** (o rojos) son ayudados por México (este país, que nunca reconocerá la dictadura franquista y acogerá a numerosos refugiados, envía fusiles y alimentos), la Unión Soviética (aviones, armamento, instructores) y **las "Brigadas Internacionales"** formadas de voluntarios de cincuenta países (en ellas luchan hombres como el francés A. Malraux –cf. su película *L'espoir*, 1937, el chileno Pablo Neruda– *España en el corazón*, 1937, el estadounidense E. Hemingway, *¿Por quién doblan las campanas? –Pour qui sonne le glas*, 1940, el mexicano O. Paz, etc.).

3. La dictadura de Franco : 1939-1975

a. Jefe del Estado y del Gobierno, Generalísimo de los Ejércitos, Jefe del "Movimiento" (el partido único), **Franco concentra en su persona todos los poderes**. Los diputados (se les llama Procuradores en Cortes) no son elegidos por sufragio universal sino que son nombrados directamente por Franco o elegidos a través de los "cauces naturales de convivencia" (*Les voies naturelles de la vie en commun* : Familia, Municipio y Sindicato). La organización sindical ("los sindicatos verticales"), única y obligatoria, incluye a empresarios y trabajadores ; sus máximos responsables son nombrados por Franco. Están prohibidos la huelga *–la grève–* y las manifestaciones, pero también los despidos *–la mise à pied–* salvo casos muy justificados (políticos sobre todo). Franco establece relaciones privilegiadas con la **Iglesia Católica** que apoya al régimen. Durante la Guerra Mundial, España se mantiene neutral, pero envía a Alemania un cuerpo de voluntarios : la "División Azul", para luchar en el frente ruso contra los bolcheviques.

Franco gobierna en nombre del Orden, de la Tradición, del Catolicismo gracias a la ayuda de los vencedores en la guerra civil : **la oligarquía** –especialmente la terrateniente y financiera–, **la Iglesia, el Ejército** y posteriormente **los funcionarios**, numerosísimos y corporatistas. El lema franquista es "España Una, Grande, Libre" ("una", es decir centralizada, opuesta a los separatismos ; "grande" en su tradición : sirven de modelo los Reyes Católicos y el Siglo de Oro ; "libre" de toda ingerencia extranjera –especialmente de la amenaza comunista– lo cual justifica su aislamiento, al tiempo que le quita a la izquierda un calificativo que ésta solía atribuirse).

b. 1939-1955 : Aislamiento

Al terminar la guerra mundial, España queda **aislada política y económicamente** : España no es aceptada en la ONU y los países retiran sus embajadores del territorio español al mismo tiempo que deciden un bloqueo económico. España tiene que vivir en **autarquía** *–autarcie–*, es decir autosatisfacer sus propias necesidades. Se establece un severo racionamiento de los alimentos y es necesaria la intervención del Estado en la economía. Son los negros "años del hambre".

Pero a partir de 1950, la "guerra fría" entre los dos grandes bloques (cf. p. 292) y la posición estratégica de España en el Mediterráneo llevan a los EE.UU. a acercarse a España y concederle una ayuda diplomática y económica a cambio del establecimiento de bases militares. En 1955, España ingresa en la ONU y cesa el bloqueo económico.

Cartel republicano

c. *El "milagro" económico : 1959-1975*

• Son tres los motores de la reactivación económica :
– **el turismo** que se convierte en la principal fuente de divisas (los ingresos del turismo representaban más del 50 % de los ingresos de la balanza de pagos de 1964 ; ahora, aunque siguen aumentando en cifras absolutas, han bajado considerablemente en cifras relativas),
– las remesas de los **emigrantes** o sea el dinero que los trabajadores españoles emigrados al extranjero mandan a su familia en España (en la década de los 60),
– **las inversiones** *(les investissements)* **extranjeras,** al principio esencialmente norteamericanas.

España pasa a ser **la décima potencia industrial** del mundo y el nivel de vida de los españoles mejora notablemente ; intenta en vano desde 1962 integrarse en la CEE (¡sólo lo conseguirá en 1986 !). Su política exterior se caracteriza por sus buenas relaciones con Iberoamérica (salvo México) y los países árabes.

• La abertura al mundo, acelerada por el turismo y la emigración, y el desarrollo económico favorecen el renacimiento de la **oposición** : muy pronto se organizan las primeras huelgas estudiantiles (1956, 1962, 1965 –cf. la película de Bardem : *Muerte de un ciclista*–), los primeros movimientos clandestinos (el sindicato comunista Comisiones Obreras en 1963, la organización terrorista vasca ETA en 1959). El asesinato en 1973 de L. Carrero Blanco, Presidente del Gobierno y hombre de confianza de Franco (que ya tiene más de 80 años) muestra la determinación de la oposición.

CULTURA

(Véanse pp. 310 a 319.)

Desde 1975

EN EL MUNDO

• *Los países europeos han ido ensanchando su colaboración económica : Tratado de Roma de 1957 con la creación de la Comunidad Económica Europea, el* **Mercado Único** *en 1993, el* **euro** *en 2002.*
Ahora la Unión Europea **cuenta con 25 países** *(3 provienen de la antigua Unión Soviética y 5 del bloque dominado por ella).*
En enero de 2007, entrarán Rumanía y Bulgaria y se discute sobre la posible entrada de Turquía en la Unión.
En cambio, los acuerdos políticos son más difíciles de concretar pues, en 2005, no se ha ratificado la Constitución Europea, aprobada sin embargo por referéndum en España.

• *Desde 1973, las variaciones del* **precio del petróleo** *han ocasionado crisis económicas y conflictos internacionales.*
Todos los países han sido afectados, los ricos y aún más los pobres, con el aumento constante de su deuda externa.
Hoy día, la **globalización** *económica es fuente de desigualdades y dificulta las relaciones Norte-Sur.*

• *La desintegración de la URSS y del bloque de los países comunistas ha cambiado el panorama mundial, desplazándose* **los conflictos hacia el Oriente Medio***.*
La preocupación principal del mundo occidental es el resurgir del integrismo islamista y la **lucha contra el terrorismo** *luego del atentado del 11-S en Nueva York.*

Desde 1975

EN ESPAÑA

• *Tras la muerte de Franco,* **el rey don Juan Carlos de Borbón** *ayudado por el presidente del gobierno* **Adolfo Suárez** *consigue llevar a bien* **la transición hacia la democracia (1975-1978)**.
En 1978 *se aprueba la nueva* **constitución democrática**.
España se reordena en **17 Comunidades Autónomas**. *Pero el* **peso de los partidos nacionalistas** *es aún muy fuerte en Cataluña y el País Vasco donde ha permanecido la acción terrorista de la ETA hasta la tregua (frágil y reciente) de 2006.*

• *España ingresa en la CEE y conoce un crecimiento económico superior a la media europea.*
El **éxito económico** *se plasma en 1992 con los Juegos Olímpicos de Barcelona, la Exposición Universal de Sevilla y el Quinto Centenario del descubrimiento de América. Pero la alta tasa de paro y los escándalos políticos ponen fin a los 14 años de gobierno del socialista Felipe González (1982-1996).*

• *El gobierno de José María Aznar (Partido Popular) (1996-2004) marca la vuelta de la derecha a España. Se mejora la situación económica pero el final es marcado por el descontento popular y los trágicos* **atentados islamistas en Madrid (el 11-M)**.
Desde 2004, el socialista **José Luis Rodríguez Zapatero** *dirige el país y se enfrenta, entre otros, al problema de la* **inmigración clandestina**.

EN EL MUNDO

1. La Unión Europea (antigua CEE)

En 1951 nace la Comunidad Europea del Carbón y del Acero (CECA) y en **1957**, con el **Tratado de Roma**, se crea la Comunidad Económica Europea que agrupa a seis países : Alemania Federal, Bélgica, Francia, Italia, Luxemburgo, Países Bajos. En 1973 ingresan Inglaterra, Irlanda y Dinamarca, en 1981 Grecia y en 1986 España y Portugal. Desde 1967, la CEE tiene un Consejo de Ministros, una Corte de Justicia y un Parlamento europeo elegido por sufragio directo desde 1979. En 1993 se ha realizado la integración económica total con la supresión de los aranceles (*droits de douane*) y la libre circulación de bienes y personas. También desde 2002, la mayoría de los países ha adoptado **el euro** como nueva moneda común facilitando así los intercambios y la competitividad frente al dólar. El peso económico de la UE en el mundo es tan inmenso que los EE.UU. reaccionan : han promovido un mercado común americano (–TLC o NAFTA o ALENA– integrado por EE.UU., Canadá, México ; acuerdos con otros países latinoamericanos como Chile).

En **1989**, la "perestroika" (reconstrucción) iniciada en 1985 en la URSS por Gorbachov ha conducido a la **democratización de los países del Este**. Así la **Unión Europea ha ido ensanchándose** con la reunificación de Alemania en 1989, la integración de los países integrados a la URSS antes de su derrumbe (Estonia, Lituania, Letonia) o asociados al bloque comunista (República Checa, Eslovaquia, Hungría, Polonia y Eslovenia), y con la entrada de Finlandia, Suecia, Austria, Chipre y Malta. Hoy son 25 los países que la componen, 27 en enero de 2007 con la entrada de Rumanía y Bulgaria. Se observa sin embargo un frenazo a la construcción europea con el rechazo francés y holandés a la ratificación de la Constitución Europea y con el polémico debate sobre la posible entrada de Turquía en la Unión.

2. El petróleo en el centro de la economía

El desarrollo de los años 60 se había hecho gracias al bajo coste del petróleo y de las materias primas suministradas por los países subdesarrollados. Salvo EE.UU., **los países desarrollados de Occidente dependían casi completamente de las importaciones de petróleo**. Cuando estalló la guerra del Yon-Kippur (1973) entre Israel y los países árabes, éstos decidieron aumentar el precio del "oro negro" para presionar a los países occidentales que apoyaban a Israel. En seis años, el precio del barril de petróleo se multiplicó por trece (13). Los países desarrollados tuvieron que reducir sus importaciones de petróleo, por lo que disminuyó su crecimiento económico : inflación, desempleo y descenso del nivel de vida fueron las **consecuencias** de esta crisis. Actualmente, el precio del barril de petróleo está en constante alza por culpa del **agotamiento paulatino de las reservas** y los riesgos de escasez en hidrocarburos. Asimismo el **oro negro** se ha convertido en "arma económica" y está en el centro de conflictos económicos y políticos como la primera guerra del Golfo en 1991. De ahí que se expresa la necesidad de desarrollar otras fuentes de energía colaborando así a la lucha contra la contaminación. Así las **cumbres de Kyoto o de Johannesburgo** fueron la ocasión de alarmar a la comunidad internacional sobre los efectos desastrosos de la **contaminación** (calentamiento del planeta y efecto invernadero). Sin embargo, esta lucha se enfrenta a los intereses económicos de los países ricos.

Los efectos de la crisis para los países subdesarrollados han sido catastróficos : la mayoría de ellos viven de la exportación de sus materias primas cuyo precio no subió al ritmo del de la energía o de los productos manufacturados que tenían que importar, por lo que aumentó su pobreza. Muchos, además, se han endeudado (pidiendo préstamos, *en contractant des emprunts*) antes del choque petrolero, y no pudiendo reembolsar su deuda, tienen que pedir nuevos préstamos para pagar tan sólo los intereses de sus anteriores préstamos.

3. Entre globalización y antiglobalización

El problema de la **deuda** (las **relaciones Norte-Sur** : Norte rico, Sur pobre) es uno de los más graves de la actualidad. Por eso, en la cumbre de la OMC en 2005, los países emergentes (China, Venezuela, Brasil) han exigido el fin del proteccionismo de los países ricos en la agricultura. También se multiplican las manifestaciones (Seattle en 1999, Cancún en 2003) de una nueva corriente en contra de la **globalización** y la economía liberal : los **antiglobales**. Compuestos por grupos diversos, reivindican el comercio justo y el desarrollo sostenible para los pequeños productores de los países en vía de desarrollo (productores de algodón en Malí o de café en América Latina). Por eso, en protesta contra las reuniones anuales del G8 (Grupo de los ocho países más ricos) en Davos, se realiza un **foro mundial** alternativo como en Caracas en 2005.

4. La amenaza terrorista

Los trágicos e impresionantes **atentados del 11 de septiembre de 2001** contra las Torres Gemelas de Nueva York conmovieron a la comunidad internacional y dejaron clara la existencia de una **amenaza terrorista** sobre los países occidentales. Reivindicados por el grupo integrista Al-Qaeda, liderado por Osama Bin Laden, estos atentados fueron el detonante de un conflicto ideológico y de una “guerra santa” que opone a los integristas islamistas y al mundo occidental. Así se llevó a cabo una guerra en Afganistán que liberó el país de los talibanes en 2002. Y en 2003, ignorando la decisión de la ONU, los Estados Unidos de George W. Bush (con la ayuda de Reino Unido y de España) intervinieron también en Irak con el fin de derribar al dictador Sadam Hussein. La polémica en torno a los motivos de esta guerra (supuesta existencia de armas de destrucción masiva) no hizo sino crear tensiones en el seno de los países occidentales y acrecentar la amenaza terrorista (atentados en Madrid y Londres). Difícilmente se está restableciendo la democracia y la paz en Irak, escenario de atentados y secuestros cotidianos.

EN ESPAÑA : LA MONARQUÍA (1975)

1. La transición : 1975-1982

a. Un futuro incierto

En 1969, Juan Carlos de Borbón, nieto del último rey de España, Alfonso XIII, había sido designado por Franco para sucederle. El 22 de noviembre de 1975, las Cortes proclaman rey a Juan Carlos I, pero **el futuro aparece incierto** : los franquistas no ven con buenos ojos a este rey pues desean mantener el régimen anterior ; las fuerzas de oposición tampoco reconocen a Juan Carlos cuya legitimidad procede de Franco. En efecto, el heredero legítimo, para los monárquicos, es don Juan, el padre de Juan Carlos, y las izquierdas quieren que se proclame una república.

b. Adolfo Suárez y la Constitución de 1978

Juan Carlos, al principio, mantiene en la presidencia del Gobierno a Arias Navarro que había sido designado por Franco para ocupar este puesto pero en julio de 1976, le sucede **Adolfo Suárez**, un hombre joven que, con el apoyo del Rey, consigue llevar a cabo una "revolución desde arriba". Su Ley de Reforma Política aprobada por las Cortes franquistas en noviembre de 1976 inicia el proceso de democratización : Cortes –dos cámaras– elegidas por sufragio universal, legalización de los partidos políticos (el Partido Comunista es legalizado en abril de 1977), de las organizaciones obreras, reconocimiento del derecho de huelga, amnistía para todos los presos políticos.

Las primeras elecciones democráticas se celebran en junio de **1977** y en ellas participan el 80 % de los electores quienes, rechazando los extremismos, dan el 45 % de sus votos a la coalición de centro-derecha presidida por Adolfo Suárez : Unión de Centro Democrático (UCD). El gobierno de la UCD, presidido por A. Suárez, establece un amplio consenso político –**Pactos de la Moncloa, octubre de 1977**–, es decir que los principales partidos se ponen de acuerdo para evitar enfrentamientos y permitir así que se lleve a cabo el proceso de democratización.

En diciembre de 1978, se aprueba por referéndum la nueva **Constitución**, una de las pocas en España que es realizada con el acuerdo de las fuerzas políticas más representativas y que asegura el parlamentarismo, la democracia, los derechos fundamentales, la autonomía regional.

2. La democracia

a. Dificultades económicas

Como había pasado en 1931, la llegada de la democracia coincide con una época de **crisis económica** mundial que se traduce en España por un **aumento del paro** *(chômage)*, agravado por el fin de la emigración y el retorno de los emigrantes deseosos de volver a un país en plena euforia (alegría) democrática (la emigración había representado una válvula de seguridad –*soupape de sûreté*– bajo el franquismo pero se agotó en 1973 con la crisis mundial ; con la "ley del retorno" aprobada en Francia en 1977, se entregaban 10 000 francos a los emigrantes que quisiesen volver a su país).

b. La democracia amenazada

Además de la crisis económica, España ha tenido que hacer frente al **terrorismo**, esencialmente la ETA* en el País Vasco. Durante la época de Franco, la ETA había aparecido como uno de los medios para luchar contra la Dictadura y fue mirada con buenos ojos por la oposición franquista e incluso por Francia (el País Vasco francés era el "santuario" donde hasta hace unos pocos años encontraron refugio los terroristas etarras – de la ETA). Sin embargo, restauradas las libertades y lograda la autonomía vasca, esta organización continúa sus acciones terroristas, respaldada (apoyada) por el partido político Herri Batasuna, pero condenada por otro partido nacionalista : el PNV (Partido Nacionalista Vasco) y una gran parte de la población que ven en él uno de los mayores enemigos de la democracia.

El estancamiento *(la stagnation)* de la economía, la tasa de inflación y de paro *–chômage–* (el doble de las tasas europeas), el aumento de la inseguridad (terrorismo, robos *–vols–* y agresiones) motivan en parte el **golpe militar** del Teniente Coronel Tejero del 23 de febrero de 1981 (el 23-F) y del general Miláns del Bosch en Valencia. El golpe fracasa *(échoue)* gracias a la actuación del Rey que, como jefe supremo del Ejército, sabe convencer a los altos mandos que permanezcan dentro de la legalidad.

En **1982**, la victoria en las elecciones del **PSOE** (Partido Socialista Obrero Español) encabezado por **Felipe González** señala el fin de la época de transición y el pleno funcionamiento de las instituciones democráticas.

3. España en la CEE

El **ingreso de España en la Comunidad Económica Europea** (CEE) el 1 de enero de **1986** y su permanencia en la OTAN ratificada por referéndum popular, confortan el deseo del país de tener un futuro democrático.

Desde 1983 y más aún desde su entrada en la CEE en 1986, España conoce un crecimiento medio *(une croissance moyenne)* superior al de Europa ; pero también tiene uno de los mayores índices de paro (muy superior a la media europea).

En 1992, la celebración del **Quinto Centenario del Encuentro de dos Mundos**, de la **Exposición Universal de Sevilla**, los **Juegos Olímpicos de Barcelona**, Madrid capital cultural de Europa y la realización del **Gran Mercado Único** (CEE) han mostrado que España figura entre los líderes de la economía europea. Además su pasado histórico le permite desarrollar un papel importante de mediación entre Europa y los países latinoamericanos por una parte y el mundo árabe por otra. Pero acabada la fiesta, se han hecho sentir de nuevo los efectos de la crisis : desaceleración del crecimiento, deslocalizaciones (las empresas, especialmente las multinacionales, se van a otra parte), despidos *(mises à pied)* y paro. Y por si fuera poco ¡escándalos y corrupción! Pero, el efecto de arrastre *(d'entraînement)* de la economía americana y la confianza en el porvenir, confirmada por todas las encuestas de opinión, provocan a partir de 1997 un fuerte ritmo de crecimiento e incluso una disminución del paro.

---

* ETA : *Euskadi ta Askatasuna (Euskadi y Libertad).*

4. La España del siglo XXI

a. La confirmación de la democracia

La elección de **José María Aznar** (Partido Popular) en 1996 marca el final del miedo a la derecha y del fantasma de la dictadura en la sociedad española. Pese a un **balance económico positivo**, la presidencia de Aznar se termina en 2004 en una atmósfera de descontento popular. El gobierno colabora con los Estados Unidos en la guerra contra Irak, decisión rechazada por el 90 % de la población. Pero son los violentos **atentados del 11 de marzo** en los trenes de Madrid los que acaban de sublevar a los españoles. En efecto, el gobierno los atribuye al comienzo a la ETA mientras que han sido perpetrados por los islamistas de Al-Qaeda. La sanción es inmediata con la victoria del socialista **José Luis Rodríguez Zapatero** el 14 de marzo.

Manifestaciones en Madrid. Aquel día 12 de marzo de 2004, la lluvia no impidió que los madrileños salieran a las calles para decir basta al terrorismo y pedir explicaciones sobre los trágicos atentados en los trenes de cercanías el día anterior.

b. Una nueva sociedad

Zapatero se enfrenta a un nuevo problema en España : la **llegada masiva de clandestinos** en pateras *(radeaux)* provenientes de África y propone **la Ley de Extranjería** que legaliza, bajo condiciones, a miles de inmigrantes ilegales residentes en España. Otra ley polémica es la **legalización del matrimonio homosexual**. El gobierno también lucha por la **igualdad entre hombres y mujeres** reafirmando el papel de la mujer en todos los ámbitos : familiar (Ley contra la violencia en el hogar), económico, político. Estas leyes son reveladoras de un cambio profundo en la sociedad española que ha alcanzado el nivel de sus vecinos europeos.

En cambio, los **nacionalismos** siguen siendo una preocupación esencial en la política interior : aprobación del **estatuto catalán**, discusiones en torno al **Plan Ibarretxe** en el País Vasco y recién decisión de la ETA de alto al fuego permanente. En fin, luego de treinta años de democracia, se observa la necesidad de volverse hacia el pasado a través de numerosos ensayos sobre la guerra civil y el franquismo como si la memoria histórica hubiera sido anestesiada hasta ahora. Prueba de ello : el éxito de la serie televisiva *Cuéntame cómo pasó.*

El gobierno de Zapatero decretó 2006 año de la Memoria Histórica.

CULTURA

(Véanse pp. 310-319.)

LA CULTURA CONTEMPORÁNEA

EN EL MUNDO

El progreso de ***los medios de transporte, de la radio y televisión*** *han transformado la vida cultural.*
Se desarrollan nuevos modos de expresión como ***el cine, el vídeo, el cómic.***
El arte se vuelve más abstracto.
Tres autores revolucionan ***la novela : Proust, Joyce, Faulkner.***
A mediados del siglo, nacen el "Nouveau roman" y el teatro ***del absurdo.***
En la década de los años 60, ***el realismo fantástico*** *de los novelistas latinoamericanos conoce un gran éxito* ***(Carpentier, Vargas Llosa, García Márquez).***
El siglo XXI marca la era de las ***telecomunicaciones*** *con la multiplicación de los teléfonos móviles y sobre todo la democratización de la informática y de* ***Internet****.*

EN ESPAÑA

• ***La guerra civil crea una ruptura en la vida cultural*** *española : muchos artistas e intelectuales emigran o mueren ; los que se quedan viven sin contacto con el exterior durante muchos años.*

• *En* ***escultura y pintura,*** *al lado de* ***Picasso, Dalí, Miró,*** *empiezan a tener fama artistas* ***informalistas*** *(cuyo arte no es figurativo sino abstracto) : el escultor* ***E. Chillida,*** *el pintor* ***A. Tàpies.*** *También existen pintores realistas como López García o de tendencia crítica como Genovés, Arroyo. España, y Madrid en particular, afirma hoy su vocación de líder en materia de arte contemporáneo. Los* ***arquitectos*** *más célebres son Fisac y sobre todo* ***R. Bofill y Calatrava****.*

• ***Música*** *: continúa la tendencia impresionista y folklorista, mientras se desarrolla paralelamente la música más abstracta de* ***Ohana*** *y* ***Halffter.***

• ***Literatura y cine***

– ***En los años que siguen la posguerra,*** *los autores pintan las difíciles condiciones de vida de la sociedad española.* ***Realismo social*** *de : los novelistas :* ***Cela*** *("La familia de Pascual Duarte"),*

Laforet ("Nada"), Delibes, Gironella, López Salinas, Matute, Sánchez Ferlosio ; los poetas : Celaya, Blas de Otero ; los dramaturgos : Buero Vallejo, Sastre ; los directores de cine : Berlanga, Bardem, Ferreri.

– Surge una **renovación a partir de los años 60.** *Novela : Martín Santos y J. Goytisolo ; poesía : Gil de Biedma, Luis Alberto de Cuenca ; cine :* **Saura.** *Fuera de España, triunfa* **Buñuel.**

– Con la **democracia,** *se advierte una* **europeización** *en los temas tratados y las técnicas empleadas en literatura y cine, al mismo tiempo que se multiplican las* **obras en lenguas catalana, vasca, gallega.** *Novela :* **Benet, Torrente Ballester,** *Guelbenzu, Mendoza,* **Vázquez Montalbán** *(novela policíaca) ; poesía : Gimferrer, F. de Azúa ; teatro : se renueva la escenificación* (la mise en scène) *gracias a directores como Marsillach, Nuria Espert, J.L. Alonso, L. Pasqual. En Francia, triunfa Arrabal con su teatro del absurdo ; cine : Saura, Erice, Gutiérrez-Aragón, Camus y el conocidísimo* **Almodóvar.**

EN HISPANOAMÉRICA

• **Literatura**

En sus cuentos, H. Quiroga, J. Rulfo, J.L. Borges *mezclan la realidad con lo fantástico.*

Los poetas *más famosos son Nicolás Guillén,* **Gabriela Mistral, César Vallejo, Pablo Neruda** *y* **Octavio Paz.**

Muchos novelistas hispanoamericanos *han alcanzado fama internacional :* **M.A. Asturias, C. Fuentes, J. Cortázar, M. Vargas Llosa,** *y* **G. García Márquez ("Cien años de soledad",** *1967).*

• **Arte**

Después de la revolución mexicana (1910), se desarrolla **el muralismo :** *los muralistas* **D. Rivera, A. Siqueiros, D.A. Orozco** *pintan grandes frescos históricos o políticos en las paredes de los monumentos públicos para que todos puedan admirarlos y conocer su propia historia.*

Los **artesanos indios** *siguen fabricando piezas de* **cerámica y tejidos** *como en los tiempos precolombinos.*

CIENCIA Y CULTURA EN EL MUNDO

1. Progresos y más progresos

En el siglo XX, el mundo ha hecho más progresos que en todos los siglos anteriores y sobre todo, estos progresos han podido darse a conocer gracias al fantástico desarrollo de los **medios de comunicación** (transportes : automóvil, tren de alta velocidad, avión ; media : radio y televisión ; informática : teléfono, télex, telefax, terminales de ordenador, etc.). La revolución de fin de siglo es la expansión galopante de **Internet** que acelera el ritmo de la información y de las comunicaciones. Los teléfonos móviles también han invadido el planeta. Entre los **avances de la ciencia**, citemos tan sólo las aplicaciones de la radiactividad y de lo nuclear en sectores como agricultura (conservación de los alimentos), producción de energía, medicina. La agronomía ha permitido la llamada "revolución verde" (creación de plantas híbridas más resistentes y de mayor rentabilidad). Sin embargo, algunos descubrimientos científicos despiertan polémicas : el uso de los OMG (Organismos Modificados Genéticamente) en la agricultura o la clonación de seres vivos. En el sector industrial, la robotización ha mejorado las condiciones de trabajo ; en medicina se han erradicado enfermedades (han desaparecido la peste, la viruela –*la variole*–), y se han hecho grandes descubrimientos en genética pero el fin del siglo ha sido marcado por la aparición del sida, epidemia, a escala mundial, que causa miles de muertos cada día, sobre todo en el continente africano. También destacan epidemias en el mundo animal susceptibles de transmitirse al hombre (la "vaca loca" o la gripe aviar).

La **vida cotidiana** ha sido facilitada por la aparición de numerosísimos aparatos domésticos (lavadora, lavaplatos, frigorífico, congelador, aspiradora, robots diversos) que han transformado la vida de la mujer y le han dado mucho más tiempo libre, permitiéndole trabajar, conseguir su libertad económica y su dignidad social y política.

2. Cultura para todos y éxito del cine

El carácter obligatorio de la enseñanza en los países desarrollados y la multiplicación de los media favorece el acceso de un máximo de personas a la cultura. En este sector, el gran invento del siglo XX ha sido **el cine** : mudo al principio, sonoro a partir de 1927 y en color en 1935. Entre 1930 y 1950, **Hollywood** conoce su época dorada con los cómicos Buster Keaton y Charlie Chaplin, directores como Alfred Hitchcock, Howard Hawks, Orson Wells, la apoteosis del western (John Ford) y del "star system" (Gary Cooper, Humphrey Bogart, John Wayne, Greta Garbo, Marilyn Monroe, etc.).

El realismo negro del francés M. Carné y sobre todo, después de la segunda guerra mundial, **el neorrealismo italiano** (Rossellini, Sica, Visconti) dan un nuevo rumbo al cine europeo. En los **años 60** aparecen en Europa nuevos directores que aportan nuevos temas y **mayor libertad formal** (*la nouvelle vague* : Godard, Truffaut,

Resnais, Vadim). También tienen gran influencia los italianos (Antonioni, Fellini, Pasolini) y el español-mexicano L. Buñuel (surrealismo y crítica de la sociedad burguesa).

En la actualidad coexisten dos concepciones del cine : la americana con superproducciones costosísimas, monstruos de la técnica (*2001 : Una odisea en el espacio*, *Superman*, *La guerra de las galaxias*, y demás películas de ciencia ficción o de catástrofes) y producciones menos costosas y nacionales (*cinema nôvo* brasileño : Rocha ; polaco : Wajda ; turco : Güney ; italiano : Bertolucci, Ferreri ; francés : Costa-Gavras, Tavernier, etc.).

También tiene éxito el cine indio y las grandes producciones realizadas en los estudios de Bollywood.

Conjunto arquitectónico realizado por R. Bofill en Montpellier

3. El arte

a. *La arquitectura*

En reacción contra el modernismo (*art deco)* se desarrolló el **funcionalismo**, a base de líneas rectas y puras y empleo de nuevas técnicas y materiales (pilotes *–piliers–*, acero, hormigón armado *–béton armé–)* que, como el vidrio (ventana alargada y fachada libre) permiten descomponer los volúmenes (Gropius, Le Corbusier, Mies Van der Rohe). En los 70, **los posmodernistas** proponen una arquitectura que cuida del detalle, de la originalidad y del entorno *(environnement)* histórico y ambiental del edificio (en América : Venturi y Scott Browne ; en Europa : el español R. Bofill y el italiano A. Rossi).

b. *La escultura y la pintura*

Evolucionan hacia la **abstracción** y la búsqueda de nuevos materiales y efectos (por ejemplo, la escultura móvil, compuesta por varias formas escultóricas unidas por alambres *–fils de fer–* ; en pintura, el collage) : en Norteamérica, se desarrolla el expresionismo abstracto preocupado por la aplicación de la pintura sobre una tela de dimensiones generalmente impresionantes (J. Pollock, De Koonig, “action painting”).

Pabellón alemán de la Exposición Universal de Barcelona, 1929, Mies Van der Rohe

Frente a un público cada vaz más culto, los artistas (novelistas, cineastas, pintores) juegan con citas y alusiones. Las Meninas, *1957, P. Picasso.*

Esta forma de arte tuvo poco éxito en Europa (el holandés Mondrian) donde M. Ernst, S. Dalí, J. Miró siguen inspirándose en el surrealismo, Marcel Duchamp en el cubismo y la búsqueda del movimiento.

En los años 60, nacen en EE.UU. y Gran Bretaña el **Pop Art** que utiliza la publicidad, los media, el collage (R. Hamilton), el **hipperrealismo**, basado en la reproducción casi fotográfica de la realidad y, en los 70, el **Minimal Art**, de una gran simplicidad formal (el francés Yves Klein, el búlgaro Christo con sus envolturas –*empaquetages*– efímeras : envoltura del Pont Neuf en Paris, 1985).

c. *La música*

Se continúa la investigación iniciada por el norteamericano G. Gershwin para integrar el **jazz** a la música "tradicional" con los americanos Copland o Bernstein *(West Side Story)*.

En 1923, aparece la **música serial** que busca una nueva estructura armónica (Schönberg) y, en 1956, se desarrolla la **música electrónica** que utiliza nuevas tecnologías y resulta bastante abstracta (Stockhausen, Berio, Boulez).

4. La literatura

a. *Una literatura plural*

El concepto de **literatura** ha cambiado mucho pues ha pasado a ser esencialmente **plural** con el nacimiento de **"sub" o "para" literaturas** como la novela policíaca, de ciencia ficción, la historieta (o cómic), y el desarrollo de una **literatura (auto)crítica**, que reflexiona sobre su propio funcionamiento.

La Madona de Port-Lligat, *1954, S. Dalí*

Han tenido gran influencia, además del **surrealismo**, las corrientes de pensamiento como el **psicoanálisis de Freud** (exploración de los procesos mentales inconscientes, que influyó mucho en las vanguardias), **el existencialismo** del alemán **M. Heidegger** y del francés **J. P. Sartre** (sólo el hombre es responsable enteramente de su existencia, lo que presupone su libertad absoluta ; de ahí el compromiso –*l'engagement*– y la angustia : cf. *La Nausée*), o **el estructuralismo** (el lingüista suizo F. de Saussure : los elementos lingüísticos no tienen ninguna realidad independientemente de su relación al todo ; lo que prevalece es el sistema, la estructura).

b. *Tres renovadores : Proust, Joyce, Faulkner*

La novela del siglo XX ha sido revolucionada por tres autores :

• El francés **M. Proust** (1871-1922) hace de la introspección personal la estructura de su novela, siendo la más conocida *En busca del tiempo perdido* (1913-1927). El novelista destaca el papel esencial de la memoria involuntaria (cf. la famosa magdalena cuyo sabor resucita el pasado) que permite la lectura consciente del deseo inconsciente y, por lo tanto, la revelación de la inautenticidad de nuestras actitudes.

• El escritor irlandés **J. Joyce** (1882-1941), cuya novela más famosa *Ulises* (1922) cuenta un día de la vida de un hombre vulgar. Versión moderna y parodia de *La Odisea*, es un intento de unificar todos los procedimientos de estilo en un lenguaje total capaz de expresar en su polivalencia la diversidad de lo real. Joyce usa mucho el monólogo interior con el cual el narrador ofrece en primera persona los pensamientos del personaje para dar una mayor profundidad psicológica a la obra.

• El americano W. Faulkner (1897-1962) : la disgregación del tiempo cronológico y la obsesión por el fondo malvado y violento del ser humano marcan la obra no sólo en su temática sino también en su estructura : multiplicidad de narradores, de los tiempos de narración, rechazo de cualquier introspección.

c. *El "Nouveau roman" y el teatro del absurdo*

A mediados del siglo XX, nace en Francia el ***Nouveau roman,*** heredero de Proust, Joyce y Faulkner, y cuyos representantes son A. Robbe-Gril-let, Nathalie Sarraute, M. Butor, C. Simon. Estos autores rechazan las "ilusiones" de la tradición post-balzaciana para intentar describir un universo impenetrable, del que el hombre sólo percibe los contornos sucesivos. De ahí la pluralidad de los puntos de vista, las interpretaciones yuxtapuestas, fielmente descritas, la negación de la importancia del personaje, que hacen de la novela una "antinovela". Esta estética de la mirada explica el interés de Robbe-Grillet por el cine. De él es el guión de la película de Resnais : *El año pasado en Marienbad*, 1961.

Contemporáneo del *Nouveau roman* es el **teatro del absurdo**. Continuadores del farsista surrealista A. Jarry (*Ubu Rey*, 1896) o del italiano Pirandello (*Seis personajes en busca de autor*, 1921), autores como el irlandés S. Beckett (*Esperando a Godot*, 1952) o el francés E. Ionesco (*La cantante calva*, 1950) utilizan un lenguaje grotesco y cotidiano en una serie de escenas que se suceden sin sentido, reflejando así el absurdo de la condición humana. En Estados Unidos, unos grupos teatrales experimentales "*Off-Broadway*" (Living Theatre, la Mamma), oponiéndose a la estética comercial, proponen nuevas formas expresivas basadas en la improvisación y la participación colectiva (el "*happening*").

d. El realismo mágico de los latinoamericanos

En la década de los años 60, se produce el **"boom" de la literatura latinoamericana** : lo **"real maravilloso"** de **A. Carpentier** (cf. p. 330), las diversas perspectivas narrativas de **M. Vargas Llosa** (*La ciudad y los perros*, 1962 ; cf. p. 180), el realismo fantástico de **G. García Márquez** (*Cien años de soledad*, 1967, conoció un éxito mundial, cf. p. 328), verán el triunfo de la imaginación y el lenguaje y tendrán un gran impacto en la literatura española.

ARTE Y CULTURA EN ESPAÑA DE 1931 A NUESTROS DÍAS

La guerra civil representa una ruptura ya que lo mejor de la cultura española marcha al **exilio** (poetas como Machado, Alberti ; pintores como Picasso y Miró, músicos como Falla y Pau Casals pero también científicos como el matemático Rey Pastor o el Premio Nobel de Medicina S. Ochoa (1959), filósofos –J. Ferrater Mora, J. Gaos–, universitarios que enriquecen la cultura latino y norteamericana.

Sin embargo, poco a poco se va recuperando la vida cultural española, sobre todo con la apertura al exterior, en la década de los 60, y más aún con la vuelta a la democracia en los años 80 y el regreso de los últimos exiliados (símbolo de ello, la devolución a España en 1981 del célebre cuadro de Picasso *Guernica* –cf. foto p. 294–). La actividad cultural española se hace cada día más rica y Madrid se está convirtiendo en uno de los centros mundiales del arte.

1. La arquitectura

En la inmediata postguerra se impone el **estilo "neoescurialense"** (o neoherreriano, cf. p. 225) cuya manifestación más prestigiosa es la construcción de la basílica del Valle de los Caídos (donde están los sepulcros de J.A. Primo de Rivera y de F. Franco y que construyeron con pésimas condiciones de trabajo los prisioneros de guerra ; cf. también en Madrid el Ministerio del Aire y el Arco de Triunfo de la Ciudad Universitaria).

Fundación Miró en Barcelona (Arquitecto J. L. Sert)

Hierros de temblor, *E. Chillida*

Posteriormente, la arquitectura se hace más **racionalista** (Miguel Fisac, 1913, Colegio de los Domínicos de Valladolid, Iglesia de Alcobendas ; J L. Sert, 1902-1983, Fundación Miró en Barcelona). Con **Ricardo Bofill** (1939), ha cobrado fama internacional : su proyecto de remodelación del barrio *les Halles* en París es una búsqueda de un ámbito dinámico para vivir ; el Barrio Antigone de Montpellier muestra una tradición clásica, aunque original (cf. p. 307). Confirmando el renombre internacional de la arquitectura española, Rafael Moneo ganó en 1996 el Premio Pritzker, máxima recompensa en esta disciplina. Estos últimos años, el valenciano Santiago Calatrava participa en la renovación de la arquitectura en el mundo entero (Museo de Arte, Milwaukee, EE.UU. ; Puente Zubi Zuri, Bilbao, España ; Estación de Ferrocarril del Aeropuerto, Lyon, Francia, etc.).

2. La escultura

La escultura de los cuarenta últimos años se sitúa en una posición avanzada (**informalista**, es decir sin formas figurativas) : **Pablo Serrano** (1915-1985) crea volúmenes geométricos, cuidando las relaciones entre espacios vacíos y espacios llenos. **Martín Chirino** (1925) usa mucho las espirales y las estructuras helicoidales. El más conocido de todos es **Eduardo Chillida** (1924), escultor de estructuras grandiosas, especialmente de hierro.

3. La pintura

• **Dalí**, en España, **Picasso** y **Miró**, desde el exilio, siguen siendo **los faros de la pintura mundial** (cf. pp. 280-282).
• En la década de los 40, se desarrolla una importante escuela de **paisajistas** (B. Palencia y R. Zabaleta).

El bosque, *R. Zabaleta*

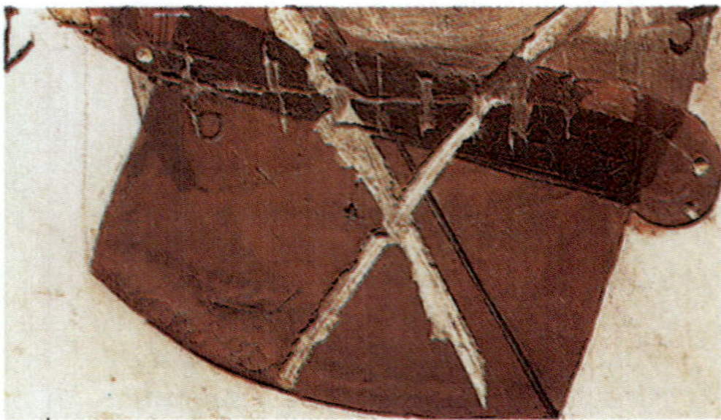

El sombrero al revés, *1967, A. Tàpies*

• **El informalismo** : en 1948, aparece el grupo catalán **Dau al set** que publica su propia revista y reúne a pintores como Joan Josep Tharrats, M. Cuixart, Joan Ponç y **Antoni Tàpies** quien se afirma como uno de los maestros del arte **informalista** (no figurativo).

El Paso (Madrid 1957) agrupa a pintores abstractos y trágicos como M. Millares, A. Saura, R. Canogar (el cual evoluciona desde el informalismo hasta el realismo crítico), M. Viola, L. Feitó.

• El deterioro de la estética informalista causa el retorno al **figurativismo y realismo crítico** : J. Genovés representa una humanidad a modo de masa desindividualizada *(El grito, La calle)*. De 1964 a 1981 el grupo Equipo Crónica integrado por M. Valdés y R. Solbes pinta una obra crítica influida por el cubismo y el pop art, o sea valiéndose de las imágenes de los media.

E. Arroyo desarrolla una temática antifranquista y despersonalizadora. El joven M. Barceló se ha inspirado en el expresionismo y el barroco.

Paralelamente, existe una corriente de **realismo objetivo** cuyo máximo representante es Antonio López-García.

• Mención aparte merecen los humoristas, dibujantes de historietas, grafistas y diseñadores como Mingote, Perich, Ballesta, Cesc, Satué, Schommer, Ceesepe, Javier de Juan, J. Arranz, Mariscal, J. Capella, Quim Larrea, O. Tusquets, etc., así como la fotógrafa Ouka Lele.

Pintores ciegos, *1975, E. Arroyo*

Gran Vía, *A. López García*

4. La música

Presenta dos tendencias : la clásica, inspirada en el impresionismo y el folklore español : J. Turina, O. Esplà, F. Mompou y **J. Rodrigo** conocido sobre todo por su célebre *Concierto de Aranjuez* (1939) para guitarra y orquesta ; la contemporánea representada por Robert Gerhard (dodecafonismo), M. Ohana (*Llanto por Ignacio Sánchez Mejía*, 1950), **Cristóbal Halffter** influido por Falla, Bartok y adscrito a la música serial (*Ave María* 1956, *Oración a Platero* 1974), **Luis de Pablo** (*Móvil*, 1958) y **Tomás Marco** (*Escorial*, 1975).

5. La literatura

Tras un período de silencio y de literatura, bien oficial, de propaganda, bien aséptica y evasiva, la literatura de la posguerra refleja el ambiente de la época y el sentir de los autores. Su mayor interés estriba en lo que tiene de testimonio histórico sobre una época difícil, llena de frustraciones y silencios.

a. El realismo social : años 40-50

• **La novela**

– **Dos novelas** tuvieron una gran importancia en los años de la década de los 40 e influyeron en la literatura española hasta los años 60. En ***La familia de Pascual Duarte*** (1942) de **Camilo José Cela**, un transcriptor recoge las memorias de un criminal : éste, narrador y personaje, explica sus monstruosas acciones (entre otras cosas, nos cuenta con muchos detalles cómo mató a su madre) describiendo una realidad rural y humana sórdida. Esta manera de narrar hechos muy crudos desde una óptica impasible y objetiva se ha llamado **tremendismo**.

C.J. Cela escribió otras novelas de áspero realismo, las más veces llenas de humor (*La colmena*, 1951), libros de viaje (*Viaje a la Alcarria*) y evolucionó hacia experimentos novedosos que le valieron el Premio Nacional de Literatura en 1984 (*Mazurca para dos muertos*, 1983) y el Premio Nobel en 1989. Es un prosista de lenguaje muy rico y expresivo (cf. Lectura).

Nada (1944) de **Carmen Laforet** es otra forma de realismo pero existencial e interiorizado. La narradora cuenta un simple trozo de su vida de joven estudiante alojada en casa de sus tíos en Barcelona poco después de la guerra civil e insatisfecha por una vida monótona, gris y sin sentido.

A partir de la publicación de estas dos novelas, desarrollan el realismo crítico autores como **M. Delibes** (*La sombra del ciprés es alargada*, 1947 ; *El camino*, 1950 ; *Cinco horas con Mario*, 1966 : esta novela reproduce el largo monólogo, de expresión muy coloquial, de Carmen ante el cadáver de su marido ; *El disputado voto del señor Cayo*, 1978 ; *Los santos inocentes*, 1981 –cf. Lectura) ; **J. M. Gironella** (*Los cipreses creen en Dios*, 1953 ; *Un millón de muertos*, 1961 ; *Ha estallado la paz*, 1966) ; **A. López Salinas** (*La mina*, 1960) ; **A. M. Matute** (*Primera memoria*, 1960) ; **J. Fernández Santos** (*Los bravos*, 1954) ; **R. Sánchez Ferlosio** (*El Jarama*, 1955, se limita a dejar hablar y actuar a los personajes durante todo un día, consiguiendo así la denuncia de una sociedad que empuja a lo anodino y a la ausencia de inquietudes. Esta novela, que rechazaba toda retórica y grandilocuencia, causó un gran impacto tanto sobre los lectores como sobre los novelistas de la época).

– **En el exilio**, se dan a conocer Arturo Barea, Max Aub, Ramón Sender (*Réquiem por un campesino español*, 1953, es uno de los mejores relatos cortos sobre la guerra civil), Francisco Ayala, Manuel Andújar, Rosa Chacel, etc.

• **La poesía**

– Predomina al principio una poesía neoclásica (a imitación de Garcilaso, cf. p. 228) o de temática religiosa o épica. Algunos poetas de ideario próximo al falangista –por lo menos, al principio– van evolucionando hacia cierto intimismo : temas familiares, paisajes, religiosidad, todo en formas clasicistas (Leopoldo Panero, Luis Rosales, L.F. Vivanco, D. Ridruejo).

El poeta **Miguel Hernández** (1910-1942) ocupa un lugar aparte : autodidacta y seguidor de la Generación del 27, sabe combinar en sus poemas el impulso popular con las técnicas formales más cuidadas. Poeta comprometido, fue perseguido por las autoridades franquistas y murió de pleuresia en la prisión de Alicante. Sus poemas más conocidos son las emocionantes “Nanas de la cebolla” dedicadas a su hijo.

En 1944, se publican *Sombra del paraíso* de **V. Aleixandre** e *Hijos de la ira* de **Dámaso Alonso**, poesía sencilla, humana, desgarrada, que abre el paso hacia el realismo poético y en cuya línea están los poetas del **grupo social de los años 50 : G. Celaya** (*Cantos iberos*, 1953), **Blas de Otero** (*Pido la paz y la palabra*, 1955), **J. Hierro** (*Cuanto sé de mí*), 1957, **R. Morales** (*Poemas del toro*, 1943), A. Figuero, J.A. Valente, J.A. Goytisolo.

Algunos poetas se quedan al margen de este realismo social y continúan las **tendencias surrealistas** : son **G. Diego, V. Aleixandre**, M. Labordeta, E. Cirlot, C. E. de Ory, pero tropiezan con la censura y las prohibiciones y sólo empiezan a despertar interés en los años 70.

– **La poesía del exilio** : se exilian la mayor parte de los poetas afines al grupo generacional de 1927. Su poesía va cobrando un contenido más humano y a veces nostálgico.

R. Alberti compone primero obras de corte popular que se basan en la canción andaluza (*Marinero en tierra*, 1925), luego poesía de vanguardia, surrealista (*Sobre los ángeles*, 1928) y posteriormente inspirada en la ideología comunista (*El poeta en la Calle*, 1936). También escribe teatro, prosa (*La arboleda perdida*) y es autor de una considerable obra gráfica de raíz surrealista. Su interés por la pintura aparece en *A la pintura*, 1948 y *Los ocho nombres de Picasso*, 1970.

Cernuda evoluciona desde tendencias surrealistas hasta una lírica de profundo pesimismo (*Las nubes*, 1937-40). Aunque su obra se editó muchas veces clandestinamente, influyó mucho en la poesía del interior.

J. Guillén (*Cántico*, 1928-50 ; *Clamor*, 1950-60), **P. Salinas** (*la voz a ti debida*, 1934), **M. Altolaguirre, E. Prados, L. Felipe** y el gran **J.R. Jiménez** también se van al exilio.

• **El teatro**

– La primera parte del siglo había sido dominada por el éxito de **J. Benavente** (1866-1954, Premio Nobel 1922), cuyas comedias eran una crónica complaciente de las preocupaciones y los prejuicios burgueses. En la inmediata postguerra, este autor sigue escribiendo e inspirando a numerosos imitadores bastante mediocres. El teatro de esos años sirve sólo para la distracción de un público sin demasiadas exigencias. Mención aparte merecen los autores cómicos E. Jardiel Poncela (1910-1952) y M. Mihura (1903-1977) cuyo humor se une a lo absurdo.

A partir de los años 50, se va afirmando un teatro más realista y social cuyos dos máximos representantes son **A. Buero Vallejo** (*Historia de una escalera*, 1949, pasa en la escalera de una casa de vecindad –*immeuble populaire*– y plantea la imposibilidad para las clases humildes de realizar sus ideales de mejoramiento material, a la vez por falta de voluntad y por las circunstancias que les rodean) y **A. Sastre.**

– **En el exilio,** destacan los nombres de **R. Alberti** (teatro político : *Noche de guerra en el Museo del Prado* ; y teatro poético : *El trébol florido*, *El adefesio*, etc.), **Max Aub** (teatro de testimonio), **A. Casona** (teatro de evasión y poético : *La dama del alba*, 1944).

b. *La superación del realismo : años 60 y siguientes*

• **La novela**

En 1962 la novela de **L. Martín Santos**, *Tiempo de silencio*, significa una completa renovación de la novela española, con la introducción de nuevas técnicas en parte heredadas de la novela mundial (Joyce y Faulkner, cf. p. 309) : el monólogo interior, las descripciones cinematográficas, los estilos indirecto e indirecto libre, ampliación del campo léxico, humor e ironía. La temática sigue siendo la misma del realismo crítico, la novedad procede de la renovación del lenguaje.

Otros nombres importantes son los de :

Juan Goytisolo, influido por el "*Nouveau roman*" y las novelas hispanoamericanas : *Señas de identidad*, 1966, es una recapitulación histórica y política de la España contemporánea a la vez que transforma la perspectiva novelesca tradicional (relaciones autor-personaje, inserción de la crítica de la escritura en la crítica de la sociedad ; *Reivindicación del Conde don Julián*, 1970, *Juan sin tierra*, 1975, *Coto vedado*, 1985, continúan este proceso de investigación literaria).

J. Benet se centra en los temas de la muerte, la guerra, la historia, concediendo a la trama una suma importancia : *Volverás a Región*, 1968 (Región constituye una alegoría de España), *El aire de un crimen*, 1980, *Herrumbrosas lanzas*, 1983-1985 (cf. Lectura).

G. Torrente Ballester es reconocido muy tarde (Premio Cervantes, 1985) : la imaginación y el intelectualismo son las características de este discípulo declarado de Cervantes y Joyce. Escribe obras de teatro y muchas novelas : *Don Juan*, 1963, *La saga/fuga de J.B.*, 1972, *La isla de los jacintos cortados*, 1982, *La rosa de los vientos*, 1985, *Filómeno a mi pesar*, 1988, *Las islas extraordinarias*, 1991.

A partir de la década de los 70, se asiste a una explosión de nuevos novelistas que, junto a los clásicos (Rosa Chacel, Delibes, Cela, J. Marsé) continúan la renovación de la novela : **J.M. Guelbenzu,** *La tierra prometida*, 1991, **E. Mendoza** (*La verdad sobre el caso Savolta*, 1976), V. Molina-Foix, **J. Marías**, A.M. Moix, A. Pombo, J.J. Millás, E. Tusquets, M. Espinosa, J. Iturralde, J. Tomeo y el muy popular y prolífico **M. Vázquez Montalbán,** nuevo Simenon, creador del detective Pepe Carvalho, pero también poeta y ensayista (*Yo maté a Kennedy*, 1972, *Los mares del Sur*, 1977, *Asesinato en el Comité Central*, 1981, *La rosa de Alejandría*, 1984, *Los alegres muchachos de Atzavara*, 1987, *Cuarteto*, 1988, *Galíndez*, 1990 –cf. Lectura), **A. Muñoz Molina** (*Beatus Ille* 1986, *El invierno en Lisboa* 1987, *El jinete polaco* 1991).

En la actualidad, algunos escritores vuelven sobre la guerra civil como **Manuel Rivas** (*La lengua de las mariposas*, 1996), Javier Cercas (*Los soldados de Salamina*, 2001), Rafael Chirbes o Andrés Trapiello. También destacan autoras femeninas como **Almudena Grandes** (*Modelos de mujer*, 1995), Rosa Montero, Carmen Martín Gaite, Lucía Etxebarría (*Amor, curiosidad, prozac y dudas*, 1997), Elvira Lindo o la extremeña Dulce Chacón.

• **La poesía**

La década de los 60 inicia la renovación formal y temática de la poesía con **J. Gil de Biedma** (el amor y el paso del tiempo), Brines (neorromántico), C. Rodríguez.

En 1970, la antología de J. M. Castellet, ***Nueve novísimos poetas españoles***, subraya el definitivo abandono del realismo crítico : lenguaje y cultura aparecen inseparables de la expresión poética, se integran elementos de la cultura de masas (cine, televisión, discos), lo “pop”, lo exótico, se utilizan técnicas del surrealismo y de las vanguardias, “collages”, mezclas de idiomas ; se reconoce el magisterio de poetas como los españoles Aleixandre, Cernuda, Gil de Biedma, o los sajones como E. Pound (EE.UU.), T.S. Eliot (británico). Representan esta tendencia **Luis Alberto De Cuenca, P. Gimferrer, Félix de Azúa, G. Carnero**, Vázquez Montalbán, A.M. Moix, V. Molina Foix, J.M. Álvarez, J. Siles, L.M. Panero o F. Grande.

En los 80, se habla ya de **postnovísimos** : J. Gutiérrez, L. Martinez de Merlo, L. García Montero, M. Mas, B. Andreu, J.L. Panero, L. Alas, etc.

• **El teatro**

En la década de los 60, algunos autores como **Lauro Olmo** *(La camisa)*, **Carlos Muñiz** *(El tintero)*, **Rodríguez Méndez** *(Bodas que fueron famosas del Pingajo y la Fandanga)*, **Rodríguez Buded** *(La madriguera)*, **Martín Recuerda** intentan dar nueva vida al teatro de crítica social renovando las técnicas del lenguaje (influencia de Valle Inclán en particular). Posteriormente, se lleva más lejos la experimentación y se asimilan las lecciones de Brecht, Valle Inclán, Artaud, el Living Theatre, etc. (**A. Gala, F. Nieva, J. Ruibal, L. Riaza, A. de Santos** : *Bajarse al moro*, 1985). La renovación de la escenificación, el dinamismo de los **directores** *(metteurs en scène)* como J. L. Gómez y M. Narros en el Teatro Español, A. Marsillach, N. Espert, J.L. Alonso, Ll. Pasqual en el Centro Dramático, ambos en Madrid, el argentino J. Lavelli y de jóvenes compañías de teatro (La Cuadra de Sevilla, Els Joglars, etc.) han dado al teatro postfranquista una dimensión internacional.

F. Arrabal ocupa en este escenario un lugar aparte. Prohibido en España bajo el franquismo, se hace famoso en el extranjero (Francia). Creador del “teatro pánico” (nombre tomado del dios mitológico Pan) con notables reminiscencias del “teatro del absurdo”, introduce elementos escatológicos, provocadores, absurdos, heréticos para defender la inocencia, la libertad y la bondad : *El cementerio de automóviles*, 1958, *El arquitecto y el emperador de Asiria*, 1967. También es novelista (*La torre herida por el rayo*, 1972) y cineasta (*Viva la muerte*, 1971).

• **La literatura de las autonomías**
Con el fin de la dictadura, se revitalizan las lenguas vernáculas (catalán, gallego, vasco cuyo uso se prohibió bajo el franquismo) en canciones cine, prensa, televisión y literatura (en **Cataluña**, el poeta P. Gimferrer, el cuentista Pere Calders, el grupo teatral Els Joglars ; en Galicia, los ensayistas y poetas A. Tovar, López Casanovas ; en el País Vasco, Sarasola, Azurmendi, Mendiguran, Atxaga ; los cineastas Montxo Armendáriz –*Tasio*– e Imanol Uribe –*La muerte de Mikel*–).

6. El cine

a. Años 40-50

En la inmediata posguerra, se producen filmes de exaltación patriótica (*Raza*, 1941), cine histórico o con cantante (Imperio Argentina, Lola Flores, Sara Montiel).

b. A partir de los 50

La crítica se abre paso con **L. García Berlanga** (*Bienvenido Míster Marshall*, 1953, presenta con mucho humor las esperanzas despertadas en un pueblo castellano por el Plan Marshall, cf. p. 292 ; *El pisito*, 1958, en coproducción con M. Ferreri, y *Un verdugo*, 1961, resultan más sarcásticos y crueles) ; **J.A. Bardem** (realismo crítico de *Muerte de un ciclista*, 1955, *Calle Mayor*, 1956) y el italiano **M. Ferreri** (*El cochecito*, 1960).

En la misma época, **L. Buñuel**, después de los filmes surrealistas *Un perro andaluz* (en colaboración con S. Dalí, 1928) y *La edad de oro* 1930, ya exiliado en México, continúa su obra en la línea surrealista y crítica : *Los olvidados*, 1950, *Nazarín*, 1959, *El ángel exterminador*, 1962. En 1961, rueda ***Viridiana*** en España cuyo triunfo en Cannes levanta todo un escándalo en la Península. Se prohíbe la película y Buñuel vuelve a México.

c. A partir de 1964

La relativa flexibilización de la censura permite cierta renovación (F. Regueiro, B.M. Patino, M. Camus, A. Fons, y sobre todo **Carlos Saura : *La caza***, 1965, *Peppermint frappé*, 1967, La madriguera, 1969). Esta renovación se confirma en la década de los 70 : **V. Erice : *El espíritu de la colmena***, 1973 ; *El Sur*, 1983 ; **J.L. Borau** : *Furtivos*, 1975 ; **J. Camino** : *Las largas vacaciones del 36*, 1976 ; **R. Franco** : *Pascual Duarte*, 1975 ; **J.L. Garci** : *Asignatura pendiente*, 1976 ; *Volver a empezar*, 1982 ; **M. Gutiérrez Aragón** : *Maravillas*, 1980 ; **C. Saura** : *Ana y los lobos*, 1972 ; *La prima Angélica*, 1973 ; *Cría cuervos*, 1975 ; *Mamá cumple cien años*, 1979 ; *Deprisa, deprisa*, 1981 ; *El Dorado*, 1987 ; y en colaboración con el bailarín A. Gades : *Bodas de sangre*, 1981 ; *Carmen*, 1983 ; *El amor brujo*, 1986.

Esta generación "inocente" (porque no ha conocido la guerra civil) desarrolla los **temas propios de la España de los años 60** : la juventud, el paso del tiempo, la vejez prematura, el sentimiento de una vida echada a perder en una sociedad sin perspectivas y a veces sin voluntad, y **de los años 70** : el deseo de recobrar una plena memoria cuya mitad había sido ocultada (*Habla mudita*

–Parle, petite muette– de M. Gutiérrez Aragón, 1973 evoca la toma de palabra de un mundo hasta ahora condenado al mutismo. *Furtivos –Braconniers–* de J.L. Borau, 1975, analiza las actitudes de cazadores furtivos simbólicos de todo lo que se hace a escondidas cuando no es posible vivir libremente sus deseos. ***Cría cuervos*** de C. Saura, 1975, evoca el universo imaginario y cerrado de una niñez ahogada *–étouffée–* por los fantasmas del pasado).

d. *La transición*

El cine español definitivamente liberado de sus viejos demonios vuelve su mirada hacia la guerra (*Las largas vacaciones del 36* de J. Camino, 1976 ; *Caudillo* de B. Martín Patino, 1977 ; *Las bicicletas son para el verano* de F. Fernán Gómez, 1983) para destruir, con la enorme carcajada de L. Berlanga y Azcona (*La vaquilla*, 1982) y A. Mercero (*Espérame en el cielo*, 1987), el mito tenaz de la guerra civil, transformada en siniestra riña familiar por M. Matji (*La guerra de los locos*, 1986). La memoria y los paisajes –afirmación de una identidad durante largo tiempo callada– se convierten en los protagonistas de una serie de películas como *La colmena*, 1982, de Mario Camus, *Demonios en el jardín*, 1982 y *La otra mitad del cielo*, 1986 de M. Gutiérrez Aragón, *El Sur*, 1983 de V. Erice, *Tiempo de silencio*, 1986, de V. Aranda, *El disputado voto del Señor Cayo*, 1986, de A. Giménez Rico, *Tasio*, 1984, de Montxo Armendáriz.

Mientras tanto continúa su producción –en Francia– **L. Buñuel** : *El discreto encanto de la burguesía*, 1972, *El fantasma de la libertad*, 1974, *Ese oscuro objeto del deseo*, 1977.

e. *La democracia*

Paralelamente a las audacias del destape (*le déshabillage* –desde la aparición de un seno en 1973 hasta el desnudo íntegro en 1975–) del cine erótico postfranquista, aparece un cine de **tono más desenfadado y juvenil**, centrado en la sexualidad, la droga, los prejuicios religiosos o sociales (F. Trueba : *Ópera prima*, 1980, *Sé infiel y no mires con quien*, 1985, *Belle époque*, 1993, óscar a la mejor película extranjera en 1994 ; F. Colomo : *Estoy en crisis*, 1982, *Alegre ma non troppo*, 1994 ; Imanol Uribe : *La muerte de Mikel*, 1984, *La luna negra*, 1990 ; Montxo Armendáriz : *Cartas de Alou*, 1989 ; J. J. Bigas Luna : *Jamón, jamón*, 1993, *Huevos de oro*, 1994) y que alcanza difusión internacional con **P. Almodóvar** : *Pepi, Lucy, Bom y otras chicas del montón*, 1980, *Matador*, 1985 ; *Mujeres al borde de un ataque de nervios*, 1989 ; *Átame*, 1990 ; *Tacones lejanos*, 1991 ; *La flor de mi secreto*, 1995 ; *Todo sobre mi madre*, 1999 ; *Hable con ella*, 2001 ; *La mala educación*, 2003 ; *Volver*, 2005.

Otro joven director de fama internacional es **Alejandro Amenábar** : *Tesis*, 1996 ; *Abre los ojos*, 1997 ; *Los otros*, 2001 ; *Mar Adentro*, 2005. También han tenido un éxito taquillero : Emilio Martínez Lázaro : *El otro lado de la cama*, 2002 ; Fernando León de Aranoa : *Barrio*, 2000, *Los lunes al sol*, 2002 ; Achero Mañas : *El bola*, 2001 ; Icíar Bollaín : *Te doy mis ojos*, 2004 ; Benito Zambrano : *Solas*, 2001, *Habana Blues*, 2005 ; Alex de la Iglesia : *El día de la bestia*, 1995, *Perdita Durango*, 1997, *La comunidad*, 2000, *El crimen ferpecto*, 2004. En fin el cine español ha sacado a la luz a actores y actrices que tienen hoy un renombre mundial : **Antonio Banderas, Javier Bardem** o **Penélope Cruz**.

LA CULTURA EN HISPANOAMÉRICA

En el siglo XX, existen tres grandes focos culturales en Hispanoamérica : **México**, la región de **La Plata** (Buenos Aires, Montevideo) y **Caracas** en Venezuela.

1. La literatura en Hispanoamérica

a. A principios del siglo XX, surgen dos grandes corrientes : el realismo americano y el vanguardismo.

• **El realismo americano** se caracteriza por el tema de la tierra, la problemática social, el personaje popular. Los novelistas más destacados son el mexicano **M. Azuela**, iniciador de las novelas de la Revolución de México (*Los de abajo*, 1916), el colombiano **J. E. Rivera** (*La vorágine*, 1924),el argentino **R. Güiraldes** (*Don Segundo Sombra*, 1926) y el venezolano **Rómulo Gallegos** (*Doña Bárbara* 1929), a los que hay que añadir los indigenistas **Jorge Icaza** (Ecuador) y **Ciro Alegría** (Perú). **El cuento** también ocupa un lugar privilegiado con el uruguayo **H. Quiroga** (*Cuentos de amor, de locura y de muerte*, 1917), el grupo de Guayaquil en Ecuador, el mejicano **Juan Rulfo** (*El llano en llamas*, 1953), el venezolano A. Uslar Pietri, el argentino **Julio Cortázar**, el dominicano Juan Bosch, el puertorriqueño J.L. González, y sobre todo el argentino **Jorge Luis Borges** (*El aleph*, 1949 –cf. Lecturas).

• **El vanguardismo** (o ultraísmo o surrealismo) se caracteriza por la libertad de inspiración y las metáforas sorprendentes. Surge en la poesía con varios matices : V. Huidobro (Chile), J.J. Tablada (México), P. Barba Jacob (Colombia), **Nicolás Guillén** (Cuba), P.A. Cuadra (Nicaragua), A.E. Blanco (Venezuela), R. Miró (Panamá), **Gabriela Mistral** (Chile), **César Vallejo** (Perú, *Trilce*, 1922), **Pablo Neruda** (Chile, *Residencia en la tierra*, 1933 –cf. Lecturas), **Octavio Paz** (México –cf. Lecturas).

b. **A partir de la década de los años 30**, la literatura hispanoamericana se alimenta de modernismo, realismo y vanguardismo ; llaman la atención la presencia de la naturaleza, el cuidado a la forma, la preocupación social, el carácter genuinamente americano : ya no es imitación de los modelos europeos sino creación propia.

Los autores más conocidos son : en Venezuela **A. Uslar Pietri**, G. Meneses, M. Otero Silva, A. González León, S. Garmendia ; en Guatemala **M.A. Asturias** (*Hombres de maíz*, 1962 –cf. Lectura) ; en Cuba **J. Lezama Lima** y **A. Carpentier** (cf. Lectura) ; en Panamá, R. Sinán ; en Costa Rica J. García Monge ; en El Salvador S. Salazar Arrué ("Salarrué") ; en Uruguay **J.C. Onetti**, y **M. Benedetti** ; en México **Carlos Fuentes** –cf. Lectura y A. Azuela ; en Argentina, **E. Sábato, J. Cortázar** (*Rayuela*, 1973) y A. Posse ; en Paraguay, **A. Roa Bastos** (*Yo, el Supremo*, 1974) ; en Colombia, A. Mutis, **Gabriel García Márquez** (*Cien años de soledad*, 1967 –cf. Lecturas) ; en Perú **J.M. Arguedas, M. Vargas Llosa** (*La casa verde*, 1965) y A. Bryce Echenique.

c. El ensayo ha sido marcado por la reivindicación de la cultura latinoamericana y de su originalidad : en México A. Caso, **J. Vasconcelos** (*Raza cósmica*, 1929, cf. p. 286), P. Henríquez Ureña (de origen dominicano), A. Reyes y más recientemente **O. Paz** (*El laberinto de la soledad*, 1950) ; en Argentina J. Ingenieros, A. Korn y posteriormente F. Romero ; en Uruguay A. Zum Felde ; en Venezuela M. Picón Salas, y **A. Uslar Pietri** ; en Chile E. Molina ; en Perú el marxista J.C. Mariátegui y V.R. Haya de la Torre, fundador del APRA (cf. p. 179) ; en Bolivia G. Francovich.

2. El arte en Hispanoamérica

Se fue afirmando en el siglo XX la **tendencia nacionalista** que había animado el romanticismo y modernismo. La revolución mexicana iniciada en 1910 se tradujo en arte en el **muralismo** con las tres grandes figuras de **Rivera, Siqueiros** y **Orozco**. La búsqueda de lo nacional y la rebeldía contra los modelos académicos copiados de Europa se canalizaron en Cuba en la *Revista Avance* (1927), en Argentina en el *Martinfierrismo* encabezado por Borges, en Uruguay con Torres García y la escuela de su *Universalismo Constructivo*.

Más recientemente, el arte ha seguido dos líneas : la de la **abstracción**, ligada al paisaje en Centroamérica, o cinética en Venezuela y Argentina, y la **figurativa**, muchas veces indigenista.

Se mantiene y preserva **la artesanía como expresión del arte popular** : así las locerías *(les poteries)*, máscaras *(les masques)*, cerámicas y textiles en México, Guatemala, Ecuador, Perú, Bolivia y Chile, es decir en los países con gran concentración amerindia o mestiza.

J. Torres García, Sin título

3. La música en Hispanoamérica

La música popular es muy variada y acoge las influencias india, africana, española y mestiza (salsa caribeña, merengue dominicano, bolero, rumba y son de las Antillas, corrido mexicano, yaraví, vidala, triste y carnavalito de los países andinos, cueca chilena o argentina). Han contribuido a valorizarla el argentino A. Yupanqui, la chilena V. Parra y los grupos de músicos latinoamericanos que tocan en el metro y las calles peatonales de toda Europa.

De origen europeo, son el violín, el arpa, el acordeón –el bandoneón en Argentina– la guitarra y el charango : éste es una bandurria *(mandoline)* pequeña de cinco cuerdas cuya caja de resonancia suele ser el caparazón del armadillo *(tatou)*.

Autóctonos son la caja (tambor), la flauta de caña *(en roseau)*, la quena (flauta antes de hueso, ahora de caña, sin pico *–sans bec–*) que suele acompañar el canto del yaraví, el siku (formado por dos hileras de cañas huecas ; la segunda, de menor tamaño, contiene la octava más alta), el erke (especie de trompeta).

El tango nacido en el puerto de Buenos Aires, se ha difundido por el mundo entero gracias a C. Gardel y A. Piazzola.

La música culta introduce con frecuencia **ritmos populares y folklóricos** (*Misa Criolla* del argentino A. Ramírez, el mexicano C. Chávez).

(Para más detalles, véase por países.)

En la actualidad, mucho éxito tienen jóvenes artistas latinoamericanos de renombre internacional como los colombianos Shakira o Juanes. La fuerte emigración ha exportado también la música cubana fuera de la isla con la salsera Gloria Estefan o el grupo de rap Orishas.

La postguerra
Camilo José Cela (1916-2002). Premio Nobel 1989. *La Colmena* (1951)

A una señora silenciosa que suele sentarse al fondo, conforme se sube a los billares, se le murió un hijo, aún no hace un mes. El joven se llamaba Paco y estaba preparándose para Correos[1]. Al principio dijeron que le había dado un paralís, pero después se vio que no, que lo que le dio fue la meningitis. Duró poco y además perdió el sentido en seguida. Se sabía ya todos los pueblos de León, Castilla la Vieja, Castilla la Nueva y parte de Valencia (Castellón y la mitad, sobre poco más o menos, de Alicante) ; fue una pena grande que se muriese. Paco había andado siempre medio malo desde una mojadura que se dio un invierno, siendo niño.

1. *pour obtenir un travail à la Poste*

Examine cómo Cela escribe : ¿cómo relaciona las oraciones?, ¿emplea muchos adjetivos?, ¿quiénes hablan así?
¿Es importante saber qué pueblos se había aprendido el joven? ¿Qué efecto produce la enumeración de las provincias?
¿Ve Vd cómo Cela nos hunde en un ambiente de gran pobreza espiritual al tiempo que nos mueve a risa? Distanciación, ironía y crueldad : el magistral estilo de C.J. Cela.

La democracia
Juan Benet (1927-1993), *Saúl Ante Samuel* (1980)

Apareció de pronto ante la tapia[1], volvió sobre sus pasos un tanto ausente, mientras fijamente le miraba. Cuando se decidió a avanzar ya no era el mismo (aunque más inquietante, más parecido al que tenía que ser), tal vez para magnificar el poco tiempo que había permanecido indeciso, el mismo del muchacho reclamado por la voz que incauto[2] obedecía, sin tiempo para pensar sus palabras, desconcertado en medio de la calle al no ver a nadie en derredor suyo. (Y ambos pasean su errante mirada, anticipación y decurso[3] de la misma cosa, sin pruebas una, desmemoriada la otra.) Era un día claro sin presagios de tormenta –sin un presentimiento que agitara los visillos[4]– que no obraría[5] en el libro de los registros y que como sus hermanos seguiría ignorando la espera de quien seguía atento a sus personales vaticinios[6]. Si existe una

1. *mur de clôture*
2. *naïvement*
3. *cours, déroulement*
4. *rideaux*
5. aparecería
6. predicciones

avenencia[7] entre la furia de los elementos desatados y el espacio asolado por el temporal y si la naturaleza sabe recibir ese castigo con mejor temple[8] que el hombre olvidadizo, porque comprende que no viene de fuera, aquel que aprenda tal lección sabrá siempre presentar un talante ecuánime[9] a su desazón, como réplica a sus propios caprichos.

7. *accord*
8. *sang froid*
9. *une humeur égale*

Esta página es característica de la prosa laberíntica de Benet sin narración lineal. El autor deforma tiempo y espacio y explora una memoria que intenta comprender y racionalizar los hechos.

Manuel Vázquez Montalbán (1939-2002), *La Rosa de Alejandría* (1984)

Vázquez Montalbán ha inventado un personaje –el detective gallego Pepe Carvalho, aficionado a la gastronomía– que le sirve para pasar revista a la sociedad española. Fíjese en los guiños humorísticos de este fragmento.

– Jefe, le he preparado un fiambre[1] de rollitos de ternera rellenos a la trufa y al estragón con salsa montada con crema de leche.

– Biscuter, has llegado a las cumbres de la nueva cocina.

– No creo que sea muy nueva porque me ha dado la receta la de los pollos de la Boqueria. Perdone, jefe, pero le he cogido ese libro de policías que tiene usted ahí para ponerlo sobre el rollo de fiambre, mientras se enfría debe tener un peso encima.

– La próxima vez cueces[2] el libro con todo lo demás.

– También le he preparado un Trinxat con fredulics[3], según la receta que le dio la dueña del Hispania.

– No sé si me dijo toda la verdad.

– Está bueno.

1. *assiette anglaise*
2. *tu feras cuire*
3. *mets catalan*

Miguel Delibes (1920-), *Los santos inocentes (*1981)

…o tire, señorito, es la milana[1]!

pero el señorito Iván notaba en la mejilla derecha la dura caricia de la culata, y notaba, aguijoneándole, la represión de la mañana y notaba, asimismo, estimulándole, la dificultad del tiro de arriba abajo, en vertical y, aunque oyó la voz implorante del Azarías

1. *milan, oiseau*

¡señorito, por sus muertos, no tire!

no pudo reportarse[2], cubrió al pájaro con el punto de mira, lo adelantó y oprimió el gatillo y, simultáneamente a la detonación, la grajilla[3] dejó en el aire una estela[4] de plumas negras y azules, encogió las patas sobre sí misma, dobló la cabeza, se hizo un gurruño[5], y se desplomó, dando volteretas, y, antes de llegar al suelo, ya corría el Azarías ladera abajo, los ojos desorbitados, regateando entre las jaras y la montera[6], la jaula de los palomos ciegos[7] bamboleándose ruidosamente en su costado, chillando.

¡es la milana, señorito! ¡me ha matado a la milana!

y el señorito Iván tras él, a largas zancadas[8], la escopeta abierta, humeante, reía,

será imbécil, el pobre,

como para sí, y, luego elevando el tono de voz,

¡no te preocupes, Azarías, yo te regalaré otra!

pero el Azarías, sentado orilla una jara, en el rodapié, sostenía el pájaro agonizante entre sus chatas manos, la sangre caliente y espesa escurriéndole entre los dedos, sintiendo, al fondo de aquel cuerpecillo roto, los postreros, espaciados, latidos de su corazón, e, inclinado sobre él, sollozaba[9] mansamente,

milana bonita, milana bonita.

2. *se retenir*
3. *l'oiseau*
4. *un sillage*
5. *se recroquevilla*
6. *esquivant arbustes et broussailles*
7. *pigeons aveugles (qui servent d'appât)*
8. *à grandes enjambées*
9. *sanglotait*

Repare en la presentación y ordenación de la página (puntuación, ausencia de mayúsculas, organización de los párrafos), en la mezcla de narración y estilo directo, en la respiración (o ritmo) del texto : ¿ve cómo la prosa poética de Delibes da fuerza emocional y dramática a la anécdota?

Hispanoamérica

Miguel Ángel Asturias (1899-1974). Premio Nobel 1967. *Leyendas de Guatemala* (1930)

La vegetación avanzaba. No se sentía su movimiento. Rumoroso y caliente andar de los frijolares[1], de los ayotales[2], de las plantas rastreadoras, de las filas de chinches[3] doradas, de las hormigas arrieras, de los saltamontes con olas de agua. La vegetación avanzaba. Los animales ahogados[4] por su presencia compacta, saltaban de árbol en árbol, sin

1. *champs de haricots*
2. *champs de calebasses*
3. *punaises*
4. *étouffés*

alcanzar a ver en el horizonte un sitio en que la tierra se deshiciera de aquella oscuridad verde, caliente, pegajosa. Llovía torrencialmente. Una vegetación de árboles de cabelleras líquidas sembrados en el cielo. Aturdimiento mortal de cuanta criatura quedaba viva, de las nubes panzonas[5] sobre las ceibas[6] echadas a dormir en forma de sombra sobre el suelo.

Los peces engordaban el mar. La luz de la lluvia les salía a los ojos. Algunos de barba helada y caliente. Algunos manchados por círculos que gritaban como encajes de fiebre alrededor de ellos mismos. Algunos sin movimiento, como manchas de sangre en los profundos cartílagos subacuáticos. Otros y otros. Las medusas y los infusorios[7] combatían con las pestañas[8]. Peso de la vegetación hundiéndose en el tacto de la tierra en agua, en la tiniebla de un lodo fino, en la respiración helada de los monstruos lechosos, con la mitad del cuerpo mineralizado, la cabeza de carbón vegetal y las enredaderas de las extremidades destilando polen líquido.

5. *ventrues*
6. *fromagers, arbre tropical*
7. *infusoires, animaux microscopiques*
8. *cils*

M.A. Asturias describe la naturaleza tropical presentándola como algo vivo, profuso, exuberante, mortal. Estudie el aspecto irreal y espantoso que van cobrando, bajo la lluvia torrencial, la vegetación y los animales. ¿Qué sensación se desprende de esta evocación? ¿Comprende por qué se habla de realismo mágico?

Jorge Luis Borges (1899-1986), *Ficciones – El Jardín de senderos que se bifurcan* (1941)

– *El jardín de senderos que se bifurcan* es una imagen incompleta, pero no falsa, del universo tal como lo concebía Ts'ui Pên. A diferencia de Newton y de Schopenhauer, su antepasado[1] no creía en un tiempo uniforme, absoluto. Creía en infinitas series de tiempos en una red creciente[2] y vertiginosa de tiempos divergentes, convergentes y paralelos. Esa trama de tiempos que se aproximan, se bifurcan, se cortan o que secularmente se ignoran, abarca *todas* las posibilidades. No existimos en la mayoría de esos tiempos ; en algunos existe usted y no yo ; en otros, yo, no usted ; en otros, los dos. En éste, que un favorable azar me depara, usted ha llegado a mi casa ; en otro, usted, al atravesar el jardín, me ha encontrado muerto ; en otro, yo digo estas mismas palabras, pero soy un error, un fantasma.

1. *votre ancêtre*
2. *un réseau croissant*

– En todos –articulé no sin un temblor– yo agradezco y venero su recreación del jardín de Ts'ui Pên.
– No en todos –murmuró con una sonrisa–. El tiempo se bifurca perpetuamente hacia innumerables futuros. En uno de ellos soy su enemigo.

Volví a sentir esa pululación de que hablé. Me pareció que el húmedo jardín que rodeaba la casa estaba saturado hasta lo infinito de invisibles personas. Esas personas eran Albert y yo, secretos, atareados y multiformes en otras dimensiones de tiempo.

Borges se ha convertido en un maestro de la literatura fantástica. En este cuento que es, además, policíaco, pasea al lector por las dimensiones infinitas de otros tiempos y espacios también infinitos.

Octavio Paz (1914-1998). Premio Nobel 1990. *Libertad bajo palabra* (1943-1948)

Visitas

A través de la noche urbana de piedra y sequía[1]
entra el campo a mi cuarto.
Alarga brazos verdes con pulseras[2] de pájaros,
con pulseras de hojas.
Lleva un río de la mano.
El cielo del campo también entra,
con su cesta de joyas[3] acabadas de cortar.
Y el mar se sienta junto a mí,
extendiendo su cola blanquísima en el suelo.
Del silencio brota[4] un árbol de música.
Del árbol cuelgan[5] todas las palabras hermosas,
que brillan, maduran, caen.
En mi frente, cueva que habita un relámpago[6]...
Pero todo se ha poblado de alas.

1. *sécheresse*
2. *bracelets*
3. *son panier de joyaux*
4. *jaillit*
5. *pendent*
6. *grotte qu'habite un éclair*

Busque en este poema la influencia surrealista. ¿Ve también el tema –central en la obra de Paz– de la creación poética (mire en particular los versos 10-13)?

Pablo Neruda (1904-1973). Premio Nobel 1971. *Odas elementales* (1954-1959)

Oda a la Cebolla

Cebolla,
luminosa redoma[1]
pétalo a pétalo
se formó tu hermosura,
escamas[2] de cristal se acrecentaron
y en el secreto de la tierra oscura
se redondeó tu vientre de rocío.[3]
Bajo la tierra
fue el milagro
y cuando apareció
tu torpe[4] tallo[5] verde,
y nacieron
tus hojas como espadas[6] en el huerto,
la tierra acumuló su poderío
mostrando tu desnuda transparencia,
y como en Afrodita el mar remoto
duplicó la magnolia
levantando sus senos,
la tierra
así te hizo,
cebolla
clara como un planeta,
y destinada
a relucir,
constelación constante,
redonda rosa de agua,
sobre
la mesa
de las pobres gentes.

1. *fiole*
2. *écailles*
3. *rosée*
4. *gauche*
5. *pousse*
6. *épées*

Pablo Neruda era poeta y hombre político de izquierdas : por eso canta en esta oda la humilde cebolla que alimenta a las pobres gentes. Escuche el ritmo y aprecie la belleza de las metáforas que, como una varita de las virtudes *(une baguette magique)*, transforman la cebolla en la pura expresión de la suma belleza.

Gabriel García Márquez (1928-). Premio Nobel 1982. *Un señor muy viejo con unas alas enormes* (1972)

Al tercer día de lluvia habían matado tantos cangrejos[1] dentro de la casa, que Pelayo tuvo que atravesar su patio anegado[2] para tirarlos en el mar, pues el niño recién nacido había pasado la noche con calenturas y se pensaba que era a causa de la pestilencia. El mundo estaba triste desde el martes. El cielo y el mar eran una misma cosa de ceniza[3], y las arenas de la playa, que en marzo fulguraban como polvo de lumbre, se habían convertido en un caldo de lodo y mariscos podridos[4]. La luz era tan mansa al mediodía que cuando Pelayo regresaba a la casa después de haber tirado los cangrejos, le costó trabajo ver qué era lo que se movía y se quejaba en el fondo del patio. Tuvo que acercarse mucho para descubrir que era un hombre viejo que estaba tumbado boca abajo en el lodazal[5], y a pesar de sus grandes esfuerzos no podía levantarse porque se lo impedían sus enormes alas. (...)

Llamaron para que lo viera a una vecina que sabía todas las cosas de la vida y la muerte, y a ella le bastó con una sola mirada para sacarlos del error.

– Es un ángel –les dijo–. Seguro que venía por el niño, pero el pobre está tan viejo que lo ha tumbado[6] la lluvia.

1. *crabes*
2. *inondé*
3. *cendre*
4. *une bouillie boueuse de crabes pourris*
5. *dans la boue*
6. *l'a fait tomber*

Así empieza el cuento. Advierta que el narrador describe una realidad climática, que es la de la costa colombiana, pero a nosotros, lectores, ¿cómo nos aparece?
Mire cómo lo que resulta fantástico es lo real, mientras la visión del "ángel" es muy realista, hasta tal punto que la presencia de las alas –por cierto extravagante– nos es presentada como algo natural, sin asomo de sorpresa por parte del narrador. Del mismo modo, la afirmación de la vecina –que tampoco se sorprende– es tajante como si tratar con ángeles fuera algo habitual.
Así fuerza García Márquez la adhesión de su lector haciendo que penetre con facilidad en un ambiente fantástico.

Gabriel García Márquez, *El otoño del patriarca* (1975)

Pero a pesar de la inminencia y el tamaño de la conspiración él[1] no hizo ningún gesto que pudiera suscitar la sospecha de que la había des-

1. el patriarca, o sea el dictator

cubierto, sino que a la hora prevista recibió como todos los años a los invitados de su guardia personal y los hizo sentar a la mesa del banquete a tomar los aperitivos mientras llegaba el general Rodrigo de Aguilar a hacer el brindis de honor, departió[2] con ellos, se rió con ellos, uno tras otro, en distracciones furtivas, los oficiales miraban sus relojes, se los ponían en el oído, les daban cuerda, eran las doce menos cinco pero el general Rodrigo de Aguilar no llegaba, había un calor de caldera[3] de barco perfumado de flores, olía a gladiolos y tulipanes, olía a rosas vivas en la sala cerrada, alguien abrió una ventana, respiramos, miramos los relojes, sentimos una ráfaga tenue del mar con un olor de guiso[4] tierno de comida de bodas, todos sudaban menos él, todos padecimos el bochorno[5] del instante bajo la lumbre intacta del animal vetusto que parpadeaba con los ojos abiertos en un espacio propio reservado en otra edad del mundo, salud, dijo, la mano inapelable de lirio lánguido volvió a levantar la copa con que había brindado[6] toda la noche sin beber, se oyeron los ruidos viscerales de las máquinas de los relojes en el silencio de un abismo final, eran las doce, pero el general Rodrigo de Aguilar no llegaba, alguien trató de levantarse, por favor, dijo, él lo petrificó con la mirada mortal de que nadie se mueva, nadie respire nadie viva sin mi permiso hasta que terminaron de sonar las doce, y entonces se abrieron las cortinas y entró el egregio general de división Rodrigo de Aguilar en bandeja[7] de plata puesto cuan largo fue sobre una guarnición de coliflores y laureles, macerado en especias, dorado al horno, aderezado con el uniforme de cinco almendras de oro de las ocasiones solemnes y las presillas del valor sin límites en la manga de medio brazo, catorce libras de medallas en el pecho y una ramita de perejil[8] en la boca, listo para ser servido en banquete de compañeros por los destazadores oficiales ante la petrificación de horror de los invitados que presenciamos sin respirar la exquisita ceremonia del descuartizamiento[9] y el reparto, y cuando hubo en cada plato una ración igual de ministro de la defensa con relleno de piñones[10] y hierbas de olor, él dio la orden de empezar, buen provecho[11] señores.

2. *il bavarda*
3. *chaudière*
4. *ragoût*
5. *la chaleur suffocante*
6. *il avait porté des toasts*
7. *sur un plateau*
8. *un brin de persil*
9. *découpage*
10. *farce aux pignons*
11. *bon appétit*

- Caracterice el ambiente y el tono de esta página.
- Aprecie el retrato del dictador sugerido aquí por García Márquez.
- Destaque las peculiaridades de su escritura en este fragmento. ¿Entiende por qué los críticos suelen califacarla de "barroca"?

Alejo Carpentier (1904-1980), *El arpa y la sombra* (1979)

A. Carpentier describe un viaje por los Andes.

Y empezó luego el lento y trabajoso ascenso a las cumbres[1] que, engendrando y repartiendo ríos, dividían el mapa, por caminos en orillas de precipicios y quebradas[2] donde se arrojaban fragorosos torrentes caídos de las cimas de algún invisible pico nevado, entre ventiscas silbantes[3] y ululantes respiros de simas[4], para conocer, arriba, la desolación de los páramos[5], y la aridez de las punas[6], y el pánico de las alturas, y la hondura de las hoyas[7], y el estupor ante los alocamientos graníticos, la pluralidad de riscos y peñascales[8], las lajas[9] negras alineadas como penitentes en procesión, las escalinatas de esquistos[10], y la mentirosa visión de ciudades arruinadas, creada por rocas muy viejas, de tan larga historia que, largando andrajos[11] minerales, acababan por mostrar, desnudas y lisas, sus osamentas planetarias. Y fue el pasar de un primer cielo a un segundo cielo, y a un tercer cielo, y a un cuarto cielo, hasta llegarse al filo[12] de la cordillera, en séptimo cielo –era el caso de decirlo–, para empezar a descender hacia los valles de Chile, donde las vegetaciones recobrarían un verdor ignorado por los líquenes nacidos de brumas.

1. *les cimes des Andes*
2. *ravins*
3. *au milieu des sifflements des bourrasques*
4. *abîmes*
5. *déserts*
6. *hauts plateaux*
7. *les profondeurs abyssales*
8. *rocs et falaises*
9. *rochers lisses*
10. *schistes*
11. *haillons*
12. *l'arête*

Los elementos naturales parecen tener vida propia : ¿cómo lo consigue Carpentier? ¿Qué efecto produce?

Carlos Fuentes (1928-), *Cristóbal Nonato* (1988)

México es un país de hombres tristes y de niños alegres dijo Ángel, mi padre (22 años) en el instante de crearme. Antes mi madre Ángeles (menos de 30 años) había suspirado : "Océano origen de los dioses". Pero pronto no habrá tiempo para la felicidad y todos serán tristes, niños y viejos juntos, continuó mi padre quitándose los espejuelos[1] redondos, violetas, con aro de oro[2], muy johnlenones. Para qué quieres un hijo entonces?, volvió a suspirar mi madre. (...)

1. *lunettes*
2. *cerclées d'or*

– *¡Porque estoy contento!*, grita mi padre y ella tira lejos el tomo verde publicado en 1921 por don José Vasconcelos con sus hojas gruesas y platónicas que sobrevivieron miren nomás sus demencias la Bombilla y Huitzilac y Tlatelolco, los cadáveres importantes y los cadáveres subalternos, los muertos con mausoleo y los muertos sin petate[3], los cáiganse cadáver y los que no tienen en qué caerse muertos : cómo le pondremos[4] al niño?, por qué a fuerzas niño, carajo?, porque así dice el manifiesto del concurso:

SEPAN CUANTOS : El niño de sexo masculino que nazca precisamente a las 0:00 horas del día 12 de octubre de 1992 y cuyo nombre de familia, aparte del nombre de pila (seguramente, lo estimamos bien, Cristóbal) más semejanzas guarde con el Ilustre Navegante será proclamado HIJO PRODIGO DE LA PATRIA, su educación será proveída por la República y dentro de dieciocho años le serán entregadas las LLAVES DE LA REPUBLICA, proemio[5] a su instalación, al cumplir los veintiún años como REGENTE DE LA NACION, con poderes de elección, sucesión y selección prácticamente omnímodos[6]. De manera CIUDADANOS que si su apellido por pura casualidad es Colonia, Colombia, Columbiario, Colombo, Colombiano o Colombus, para no hablar de Colón, Colombo, Colomba, o Palomo, Palomares, Palomar o Santospirito, e incluso, ya de perdida, Genovese (¿quién sabe? quizás ninguno de los anteriores y entonces A USTED YA SE LE HIZO) entonces óyeme MACHO MEXICANO, EMBARAZA[7] A TU SEÑORA, PERO YA!

MAÑANA PUEDE SER DEMASIADO TARDE
LAS LUNAS LUNERAS SON CADA VEZ MÁS
CASCABELERAS[8]
EL MOMENTO ES AHORA
ESTOS NUEVE MESES NUNCA VOLVERÁN A OCURRIR

¡A procrear, pues, señoras y señores! ¡Su placer es su deber y su deber es su libertad! ¡En México todos somos libres y el que no quiera ser libre será castigado[9]! ¡Y confíen ustedes en sus jueces! ¿Alguna vez les hemos fallado[10]?

y ella por lo menos en el carril de su conciencia ya no opuso resistencia, ya no dijo qué tal si es niña? cómo le pondremos a la niña, tú?, sólo dijo qué bonito es amar así en la playa, al mediodía mi amor, [...]

3. *sans bagages*
4. ¿cómo llamaremos... ?
5. *prélude*
6. absolutos
7. *engrosse*
8. *tête en l'air*
9. *puni*
10. *manqué*

Éstas son las primeras líneas de la novela. El narrador es Cristóbal Nonato, el hijo por nacer de Ángel y Ángeles.

Aprecie los aspectos burlescos y críticos. ¿Ha notado los neologismos creados por Carlos Fuentes : por ejemplo "johnlenones"? ¿Qué efecto producen? ¿No le recuerda a otro autor latinoamericano la organización de las frases? (mire el fragmento de *El otoño del patriarca* de G. García Márquez).

ESPAÑA, AMÉRICA Y LAS GRANDES CIVILIZACIONES

Cuadro Sinóptico

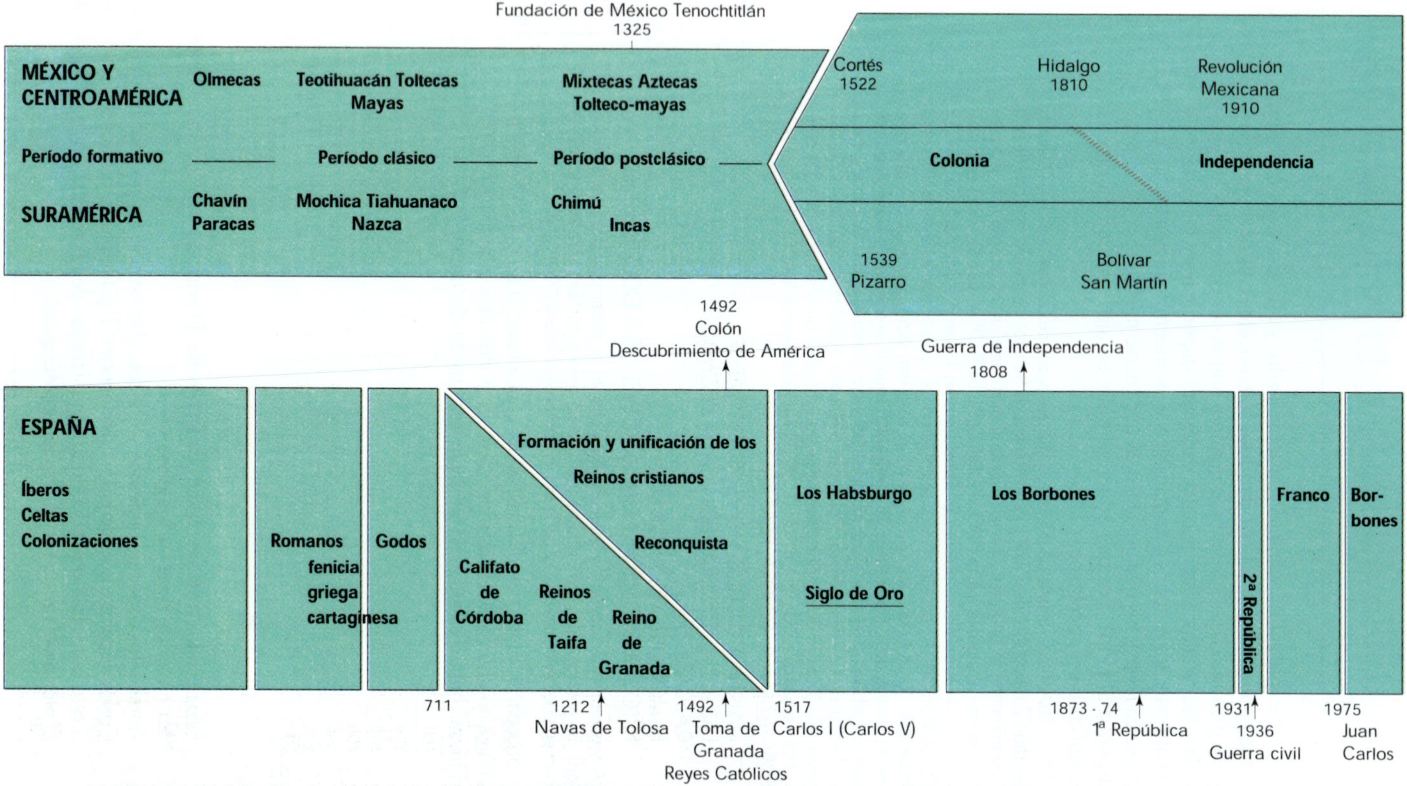

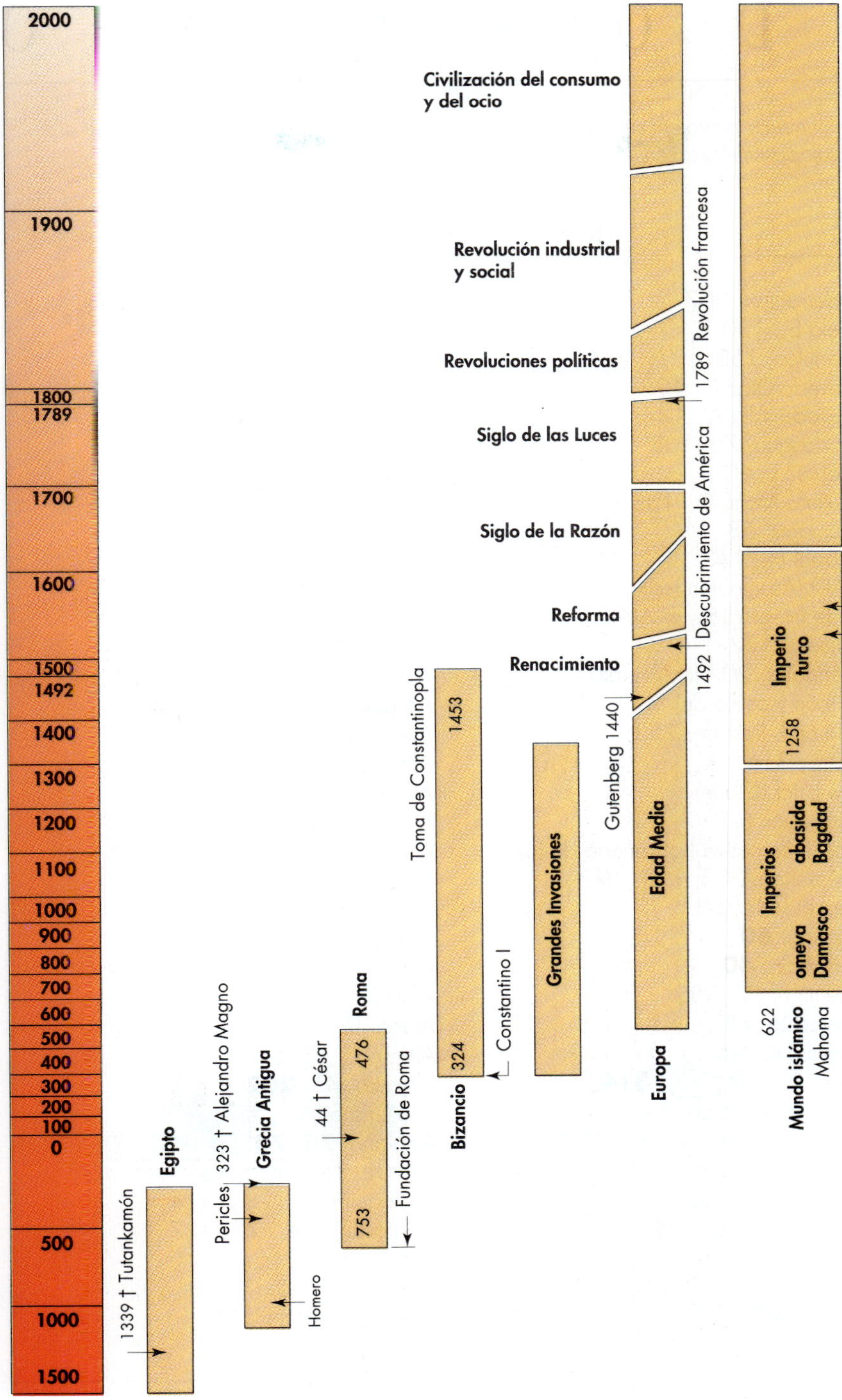

2000
1900
1800
1789
1700
1600
1500
1492
1400
1300
1200
1100
1000
900
800
700
600
500
400
300
200
100
0
500
1000
1500
Civilización del consumo y del ocio
Revolución industrial y social
Revoluciones políticas
Siglo de las Luces
Siglo de la Razón
Reforma
Renacimiento
1789 Revolución francesa
1492 Descubrimiento de América
Gutenberg 1440
Edad Media
Europa
Toma de Constantinopla
1453
324
Bizancio
Constantino I
Grandes Invasiones
Roma
476
753
44 † César
Fundación de Roma
Grecia Antigua
323 † Alejandro Magno
Pericles
Homero
Egipto
1339 † Tutankamón
Imperio turco
1258
Solimán el Magnífico
Imperios omeya Damasco
abasida Bagdad
622
Mundo islámico
Mahoma

G L O S A R I O

Les numéros renvoient aux pages. Ils sont en caractères gras lorsqu'ils renvoient aux développements essentiels ou à des illustrations.

A

G L O S A R I O

B

D

E

F

G L O S A R I O

H

I

LL

M

N

O

P

Q

R

U

V

CLAVES DE LECTURA

Explicamos a continuación una serie de términos que se emplean en este libro y cuya definición no ha sido desarrollada.

➤ **Balanza comercial** *(balance commerciale)* : relación entre las exportaciones e importaciones de un país en un periodo determinado de tiempo. Es excedente si las exportaciones son superiores a las importaciones, deficitaria en el caso contrario.

➤ **Balanza de pagos** *(balance des paiements)* : resumen de la situación financiera de un país en un periodo determinado. Se confecciona añadiendo a la balanza comercial el valor de todos los servicios y transacciones financieras : ingresos y pagos por turismo, *royalties* y remesas *(envoi, transfert d'argent)* ; ayudas, préstamos e inversiones *(prêts et investissements)* extranjeras, y exportación y repatriación de capitales y beneficios.

➤ **Caciquismo** *(caciquisme)* : influencia excesiva de los caciques (jefes, déspotas, personas que ejercen una autoridad abusiva en un pueblo o una región, donde se hacen dueños de la política o de la administración, valiéndose de su dinero o influencia). El caciquismo fue propio de la España rural de la segunda mitad del siglo XIX y principios del XX donde resultaba del sistema de propiedad y de las condiciones de vida del campesinado. Sigue existiendo en no pocos lugares de América Latina.

➤ **Caudillo** : nombre dado a aquel que dirigía gentes de armas. A partir del siglo XIX, se ha aplicado a los militares que usan de la fuerza para imponer su dominio (= dictador – cf. p. 277). Título dado al jefe del Estado español Francisco Franco (cf. pp. 293 a 296).

➤ **Cono Sur** : reúne a los países de América meridional (Argentina, Uruguay, Chile), caracterizados por la relativa homogeneidad racial (esencialmente blancos) y el comparativamente elevado nivel de desarrollo económico y cultural.

➤ **Cuadros y gráficos** *(tableaux et graphiques)* : permiten dar cuenta en parte de la situación socioeconómica de una región o un país. Atención : algunas cifras indican cantidades reales (número de habitantes, densidad, PIB, etc.), otras relativas : porcentajes (distribución de la población activa o inflación, cf. p. 91) o en relación con un índice (nivel de desarrollo, o capacidad de compra por habitante en el caso de las autonomías españolas, o variación del PIB por habitante para los países hispanoamericanos). Si miramos, por ejemplo, el gráfico de la página 82, el índice de referencia : 100 significa que 100 representa tanto el valor del PIB por habitante en Francia en 1970 como el del PIB/hab. de Argentina en la misma fecha. Desde luego, los dos PIB no eran iguales. El gráfico sólo pretende mostrar la evolución que ha tenido lugar desde 1970 comparando la situación de los dos países.

➤ **Densidad de población** *(densité de population)* : es el número de habitantes por kilómetro cuadrado. Permite ver si el país es o no es muy poblado ; pero se trata de una media que, como toda media, puede encubrir diferencias importantes (la densidad media de Europa es de 145 hab./km^2, pero en Irlanda es de 50 mientras en los Países Bajos es de 450).

➤ **Economía** : se puede **sanear la economía** *(redresser l'économie)* para resultar más competitivo mediante :
– una **política de ajuste** *(rajustement)*, es decir adaptándose a las nuevas condiciones económicas (por ejemplo, cambiando la producción para satisfacer una nueva demanda), reduciendo los gastos *(en réduisant les coûts* – muchas veces, significa despedir – *licencier)* ;
– una **restructuración** *(restructuration)*, o sea una reorganización, una racionalización de las empresas y de los sistemas de trabajo (la cual también suele provocar despidos) ;
– una **reconversión** *(reconversion)*, o reorientación, transformación de la actividad económica para su adaptación a las condiciones del mercado.
En América se trata de aumentar una capacidad industrial infradesarrollada *(insuffisamment développée)* para diversificar las exportaciones y no depender de la exportación de un solo producto o materia prima (el cobre en Chile, por ej.) ; también de reducir un sector público demasiado importante y poco competitivo (*peu compétitif, incapable de rivaliser avec les autres pays concurrents* – el caso de Argentina, por ej.).
En Europa (y en España) el objetivo ha sido modernizar o abandonar sectores no competitivos (siderurgia o construcción naval, por ej.), lo que implica el cierre de empresas deficitarias y la reducción de plantillas *(des effectifs)*.

➤ **Economía informal o sumergida** *(économie parallèle, travail au noir)* : la que se hace al margen de la legislación (contable, fiscal y laboral). La presión fiscal y de gastos sociales y la pretendida rigidez de la legislación laboral *(du code du travail)* son los argumentos más aducidos para explicar su existencia. Permite tanto al patrón como al trabajador no pagar impuestos pero éste suele verse explotado pues se le paga por debajo del salario normal, no tiene derecho a la seguridad social ni al retiro, y puede ser despedido de la noche a la mañana. Sin embargo, a veces, la informalidad representa la única posibilidad de sobrevivir (por ej. en el Perú).

➤ FMI : **Fondo Monetario Internacional** *(Fonds Monétaire International)* : organismo de las Naciones Unidas creado en 1944 cuyos fines son facilitar el comercio y la cooperación internacional. Dotado de recursos, puede actuar como financiero de los países miembros. En América, intenta imponer políticas liberalizadoras y planes de estabilización. Esto produce tensiones entre el FMI y muchos países donde la política de rigor impuesta para conceder préstamos destinados a pagar la deuda sí permite a veces sanear *(redresser)* la economía pero a costa de un empobrecimiento de la población y el empeoramiento de sus condiciones de vida.

➤ **Globalización y antiglobales** : proceso por el que las actividades humanas y las estructuras políticas se ven internacionalizadas. Se entiende sobre todo en términos económicos : el mercado y la economía se practica a escala mundial. Frente a este fenómeno, fruto del liberalismo, se levantan grupos que luchan en defensa del comercio justo y del desarrollo sostenible en los países en vía de desarrollo : los antiglobales.

➤ **Holding** *(holding)* : sociedad financiera que posee acciones de otras empresas y controla así la actividad de estas empresas (algo parecido al trust).

➤ **IDH (Indicador de desarrollo humano)** : es calculado cada año por el Programa de las Naciones Unidas por el desarrollo y permite clasificar los países por su nivel de desarrollo tomando en cuenta la esperanza de vida, el grado de alfabetización de los adultos, de escolarización, y el PIB real por habitante en PPA (paridad de poder adquisitivo). Cada indicador es un número entre 0 y 1 con tres decimales. Por ejemplo, España ocupa el 20° puesto mundial con un IDH=0.922 o Guatemala ocupa el 121° puesto con un IDH=0.649.

➤ **Indigenismo** : desarrolla el tema de la vida indígena, introduciendo una protesta social en favor de los indios. Esta corriente se desarrolló desde fines del XIX : Alcides Arguedas : *Raza de bronce* (1919), M.A. Asturias : *Hombres de maíz* (1949), J.M. Arguedas : *Los ríos profundos* (1958).

➤ **Inflación** : subida generalizada de los precios que proviene habitualmente de la emisión demasiado importante de papel moneda. Una tasa de inflación anual del 10 % significa que si cobraban en enero 100 ptas en un bar por un café, éste costará 110 en diciembre. Cuando existe una hiperinflación (de 3, 4 o 5 cifras como ocurrió en Bolivia, Argentina, etc.), la vida está totalmente desorganizada ya que los precios cambian de un día a otro y los salarios no siguen el alza de los precios. La economía del país ya casi no puede funcionar.

➤ **Informalismo** *(peinture informelle)* : se trata de un arte abstracto que no representa formas figurativas, reconocibles. Surge hacia 1950 en reacción a las vanguardias : cubismo, futurismo, dadaísmo y surrealismo (cf. Tàpies).

➤ **Inversión** *(investissement)* : es el empleo de capital (= de dinero) en negocios productivos, un aporte de dinero que permitirá, por ej., comprar nuevas máquinas, emplear técnicas modernas, investigar *(faire de la recherche)* para producir más y mejor y aumentar los beneficios. **Invertir [ie]** también puede contribuir a comprar y renovar una empresa e impedir así su cierre *(sa fermeture)* y el consecutivo despido de la plantilla *(et la mise à pied du personnel qui en résulte)*.

➤ **Istmo** *(isthme)* : estrecha lengua de tierra entre dos mares que reúne dos tierras (por ej. el istmo de Panamá).

➤ **Nacionalización ≠ privatización** : mediante la nacionalización el Estado asume la propiedad de una empresa o sector económico con el fin de servir mejor el interés público, o asegurar la independencia del Estado. En los regímenes socialistas, la nacionalización era sistemática. En los estados capitalistas, se ha desarrollado para luchar contra los monopolios o a veces

permitir la supervivencia de empresas deficitarias (energía, servicios, por ej. transportes, etc.).
En ciertos casos, se ha llegado a un resultado contrario al deseado : para evitar el paro, se ha empleado a demasiada gente lo que ha quitado competitividad a la empresa (= sus precios son más elevados, por la tanto vende menos ; como sus beneficios disminuyen no puede invertir para modernizarse y acaba teniendo pérdidas considerables que pagan los propios ciudadanos con unos impuestos que podrían ser utilizados mucho mejor). Por eso, la tendencia actual es luchar contra la **hipertrofia del sector público** es decir una participación del Estado en demasiados sectores y empresas, con plantillas pletóricas *(personnel pléthorique)*, o sea demasiado importantes. Se habla en este caso de **privatización** : pasa a manos privadas lo que antes dependía del Estado. La privatización suele ir acompañada de una restructuración y cambio de gestión, única forma de asegurar la supervivencia de la empresa. (Cf. por ej. el caso de Argentina, pp. 92-94.)

➤ **Natural** *(indigène)* : "natural" es sinónimo de "**nativo**" (el que ha nacido en el país), de "**indígena**" ; en América, es el **indio**.

➤ **Oligarquía** *(oligarchie)* : se trata de una minoría que domina la economía, o un sector económico, o un país. La oligarquía de grandes terratenientes *(grands propriétaires terriens)* va siendo sustituida por otra de carácter financiero (la banca).

➤ **Panamericanismo** *(panaméricanisme)* : movimiento que promueve el estrechamiento de lazos *(le rapprochement)* entre los países americanos. Para los norteamericanos, se expresó con la **doctrina Monroe** (1823) que, de la exclusión de los europeos en las cuestiones americanas, pasó a reivindicar el derecho de tutela de los EE.UU. (cf. pp. 267 y 276).
Frente a ella, Bolívar intentó en vano la unidad de las antiguas colonias españolas (cf. p. 266). Han defendido este panamericanismo antiimperialista (se habla de "**integración**") los intelectuales de izquierda : Martí, Mariátegui, Haya de la Torre.

➤ **PIB (Producto Interior Bruto)** : conjunto de riquezas creadas en el país durante un año, sumándole el valor añadido en los distintos sectores. El PIB/hab. divide el PIB total por el número de sus habitantes y permite medir el nivel de vida de la población. El PIB en PPA (paridad de poder adquisitivo) se obtiene multiplicando el PIB en dólares corrientes por una tasa de cambio que pone los precios de todos los países al mismo nivel y permite así comparar mejor sus economías.

➤ **Retablo** *(retable)* : en España e Hispanoamérica, suele haber, detrás del altar, un retablo, pieza arquitectónica de madera o piedra, con figuras pintadas o talladas (esculturas o relieves), que cierra la perspectiva del coro *(du chœur)*.

➤ **Sincretismo** *(syncrétisme)* : es una forma de mestizaje a nivel filosófico o religioso (cf. pp. 160 y 252).

➤ **Vanguardismo** *(d'avant-garde)* : el término engloba a una serie de movimientos de inicios del siglo XX : dadaísmo, creacionismo, surrealismo, futurismo, etc.

ÍNDICE